主　　编：孛儿只斤·博·博彦
副 主 编：吴·白乙拉　　拉·呼木吉勒图
英文译者：德力格尔
审 订 者：阿古拉　　哈达奇·刚　　包文臻

主　　编：孛儿只斤·博·博彦
副 主 编：吴·白乙拉　　拉·呼木吉勒图

科尔沁蒙古族民俗物品图鉴

孛儿只斤·博·博彦 编撰

[汉文版]

内蒙古出版集团
内蒙古教育出版社
内蒙古少年儿童出版社

图书在版编目（CIP）数据

科尔沁蒙古族民俗物品图鉴/ 孛儿只斤·博·博彦编撰.—呼和浩特：内蒙古教育出版社，2012.9

ISBN 978-7-5311-8805-6

Ⅰ.①科… Ⅱ.①孛… Ⅲ.①蒙古族—少数民族风俗习惯—中国—蒙古语（中国少数民族语言）②蒙古族—文物—中国—图录 Ⅳ.①K892.312②K874.122

中国版本图书馆CIP数据核字（2012）第221176号

科尔沁蒙古族民俗物品图鉴

孛儿只斤·博·博彦 编撰

责任编辑	仁钦道尔吉 扎拉根白乙拉
装帧设计	佟青海
出版发行	内蒙古教育出版社 内蒙古少年儿童出版社
印　　刷	内蒙古爱信达教育印务有限责任公司
开　　本	1000×1400 毫米 1/16
印　　张	37.75
字　　数	866 000
版　　本	2012年9月第1版 2012年9月第1次印刷
印　　数	1—3 000册
书　　号	ISBN 978-7-5311-8805-6
定　　价	380.00元

社　　址　呼和浩特市新城区新华东街89号教育出版大厦9层

电　　话　（0471）6608179 6608165　邮编　010010

出版声明　版权所有，侵权必究

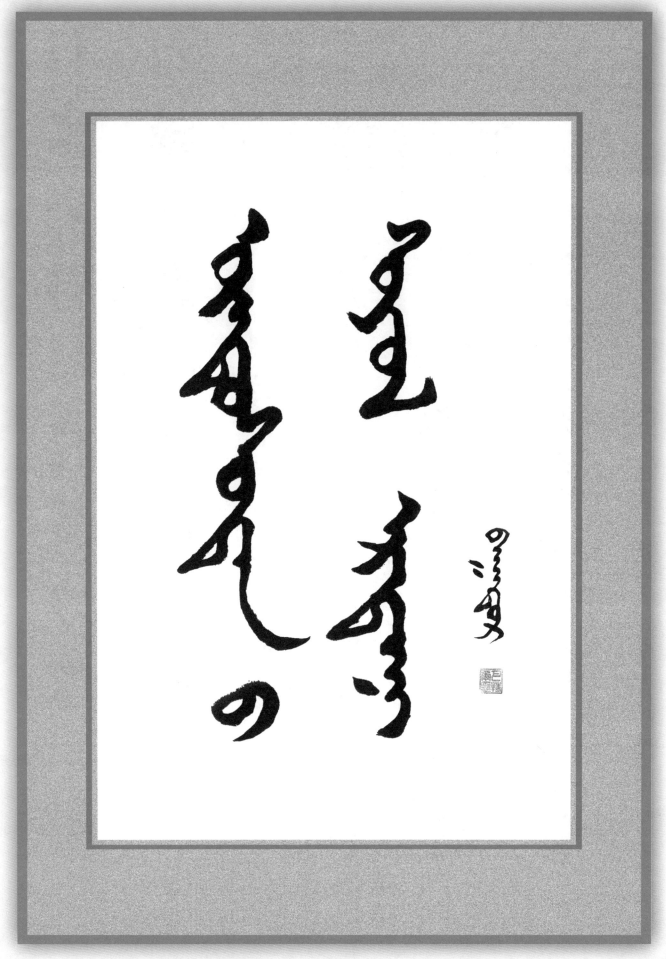

民族文化瑰宝

中共内蒙古自治区委员会副书记、内蒙古自治区人民政府主席巴特尔题词

推出更好的精品力作
打造科尔沁文化品牌

胡达古拉 二〇一二年

中共通辽市委副书记、通辽市人民政府市长胡达古拉题词

挖掘科尔沁文化遗产
传承蒙古族优秀文化

王治安 二〇一二年

通辽市政协主席王治安题词

序言

科尔沁蒙古族民俗物品图鉴

　　当内蒙古少年儿童出版社将《科尔沁蒙古族民俗物品图鉴》一书的蒙古文清样送过来让我校阅其内容并要我为本书作序时,我欣然应允了他们的嘱托。因为,出版社要出版发行如此有价值的大型工具书,不仅是科尔沁蒙古人文化生活中的一件喜事,而且对整个蒙古民族的文化事业的繁荣和发展也必将产生积极的影响。我是如饥似渴地读完书稿全文的。通读书的全文,追寻古今科尔沁人的传统习俗及其演变踪迹,我感到饱享了民族文化滋养,同时,从心底里悠然钦佩出版此书的内蒙古教育出版社和内蒙古少年儿童出版社的这一明智之举,尤其钦佩和赞赏编纂此书的作者的图文才华。我对民俗学只是一知半解,更缺乏深入研究,但是,为了不辜负委托者的信任,序言也罢,感想也罢,写了几段文字,借此向读者介绍该书的丰富内容。

　　首先,我认为该书的出版具有重大历史意义和现实意义。

　　一是该书填补了自治区乃至全国蒙文出版界一个空白。尽管我区蒙文出版事业近年来有较快的发展,蒙文图书的种类和发行量日益增多,但全面系统地收集解释蒙古民俗物品名称的词典,尚未完整面世。尤其作为蒙古民族内部以部族、区域为单位来编纂的民俗物品名称图鉴本书尚属首例。

　　二是该书经过认真的收集整理和系统的编写,比较全面地记录了科尔沁世代相传的生产劳动习俗、日常生活习俗、道义习俗、游戏习俗等,恢复记载了在不少蒙古人中早已不用,甚至濒临忘却的物品名称,履行了拯救蒙古族文化遗产的重要职责。众所周知,民俗是一个国家一个民族的民众所创造、所使用、所传承的生活文化。它发源于人类群居生活的需要,在一定的民族、一定的时期和一定的环境中形成的。我们蒙古民俗是在蒙古族形成的同时产生,在蒙古族发展壮大的历史进程中扩展的。而且,蒙古族生活文化在相当长的历史时期内,在世界民族之林中,曾经是形式内容最为丰富、特色最为鲜明、分布最为广泛、影响最为深远的文化。然而,随着时代的变迁,民俗也在发生演变。在各民族的文化竞争中,一个民族的传统文化有可能失传,无论年青一代或者老一辈都有可能放弃一部分传统习俗甚至完全忘掉。这种现象在世界各民族中也是常见的。然而,对于现今在世界范围内隶属于几个国家和地区,在国内分布于多个省区的蒙古民族而言,面临的失去本民族风俗习惯甚至语言文字的问题更加严峻。正因为如此,较全面地收集整理编纂科尔沁人古今民俗物品名称的《科尔沁蒙古族民俗物品图鉴》,不仅对蒙古文出版界而且对全民族的文化事业也做出了不可磨灭的贡献。

三是该书以丰富的内容和独具的特点为广大读者提供了可应用于工作生活中的工具书。在内容上不仅比较全面地包含了作为整个蒙古民族古老的游牧民俗物品名称,而且比较认真地整理收入了后期科尔沁蒙古族半农半牧习俗物品名称。因此,从事物质文明或精神文明工作的各个岗位上的读者们均可以阅读、应用。特别是对语言文字工作人员、农牧科学、历史学、民俗学等学术研究人员和文艺工作者、教育工作者来说,此书的应用价值更是显而易见的。此书与其他图鉴的区别在于除科尔沁生活文化这个专门范畴的特点外,在形式上对物品名称用蒙、汉、英、日、基里尔蒙文加以对照,这应该是本书突出特点。物品名称多种文字对照,扩大了书的影响力。不仅能被蒙古语言文字的使用者所应用,而且跨越国界被世界各国家民族所利用。因而成为广泛介绍蒙古文化的范例。此外,图文并茂的形式为读者阅读理解提供了更大的方便。以博·博彦为首的编者们,排除种种困难,花费大量时间,深入许多地方,采访许多人士,在搜集资料的同时拍摄了相当多的照片,有些拍摄不到的物品,用手工绘制补缺,增强了该书的可读性和观赏性。

其次,我认为,珍惜传承民族的美好传统习俗,世世代代繁荣和发展民族优秀文化,让本民族的文化在当今激烈的文化竞争中居于优势地位,这应该成为每一个民族的每一个成员不可推卸的神圣职责。

人类在其发展过程中,形成了许许多多的民族部族,曾经创造过并继续创造着丰富的物质文明和精神文明。然而,这个历史过程相当漫长,有时还非常残酷。多民族在同一个世界上并存的时候,有时和睦相处,有时敌对相争,其结果是强大民族获胜而繁荣发展,弱小民族失败甚至被其他民族同化融合。但是那些失败或被同化的民族所创造的文明并没有全部消失,不少优秀文化或保留原来形态或以变异形态融入于其他民族文化中留存,成为世界文化遗产留传下来。从这一角度看,当今世界的各民族的习俗中都应该含有或多或少的其他民族的习俗。正因为如此,当今世界每一个民族都不同程度地具备一些堪称人类共同的优秀文化资源。作为世界优秀民族之一的蒙古族在自己的兴衰历史过程中,跨国跨洲地吸纳众多民族的优秀文化并经受住了严峻的历史考验。所以,蒙古文化在当代世界文化宝库中仍占据着重要地位。蒙古文化的重要组成部分之一的蒙古民俗中亦有许多优秀的、先进的东西,这是无可争辩的。现在,在亚细亚、欧罗巴、阿美利加等洲不少国家地区学习蒙古语、研究蒙古文化的蒙古学家比比皆是,正证明了这一点。因此,一切把蒙古文化视为落后文化,把蒙古民俗视为丑陋习俗的观点都是毫无根据的。迈入21世纪的今天,无论世界范围或全国范围,一个国家或一个地区的经济、政治、文化、科教、社会事业、国防等综合实力的竞争中,文化的地位愈来愈被重视。文化的美学作用、教育作用、游戏作用、凝聚民族精神力量等精神文明建设方面的重要作用愈来愈突出的同时,在政治、经济、社会建设中占有前所未有的地位。这是时代赋予各民族文化的不可推卸的责任。要完成这个任务,必须依靠全国全民族每个成员的共同努力。在激烈的竞争中,哪个国家、地区的政府和人民同心协力,珍惜民族文化、保护民族文化、繁荣民族文化取得进展,那么,哪个国家、地区或民族就能掌握主动权,推动全社会较快发展,使国家地区或民族兴旺发达。反之,人民对自己的文化没有热情,党政对文化建设不重视,敷衍了事,那么,在这个时代竞争中最终将失去机遇,落后于世界其他民族,甚至被其他文化强大的民族所同化。在这种情形下,有悠久历史的、有丰富内涵的、独具特色的、名扬世界的蒙古文化在时代竞争中占据什么地位、结果如何的问题是我们所面临的严肃的课题。《科尔沁蒙古族民俗物品图鉴》的出版发行,为我们提供了珍视和传承民族习俗、保护和发扬民族遗产,满怀信心地投入竞争的一个极具价值的资料或一种用途广泛的工具书。我衷心希望广大读者,无论是科尔沁人还是其他部族人,无论你是内蒙古人还是其他省区人,无论你是蒙古族还是其他兄弟民族,读过这部书后,都能珍惜和传承自己国家和民族的优秀民俗,更加热爱和繁荣发展自己国家和民族的优秀文化,为世界文化宝库做出自己的更大的贡献。

阿古拉

2009年春 于呼和浩特

Preface

I am pleased to accept the reviewers for the first edition of *An Illustrated Dictionary of Khorchin Mongolian Traditional Articles* from the Children's Publishing House of Inner Mongolia and while agreed to write a preface for the book. Because I think it is not only a pleasure of the cultural life of Khorchin Mongols but also an active role for the development of the whole Mongolian nationality, the Publishing House is going to publish this valuable book. I felt comfortable as same as a long time thirsty man got a mineral water when I read the whole contents of the book, looking for the historical footprints of the Khorchin Mongolian traditional customs and their changes, I also appreciated the national culture essences once again, while I admired the wise decision of publishing the book by Inner Mongolia Edutation Press and Inner Mongolia Children's Publishing House, hard work of the author's compilation and talent of the writing and picturing. Although I have poor knowledge and research about folk custom, for doing not live up to the trust and consign of the friends, should be write something like preface or acquisition or feeling, to introduce the rich contents of the book for the readers.

At first, the publishing of this book has very important historical and practical significances, I think.

One. The book has filled a gap in Mongolian publication in our Autonomous Region even in China. In spite of these years fast development of Mongolian publishing industry and the increased number of the Mongolian book sorts and publishing in our region, there still having no a dictionary in which names of the Mongolian folk customs and appliances are introduced systematically before, therefore the book is the first sample dictionary of specific area's folk customs and appliances from of a nationality.

Two. In this book, author has carefully collected the names of the Khorchin Mongolian traditional articles, by systematic compilation, there quite statistically recoded the customs of the production and labor, the daily life, the morality and the games, which have been handed down by Khorchin Mongols from generation to generation, while recovered and recorded those almost forgotten or no longer in use of names of traditional articles, and completed an important task of saving Mongolian national cultural heritage. As we all know, folk custom is a life culture which is created and used and inherited by people of a nation or a nationality. Folk customs are came from the necessity of living in groups of human society, and formed in a certain nationality, era and circumstance. Mongolian folk custom is also started and formed by the time of Mongolian nationality's formation, and enriched with her historical strong and prosperous development, and the Mongolian life culture is richest with its content and form, most distinctive with its features, widest with its distribution and greatest with its impact among the world nationalities, during a quite long historical time. But with the changes of the time, the folk custom also changes and a nation's folk custom may die among the cultural challenges of many nationalities, thus not only the young generation, the older person also forget about some parts of their customs, sometimes whole of them are forgotten forever. This phenomenon is very common in world nationalities today. For us Mongols, we are live in different countries in the world and in different provinces and regions in China, facing a very serious problem of losing of our spoken language and written language. For this reason, *An Illustrated Dictionary of Khorchin Mongolian Traditional Articles* has recorded quite comprehensively of names of Khorchin Mongolian ancient and modern custom and articles, and made a great contribution to the whole Mongolian national culture as well as Mongolian publishing industry.

Three. The dictionary offered a reference book of production and life, with its rich content and special characteristics. There are quite comprehensive names of ancient nomadic customs and articles which come from whole Mongolians are recorded as well as names of customs and articles from half—farming and half—animal husbandry area of near modern Khorchin Mongols. Readers can use this book no matter what kind of work he or she do in spiritual or material civilization, even the book is very useful and valuable for workers of language and linguistics, science of agriculture and animal husbandry, history study and custom research. The distinguished characteristic of the book compared with other kind of illustrated dictionary is it has a specific content of Khorchin Mongolian life and culture, all item names are collated in many languages, such as Mongolian, Chinese, English and Japanese. The influence sphere of the book was further widened as editions was collated in these national languages, hence the utilization of the book is out of limitation of a country and became a reference book for worldwide scholars, and a successful example of introducing Mongolian culture extensively. In addition, it is easy to understand by readers because the book was compiled of both of introductions and illustrations. It is really admirable that the authors lead by Mr. Buyan overcome many difficulties, visiting many places in a long time, interviewing many people and collecting materials while taking a lot of photos, and painting pictures for some lacking articles, making the book more interesting and lovelier.

Next, I think that is a holly responsibility of each member of a nationality, to inherit the traditional glorious custom, to flourish the national excellent culture generation to generation, to make it having a supper position in nowadays fierce cultural competition.

In the development of history of human beings, there formed many nationalities and ethnic groups, and they have created very rich spiritual and material civilization, and the creation has been continuing. But this historical process is long and slow and sometimes become very hard and cruelty. During many nationalities living together in the world, sometimes they are living in peace, but sometimes they are become enemies each other, as a result, the stronger one is win and the weaker one is defeated and even some of them disappeared or some of them melted into the other. However, some of the civilization of those defeated or melted is still living in original form or in some variant, and absorbed and inherited by other nationality and handed down as a part of the world heritage. Therefore, the custom and culture of the world nationalities would be absorbed each other, and there contains varying degrees of excellent heritage of human beings in each of them as common property.

Mongolian nationality as one of excellent nationalities, she accepted the intercontinental cultures of many nationalities in her history of prospering and decadence, forasmuch, Mongol culture still has an important position in the world culture gallery. It cannot be denied that there are great many elements in Mongolian customs, one important part of Mongol culture. It is a proof that there are a lot of Mongolists who study Mongolian language and research Mongolian culture in many countries of Asia, Europe and America today. So, there is without any basis that any idea of regarding Mongolian culture is backward or Mongolian custom is ugly.

In the beginning of the 21st century, in spite of in home or aboard, the culture position in the competition of total power of a country or region's economy, politics, culture, science and education, social causes and defense is more and more valued, and its important intentions of aesthetics, education, games and gathering the spiritual strength of people for construction of spiritual civilization are more and more prominent, while its position has unprecedented in the economy, politics and the social organization. It is inescapable task of the era given for the culture of nationalities, to inherit and develop the excellent culture of the nation. To accomplish this task, it might be depend on the joint efforts of each member of a nation. In a fierce competition, if the government and people of a nationality or a nation love and respect their national culture intently, and approaching effective culture protection and utilization, the nation would get the initiative right and promote the development of whole society quickly, hence could bring a prosperity to the nation. On the contrary, if a people having no deep love for their own culture, a government not attaches importance to the culture; they would lose the opportunity in the era competition, drop behind the other nationalities of the world and even may be melted by the other strong nationality. In this case, it is becoming a hard test for us that Mongol culture of a long history, rich contents, unique features and worldwide known would have what kind of position and result in the era competition, I think we Mongol reader also have already paid attention to the very topic, too. The publication of *An Illustrated Dictionary of Khorchin Mongolian Traditional Articles* brings us a valuable material or a useful dictionary for inheriting the national custom, protecting and developing the national cultural heritage and competing with confidence, I think. Regardless of readers from anywhere, such as from Khorchin Mongols, or other tribes, Inner Mongolians, other provinces or regions, the other friends from other brother nationalities, after reading this book, I hope that everyone gets important inspiration and inherits his own national excellent custom, makes a good protection and gives more concern and development to the national excellent culture, adds more contribution to the world culture gallery.

Agula
Spring, 2009
Huhhot

成吉思汗铁木真(蒙语读音 təmuʤin)的胞弟拙赤哈撒儿(公元1164—1226年,蒙语读音 ʤutʃi xasar),《史集》记载为拙赤合撒儿、《元史》记载为哈撒儿)是蒙古大帝国开国元勋之一。因为他擅长于射箭,技艺高强,被称赞为哈布图哈撒儿(蒙语读音 xawʊtʊ xasar,亦写作哈布图哈萨尔)。哈布图是"射得准"即"神射手"之意。

哈萨尔一生跟随其兄铁木真同甘共苦,勇往直前,参加了振兴乞颜部、统一蒙古诸部落的斗争和讨伐金朝(女真)、征服西夏(唐兀惕)的战争,立下了汗马功劳,是成吉思汗的得力助手和忠诚捍卫者,是12世纪杰出的军事家、政治家。

1206年,铁木真统一蒙古各部,建立大蒙古国,称成吉思汗。封哈萨尔为宗王之长,分给四千户属民,后又赐给千人军队,将额尔古纳河右岸、海拉尔河流域广大地区为哈萨尔领地。科尔沁部由此产生、发展和壮大,哈布图哈萨尔成为科尔沁的始祖。

一、科尔沁(蒙古语读音 xortʃin),为"弓箭手"、"带弓箭的侍卫"之意。1189年,铁木真被推为蒙古部可汗。他组建内卫部队"克什克腾(蒙语读音 xəʃigtən)",其中的四百名汗宫(皇宫)侍卫编为"科尔沁",他们佩带弓箭,由哈萨尔指挥、统领。科尔沁,平时执行护卫汗宫的任务,保卫汗室安全,战时保驾大汗,冲锋陷阵,是成吉思汗的精锐卫队。所以,"科尔沁"起初是军事建制,是军事机构的名称。

建立大蒙古国后,成吉思汗把领地分封给黄金家族,哈布图哈萨尔的属民属地被称为"科尔沁"。"科尔沁",逐渐成为部族部落名称和地域名称以及蒙古人中一个群体的名称。15世纪后,史书中出现"阿巴嘎科尔沁"之称,是指哈萨尔而言的,其意为"叔的科尔沁"、"叔王的科尔沁",是成吉思汗后裔对科尔沁部的尊称。在明朝文献中将"科尔沁"写作"火耳趁"、"尔慎"、"廓尔沁"等。清初文献中有"廓尔沁国"、"科尔沁部"之称。

"科尔沁"一词,有广义、狭义之分。广义上说,科尔沁泛指哈布图哈萨尔后裔所属部落、部族和领地。实际上主要是指哈萨尔次子也松格(亦写作移相哥,蒙语读音 josoŋɡə)后裔统领的部落、部族和属地属民。

《史集》记载,哈萨尔有子女40多。《蒙古秘史》记名的有也古、也松格、秃虎。哈萨尔去世后也古袭王位，史称淄川王。次子也松格善于射箭，英勇无畏，参加过多次战斗，曾辅佐三代皇帝，功勋卓著。约1225年遵照成吉思汗的命令所立的石碑上用回鹘蒙古文（蒙语读音 oigordʒin moŋgol bitʃig）刻着也松格射箭的奇迹。1262年，元世祖忽必烈恩准也松格后裔可世袭王位，因此，其后代有多人袭王。也松格之孙巴布沙是元朝的齐王，地位显赫。直到15世纪中叶哈萨尔十二世孙孛罗乃，仍以齐王之职居于科尔沁。齐王部为科尔沁的主体，故科尔沁部也曾被称为齐王部。

广义的科尔沁包括早期分出的和硕特部和以后形成的嫩科尔沁部、阿鲁科尔沁部、茂明安部、乌拉特部、四子部落等。狭义的科尔沁特指嫩科尔沁，即以后的在哲里木山前会盟的哲里木盟十旗。

二、随着历史的变迁，科尔沁也在演变。14世纪末，哈萨尔八世孙乌鲁克贴木尔率其所属科尔沁部一支西迁，成为厄拉特（卫拉特）四部之一的和硕特部。其兄阿鲁克贴木尔仍居科尔沁故地，承袭科尔沁名。和硕特部在以后的二百多年中称雄于新疆、青海、西藏、阿拉善等地。其中，哈布图哈萨尔十九世孙图鲁拜琥（蒙语读音 torobaixu，1582—1656年）于1637年率其所部从乌鲁木齐出征，占领库库诺尔（蒙语读音 xoxnu:r，今青海），征服西藏，重新建立了统治青藏的蒙古政权。他支持黄教，1645年封黄教活动家罗桑曲结坚赞以"班禅"称号。从此，班禅法名世袭相传。图鲁拜琥以固始汗盛名于世。到17世纪末和硕特部降附清朝，分置为26个旗。其中青海21旗、新疆3旗、阿拉善1旗、新和硕特1旗，仍由哈萨尔后裔统领。

15世纪20、30年代蒙古左翼部落开始南下，到16世纪20～60年代散居于长城之外，形成漠南蒙古各部。16世纪中叶哈萨尔后裔十四世孙奎孟克塔斯哈喇（蒙语读音 guimoŋxətasxara）率部南下嫩江（蒙语读音 nu:n moron）流域，被称为嫩科尔沁（嫩江科尔沁，因占据原乌济叶惕牧地，亦称乌济叶惕科尔沁（蒙语读音 udʒijəd xortʃin）。嫩科尔沁很快就强盛起来，逐步控制松花江、黑龙江一带的女真人、索伦人，役属达斡尔、锡伯、卦尔察等部，势力扩展到辽河（读音 lu:xi:ŋgol）、西拉木伦河流域。17世纪初在与建州女真（后金）对峙中，嫩科尔沁部从优势走向劣势，抗争化为誓盟、联姻，平等关系变成附属关系，终于在17世纪30、40年代完全归顺清朝统治。清廷将嫩科尔沁划分为右翼、左翼十个旗，全部由哈萨尔后裔世袭札萨克。右翼以科尔沁右翼中旗（土谢图和硕亲王旗)为首,包括科尔沁右翼前旗(札萨克郡王旗)、科尔沁右翼后旗(札萨克镇国公旗)、科尔沁右翼扎赍特旗(札萨克多罗贝勒旗)、科尔沁右翼杜尔伯特旗(札萨克固山贝子旗);左翼以科尔沁左翼中旗(达尔汗亲王旗)为首,包括科尔沁左翼前旗(宾图郡王旗)、科尔沁左翼后旗(博多罗噶台亲王旗)、科尔沁左翼郭尔罗斯前旗(札萨克镇国公旗)、科尔沁左翼郭尔罗斯后旗(札萨克辅国公旗)。

奎孟克塔斯哈喇率部南下称嫩科尔沁之后,为区别于嫩科尔沁将留居原地的科尔沁部称为"阿鲁蒙古部"或"阿鲁科尔沁"(蒙语读音 xɔrʧin,"阿鲁"的本意是"背后"、"后")。17世纪初阿鲁蒙古部分成几支,有茂明安部、乌拉特部、四子部等。

奎孟克塔斯哈喇兄弟三人,弟为巴衮诺颜和布尔海。17世纪初,哈萨尔后裔十六世孙达赉楚琥尔(巴衮之孙)率其部沿兴安岭南下到罕山南麓牧居,归属察哈尔,保留阿鲁科尔沁部名。17世纪30年代阿鲁科尔沁部降附后金,1636年置阿鲁科尔沁旗,隶属昭乌达盟。

奎蒙克塔斯哈喇弟弟巴衮诺谚之孙墨尔根和硕齐僧格、达尔罕台吉索诺木、布库台吉鄂木布,墨尔根台吉伊尔扎木兄弟四人号称四子部落。17世纪三十年代降附后金,移牧居于黄河河套北锡喇察汉诺尔、锡喇木伦河一带。清朝于1636年置四子部落旗,隶属乌兰察布盟。

奎蒙克塔斯哈喇幼弟布尔海所属部族号称乌拉特部。17世纪30年代布尔海之孙鄂木布等率部归附后金。因协助清廷多次征战有功,1648年安置于河套以北、阴山山脉以南地区牧居,设乌拉特中旗、乌拉特前旗、乌拉特后旗,隶属乌兰察布盟。

宇罗乃齐王有两个儿子,长子布彦图(有宫殿的王)直系维持着科尔沁部长子系统,沿袭着汗号,称茂明安部。17世纪30年代,哈萨尔后裔十五世车根汗(布颜图后裔)率部降附清朝,随清军转战南北,其部从兴安岭北侧南下到阴山北部驻牧。清廷于1664年设茂明安旗,隶属乌兰察布盟。

三、科尔沁部地域辽阔。元代科尔沁部的游牧地在额尔古纳河和海拉尔河流域。哈萨尔家族驻牧额尔古纳河与根河汇合处附近的黑山头(蒙古名 bɔgd uːl,今额尔古纳右旗境内)。王宫建于乌卢龙桂河与昆兑河畔(今俄罗斯后贝加尔州吉尔吉拉古城(蒙语读音 xɑrxirɑ xɔt))。

到北元达延汗时期,科尔沁的势力扩展到黑龙江上游。清朝初年,茂明安等部游牧于鄂嫩河、尼布楚河流域。阿鲁科尔沁部、乌拉特部、四子部落游牧于呼伦贝尔地区。到孛罗乃齐王时期，号称"二十万科尔沁"，成为蒙古诸部落中的最强大部落之一。其势力范围已达到兴安岭以南地区。16世纪末时，嫩科尔沁的势力范围从嫩江、松花江流域曾一度扩展到渤海之滨以及西拉木伦河、霍林河、养畜牧河流域。现在说的东北平原其实就是科尔沁草原的别称。

清初，哲里木盟位于东径119°30′至126°20′，北纬40°40′至47°20′，北起索岳尔济山以南的洮儿河流域和嫩江流域，南至乌哈纳德山以北的东西辽河流域和养畜牧河中游，西起乌哈纳山，东至松花江、伊敦河与东辽河上游的阿拉坦额莫勒山。地域相当于20世纪50~60年代内蒙古自治区呼伦贝尔盟、扎赉特旗、科尔沁右翼前旗、突泉县和哲里木盟的通辽县、科尔沁左翼中旗、科尔沁左翼后旗、科尔沁右翼中旗以及黑龙江省的杜尔伯特蒙古族自治县、安达县、林甸县、泰赉县、肇东县、肇州县、肇源县与吉林省的白城地区、长春市、四平市、农安县、德惠县、梨树县、公主岭市、双辽县和辽宁省的康平县、昌图县、法库县、彰武县等地区的全部或局部，面积为149.32万平方公里。从乾隆年间到清末，清政府在哲里木盟设3府，4厅、1州、12县，这些府、厅、州、县分别隶属于东北三省，面积为28.81万平方公里。

1998年，哲里木盟位于东经119°15′至123°43′，北纬42°15′至45°41′，东邻吉林省，南接辽宁省，西和西北与赤峰市和锡林郭勒盟相连，北接兴安盟，面积5.95万平方公里，包括原哲里木盟的科左三旗、原昭乌达盟的扎鲁特旗、奈曼旗和后来出现的开鲁(蒙语海鲁吐，读音 xæɪ'oːɹ)县、霍林郭勒市以及库伦旗。有蒙古、汉、回、朝鲜等27个民族，人口为290.6万人。

兴安盟位于哲里木盟北部，西与锡林郭勒盟相接，西北与蒙古国接壤，北与呼伦贝尔盟毗邻，东与黑龙江省、吉林省相连。包括原哲里木盟的科右三旗、扎赉特旗和后来出现的突泉县、乌兰浩特市、阿尔山市。面积为5.98万平方公里。有蒙古、汉、满、朝鲜、回等22个民族，1998年人口为160.9万人。

杜尔伯特蒙古族自治县位于黑龙江省西南部，面积为6176平方公里。1998年人口为24.6万。前郭尔罗斯蒙古族自治县位于吉林省西北部，面积为7219平方公里。1990年人口为56.7万人。

四、民俗是社会上相沿成习的风尚、习惯。

民俗是社会文化现象，具有丰富的文化内涵，是传统与现实，物质生活与精神生活相互交融的文化现象。民俗是一种历史文化、传统文化，而且在一定的地理环境中，在一定的物质条件、社会条件、时代条件下形成并相传。民俗是一种民众文化、大众文化，是人民生活的一个重要组成部分，是最底层人民群众创造、使用、传播的生活文化。

民俗大致可分为经济民俗(物质民俗)、社会民俗、精神民俗、语言民俗等。它不仅包括从古代传承下来的传统民俗，也包括当今形成的社会民俗；不仅包括口头传说故事，也包括物质形态的和精神形态的民俗。

科尔沁民俗是科尔沁文化的最朴素、最普通、最普遍的表现形式，是科尔沁蒙古族物质生活、精神生活相沿成习的风尚、习惯。

任何民俗都是在一定的社会背景和一定的历史条件下形成的。科尔沁民俗的形成与科尔沁部的形成密切相关，与科尔沁的社会经济基础的变化密切相关，与科尔沁的地域演变和地理环境的变迁密切相关。科尔沁民俗是从13世纪初开始形成的。可以说，在16世纪以前是以牧为主、以猎为辅的纯粹的草原型民俗文化。这种民俗文化与同时代的整个蒙古族民俗文化大同小异。但是从17世纪初开始满族风俗和佛教影响日益加深。19世纪初以来，由于清朝政府放松了蒙古地区封禁政策，采取了"借地养民"、"移民实边"的措施，科尔沁的南部、东部地区大量牧场被开垦，大批汉民涌入，草原型民俗文化受到了前所未有的冲击。农耕经济与游牧经济相互碰撞、相互渗透，游牧经济吸纳农耕经济而转变半农半牧经济。汉族农业文化的影响也日益加深。随之科尔沁大面积肥沃的牧场被开垦，同时土默特、敖汉、奈曼、喀喇沁、布里亚特、巴尔虎、巴林等部的人大量融入，蒙古族农民增多，定居的蒙古村落出现并迅速发展。在这种情况下，至20世纪中叶科尔沁的草原型民俗文化发生了很大的变化，形成了具有半农半牧经济社会特点的科尔沁民俗文化。因此，科尔沁民俗文化是科尔沁传统的草原型民俗文化受满族社会民俗文化、汉族的经济民俗文化和佛教的精神民俗文化影响，在半农半牧经济社会条件下传承、保留原来的草原型民俗文化特征而逐步得到充实、发展起来的。

五、民俗，具有继承、精炼的属性，也有发展、变化的属性。在历史发展的进程中，有些民俗的变异或失传，是经常出现的正常现象。但是一个民族的风俗，不是无缘无故地变异或流失。它有其历史的原因和客观轨迹。随着历史的演变和经济的发展,科尔沁蒙古族的生产生活方式发生了巨大变化,许多传统的生产生活用品因时代的变迁而由现代化产品所替代,有些民俗用品已经绝迹,有些民俗用品及其名称已濒临遗失遗忘的边缘。

针对这种情况,为了抢救民俗文化遗产,我们自发地开展调查采访、收集整理、研究民俗用品实物资料。发掘那些流失的,补遗那些残缺的,记载那些留存的,力求写成一部比较全面系统的、图文并茂的、具有一定参考价值、研究价值、应用价值、欣赏价值、收藏价值的学术性书籍。这是我们编写这本书的初衷。而我们的目的是弘扬科尔沁文化,增强民族团结,促进文化交流,推动经济发展,为自治区文化大区建设添砖加瓦。

本书试图以20世纪中叶为坐标、以科尔沁为主,涉及与科尔沁相连、关系密切、习俗相近的扎鲁特旗、奈曼旗、库伦旗,以曾经使用过的和正在消失的生产生活用品为重点,将能够用实物照片、图解形式表现的风尚、习惯记载下来,作为一种图鉴来反映科尔沁民俗,献给社会,以飨读者。本书如果对广大读者了解、欣赏、探索、研究科尔沁民俗起到一种参阅作用,则心满意足矣。

孛儿只斤·博·博彦

2008年3月11吉祥日于乞颜斋

Preface by the Author

Juchi Hasar (1164—1226), brother of Temujin Chinggis Khan, is one of the meritorious persons for founding of the Great Mongol Empire. He was good at arrow shooting and called Habutu Hasar.

Hasar, in his life time, followed his elder brother Temujin, sharing bitterness and happiness together, fighting as a hero, attended the fight of renaissance of the Khiyan Tribe and unification civil war for Mongolian tribes. He rendered meritorious services for wars of occupation to the Altan (Jurchin) State and the West Xia (Tanggud)State. He was a good assistant and a loyal body guard of Chinggis Khan, he was an outstanding strategist and politician of the twelfth century.

In 1206, Temujin became emperor and founded the Great Mongol Empire,named as Klan of Mongolian Ministey. And Chinggis Khan appointed Hasar as a superior figure of the princes, granted him people of four thousand families, one thousand soldiers, the wide pastures of territory of the west bank of Ergun—e River and the Hailar River area. The Khorchin Tribe came from here and developed to a big one. Habutu Hasar is the ancestor of the Khorchin Tribe.

ONE

The word "Khorchin" is a Mongolian word, means "people with bows and arrows" or "guards with bows and arrows". In 1189, Temujin was promoted as Chinggis Khan. When he organizing the guards of Khesigten, he appointed Hasar as the commander for four hundred soldiers of the guards and called them "Khorchin". The Khorchin army is a sharp force of Chinggis Khan with bows and arrows; they guard the emperor palace in ordinary time and protect Chinggis Khan in the war time. Therefore, the word "Khorchin" is an army organization name at the beginning.

After founding of the Great Mongol Empire, Chinggis Khan granted the territories to the Golden Family members. Hence the people and territory of Hasar was named as Khorchin, the word Khorchin slowly became a tribal name, a clan or a group name of a part of Mongolian people. After 15th century, in some historical books, the tribe is called as "Uncle Khorchin" means "the Khorchin Tribe of the Uncle", "the Khorchin Tribe of the Uncle Prince", here the uncle indicates Hasar. It is a respectful name for Khorchin Tribe by Chinggis Khan's descendents. There are some names of "the Khorchin State" and "the Khorchin Tribe" in early books of Qing State.

There are broad and narrow meanings in the word Khorchin. By its broad meaning, the word Khorchin indicates the owned territory and tribes and clans of Hasar's descendents. In fact the broad meaning indicates the tribes and clans and territory under control of the offspring of Yisungge, the second son of Hasar.

According to the "History of Mongols", Hasar had about forty children. There noted names of his three sons such as Yiku, Yisungge and Duhu. Yiku succeeded the throne after Hasar's death. He was named Zhi Chuwan Wang in the history. The second son Yisungge was good at arrow shooting, attended many wars and gave his service to three generations of kings and made lots of merits. Around the year of 1225, a stele which was carved with Uighur Mongolian had been set up especially for Yisungge's astonishing far distance shooting by the order of Chinggis Khan. In 1262, Khublai Khan of Yuan Empire decided to give the throne succeeding right from generation to generation to Yisungge's offspring. Therefore, there were many princes from his descendents. Yisungge's great son Babusha was promoted as Qi Wang at Yuan Empire and living in a high social position. Until middle period of the 15th century, Hasar's 12th descendent Bolunai still called Qi Wang and heading for the Khorchin Tribe. The main part of the Khorchin is consisted of Qi Wang's clan and relatives; therefore, the Khorchin Tribe also called Qi Wang's Tribe.

In the broad meaning of Khorchin Tribe, there includes the early departed Khushuud Tribe and the lately formed Non Khorchin, Aru Khorchin, Muuminggan Tribe, Urad Tribe, and Durbed Tribe. The narrow meaning of Khorchin mostly name the Non Khorchin, the ten banners of Jirim League, they held annual meetings in front of the Jirim Mountain.

TWO

Through the history changes, Khorchin Tribe also has been changing,

In the late 14th century, Urugtemur, the eighth generation of Hasar, led his own tribe, a part of Khorchin and moved to the west and named Hushuud, become one of the Four Oirad Tribes. But his elder brother, Arugtemur was still settled down in his original home town and inherited the name of Khorchin. The Hushuud Tribe, in the later two hundred years, became very famous in areas of Xinjiang, Khukhenagur, Tibet and Alsha. Among them, Torobaihu, the enineteenth generation of Hasar, (1582—1656), in 1637, led his tribes and moved from Urumchi to Khukhenagur and occupied there, then he also captured Tibet and reestablished Mongol Empire, its territory controlling both of Khukhenagur and Tibet. In 1645, as he supporting the Yellow Sect of Lamaism, he conferred a saint name called "Banchin Bogda" for Lubsangchoijijalsan, a famous figure of the Yellow Sect. Hence Torobaihu was famous for a title of Gushi Khan in the world. In the late 17th century, the Hushuud Tribe defected to Qing State and was divided into 26 banners including of 21 banners of Khukhenagur, 3 banners of Xinjiang, 1 banner of Alasha and 1 banner of new Hushuud. The banner heads still came from the offspring of Hasar.

In the 20s and 30s of 15th century, the Left Wing Mongol tribes moved to the south. In the 20s to 60s of 16th century, they continued to move to the foot of the Great Wall, and formed the Southern Mongols of the Gobi Desert. In the middle of the 16th century, Guimongkhe Dashar–a, the fourteenth generation of Hasar, led his own tribe and moved to the south, and controlled and settled down in the Non River basin, and called Non Khorchin Tribe (also called Non River Khorchin, and sometimes called Ujiyed Khorchin because of they controlled the home town of the native Ujiyed Khorchin). The Non Khorchin became strong very quickly; they controlled Manchus and Solon people nearby Sunggari River and Kharamuren River, and tribes of Dagur, Shibege and Goolchud. Then the power of the Khorchin reached the basins of Luuh–a River and Siramuren River. From the beginning of the 17th century, in the process of fighting against Jurchin of Jiyanzhou (the northern Jin State), the Non Khorchin goes downhill from the dominant to the disadvantage, from the fighting to the alliance and became relatives by marriage, from the fair to the subjection. At last, in the 30s and 40s of the

17th century, the Non Khorchin fully accepted the ruling of the Qing State. The Qing State divided the Non Khorchin into the Right and Left hands and appointed heads from the offspring of Hasar. The Right Wing was headed by the Khorchin Right Hand Middle Banner (the Banner of Tushiyetu Hushui Qinwang Prince), including the Khorchin Right Hand South Banner (the Banner of Governor of Junwang), the Khorchin Right Hand North Banner (the Banner of Governor of Tushiy-e Gung), the Khorchin Right Hand Jalaid Banner (the Banner of Governor of Beile) and the Khorchin Right Hand Durbed Banner (the Banner of Governor of Gushan Beise) ; the Left Hand was headed by the Khorchin Left Hand Middle Banner (the Banner of the Darhan Qinwang Prince), including the Khorchin Left Hand South Banner (the Banner of the Bingdu Jiyunwang Prince), the Khorchin Left Hand North Banner (the Banner of the Senggerinchin Qinwang Prince), the Khorchin Left Hand Gorlos South Banner (the Banner of the Governer of the Tushiy-e Gong) and the Khorchin Left Hand Gorlos North Banner.

After Guimongkhe Dashar-a took his tribes and moved to the south and called Non Khorchin. In order to distinguish them from the Non Khorchin, the Khorchins had stayed in their original place called as "Aru Khorchin" or "the Northern Mongolian Tribe". In the beginning of the 17th century, the Northern Mongolian Tribe also called differently as the Moominggan Tribe, the Urad Tribe and the Tribe of Four Children.

Guimongkhe Dashar-a had two brothers. They called Bagun Noyan and Burhai. In the beginning of the 17th century, Dalai Chukhur (great son of Bagun), the sixteenth generation of Hasar, led his tribes and moved along to the Hinggan Mountain and settled down in front of the Khan Mount and belonged to the Chakhar Mongols. Then he still called his tribe as Aru Khorchin. In the 30s of the 17th century, the Aru Khorchin Tribe defected to the Northern Jin State, in 1636; it was organized into the Aru Khorchin Banner under control of Juu Uda Fedration.

The granted tribes of the four great sons of the Guimongkhe Dashar-a, such as the Wise Pioneer Sengge, the Honored Prince Sonom, the Wrestler Prince Ombu and the Wise Prince Erchim, were called the Tribes of the Four Children. In the 30s of the 17th century, they defected to the Northern

Jin State, and they moved to the Sir—a Chagannagur and Sir—a Muren River basins by the order of the Jin State to the north of Borotohui Basin of the Yellow River. In 1636, the Banner of the Four Children was founded by Qing State and belonged to the control of the Ulaganchab Fedration.

The younger brother of Guimongkhe Dashar—a, Burhai's tribe named the Urad Tribe. In the 30s of the 17th century, the great son of Burhai defected to the Northern Jin State together with his Urad Tribe. Because of the Urad Tribe made many merits in the help of wars of Qing State, in 1648, the Urad Tribe settled down in the pastures of Northern part of the Borotohui and in front of the Moni Mountain by the grant of the government, and was divided into the Middle Urad Banner, the South Urad Banner and the North Urad Banner, under control of the Ulaganchab Fedration.

The Qi Wang Bolunai had two sons, the elder brother called the Wang with Palace and his offspring inherited his Khan title and their tribe named Moominggan. In the 30s of the 17th century, Chegen Khan (descendent of Buyantu), the seventeenth offspring of Hasar, led his tribe and defected to the Qing State and attended the wars of the Qing State. The tribe's people moved to south along the back of the Hinggan Mountain and settled down in the pasture of the Moni Mountain. In 1664, the Qing State founded the Moominggan Banner under the control of the Ulaganchab Fedration.

THREE

The Khorchin territory was very vast land once. At the period of the Great Mongol Yuan Empire, the Khorchins were herding around the basins of the Ergun—e River and the Hailar River. The cognate of Hasar was living at the Khukhe Dobo (in the border of today's the Ergun—e Right Banner) nearby the convergence of the Ergun—e River and the Khen River. They built the Prince Palace in the banks of the Urlunggui River and the Khundei River.

At the time of the Dayan Emperor of the Northern Yuan State, the power of the Khorchin reached to the upstream region of the Kharamuren River. At the early period of the Qing State, the Moominggan Tribe was herding in the basins of the Onon River and the Nibchu River, and the tribes of Aru Khorchin, Urad and the Four Children were herding in the Khulun

Boir Region. At the period of the Qi Wang Bolunai, the Khorchin known as "the Two Hundred Thousand Khorchins" and became one of the strongest Mongol tribes. Its controlled territory had already widened to the front areas of the Hinggan Mountain. In the late 16th century, the controlling power of the Non Khorchin reached from the basins of the Non River and the Sunggari River to the coast of the Bohai Gulf once, even to the regions of the Siramuren River, the Huulin River and the Yangshib River. In fact, the Northeast Plain, what we call it today, is the another name for the Khorchin Grassland.

At the early period of the Qing State, the Jirim League locates between at the latitudes of 119° 30 ' from 126° 20 ', longitudes of 40° 40 ' from 47° 20 '. And covered the areas of the Tagur River in front of the Soyolji Mountain, from the northern part, the basin of the Non River to the north of the Uhunatu—yin Agula Mountain, the basin of the Right Luh—a River (Liao He) and the middle basin of the Yangshib River; from the right Uhun—a Mountain to the east, the Altan Emegel Mountain and the upstreams of the Sunggari River, Idun River and the Left Luh—a River (Liao He). The Khorchin territory included the regions of the middle of the 20th century's the City of Tongliao, the Khorchin Left Hand Middle Banner and the Khorchin Left Hand North Banner of Jirim League of the Inner Mongolian Autonomous Region; the Antonomous County of Durbed Mongols, the Anda County, the Lindiyan County, the Tailai County, the Zhaodong County, the Zhaozhou County and the Zhaoyuan County of the Kharamuren Province; the Baicheng District, the City of Changchun, the City of Siping, the Nongannxian County, the Dehui County, the Lishu County, the City of Gongju Ling and the Shuangliao County of the Girin Province; the whole territory or parts of the Kangping County, the Changtu County, the Faku County and the Zhangwu County of the Liaoning Province. The whole area was 1493200 square kilometers. From the time of the Qianlong Emperor to the late period of the Qing State, there were established the local administrative organs of 3 Fus, 1 Zhou and 12 counties by the government of the Qing State in the Jirim League, and these Fu, Ting, Zhou and Counties were under control of the Northeast Three Provinces, their whole area was

288100 square kilometers. In 1998, the Jirim League located between the latitudes of 119° 15 ' from 123° 43 ' and the longitudes of 42° 15 ' from 45° 41 '. To the east, neighboring with the Girin Province; to the south, bordering with the Liaoning Province; to the west and the northwest, bounding by the Chifeng City and the Shilingol League; to the north, reaching the Hinggan League, and having an area of 59500 square kilometers, including the three Banners of the Left Hand Khorchin of the former Jirim League, the Jarud Banner and the Naiman Banner of the Juu–uda Federation and later founded local administrative organs such as the Kailu (Haligutu) County, the Huulingol City and the Khuriy–e Banner. There are 2906000 people consisted of 27 nationalities such as Mongol, Han Chinese, Hotong and Korean etc.

The Hinggan League locates to the north of the Jirim League, neighbors with the Shilingol League to the west, borders with Mongolia to the northwest, neighbors with the Khulun Boir League to the north, and bounds by the Kharamuren Province and the Girin Province, including the three Banners of the Right Hand Khorchin of the former Jirim League and later founded counties or cities of the Tuchuan County, the Ulaahota City and the Arshan City. Its territory has an area of 59800 square kilometers. There are population of 1609000 people consisted of 22 nationalities such as Mongol, Han Chinese, Hotong and Korean etc, in 1998.

The Durbed Mongolian Autonomous County locates in the southwest part of the Kharamuren Province, covers a territory of 6,176 square kilometers. There was a population of 246000 people in 1998. The Gorlos Mongolian Autonomous Region locates in the northwest part of the Girin Province, has a territory of 7219 square kilometers, a population of 567000 people in 1990.

FOUR

The custom is a social traditional consuetude and habits.

The custom is a kind of social and cultural phenomenon. It is a cultural phenomenon of rich literacy content, traditional and modern custom, combination of the material and spiritual lives. The custom is a historical culture and traditional culture; it is formed and inherited in a certain geological circumstance, conditions of the material, society and the era. The custom is a kind of literacy of a people, a popular culture, and an important part of the people's life. It is a literacy which is created, and used and developed by the most grass-roots people. The custom is approximately divided into categories of the literacy of economy (the material literacy), the literacy of society, the literacy of sprits and the literacy of language. It consists of traditional custom which transmitted from the ancient time and the newly formed modern custom, in which including oral legend, the material literacy and the spiritual literacy.

The Khorchin custom is the most simple, the most popular and the most general appearance of the Khorchin culture. It is the traditional literacy and the custom of the material and spiritual lives of the Khorchin Mongols.

Any custom is formed in a certain social circumstance and the social condition. The formation of the Khorchin culture has close relationships to the conformation of the Khorchin Tribe, the changes of the social and the economical base of the Khorchin Tribe, the changes of the region of Khorchin and the environmental diversification. The Khorchin custom was started to form from the 13th century. Before 16th century, it is a pure grassland custom culture which mainly dominated by animal husbandry and hunting as its supplementary. The custom culture is as same as the custom culture of whole Mongolians in general at the same time. But from the beginning of the 17th century, there increased more and more elements of the Manchu customs and the Buddhist culture in it. From the beginning of the 19th century, the lossless of the policy of the closure and prohibition for land reclamation in Mongol area of the Qing State, and carried out the methods of "to loan land and to feed the people" and "to immigrate people and to guard the frontiers", as the result of these policies, there made very wide reclamation in the southern part and the eastern part of the Khorchin Grassland, the numerous Han Chinese poured into the area, and the Khorchin nomadic culture was faced with unprecedented attack. The Agricultural economy and the pastoral economy conflicted each other, thoroughly mixed with each other, the pastoral economy accepted the agricultural economy, and the area became the half-agricultural and half—herding area, the agricultural culture influence increased more and more with day by day. Thus, the vast fertile pasture turned into fields. At the same time, the people immigrated from the tribes of Tumed, Auhan, Naiman, Kharachin, Buriyad, Bargu and Bagarin, and increased the number of the Mongol peasants, and there appeared the settled villages and extended quickly. In this case, into the middle of the twentieth century, there was a great change in the Khorchin style nomadic custom, formed a new style of Khorchin custom of the half agricultural and half—herding economical and social feature. Therefore, the modern content of Khorchin custom comes from the traditional nomadic culture, but absorbs influences from the customs of the Manchu's society, Han Chinese economical culture and Buddhist religion, in a social condition of half agricultural and half—herding, it contains the characteristics of the original nomadic style literacy culture and enriched while inheriting, and developed and handed down to today.

FIVE

Because of custom has features of the heritage repeatability, development and changes, it is a common phenomenon that to come to variation and disappearing in the process of the historical development. But the variation and the disappearing of custom of any nationality do not happen in a disorder way, they take place in a certain objective laws and having their historical reasons.

Along the historical changes and the economical development, there have been a lot of changes in the styles of the Khorchin Mongolian production and life. A considerable number of their traditional articles are replaced by the modern products, and some of the custom tools have already disappeared. And some of the custom tools and their names are nearly come to the danger of disappearing or forgotten. For this situation, in order to rescue and protect the literacy heritage, we voluntarily did the investigations and collections and researches to the custom articles. And we have recorded the articles that are in danger of disappearing, supplemented the incomplete ones and noted the articles are in danger of forgotten, in order to achieve the purpose of compiling a book of quite systematic, with illustrations and introductions, having values of research and practice, values of the appreciation and collection, and an academic reference book. These are my original intentions for writing of the book. By these purposes and actions, we want to develop the Khorchin culture, strengthen the national unity, promote the cultural exchange and economic development, and contribute our efforts to the Building of a Great Cultural District of our autonomous region.

The book based in the middle period of the twentieth century, regarding the Khorchin area as the main body, including the bordering Banners which have close relationships such as the Jarud Banner, the Naiman Banner and the Khuriy-e Banner, mainly noted the tools of the production and the life which had been used or in a danger of disappearing, given illustrations and introductions, and compiled this illustrated dictionary of Khorchin Mongolian culture and custom for the readers. I will be satisfied if the book would give the readers some reference for understanding, appreciation, practice and research of the Khorchin custom.

The book is dedicated to the founding of the sixtieth anniversary of the People's Republic of China.

B.Buyan Borjigin
In the Hiyan Room, a Lucky Day of March 11, 3, 2008

　　一、本书由孛儿只斤·博·博彦撰写。着重反映20世纪中叶及以前的科尔沁蒙古族生产生活用品,内容涉及蒙古民俗诸多方面。因此,书名为《科尔沁蒙古族民俗物品图鉴》。这里的"科尔沁"是狭义概念,是指嫩科尔沁范畴。

　　二、本书目录(包括图名)由德力格尔译成英文,因受篇幅所限,正文部分只译了目录和图片名称,文字解释省略。为查找方便和减少排版难度,正文中的图片名均列入目录。

　　三、本书多数插图和照片由孛儿只斤·博·博彦绘制和拍摄。从参阅书籍中收入的和他人提供的,作了※标记。其中,直接采用的图片加注了作者姓名,附于书后。为了增强资料性和广泛性,一种物品附了数种图片,文中图片统一以No排序。

　　四、书中名词术语,以蒙古族约定俗成的名词术语为依据,兼顾不同名称,突出科尔沁特点,在释文中列举。英文中找不到对应名词的,以蒙古语音转写。汉文中的有些蒙古语名词,用国际音标加注了读音。

　　五、一种器具有多种用途的,据其主要用途列入某个章节,其他章节不再重复解释。

For Reader's Attention

One. This book was written by B.Buyan, Borjigin in Mongolian and Chinese. The purpose is to reflect the articles primarily, tools of Khorchin Mongolian production and life which related to the middle period of twentieth century of even earlier time. Because of the contents are mostly related to the custom, it is named as *An Illustrated Dictionary of Khorchin Mongolian Traditional Articles*. The word Khorchin here used is of its narrow meaning, indicates the Non Khorchin.

Two. The contents and picture names of the book are translated into English by Deliger. According to the length of the book, only the contents and picture names are translated in text, others are omitted. In order to seek and typeset easily, picture names in text are included in contents.

Three. The most of the illustrations and the photos are drawn or taken by B.Buyan, Borjigin. There put a "*" on the pictures which are cited from reference books or given from others. The direct references of photos or pictures are given their authors terms and listed in the appendix. To increase the informative and rich natures of them, there are given several pictures for each article. The illustrations and the photos in the book are numbered in a unified sign of "No.".

Four. The terms in the book are recorded as the Mongolian habitual usage, while considered the different terms for each article and noticed their Khorchin characteristics and listed them in the notes. The special terms that couldn't be found from Chinese, English, Russian and Japanese, are all transcribed as their Mongolian pronunciation. The pronunciation of some Chinese loan words from Mongolian is transcribed in IPA.

Five. If an article has multiple usages, it is only listed in the related chapter according to its major rule; there are not given repeated introductions for the same item in the other chapters.

1998年5月,内蒙古党委组织部下文任命我为哲里木盟政协副主席、党组成员。

我上任后曾主张把抢救科尔沁文化作为盟政协文史工作的一项主要任务。可惜的是由于当时的条件和一些原因未能列入议事日程。1999年8月撤盟设市,随之改任我为市政协助理巡视员。我失去了一线工作的机会,我的主张也落空了。然而,我不甘心自己无所作为,虚度年华,便用三年时间蒙译并注释了毛泽东诗词,于2003年出版。

有一天,我正在办公室里校阅《毛泽东诗词译注》清样时,白乙拉(时任市政协民族宗教港澳台委员会主任)同志进来,向我提起要策划一部反映科尔沁蒙古族生产生活用品的资料书,想让我担任主笔。我与白乙拉同志曾一起共事,相互了解,他长期在农村牧区工作,对基层的生产生活比较熟悉。他的提议正合我意,我欣然同意了,并商议可以出一部图文并茂的书。于是我和白乙拉、呼木吉勒图(市政协民族宗教港澳台工作委员会副主任)同志组成一个采访组,从2003年开始开始进行调研,走遍原嫩科尔沁十旗范围、阿鲁科尔沁旗和受科尔沁文化影响特深的库伦旗、奈曼旗、扎鲁特旗以及邻近的翁牛特、巴林、乌珠穆沁等地方。

采访工作曾遇到三个具体问题。首先,年代久远。由于我们决定搞20世纪中叶以及以前的资料,有些物品名称已在人们的记忆中消失或变异。其次,涉及面广。由于我们决定搞清代哲里木盟范围内的资料,在历史变迁中有不少地方行政区划已变动,故难以在这个范围内统一组织开展工作。再次,是有些物品濒临绝迹,现在很难找到半个世纪以前的民俗用品了。针对这些情况,我们从科尔沁的腹地现通辽市开始一个旗县一个旗县地调查采访,逐步扩展到邻近地区,共走访了18个旗县,为此我们采取了三项措施。一是收集各旗县文史资料,丰富采集内容;二是走访当地七八十岁的老人,让他们追溯回忆,记录相关资料;三是深入基层寻找实物,就地问询,随时拍照。就这样我们掌握了大量的材料。

在深入农村牧区调查采访,掌握第一手材料的基础上,我从2006年开始着手编写,三年形成初稿,2008年交给出版社。

编撰工作也遇到了一些难题。如蒙汉对照解释物品名称时,有的蒙古名称难以复原了。譬如饸饹,本来就是用本地产的荞面为原料做的科尔沁蒙古人的大众食品,肯定有蒙古名称。现在本地蒙汉都通称为饸饹。"饸饹"一词，是蒙古语还是汉语难以考证。有人说，"饸饹"就是蒙古语，即 xələːɣ，用汉字记载时简化了。我问我母亲，母亲说有蒙古名称，叫"tʃo……"什么，想不起来了。我到蒙古族饸饹店询问，老板说不知道。我采访年纪大的蒙古族顾客，他们都说有另外的叫法，但都记不起来了。我查阅各种词典，终于从"中华民国"戊辰年北京蒙文书社出版的《蒙汉字典》上查出来了，叫"tʃorom"。又譬如，有些东西看起来简单，但画其结构图注明其各部件名称就不容易了。弓箭，是指弓和箭，众所周知，但弓和箭的构成，我以前并不了解，只知道一些部件名称。写到"弓箭"，我画不下去了。我就找原盟体育运动委员会领导阿拉木斯同志请教，他也答不上来，他给我介绍了一个射击运动员。我采访这个射击运动员，他也说不清楚。他告诉我呼伦贝尔盟陈巴尔虎旗某中学一个教师，她带旗射击运动员参加过比赛，而且是一个体育老师，可能有所了解。他用手机联系，对方答应给答复。我发函请教，但不知什么原因至今杳无音讯。我又找阿拉木斯同志，他给我介绍了内蒙古体委老教练特木尔吉如和老人，并用电话予以联系。老人很热情地接受并给我复了函，但寄出来的信却丢失了，我一直没有收到。我用电话询问，他年事已高，不便在电话里交谈。他说内蒙古电视台的诺敏对弓箭很有研究，你可以找他。于是我通过信函联系，诺敏同志很认真地作了答复，我这才落笔补述。

再譬如，有些事项不一定一次采访就能解决，为了写清道明，需要反复核对。诺颜毛都，是树王之意。木材的"镇物"。我小时候听说过，也见过。现在要写，不知道是什么树种。包满仓老人说，达尔汗旗崇尚槭树，槭树为树王，但各旗不一定一样。这与我小时听说的不一样。到原宾图旗调查，当地人说五角枫是树王，并领我们观看了硕大的一棵五角枫树。到原博多勒噶台亲王旗调查，博王旗有的人说是檀香树，有的人说是另外一种什么树，叫不出名称。到土谢图旗调查，土谢图的同志们领我们到吐列毛都寻找，说三十年前此地一个山沟里生长着树王，但现在绝迹了。他们说可能叫花梨木。我们又到科左后旗，大青沟调查，旅游区林业技术员说当地人崇尚的树王就是胡桃树，带领我们观看了高高的胡桃楸。诸如此类问题，经过反复采访、询问、查阅资料，都有了一定的结果。

我们在采访、编写过程中深深感受到随着时间的推移、时代的变迁，科尔沁蒙古族有些风俗习惯已经销声匿迹，有些生产生活用品已经退出历史舞台。现在寻找半个世纪以前的民间实物、民俗物品,以照片形式再现其原貌,有的确实条件不允许,况且有些民俗名称是抽象的,不可能以图片形式表现的。故此书虽定名为《科尔沁蒙古族民俗物品图鉴》,却没有谋求包揽民俗的所有方面,望读者晓知。有些用品虽没有明显的民俗特点,但用于平民百姓或平民百姓所创造,所以也收入了此书。

为了增强可读性、实用性和观赏性,本书未采取专业词典的编纂法逐条排列名词,而是以分门别类的方式划分章节概括地叙述介绍民俗物品的同时,对有关名词作了必要的解释,并且附结构图加以说明。同时每种物品列举一个或数个原物照片。为加强各民族间的文化交流,使更多的人了解科尔沁蒙古族民俗,该书以蒙汉文两种版本出版。汉文版附有英文目录。书,就要出版了。但用汉文撰写的作者本人和图片说明英文译者不是专业的民俗学者,虽然怀着保护和传承民族文化遗产的满腔热情完成了此项事业,但民俗方面学识浅薄、经验不足。尤其是把书中所有的蒙语民俗物品名称准确地译成外文,是有相当难度的。因此,在编著和翻译方面难免有不妥之处,敬请读者谅解、指正。

愿科尔沁文化永放光芒!

孛儿只斤·博·博彦

2009年6月6日于乞颜斋

Foreword

   In May of 1998, the Organization Department of the Chinese Communist Party Committee of Inner Mongolia issued a document and appointed me as vice chairman, the Party Group member of the CPPCC of Jirim League. Since holding the post, I intend to make the rescuing of the Khorchin culture heritage becoming one of the important tasks of the CPPCC of Jirim League. Unfortunately, because of the certain condition of that time and some other reasons, I could not include it in my daily work. In August, 1998, when changed the League into City, I was reassigned as an Assistant Inspector. I lost my first line job opportunity and my suggestion of rescuing and colleting of the Khorchin culture heritage became hopeless, too. But I was not living in a condition of wasting time, in a period of three years; I translated Mao Zedong's poetry from Chinese into Mongolian and published it in 2003.

   One day, when I was proofreading the manuscript of the Mao Zedong's Poetry and Its Translation and Notes in my office, Mr Bayar (he was the head of the Nationalities and Religion Department of the CPPCC of Tongliao City and the Office of Hong Kong, Macau and Taiwan) came in. He told me that he had a thought about compiling of a material book about Khorchin Mongolian production and life, and wanted to appoint me as the editor in chief. I had worked together with Mr. Bayar before. We understand each other well. He worked a long time in countryside and the herding area and knows a lot about the production and life there. His ideas are being mean to my thought and I rather agree with him, and we discussed to publish a book with illustrations. Mr. Bayar, Khumujiltu (the deputy director of the Nationalities and Religion Department of the CPPCC of Tongliao City and the Office of Hong Kong, Macau and Taiwan) and I became a research group and begin our investigation from 2003. We have visited the original whole territory of the ten banners of the Non Khorchin and the areas which has a great impact of Khorchin culture, such as the Khuriy-e Banner, the Naiman Banner, the Jarud Banner, and nearby regions of Ongnigud, Bagarin and

Ujumuchin.

We faced three problems with our investigation. First, there was a long time ago. Because of we decided to investigate the materials related to the middle of the twentieth century or even before, the terms of that time had already changed or forgotten. Secondly, there is a wide related range. Because of we decided to collect materials from the regional size of the Jirim League at the period of Qing Dynasty, but there have appeared a lot of changes in the administrative divisions in the local government and it is difficult to work in a unified investigation there. Besides, because of some of the articles are almost disappeared and it is hard to find the articles which lost half a century ago. For these situations, we started our investigation from the inner area of the Khorchin, today's Tongliao City and widened the investigations to the nearby areas. We visited 18 Banners and Counties in total and taken three measures. I. We have collected materials of the history and culture of the Banners and Counties. II. We have interviewed elderly persons over seventy and let them recall the past things and recorded the related materials. III. We looked for the specific articles from the local areas, visited the sites and took photos and got a number of materials.

We had visited in the countryside and the herding areas widely; I started the compiling of the book on the base of the first materials, finished it in a time of three years, and submitted the manuscript for publication in 2008.

There were many problems in our compiling work. For example, it is difficult to restore the original Mongolian terms in the introduction for Mongolian and Chinese comparative terms. In fact, the Hele Noodle is a kind of Khorchin folk food makes from the local product of buckwheat. So it might be a Mongolian term. Today, both of Mongolian and Han Chinese call it with the same word of Hele. It is difficult to research the word Hele is a Mongolian word or a Chinese word. Someone regards the word Hele is a Mongolian word which changed from the pronunciation of the word Helhiy-e, the Helhiy-e Tang pronounced short for Hele in Chinese. I asked it from my mother, my mother said there was a Mongolian term for it, the word beginning with the letter "chu…", but she could not remember the whole word. I also asked it from the boss of a Mongolian Hele restaurant, but he knows nothing at all about the term. I asked it from the other elderly people, although they thought there might be a term for it, they could not tell out, too. Later, I have been looking it up from the different kinds of dictionaries and at last I looked it up from A Mongolian Chinese Dictionary, which was published at the period of the Republic of China by the Peking Mongolian Press. Its Mongolian term is Churm–a.

For another example, although something looks very simple, it is difficult to record the terms of each part of an article by drawing its architectural structure. Everyone knows what is a bow and arrow, but may not know about their structure. As well, I don't really know about the bow and arrow, though I know the terms of the parts of them, I could not draw them and give introductions for them at the beginning. I visited Mr. Almas, head of the former Sports Commission of the League, he also couldn't give the answers. Instead, he introduced a professional archer, but the archer also knows nothing about them. Mr. Almas introduced me another man, a P. E. teacher from the middle school of the Old Bargu Banner of Hulun Boir City, he always attends some archery competition together with his students, and Mr. Almas thinks this is the very person who might know about the bow and arrow well. The elder archer call to him at once and the teacher agreed to inquire about the articles. I write to the teacher at once too, but I do not know why he still not gives us any answer until today. I visited Mr. Almas again and he introduced Mr. Temurjiruhe for me, a coach of the Sports Commission of Inner Mongolia. At the same time, Mr. Almas telephoned to him and that man was glad to accept answering my questionnaires. The elder coach answered my every question in detail and sent it to me by post, but it was lost in the way and I got nothing, too. I called to the coach, but I found us difficult to understand on telephone, because of his age. The coach introduced Mr. Nomin, a specialist of bow and arrow, works in Inner Mongolia TV Station. I wrote to him and asked about the articles, and Mr. Nomin gave me a very detailed answer, at last. Hence I have made up the writing.

Taking one more example, only an investigation is always not enough for the study, there is needed several times of infestations for writing correct and giving accurate interpretation for the article. The Noyan Tree called the "Modon–u Darulg–a" (means the Nemesis Tree). I had heard and seen it at my childhood. But I don't know the tree is of what species now. According to Mr Bo. Mangsang, the people of the Darhan Banner worship the potassium; the tree is the Noyan Tree, but this worship defers from banner to banner. When we went to visit the former Bingdu Banner, they call the birch as Noyan Tree and guided us to the big birch there. When we went to visit the Bo Wang Banner, some of them said that sandal tree is called the Noyan Tree; some of them said the other kind of tree is called Noyan Tree, but no one remembers the name of it. When we went to visit Tushiyetu Banner, they guided us to the Tuliyemodu Mount and looked for the Noyan Tree. There was a Noyan Tree growing in the ravine here thirty years ago. But it is extinct now. They said the tree may have a name of "the Sandal of the Sea". We also went to the Chunghel–un Guu of the Khorchin Left Hand North Banner and did an investigation there. According to a forest specialist from the Tourist Company, the local people call the walnut tree as Noyan Tree here, and he guided us and visited a very big and tall walnut tree. We did a lot of repeated visits, questions and surveys for these kinds of problems, and approached certain answers and results.

In the investigation, we noticed that some of the Khorchin customs are disappeared without any evidence and some article are already lost from the stage of the history. It is difficult to take photos to show the original articles which had exist half a century ago. There is no that condition for some of them! Besides, some of the custom terms are virtual names and they couldn't be expressed by pictures. Though we called the book as *An Illustrated Dictionary of Khorchin Mongolian Traditional Articles*, we have no idea to cover the whole custom terms in it. Would you please pay your attention to this? Although some kinds of the articles and tools have no obvious feature of the literacy, these are made for the ordinary people or created by the ordinary people, we included these terms in the book.

In order to make the book interesting and extensive readability, we do not introduce the articles by each entry notes like the professional dictionaries. We classified the custom articles into different categories in chapters and parts and wrote their introductions both in Mongolian and Chinese. Simultaneously, there are given their structural pictures and illustrations. There is one or more photos of the original articles for each entry, too. So it is easier for readers' broad understanding and practical uses.

The book is going to be published. But the author of the book, I and the translators of picture illustration of English, none of us are custom specialist, though we have written the book with a passion of saving and inheriting of the national heritage, of course we are lacking of the custom study knowledge and experience. Particularly, it is not easy to translate the custom article terms into foreign languages exactly in this book. Therefore, there may have some mistakes in our compiling and translation. I hope that the readers give us their kind understanding and correction!

May the Khorchin culture shining forever!

元代科尔沁属地(齐王部地图)

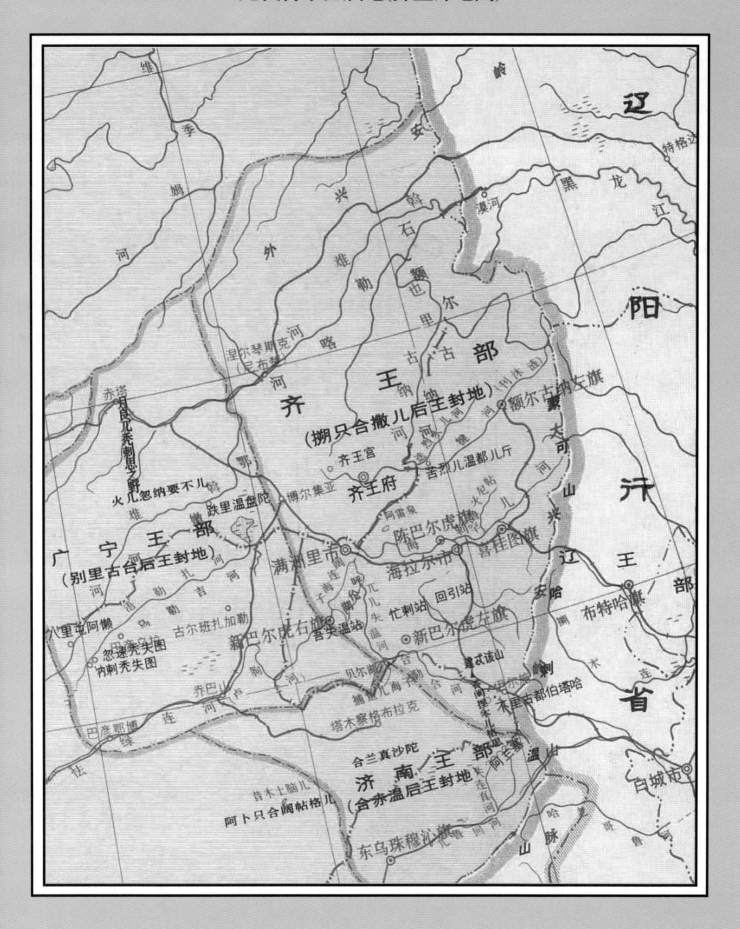

清代蒙古族分布图

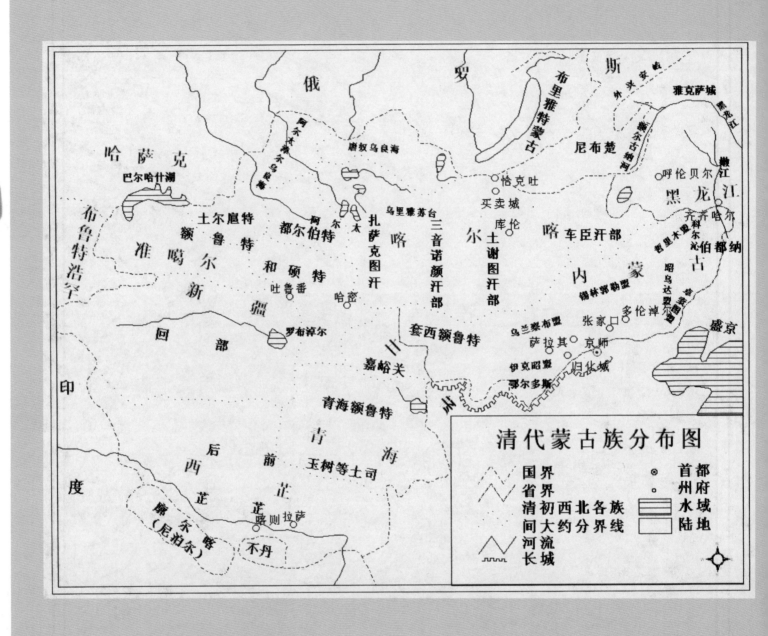

清代蒙古族分布图

国界		◎	首都
省界		○	州府
清初西北各族			水域
间大约分界线			陆地
河流			
长城			

清朝时期哲里木盟(1820年)地图

说明:棕色字为现地名

哲里木盟嫩江十旗分界地图

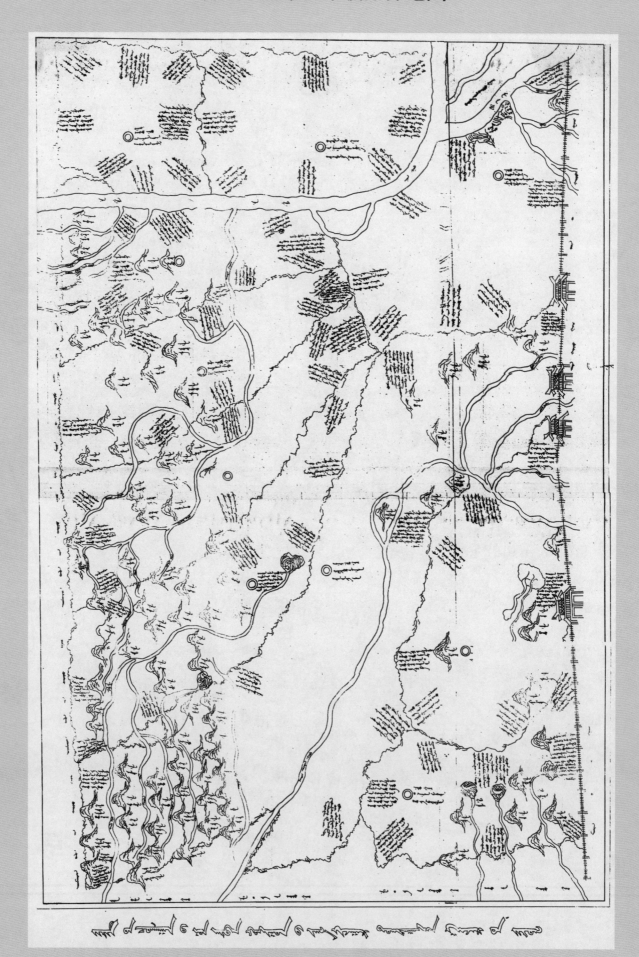

哲里木盟地图(1998年)

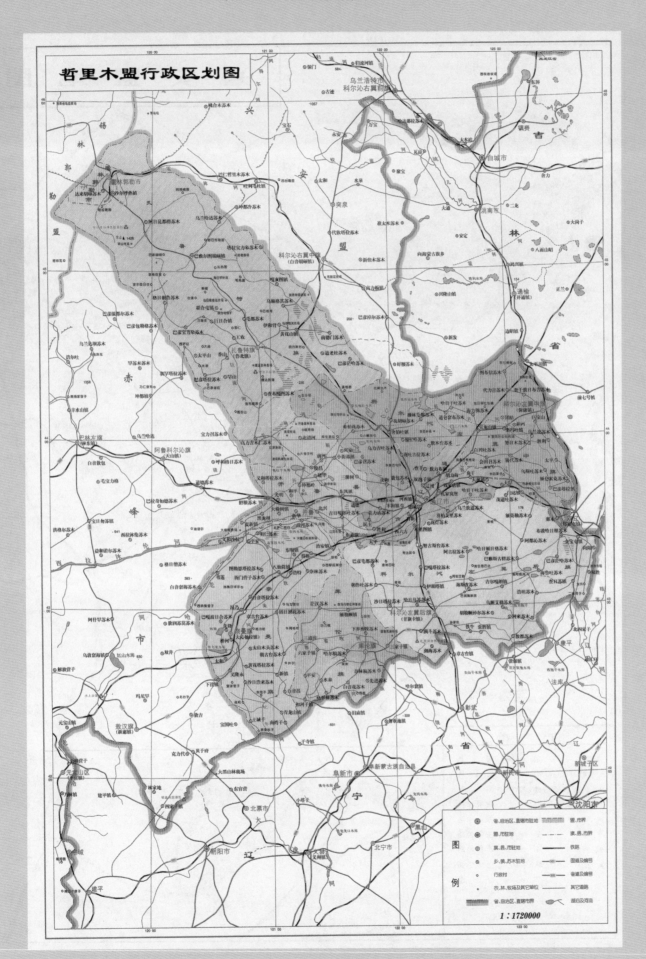

1:1720000

兴安盟地图(1979年)

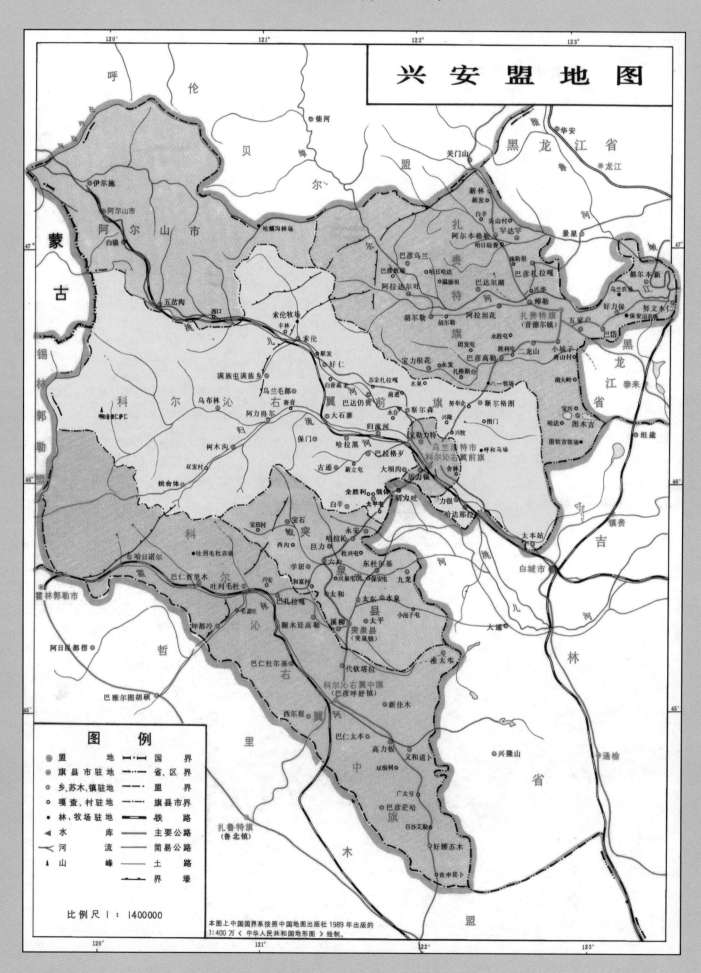

兴 安 盟 地 图

图 例
- ◎ 盟　　　　　　地
- ◉ 旗县市驻地
- ○ 乡,苏木,镇驻地
- ○ 嘎查,村驻地
- △ 林,牧场驻地
- ◣ 水　　　　　　库
- ⋎ 河　　　　　　流
- ▲ 山　　　　　　峰
- ·—·—· 国　　　　　　界
- —··—·· 省,区界
- —·—·— 盟　　　　　　界
- —···—··· 旗县市界
- ══════ 铁　　　　　　路
- ────── 主要公路
- ────── 简易公路
- ────── 土　　　　　　路
- ┅┅┅┅ 界　　　　　　壕

比例尺 1 : 1400000

本图上中国国界系按照中国地图出版社1989年出版的
1:400万《中华人民共和国地形图》绘制。

杜尔伯特蒙古族自治县地图(1998年)

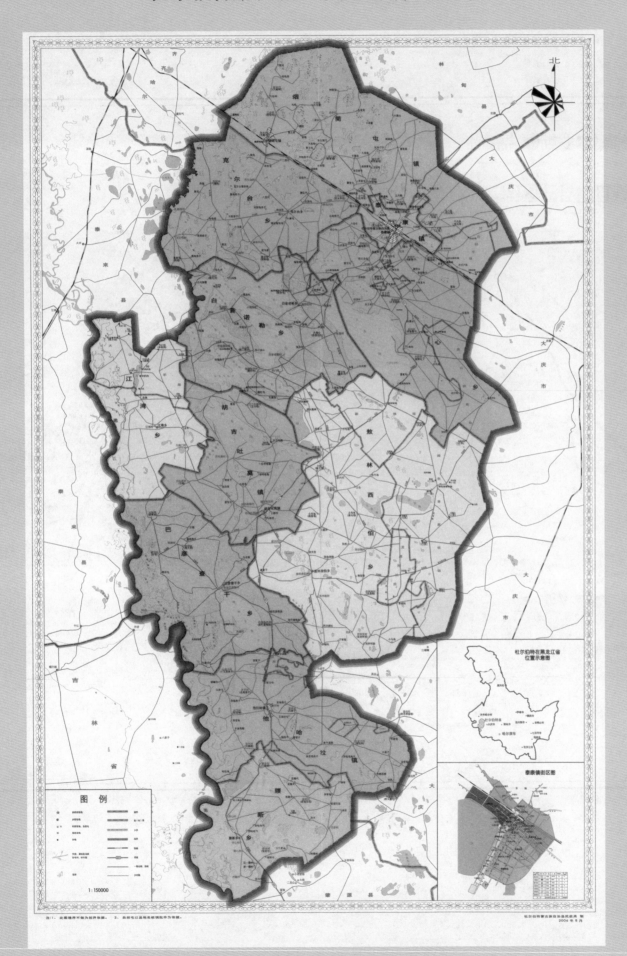

前郭尔罗斯蒙古族自治县地图(1993年)

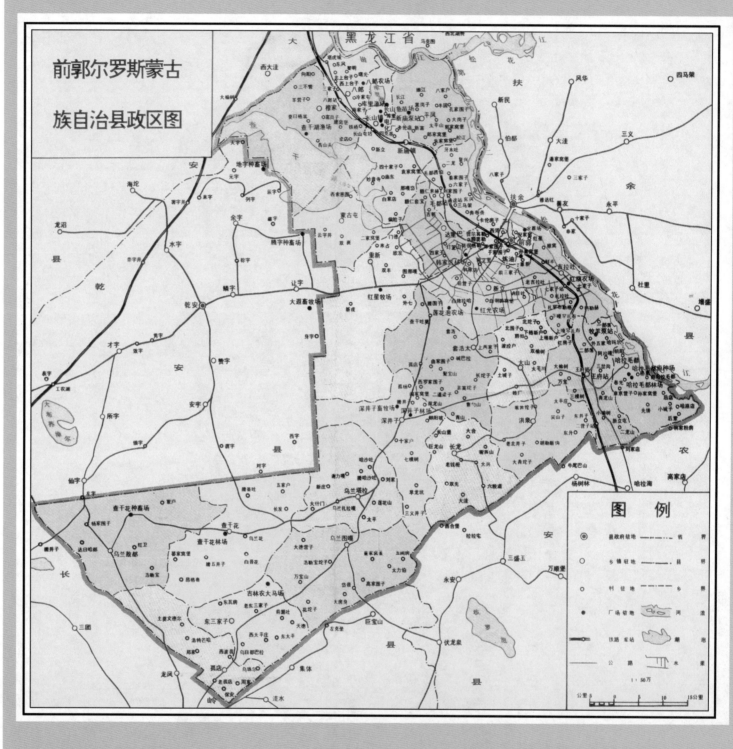

前郭尔罗斯蒙古
族自治县政区图

目录 Contents 科尔沁蒙古族民俗物品图鉴

科尔沁蒙古族民俗物品图鉴

第九章 工匠用具类   **195**

第十二章　医疗器具类　　　　　　　　　269

目 录

第十七章 游戏用具类   379

目 录

科尔沁蒙古族民俗物品图鉴

目 录

An Illustrated Dictionary of Khorchin Mongolian Traditional Articles

Contents in English

目
录

15

目

录

目
录

科尔沁蒙古族民俗物品图鉴

目 录

目

录

目录

目录

目录

目 录

科尔沁蒙古族民俗物品图鉴

目

录

目
录

目

录

第一章 住宅类

科尔沁蒙古人在从嫩江流域扩展到辽河流域和西拉木伦河流域移牧定居的过程中,逐步从游牧经济向半农半牧经济过渡,其居住方式也随之发生了相应的变化,大体上经历了具有游牧特点的蒙古包——具有蒙古包特色的房屋——具有完全定居特点的土房、砖瓦房三个阶段。这个过程延续了近二百年。

第一节　移动式房屋

居住房屋大致可分为移动式房屋和固定式房屋两类。这种分类是由生产方式决定的。移动式房屋是在游牧经济基础上产生的,而蒙古包是移动式房屋的最典型代表。

 穹庐

穹庐,也称毡帐、毡包、旃帐等,俗称蒙古包。"蒙古"是蒙古语,"包"是满语,是"房"的意思。蒙古包,蒙古语称为"蒙古勒格日"(moŋɡol ɡər),蒙古包是北方游牧民族多年游牧生活中的发明创造,是集中反映蒙古诸部族游牧文化特点的象征。

蒙古包,根据其陶脑的构造分为穿连式陶脑蒙古包、插卸式陶脑蒙古包和叠重式陶脑蒙古包。后者主要用于佛教法事活动和王公权贵当作宫廷。根据其哈那分为双哈那蒙古包、三哈那蒙古包、四哈那蒙古包……等。根据陶脑柱子数分为双柱子蒙古包、四柱子蒙古包。在通常情况下,八哈那蒙古包用两个柱子,十哈那以上蒙古包用四个柱子。

蒙古包的结构总体上可分为木结构部分和毡结构部分。木结构上部为伞形支架,下部位圆形支架,包括陶脑、乌尼、哈那、门、柱子、掌子、沙拉等。毡结构部分包括斡日赫、呼勒特尔格、德额布日、查尔巴克、图日嘎毡等。

蒙古包的骨架各个部件都有固定的数目和尺度。木匠们往往采用最常用最简便的测量方法。以六哈那蒙古包为例:哈那的宽横掌长为8拃到9拃,窄横掌长度亦相同。短横掌长为2拃,楔子木长为1拃。外圈、内圈要与横掌相适应,哈那的宽、窄、短横掌之间的距离、楔子木间距和数目与乌尼、哈那的数目是一致的。如果一个哈那的哈那头为15个,那么六哈那蒙古包有90个哈那头,需要90根乌尼,加上门楣上担置的6根乌尼,共需96根乌尼。把96根乌尼头固定于陶脑外围时需用88个楔子木,而且每横掌之间安排11个楔子木。所以,88个楔子木加上横掌的8个头,正好形成96个间隙。哈那高一般为10拃,格子木长为12拃。固定格子木时为了使哈那能伸张、收缩,每根格子木除留2个空位外需要11个皮钉。门的高度一般为9拃,宽度为7拃为宜。

图№0001蒙古包外观

　　Ⅰ前侧

　　Ⅱ后侧

图№0002蒙古包骨架结构

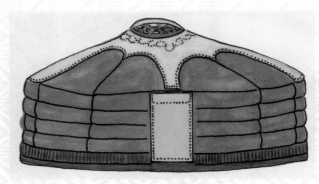

No0001-Ⅰ-a

No0001-Ⅰ-b※

No0001-Ⅱ

No0002

❶ 陶脑

陶脑(tɔːn)是蒙古包结构中的主体部分,汉译称天窗。圆形,中间隆起。有采光、排烟、通风作用,更重要的是具有穿连或插置乌尼的作用。

陶脑可分为穿连式套脑和插卸式陶脑两种。乌尼与陶脑不分离而穿连在一起的叫做穿连式陶脑。乌尼可与陶脑分离,乌尼的根部可插装可拆卸的陶脑叫做插卸式陶脑。

以穿连式陶脑为例,其结构是:

(1)宽横掌——将一根木头中间纵向分开制作,常用榆木、桦木。指向蒙古包的东西方向。

(2)窄横掌——垂直安装在宽横掌中间,成一条线,指向蒙古包的南北方向。

(3)短横掌——共4根,指向四隅,用桦木制。

(4)外圈——一般有3条,用柳条制。

(5)内圈——一般有2条,用柳条制。

(6)木楔子——上有4个或6个羁绳榫孔,侧面有穿绳榫孔,用桦木制。

(7)木栓——对并列的两根宽横掌起固定作用,有4个。

(8)羁绳——用骆驼和牛的生皮制,粗约筷子头,一端为纫头。

(9)穿绳——用鬃绳或皮绳制。

(10)绑绳——用生皮条或鬃绳制,用以缠宽横掌。

(11)坠绳——从陶脑垂下去,用以固定蒙古包。

(12)陶脑顶部——陶脑最高部分。

图No 0003　蒙古包陶脑

　　Ⅰ外观

　　Ⅱ内部

No0003-Ⅰ-a

№0003-Ⅰ-b   №0003-Ⅱ

插卸式陶脑的形状和构造基本上与穿连式陶脑相同。但所用木料、安装方法和横掌弧度、榫孔、楔子木、围圈等略有不同。需用宽、窄横掌各2根，短横掌、木制围圈、木栓各4个，夹木8个，还有楔子木、羁绳等。

另外，还有小型蒙古包用的简易陶脑。

图№ 0004 简易陶脑

　　Ⅰ 萨力陶脑(sær⁻ tɔːn)

　　Ⅱ 萨日勒靳陶脑(saraːldʒn tɔːn)

　　Ⅲ 萨日黑那格陶脑(særxˈnɑg tɔːn)□

　　　　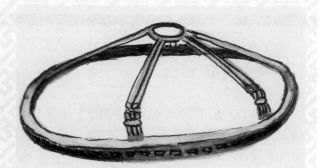

№0004-Ⅰ   №0004-Ⅱ   №0004-Ⅲ

图№ 0005 陶脑的结构

　　①宽横掌　　④外圈　　⑦木栓　　⑩绑绳
　　②窄横掌　　⑤内圈　　⑧羁绳孔　⑪坠绳
　　③短横掌　　⑥楔子木　⑨穿绳孔

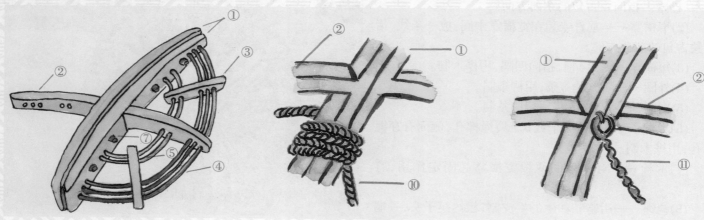

№0005-a

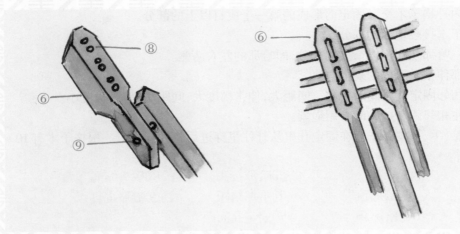

No0005-b

② 乌尼

乌尼(un³),汉译称椽子,乌尼用红柳、杉木制作,必须用同一种木料,而且其长短与陶脑的大小相适应。安装时乌尼的根部朝上,梢部朝下,所以将根部修理成方形头,与楔子木适应,并加工成稍弯曲状。

(1)乌尼头—接插哈那的部位,是根部。

(2)乌尼尾—安置在哈那头的部位,是梢部。

(3)上穿绳孔—乌尼根部的孔。

(4)下穿绳孔—乌尼梢部的孔。

(5)穿绳—用驼毛或马驹鬃搓成。

图No 0006 乌尼结构

　　①乌尼头　③上穿绳孔　⑤穿绳

　　②乌尼尾　④下穿绳孔

图No 0007 乌尼

No0006　　　　　　　　　　　　　　No0007

③ 哈那

哈那(xan)也可称作壁架,是蒙古包支撑陶脑和乌尼的围墙。若用较大陶脑可增加哈那数,包亦相应扩大。但并无减少哈那而将包变小的习惯。哈那具有伸缩的特点,其高低也随之改变。

(1)格子木—常用柳条或柳木制。内格子木外侧和外格子木内侧接触部位略加工成扁形,使哈那顶端部位稍往外弯曲,使其中部稍往外隆起。格子木上钻固定孔时,从顶端到下端要有一致的规格,在3个或2个固定孔之间空一个孔位(哑孔,只留位置,不钻孔),以便于哈那伸缩。

(2)哈那—是指将一定数量的格子木,用皮钉有规则地固定而制成的可伸缩的网状体。固定时,内格子木根部朝上,顺时针方向倾斜;外格子木根部朝下,逆时针方向倾斜。

(3)哈那顶端—指内外格子木交叉固定而形成的第一个皮钉以上的部分。

(4)哈那下端—格子木接触地面的部分。

(5)哈那下端接头—哈那之间用以衔接的部分,即哈那的左右两侧。

(6)哈那格子—哈那伸张时形成的菱形空格。

(7)固定孔间距—相邻固定孔之间的距离。间距大,伸张幅度大;间距小,伸张幅度小。

(8)接头缠绳—缠住相邻两个接头的专用绳索。

(9)哈那皮钉—用驼、牛、马皮制作。在固定孔里从外往里穿进后打结固定。一根格子木有10~11个皮钉结。

图№ 0008　哈那结构

①格子木	②弯部	⑤哈那接头	⑧接头缠绳
❶内格子木	③哈那顶端	⑥哈那格子	⑨哈那皮钉
❷外格子木	④哈那脚	⑦固定孔间距	

图№ 0009　架哈那

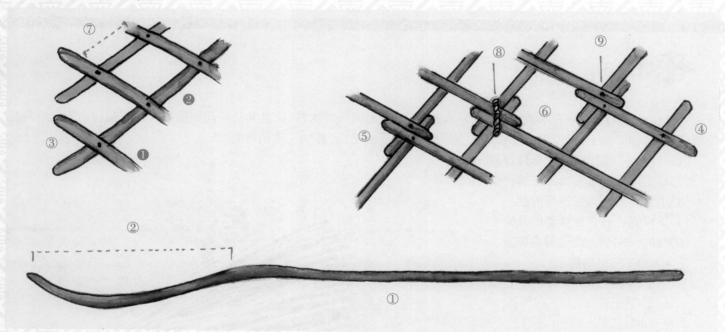

№0008

№0009

④ 巴干

巴干(bagan),汉译称撑杆。利用榆树、桦树、栎树的树杈制作的顶支天窗而备用的柱杆。高约190~230厘米,直径约5~6厘米。巴干用于架蒙古包时支天窗,以找平衡。用后平时存放于西南角哈那头上。

图№ 0010 巴干

No0010

⑤ 柱子

柱子,蒙古语称为图勒古尔(tulguːr)。八哈那以上多哈那蒙古包需用柱子。柱子常用结实的直木制作,如松木、栎木等。柱子支于四根短横掌外端,也有加用方形框架的。柱子常以图案、图画装饰。

图№ 0011 柱子

No0011

⑥ 哈拉嘎

哈拉嘎(xaːlag),汉译称门。常用松木、栎木、榆木、杨木、桦木、椴木等较轻而结实的木料做。

门侧可开的窗户,称连体门,亦称接续门,蒙古语称为扎拉嘎布日·哈拉嘎(dʒalgawar xaːlag)。

全部用板子做成的门叫做实心门,蒙古语称杜类哈拉嘎(duliː xaːlag)。

门的大小是根据哈那高度和蒙古包的大小来确定的。一般分为单扇门和双扇门两类。

(1)单扇门

(2)双扇门

(3)窗户——为了采光而旁边安装的窗扇,镶玻璃。为便于折叠,用合页固定在门边上。

(4)门楣——上侧框边。

(5)门槛——下侧框边。

(6)梃子——门框的左右两边。

(7)绊木——在门梃外侧。有单绊木、双绊木之分。

(8)门扇

(9)楣橛——以示威严而特制,有6个。

(10)户枢——固定门扇,并起转动作用。

(11)铰链

(12)门闩

(13)拉手

(14)皮拉绳

(15)门面板

图№ 0012 门的结构

　Ⅰ 单扇门

　Ⅱ 双扇门

　Ⅲ 连体门

①门楣	⑤门扇	⑨门闩
②门槛	⑥楣橛	⑩拉手
③梃子	⑦户枢	⑪皮拉绳
④绊木	⑧铰链	⑫门面板

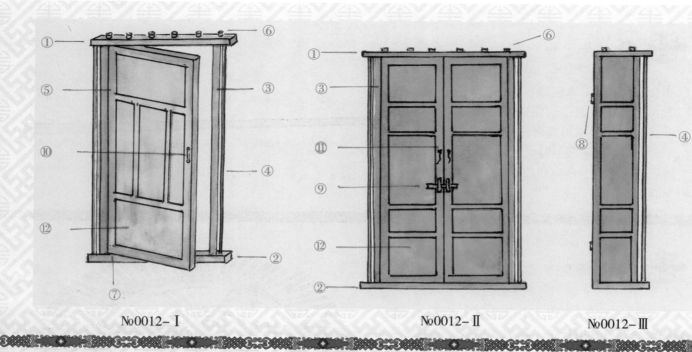

No0012-Ⅰ   No0012-Ⅱ   No0012-Ⅲ

🌀 7 乌德

乌德(u:d),汉译称门帘。有毡帘和柳条帘两种。

(1)毡帘,常以黑色鬃绳饰边,中间绣图案。

(2)柳条帘,是用鬃绳将平行的柳条编制而成,左、右、下三边用皮子缝固。

(3)楣帘——用窄条状白毡子,钉黑边,中间绣吉祥图案做成。对门楣或门帘起装饰作用。

图№ 0013 乌德

  Ⅰ 毡帘

  Ⅱ 柳条帘

  Ⅲ 楣帘

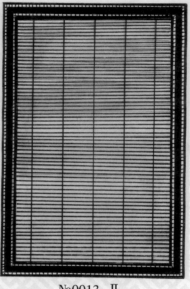

No0013-Ⅰ   No0013-Ⅱ

No0013-Ⅲ

🌀 8 斡日赫

斡日赫(orx),汉译方形天窗盖,亦称蒙毡。是骈幪蒙古包天窗的方形毡子。四周饰边,四角系拉绳。一个角对准门的中心线,另三个角的拉绳平时拴牢。对准门的那个角用于启盖天窗。

图 № 0014 盖着的斡日赫
　　①拉绳
　　②边饰
图 № 0015 开着的斡日赫

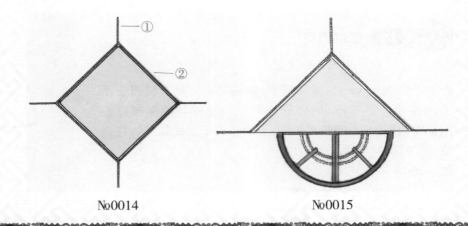

№0014　　　　　　№0015

⑨ 呼勒特尔格

　　呼勒特尔格(xoltrog)，汉译装饰天窗盖(亦称披饰)，也称斡日赫脚。可用毡子或布料制作，有装饰作用和拢盖毡顶的作用。中间留有陶脑孔，东西南北向有4个"长足"，各系有2条短毛绳，所以也称"有足蒙毡"。四隅角各系1条长毛绳，用以栓羁。用黑色鬃绳饰边，里侧编制图案。

　　呼勒特尔格蒙在毡顶的时候，4个长足指向四方，4个短足指向四隅。

图 № 0016 呼勒特尔格
　　①陶脑孔　③短足　⑤内边饰条　⑦图案
　　②长足　　④拉绳　⑥外边饰条

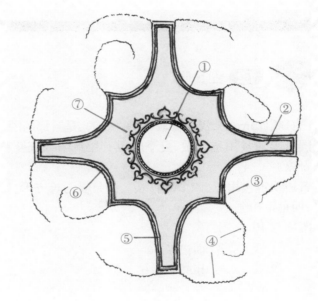

№0016

⑩ 德额布日

　　德额布日(də:wər)，汉译顶盖(亦称毡顶)，是指根据蒙古包顶部形状制作的覆盖毡子。有里外之分，通常情况下德额布日俗称毡顶，里德额布日叫衬毡。外德额布日，由前、后两部分组成，呈扇形，德额布日上边叫领，下边叫襟，上下饰边。

　　后德额布日侧边与宽横掌对齐，前德额布日要比后德额布日长些，接头重叠，不出缝。两块德额布日用8条长拉绳和若干个短拉绳。

图 № 0017 德额布日
　　①后德额布日　④侧边　　⑦边饰
　　②前德额布日　⑤襟
　　③领　　　　　⑥重叠处

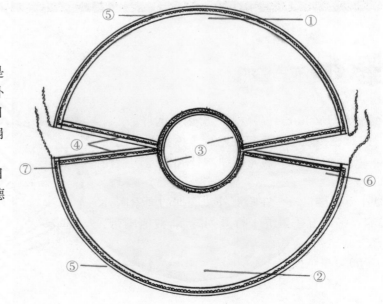

№0017

❶❶ 查尔巴克

查尔巴克(ʧɑrwɑg),汉译帘子(亦称衬毡),是直接覆盖于乌尼上的蒙毡。亦有前、后之分。大、小、式样与德额布日相同。用鬃绳四周锁边,四角系长绳,下边系若干个短拉绳。往往以旧德额布日做衬毡用。

图№ 0018 查尔巴克
①后查尔巴克　　④衬领
②前查尔巴克　　⑤衬边
③缭缝边　　　　⑥衬襟

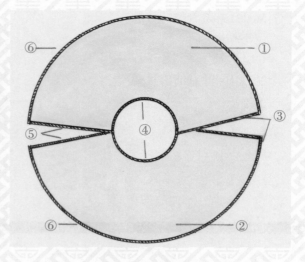

№0018

❶❷ 图日嘎

图日嘎(tuːrɑg),汉译围墙(亦称壁围),是哈那的围毡。
图日嘎通常用毡子做,夏季时也有用芦苇或芨芨草做的图日嘎。
普通蒙古包用三、四个图日嘎。图日嘎为长方形,四边缭缝,四角系扣绳。

图№ 0019 壁围
①领　　③锁边
②襟　　④扣绳

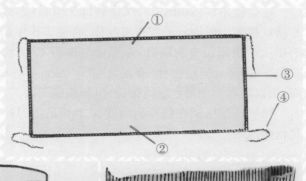

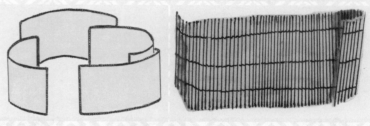

№0019

❶❸ 布色楼尔

布色楼尔(busluːr),汉译围带,分内外两种。
(1)内布色楼尔——直接在哈那上围捆的叫内布色楼尔。内布色楼尔用鬃绳或细木杆和鬃绳连接使用,用1条。
(2)外布色楼尔——在哈那外边围捆的绳索叫外布色楼尔。将四五条鬃绳平行并列缝制,故叫围带,分上、中、下。

图№ 0020 布色楼尔
①内布色楼尔
②外布色楼尔

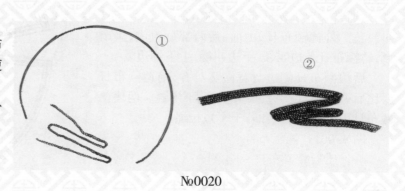

№0020

14 刀特高

刀特高（dɔtɔg），汉译内帘，是在包内，门的上方，从德额布日和查尔巴克中间悬挂的毡帘子。长要超出门宽，宽约30厘米，用毡子或布制作，锁边，绣以图案，主要起装饰作用。

　　图№0021 刀特高
　　　　1毡制刀特高
　　　　2布制刀特高

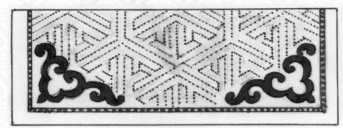 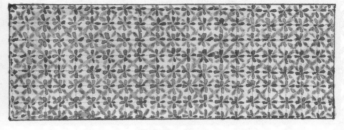

№0021-1　　　　　　　　　　　№0021-2

15 霍希格

霍希格（xoʃig），汉译帐幔，是悬挂于蒙古包哈那上的一种帐幔，用白色薄毡制作，用鬃绳锁边，领、角处绣以图案。分短、长两种。短的悬挂于北侧哈那上。也有覆盖整个哈那的整霍希格。

　　图№0022 霍希格

 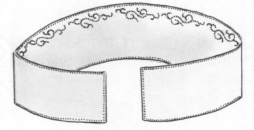

№0022-a　　　　　　　　　　　　№0022-b

16 沙拉　踏布昌

蒙古包内平整的地面或铺砖、石的地面，称之为沙拉（ʃal），汉译地，是指室内地面。沙拉分为三部分。即支火撑子的空间、进出的空间、铺毡子和置木榻的空间。

蒙古包内陶脑正下方放置火撑子，火撑子外边围上方形木框，叫做火撑围子（蒙古语称为土拉嘎因库列，tʊlgiːn xurəː）。从火撑围子到门坎铺有固定或不固定的踏板，称为踏布昌（tawtʃaŋ），汉译地板，通常用松木或榆木做。

　　图№0023 沙拉和沙拉上的设施

　　　Ⅰ 沙拉　　　　　　　　　　Ⅱ 踏布昌
　　　　①铺踏布昌的地方　　　　Ⅲ 火撑围子
　　　　②铺毡子或置木榻的地方　Ⅳ 木榻
　　　　③支火撑子的地方

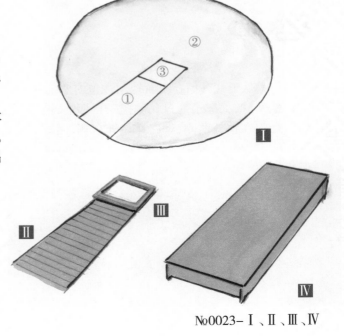

№0023-Ⅰ、Ⅱ、Ⅲ、Ⅳ

17 伊瑟力 希日德克

蒙古包内沙拉上铺的专制厚木板或有矮腿的组合木板，称之为伊瑟力(isər)，汉译拼榻。木榻高约半尺，一般为四组合。在木榻上铺毡垫。也有使用床式木榻的，木榻高度不能超过哈那高度的四分之一。

蒙古包内铺的毡垫称为希日德克(ʃirdəg)，汉译毡垫，通常纳制修饰图案。由四个部分组成，分别叫西希日德克、西北希日德克、东北希日德克、东希日德克。

图№0024 希日德克

①西希日德克　　⑤踏布昌
②西北希日德克　⑥火撑围子
③东北希日德克　⑦支火撑的地方
④东希日德克

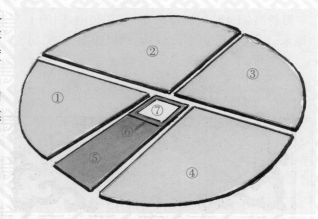

№0024

18 哈雅布其

哈雅布其(xɑjɑ:wtʃ)即哈那脚围子，汉译墙脚围子，用长约20～30厘米，宽约10厘米的板块或用一拃宽的毡条制作，饰以花边或绣以图案。立在哈那脚外围起封闭作用。不用哈雅布其时，冬季用土或雪封闭哈那脚也可。

图№0025 哈雅布其

1 木制哈雅不其
2 毡制哈雅不其

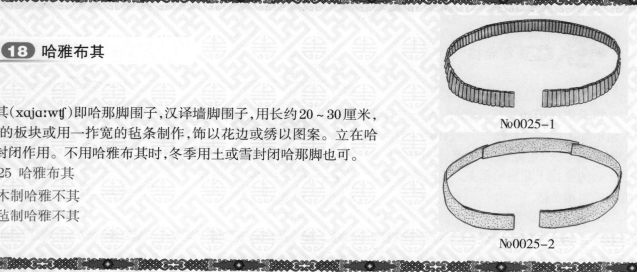

№0025-1

№0025-2

19 炕

科尔沁人从近代开始在东营地蒙古包内搭炕取暖。

在打地基时，火撑子地盘北侧挖三行烟道，铺以石板，泥抹成炕。灶门在包外西侧，烟囱在包外东侧，用草坯砌，须高出哈那。

图№0026 火炕

①灶门　　③烟囱　　　⑤沙拉
②排烟道　④火撑子位置

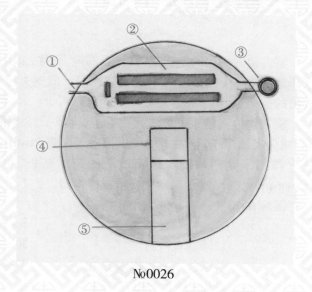

№0026

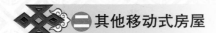 **20 包址**

早先,根据春、夏、秋、冬游牧营地的要求,视地形而选包址。后来,由于在冬营地上搭炕,包址也逐步趋向定点。包址,蒙古语称为通日(buːr)。通常牧民搬迁后,包址,上除留有炕外,还有畜圈、干粪、柴草等,以便日后连续使用。

图№0027 现代蒙古包

№0027

二 其他移动式房屋

除蒙古包外,科尔沁人也普遍使用适于移牧迁徙的简易住所。其实,这些简易住所与蒙古包的起源和发展有关。

① 套卜

套卜(toɔw),也称为套比,与蒙古包上半部基本相同,较之蒙古包陶脑要大、乌尼要长。用绳索把乌尼相连,将乌尼固定在地上,用毡子或布蒙盖即可。朝阳部位去掉几根乌尼作为出入口,挂上毡门帘。

如果用蒙古包顶盖部分做套卜,则在包内挖地,以增加包内高度。

图№0028 套卜

①陶脑 ③毡帘 ⑤围带
②乌尼 ④围毡

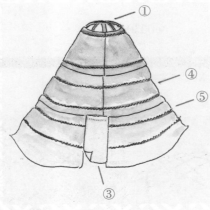

№0028-a

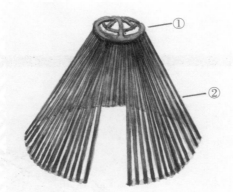

№0028-b

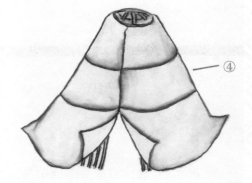

№0028-c

② 插地式套卜

插地式套卜,简称插式套卜,也称哈特固尔套卜(xɑtguːr toɔw),一般用于长途运输或轻装走敖特尔。

将四根弯曲的木头榫孔安装成陶脑,在其外侧下方凿眼,插接乌尼,支起便成哈那。

简易插地式套卜是将上部弯曲的细木杆的下端插入地面,上端相连栓牢,使其隆起,外面蒙以皮、草或毡子等即可。简易插式套卜内可以支火撑子用火,不必安门,去掉二根乌尼即可出入。用整体围毡蒙盖。

除插地式套卜外,还有一种移动式简易居所,叫哈特固尔格日(xɑtguːr gər),汉译插铺,是只用几根乌尼搭起的简易

 13

居所。可将10根、14根、18根、24根乌尼立在地面上,加几道围绳,外面用毡子或芦苇、茅草覆盖即可。

图 № 0029 插地式套卜

　Ⅰ 简易插地式套卜

　Ⅱ 陶脑插地式套卜

　　①立起的乌尼　③缠绳

　　②乌尼

图 № 0030　哈特固尔格日

　　1立起来的乌尼

　　2围起来的状态

　　3芦苇围子

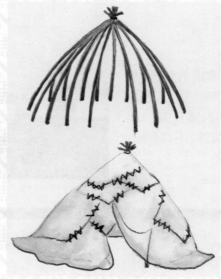
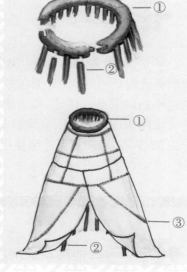

№0029-Ⅰ　　　　　　　　№0029-Ⅱ

№0030-1　　　　　　　№0030-2　　　　　　　№0030-3

③ 扎拉套卜

　扎拉套卜,也称哈那套卜或哈那卧铺,汉译单壁架包,是一种单哈那居所,一般用于长途运输或走敖特尔。通常用40根格子木制作,格子木比蒙古包的格子木长。中型扎拉套卜用26根格子木,有13个哈那头,用10～11个皮钉。皮钉间的距离在格子木腰部稍大些。

　用一个整块毡子蒙盖,也有安装简易陶脑和斡日赫的。

　图 № 0031 扎拉套卜

№0031

④ 奥斡亥

奥斡亥(ɔwɔːiɕɔi)，汉译草庐。将弯过来的乌尼般细木条相连拴牢，上面蒙盖茅草的简易居所叫奥斡亥。野外临时用。

图 № 0032 奥斡亥

№0032

⑤ 帐篷 查查尔 轻便帐篷

（1）帐篷

用布做成的简易居所叫做帐篷，亦称帐房，蒙古语称麦汉(maixan)。分两面帐篷、三面帐篷、四面帐篷等。制作四面帐篷，要加接四个三角形布帘，沿接头中夹入毛绳或麻绳缝住作为拉绳，拉绳下端扣环，用橛子拉紧钉牢。一顶帐篷围一根檩子，两根柱子。一般用8个、10个、12个橛子。

图 № 0033 帐篷

①帐篷横梁　　　⑥帐篷帘
②帐篷支柱　　　⑦帐篷顶两头的穿梁小孔
③帐篷角衬布　　⑧帐篷扣环
④帐篷橛子　　　⑨帐篷围边
⑤帐篷拉绳(合缝处拉绳)

№0033

（2）查查尔

四面有图日嘎的帐篷叫查查尔(tʃatʃar)，即古时的帷幄。

图 № 0034 查查尔

①横梁　　③拉绳　　⑤橛子　　⑦图日嘎
②支柱　　④拴绳　　⑥顶盖　　⑧门帘

№0034

（3）轻便帐篷

轻便帐篷，即布制平顶帐篷，蒙古语称昭德嘎尔(dʒɔdgar)。主要用于迁徙，狩猎。

图 № 0035 轻便帐篷

№0035

第二节　固定式房屋

随着农业的扩展,科尔沁地区出现了各种固定式房屋。半农半牧经济稳定以后,以土木、砖木结构建筑为主的房屋已占主导地位。

固定式房屋,根据其建筑材料可分为土房、砖房、石头房、树条房、草房等。根据其用途和样式分为土房、瓦房、茅房、窝棚、窝铺等。

佛教大量传入后,科尔沁地区寺庙增多,藏式居舍出现,主要由僧侣喇嘛居住。

 一 平房

平房是指平顶房子,与起脊房相对而言。

1 平房的分类

平房,根据其室内明檩子数分为三根檩子的房子、五根檩子的房子、七根檩子的房子、九根檩子的房子等。

根据其外屋门位置分为侧开门房子、中开门房子、后面开门房子等。

根据院内房屋布局分为正房、厢房。厢房又分为西厢房、东厢房。

根据其墙体主材料分为土房、砖房、石头房、板房等。

根据其盖顶材料分为芦苇盖房、秫秸盖房、树条盖房、板条盖房等。

根据其间数分为一间房、两间房、三间房……等。

图№ 0036 平房平面图

Ⅰ 一间房

Ⅱ 带倒厦的一间房

Ⅲ 中开门的三间房

Ⅳ 侧开门的三间房

Ⅴ 两间房

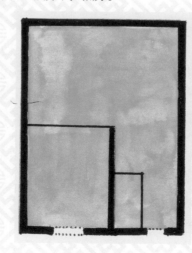

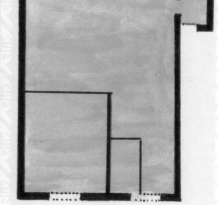

№0036–Ⅰ　　　　　　№0036–Ⅱ

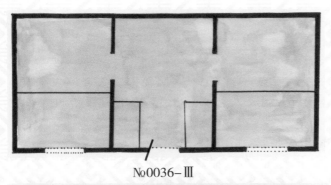

№0036-Ⅲ

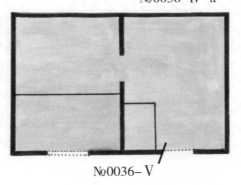

№0036-Ⅳ-a

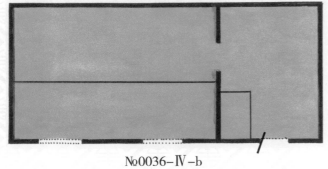

№0036-Ⅳ-b

№0036-Ⅴ

图№ 0037 平房
　　Ⅰ 土房
　　Ⅱ 带倒厦的平房
　　Ⅲ 有石头地基的土房

Ⅰ-a

Ⅰ-b

Ⅱ

Ⅲ

№0037-Ⅰ、Ⅱ、Ⅲ

图№ 0038 院落平面图
　　①正房　　③东厢房　　⑤大门
　　②西厢房　　④门面房　　⑥院墙

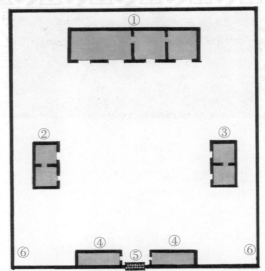

№0038

常见平房有土木结构、砖木结构两种。主要由顶棚、墙壁、地基三部分组成。

（1）顶棚

顶棚，蒙语称为阿达尔（adaːr）。包括檩子、大梁、椽子、盖顶用的材料和抹顶用的材料等。

无支柱平方，把檩子直接放在山墙上。一间普通平房用5根檩子，60根椽子（棚椽子40根、檐椽子20根）。两间平房用10根檩子120根椽子。檩子的长度一般为12尺。椽子的长度与檩子间距相适应。檩子的数量决定房间的跨度，檩子多跨度大。粗细匀称且比较直的松、榆、杨、柳木均可做檩子。直径一般为一拃余至两拃余。

松、榆等材质好的木材做大梁，大梁也叫柁。直径约两拃到三拃余。长度取决于檩子的数量。简易平房，把檩子直接放在大梁上，中间垫枕木。多数房子在大梁和檩子之间用挂柱。根据排雨水的需要挂柱的高度不一，从顶部檩子到边缘的檩子逐渐变短。挂柱的下端垂直插入大梁上面的榫内。挂住上端安装横掌，支于对接的两根檩子接口处。一根大梁需要两根柱子支撑，如果大梁有接头或较长则用三四根柱子。

松木、榆木、杨木均可做椽子。用圆木或半圆木做椽子，直径一般一掌余。方形椽子是破粗圆木做的。椽子分为房顶椽、房檐椽两种。房檐椽比房顶椽长。

有的平房在东西山墙内立暗柱以支撑檩子，也有的用暗柁。

盖顶用的材料主要有板条、树条、柳条、秫秸、芦苇等。可以直接将原材料盖上去，也可以编成整块或若干块席子、房笆等盖顶。近代，为了美观和保暖，已在室内吊顶棚了。

房顶铺土找平后用碱土抹好。山区，用一种防水沙石铺盖，则不必抹泥。

图№0039 秫秸顶棚

№0039-a　　　　　　　　№0039-b　　　　　　　　№0039-c

图№0040 房顶用的房笆

房檐，一般用木条、瓦、砖修饰，或者用芦苇、蒲草编制房檐。

№0040

图№0041 两间平房平面图

①里屋　　④里屋门　　⑦炕
②外屋　　⑤窗户　　　⑧灶
③外屋门　⑥烟囱

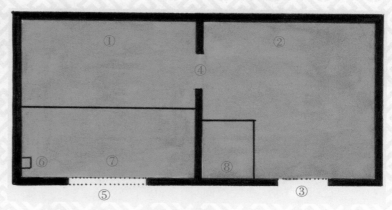

№0041

图№ 0042 无柱子平房结构

①脊檩	④后侧中间檩子	⑦小窗(排气窗)	⑩房檐椽子	⑬东山墙
②前侧中间檩子	⑤后侧边檩子	⑧门	⑪西山墙	⑭北墙
③前侧边檩子	⑥窗户	⑨顶棚椽子	⑫南墙	⑮墙裙子

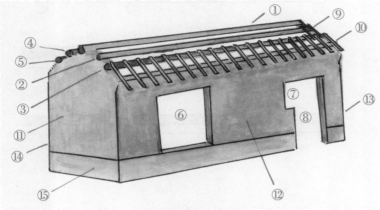

№0042

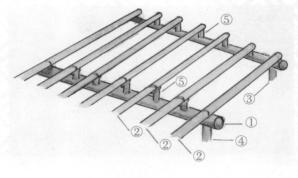

№0043-a

图№ 0043 梁砣、檩子和柱子

①梁砣	⑤挂柱
②檩子	⑥横掌(挂柱侧耳)
③山墙柱子	⑦檩子在挂柱上的接头
④梁砣柱子	⑧挂柱下端榫头和榫槽

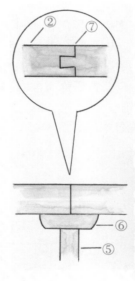

№0043-b

图№ 0044 几种房笆

1编制的房笆	3捆制房笆	5铺制房盖
2帘式房笆	4篱笆	

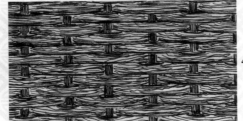

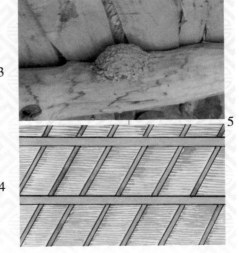

№0044

图№0045 铺砂石的房顶
图№0046 房檐修饰

  1 木条檐　　3 编制檐
  2 瓦檐　　　4 砖檐

№0045

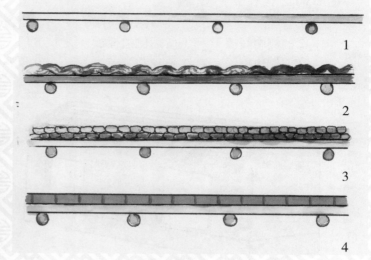

1

2

3

4

№0046

(2) 墙壁

正房,一般都坐北朝南,在南墙上留门窗。过去没有后开门的平房,近代由于街道的出现,有的面向街道开北门。东、西墙略高而又承重,叫山墙。为了采光,北墙、西墙上也有留小窗户的。在西墙内侧连着火炕凿烟囱。

墙壁有石砌、砖砌的,叫石头房、砖房。土房的墙壁是土筑的,筑法因地而异。常见的有:用泥土垛的墙、用土坯砌的墙、借用夹板夯筑的墙、用草根坯(蒙古语称为吉姆,ʤim)垒的墙等,最后都要用泥抹。

山墙的四个垛口都有所修饰。

墙壁上留门窗时,上端放置过木。

图№0047 二间房展开图

  ①地基　　⑨外屋门
  ②地面　　⑩里屋门
  ③火炕　　⑪南窗户
  ④灶　　　⑫气窗
  ⑤西山墙　⑬西窗户
  ⑥南墙　　⑭北窗户
  ⑦东山墙　⑮烟囱
  ⑧北墙　　⑯过木

图№0048 垛的土墙
图№0049 土坯

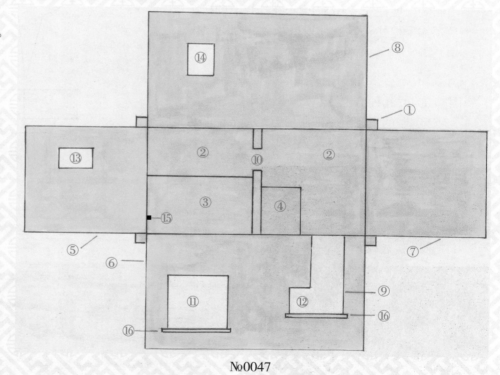

№0047

№0048

№0049

图№ 0050
　　Ⅰ草根坯(草坯)
　　Ⅱ有草根坯墙的房子
图№ 0051 夯筑的土墙
图№ 0052 山墙垛口

No0050-Ⅰ　　　　　　　　　　No0050-Ⅱ

No0051

No0052-a

No0052-b

No0052-c

No0052-d

(3)地基

　　平房地基用两种方法处理。一种是在地基上垫好土、铺碱土,压紧夯实后起墙。一种是挖地槽,挖到一定程度用石头或砖打墙基,然后起墙。如果把墙基增高到地面以上一米左右再起墙,叫做墙裙子。

　　屋内地面有抹泥的,有铺砖的,平整为佳。里屋搭炕,外屋搭灶。一般炕高2.5尺,宽5.5尺,用土坯做搭炕材料,一间房子用300块。炕沿一般用四五指宽、三指厚的柳木做。

　　西墙内侧凿一尺宽的烟道,从炕洞通到房顶上,用土坯垒起二尺高的烟囱。

图№ 0053 地基侧面切面图
　　　①外地面　　③墙基　　⑤墙　　　⑦屋外
　　　②内地面　　④墙裙子　⑥屋内
图№ 0054 农村平房灶火的结构
　　　①灶门　　③灶嗓　　⑤灶帮　　　　⑦锅台
　　　②灶膛　　④灶脸　　⑥灶坑(灰坑)　⑧灰栏

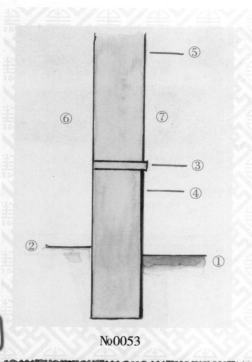

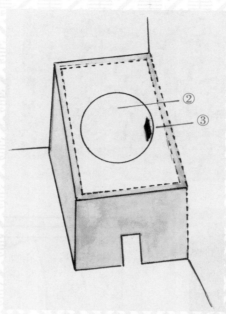

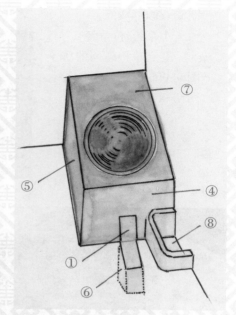

№0053 №0054-a №0054-b

(4)门窗

门窗用不怕风吹日晒的不走形的木料做。

门可分为有户枢的板门和安合页的板门两种。门一般由门框、门扉(门扇)、户枢(或合页)、门墩、门闩、拉绳(或门把)等组成。

外屋门有单扇门和双扇门两种。为了阻拦家禽家畜,外侧安矮门。为了保暖,冬天挂门帘。

为了排烟气,在外屋北墙或门旁安气窗,也有的在房顶上留排气口,称为天窗。为了采光,门上安亮子(窗户),亮子往往与门为一体。有的在外屋天棚上凿孔做天窗,以排烟气。

里屋门通常是安合页的板门,轻巧方便。门扇上部安装玻璃。插门的设备叫做门闩或别棍。

平房正面墙上,一间屋安一个或两个窗户。用纸糊的叫纸窗户,镶玻璃的叫玻璃窗户。窗纸上涂芝麻油使之透亮。窗户由窗框、窗扇、窗台板、窗钩、窗闩、吉祥图案等组成。

窗户里侧用布或绸子做幔帐,外侧挂苇帘,以防雨水。

图№0055 户枢门(单扇)

①门框	⑥转轴	⑪门闩
②门桄子	⑦上门钻	⑫拉绳
③门楣	⑧下门钻	⑬门扉(扇)
④门槛	⑨榫子	⑭别棍
⑤户枢	⑩榫孔	⑮枕木

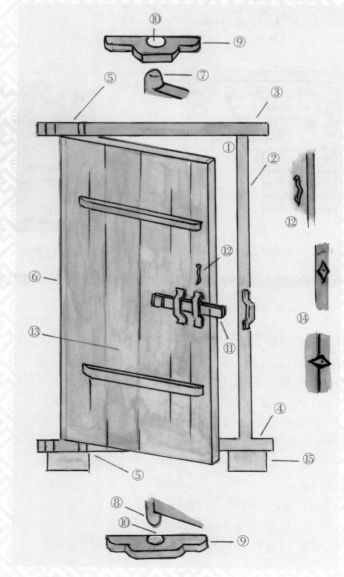

№0055

图№ 0056 合页门
(单扇)的结构
　　①门边
　　②格木
　　③格子
　　④楞子
　　⑤合页
　　⑥把手
　　⑦门板
图№ 0057 矮门
　　Ⅰ 单扇矮门
　　Ⅱ 双扇矮门

图№ 0058 外屋门
图№ 0059 天窗

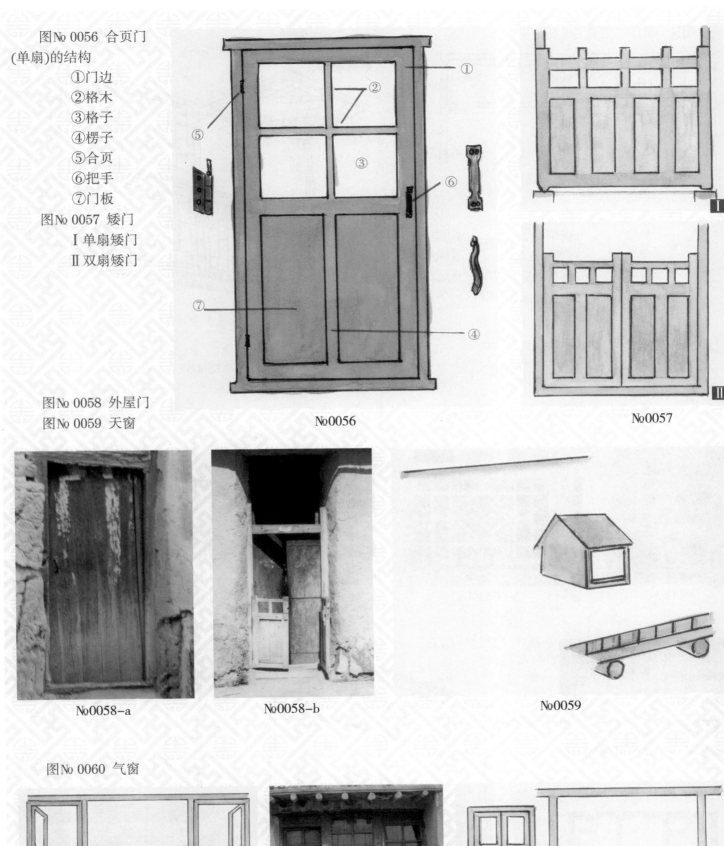

№0056

№0057

№0058-a

№0058-b

№0059

图№ 0060 气窗

№0060-a

№0060-b

№0060-c

第一章　住宅类

23

图№ 0061 门亮子

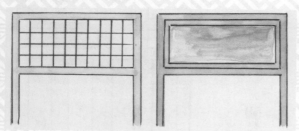

№0061

图№ 0062 窗户的结构

①窗台　　　⑥窗扇梃子　　⑪窗户闩
②窗台板　　⑦窗格(窗棂)　⑫窗竖棂
③窗框　　　⑧窗棂饰边　　⑬窗横棂
④窗框横木　⑨吉祥图案(吉祥结)
⑤窗扇　　　⑩窗钩

图№ 0063 吉祥结

图№ 0064 玻璃窗户
下扇是可以装卸的。

图№ 0065 苇帘

1 放下状态　　2 卷起状态

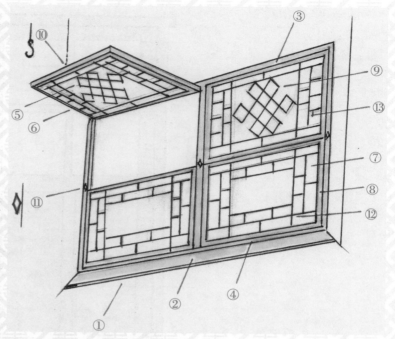

№0062

№0063-a

№0063-b

№0064-a

№0064-b

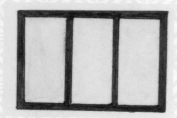

№0064-c

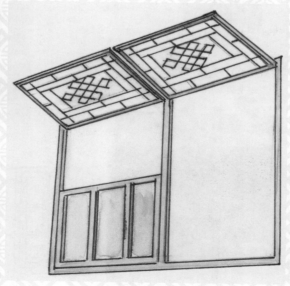

№0064-d

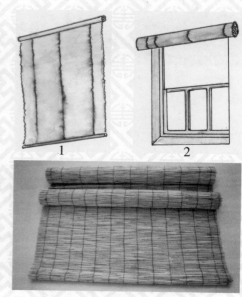

1　　　　2

№0065

科尔沁蒙古族民俗物品图鉴

二 起脊房

有两种:砖墙瓦顶的,叫瓦房;土墙铺草顶的,叫茸屋。

1 起脊房的结构

起脊房由墙基、墙壁、房盖三部分组成。

通常挖一米深的槽用石头或砖砌墙基。主要用木材、土、砖、铺房顶用的板子、篱笆、秫秸、芦苇做建筑材料。

起脊房梁柁的柱子一般采用竖梯式或横连式。木料用于做三角架、檩子、椽子、门、窗等。

起脊房的檩木可分为脊檩、前檩、后檩、前檐檩、后檐檩等。

盖完房后,在房檐下地面上固筑防滴水带(滴水台)。

图№0066 起脊房

　　1 砖房　　　3 草顶房

　　2 土房

№0066-1

№0066-2

№0066-3

图№0067 起脊房的结构

①脊檩	⑤后檐檩	⑨屋脊	⑬屋檐	⑰后连木	㉑门	㉕墙裙
②前檩	⑥椽子	⑩房顶瓦	⑭前柱	⑱前墙	㉒窗	㉖滴水台
③后檩	⑦主支柱	⑪檐瓦	⑮后柱	⑲后墙	㉓窗台
④前檐檩	⑧支柱	⑫檐木(檐边)	⑯前连木	⑳侧墙	㉔台阶

№0067-b

№0067-a

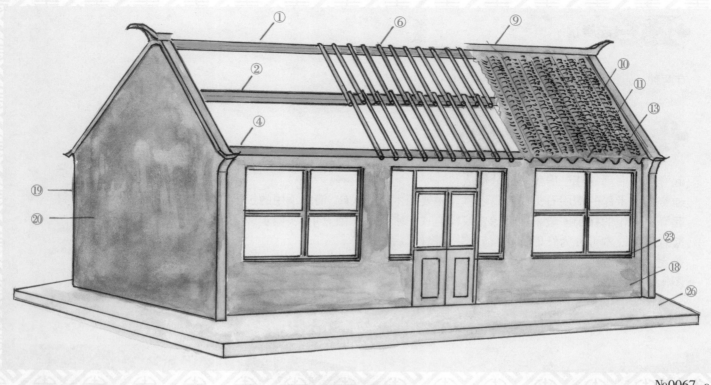

No0067-c

图№ 0068 起脊房的柱子

　　1 竖梯式

　　2 横连式

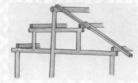

No0068-1

No0068-2

❷ 瓦房

　　过去,富裕人家和公署衙门住瓦房,都用青砖青瓦,故叫青瓦房。

　　房顶上铺瓦后为排雨水而设计的凹道叫做垄沟,盖瓦形成的凸形部分叫做瓦垄。

　　瓦房的门窗结构基本上与平房相同,但所用木料和制作工艺非常讲究。

图№ 0069 瓦房

　　1 房子

　　2 窗户

No0069-1

No0069-2

图№ 0070 瓦房饰件

№0070

❸ 院落

过去,公署衙门、王公府第、富裕人家的住宅和寺庙建有一定规模的院落。这些建筑群都由青砖瓦房、院墙和一些附属设施组成。有的院墙四角设有防卫炮台或炮楼。遗憾的是由于种种原因无一完好保留至今。

图№ 0071 瓦房院落

Ⅰ瓦房庭院　　　　　　　　Ⅳ科尔沁右翼扎赉特旗王府原状图(局部)

Ⅱ科尔沁右翼中旗王府模型　Ⅴ科尔沁左翼后旗博王府复原图

Ⅲ科尔沁右翼杜尔伯特旗王府模型　　1复原图

　　1王府模型　　　　　　　　2遗存的两栋房

　　2王府建筑饰件　　　　　Ⅵ科尔沁左翼郭尔罗斯前旗王府全图

№0071-Ⅰ

№0071-Ⅱ ※

№0071-Ⅲ ※-1

№0071-Ⅲ ※-2

№0071-Ⅳ ※

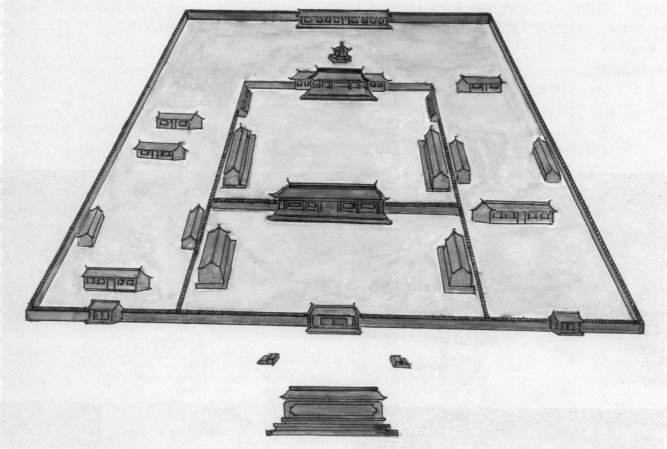

№0071-Ⅴ-1

№0071-Ⅴ-2-a

№0071-Ⅴ-2-b

№0071-Ⅵ※

❸ 葺屋

土墙加茅草屋顶的叫葺屋,墙面抹泥的更加典型。土墙,有泥土垛的、用土坯或草根坯砌的等多种。墙面用泥抹,或葺以苇子、茅草防雨。

图№ 0072 葺屋

图№ 0073 铺茅草的屋脊,房檐

№0072

№0073-a

№0073-b

 其他

窝棚、窝铺,插铺是从迁徙生活向定居生活过渡过程中出现的。虽然保持着蒙古包的形状、结构特色,但已不能移动了。近代以来平房与窝棚同用,平房住人,窝棚当粮仓或仓库用。

❶ 崩格日

崩格日(boŋ gər),即固定蒙古包,汉译窝棚。

由柳条编制的小型崩格日为上下一体,可以推倒,滚动。大型崩格日一般由顶部和墙部组成。

（1）墙壁——根据所用材料分为土墙、树条墙、草捆墙三类。土墙是由土坯或草根坯砌成的，树条墙是用树枝扎杖子或用柳条编制。篱笆墙丈量单位是庹。也有用茅草与牛粪泥粘做成墙壁的。

（2）陶脑——若是墙体八庹长以及比它长的崩格日，安装田字形陶脑，加柱子和蒙毡。

（3）顶盖——通常用柳条编制，外部抹泥，用苇子、茅草葺之。

（4）门窗——砌墙或编笆墙时留门窗位置，一般留于南侧，西侧留小窗。常用柳条编制门。

（5）火炕——屋内靠北墙搭炕，炕的东侧垒灶，西北侧墙体内凿烟囱。如果是树条墙，在墙外另起烟囱。

（6）泥皮——土墙用土抹。树条墙用牛粪泥或土抹。人口较多的人家，可以把两三个崩格日连起来建。

图№ 0074 杜尔伯特草原上的最后一顶蒙古包。

№0074※

图№ 0075 崩格日
　Ⅰ 早期崩格日
　Ⅱ 晚期崩格日

№0075-Ⅰ※

№0075-Ⅱ

图№ 0076 崩格日地面
　①火炕
　②烟囱
　③灶
　④门
　⑤窗户

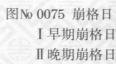

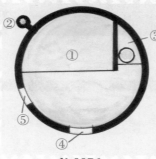

№0076

图№ 0077 崩格日的陶脑
（有12根椽子）

图№ 0078 加夹条杖子
　①外夹条
　②内夹条
　③树条墙根埋入地内

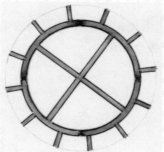

№0077

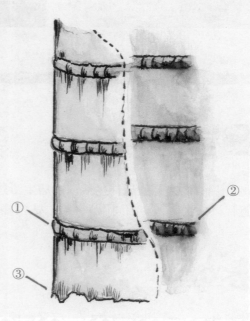

№0078

布日赫格日（burəx gər）。

布日赫格日是方形的,因而有别于崩格日。布日赫格日用檩子,因而可以分间。

(1)墙——用的材料及筑发与崩格日相同。如果是树条墙,中间立柱子,四面均有檐。

(2)房盖——一间屋用三根或五根檩子。铺柳条笆或秫秸,上边用泥抹或茸苇子、茅草。屋顶一般为隆形或尖顶。尖顶布日赫格日用梁柁。

图№0079 布日赫格日的形状

Ⅰ 隆顶布日赫格日

Ⅱ 尖顶布日赫格日

Ⅲ 尖顶布日赫格日正面直观图

Ⅳ 尖顶布日赫格日鸟瞰图

Ⅴ 尖顶布日赫格日大梁

图0080 布日赫格日

Ⅰ 早期的布日赫格日

Ⅱ 晚期的布日赫格日

№0079-Ⅰ

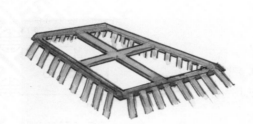

№0079-Ⅱ-a

№0079-Ⅱ-b

№0079-Ⅲ

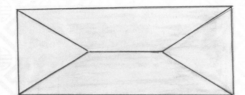

№0079-Ⅳ

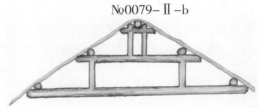

№0079-Ⅴ

№0080-Ⅰ※

№0080-Ⅱ

❸ 布日赫白兴

布日赫白兴(读音 burəx baiʃiŋ),汉译窝铺房,是将布日赫格日与平房连接起来的房子。

陶脑为六边形,每边6根椽子,椽子上盖柳条笆,陶脑有柱子。

图 № 0081 布日赫白兴正面直观图

No0081

④ 努很格日

努很格日（nuxən gər），汉译地窖子，是挖地一米余深，上面架一根或三根檩子搭成的房屋，门矮，内有台阶。

常用于地头田间，有方形或圆形，地面以上高度近两米。

背靠土崖或高丘建成的房屋亦称努很格日，此类努很格日的南墙高度与普通房屋的南墙高度一样。

图No0082 努很格日正面直观图

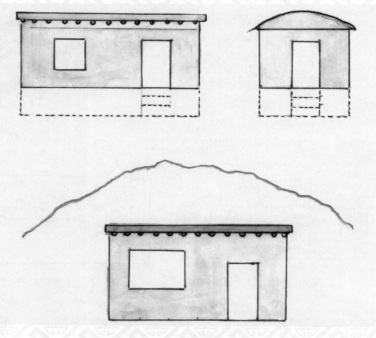

No0082

⑤ 布隆格日

布隆格日（bʊlaŋ gər），汉译马架子，是南北墙上架三根或五根檩子，左右两侧有檐的土房。

南墙有门窗。炕和灶用矮墙隔开。还可以将几间布隆格日连接起来用。

图No0083 布隆格日

　　Ⅰ正面直观图

　　Ⅱ品面示意图

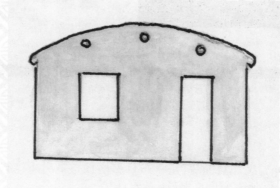

No0083-Ⅰ　　　　　　　No0083-Ⅱ

第二章　棚　圈　类

科尔沁蒙古人定居后,在正房附近搭棚盖圈。尤其富裕家庭都具备院落、棚圈、水井、碾子、磨之类定居生活所需条件。

住户们根据地形选址,一般在背靠沙丘、山或靠近草甸子的地方居住。住户间距较大,以便于饲养牲畜。

通常习惯是水井在正房东南侧,碾房在西南侧,灰堆在东南侧,粪堆(垃圾堆)和拴马桩子在南侧。

图№ 0084 平常住宅院落布局

| ①庭院 | ③植树栏 | ⑤羊圈 | ⑦牛粪栏 | ⑨猪圈 | ⑪粪堆 | ⑬碾子房 |
| ②羊草栏 | ④牛圈 | ⑥菜园子 | ⑧柴火垛 | ⑩拴马桩子 | ⑫灰堆 | ⑭水井 |

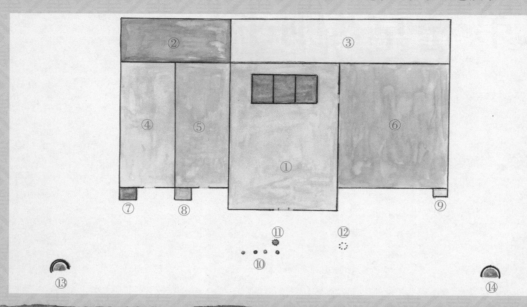

№0084

第一节　棚圈和栅栏

棚圈,根据其用途可分为牲畜圈、牛粪圈、柴火圈、羊草圈、菜园子、树园子等。在房子附近适宜的地方建。有条件的住户为牛、马、驼、羊分别盖棚圈。

栅栏,根据其所采用的材料分为用石头、草根坯、木头、芦苇建的栅栏以及树条杖子、篱笆等。也有在地上挖壕沟当棚圈用。

用树条建的栅栏有加夹条的、编制的、络制的,做法不一。

图№ 0085　畜圈
图№ 0086　牛圈
图№ 0087　牛犊圈
图№ 0088　牛粪棚栏
图№ 0089　羊草棚栏
图№ 0090　草根坯墙圈
图№ 0091　石头墙圈
图№ 0092　夯筑的墙圈
图№ 0093　木栅栏
图№ 0094　树条杖子
图№ 0095　夹条杖子
图№ 0096　篱笆栅栏
图№ 0097　牛粪墙圈
图№ 0098　老牛壕

№0085

№0086

№0087

№0088

№0089

№0090

№0091

№0092

№0093

№0094

№0095

№0096

№0097

№0098-a

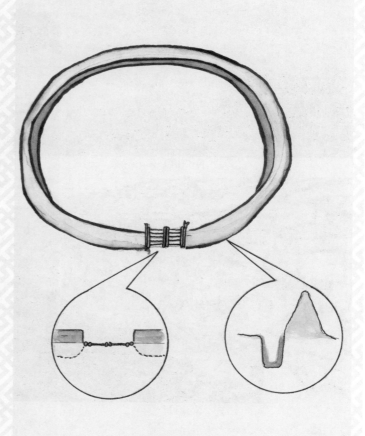

№0098-b

第二节　家禽家畜窝

狗窝、猪圈、鸡窝以及其他家禽家畜的饲舍,均单独盖建。平常,狗窝建在院内,猪圈建在院外,也有挖地窖子当猪圈用。

图№0099 家禽家畜窝
　　　Ⅰ 狗窝　　　Ⅲ 鸡窝
　　　Ⅱ 猪圈

№0099-Ⅰ

№0099-Ⅲ-a

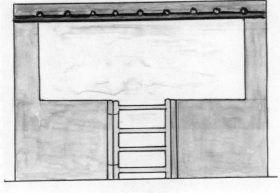

№0099-Ⅱ

№0099-Ⅲ-b

第三节　库　房

　　一般在正房东南侧盖几所布日赫格日当仓库，或专门盖仓房。粮仓，则用牛粪泥抹的柳条囤子，下边加垫，以利通风防霉。

　　也有在院落附近或场院、地头挖地窖储藏粮食的，随用随取。秋季挖好窖后晾干，铺以谷草和糠，粮食下窖后又用糠、草封闭，抹泥冻之。

　　图 No 0100　柳条囤子
　　图 No 0101　储粮囤
　　　　①盖子　　③囤脚
　　　　②囤子
　　图 No 0102　窖
　　　　①窖坑
　　　　②草垫

No0100

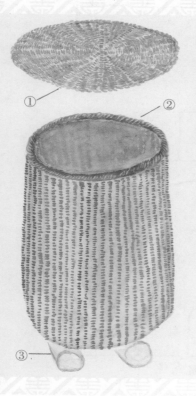

No0101-a

No0101-b

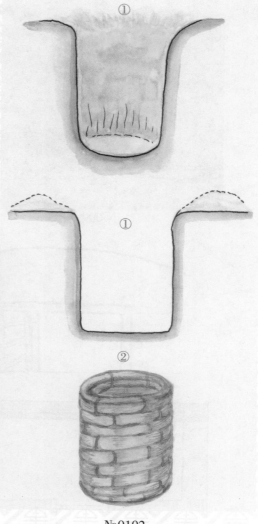

No0102

第四节 水 井

有商达井、阿拉玛井、护栏井等。商达井,汉译浅水井,小而浅;阿拉玛井,汉译大口井;护栏井,在井沿上用木头和板子做护栏。井口上,一般筑略高于地面的平台,有的还安装井盖。到了冬天,在井口外围夹树条杖子以防风沙。

山地水井,用石头砌井壁,较深的井安装辘轳。

沙地水井,用木头、木板或柳条捆子做凹木。

过去,王府和权贵们的庭院内还有制作精致的八面井。

图№0103 护栏井

①井口　　③护栏　　⑤井盖
②井栏杆　④井台　　⑥挡风杖子

山地水井或水位较低的深井要安装辘轳。辘轳由辘轳轴、绞轴(转轴)、绞轴把、轴柱(辘轳轴的支柱)、井绳等构成。没水用柳罐(柳斗)或水桶。

图№0104 辘轳的结构

①绞轴　　③辘轳　　⑤井绳
②绞轴把　④轴柱　　⑥柳罐

图№0105 辘轳

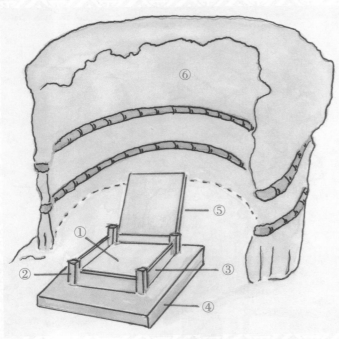

№0103

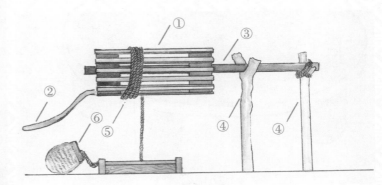

№0104

№0105-a

№0105-b

第五节　碾房　碾子　磨

有条件的人家自己备有碾房和碾子、磨。条件差的地方，一个村子或几户邻居间备有一台碾子。碾房，一般为有简易门窗的一间土平房。有的地方为了防风沙搭个棚或架个杖子就可以了。

　　碾子，由碾轴、碾砣、碾框、碾盘、盘边、碾棍儿等组成。科尔沁地区由于套驴、马，都备有绳套。多有碾房。

　　磨是由磨盘、盘边、磨架、磨棍儿等组成。套驴、马则备绳套。

图№0106　碾子的结构

①碾轴	④碾杠	⑦碾脐儿	⑩碾架
②碾轴碗	⑤碾脐儿榫头	⑧碾盘	⑪碾棍儿
③碾芯(碾盘中央的榫孔)	⑥碾砣	⑨碾盘边	

图№0107　碾子

图№0108　磨的结构

①磨盘	③下磨盘	⑤磨轴	⑦磨棍
②上磨盘	④磨眼	⑥盘台	⑧磨架

图№0109　磨

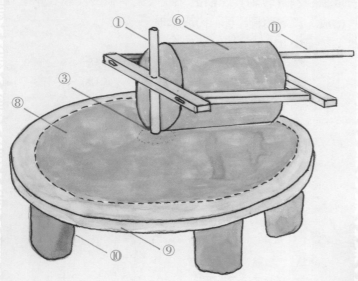

№0106-a

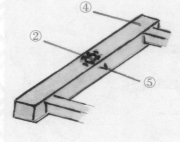

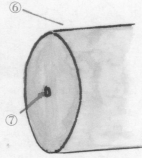

№0106-b

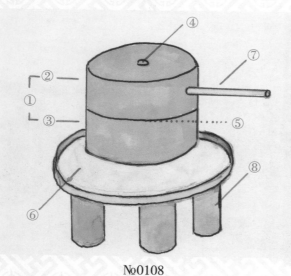

№0108

№0107-a

№0107-b

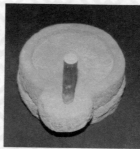

№0109-a

№0109-b

科尔沁蒙古族民俗物品图鉴

第一节　车辆种类

　　蒙古人发明和使用勒勒车，已有久远的历史。勒勒车，具有构造简单、用途广泛、使用方便、非常适于草原自然地理环境等特点，因而自古以来成为蒙古人主要交通工具一直沿用到今天。勒勒车种类很多，有放哨巡逻用的哈鹿台勒勒车，有迁徙倒场用的哈姆（带蓬的）勒勒车、杭盖勒勒车、四轮勒勒车，有长途旅行用的哈喇（带轿子的）勒勒车，有生产生活用的哈萨克勒勒车、阿力斤勒勒车、阿布达日勒勒车，专门拉水用的拉水勒勒车等。

　　勒勒车，以其驾车的役畜可分为马拉勒勒车、牛拉勒勒车、驴拉勒勒车；以其制作车轮的材料可分为木勒勒车、铁勒勒车；以其车轮数量可分为双轮勒勒车、四轮勒勒车等。

　　各个种类的勒勒车，其构造大致相同。

　　图№0110 车

　　　Ⅰ 杭盖勒勒车　　Ⅲ 哈喇勒勒车　　Ⅴ 拉水勒勒车
　　　Ⅱ 哈姆勒勒车　　Ⅳ 宽辋勒勒车

№0110-Ⅰ-a

№0110-Ⅰ-b

№0110-Ⅲ

№0110-Ⅱ-a

№0110-Ⅳ

№0110-Ⅱ-b

№0110-Ⅴ

第二节 杭盖勒勒车

杭盖勒勒车,是草原上通用的一种木勒勒车。杭盖勒勒车由车辕和车轮两部分组成。

一辆杭盖勒勒车有两根辕木,两根辕木上共凿24—30个榫孔,包括车辖2个榫孔、车撑16个榫孔、车舵2—4个榫孔、车帮4—8个榫孔。

每一个车轮由一个车毂、6个车辋、16根车辐、2个轮圈、2个轴圈、8个车轴木楔组成。车辋,分原木车辋、锯拼车辋、折弯车辋三种。利用弯曲原木制作的叫做原木车辋,将粗木锯开后拼制成四方形的叫做锯拼车辋,将原木折弯而制作的叫做折弯车辋。安装车轮时,将车辋头朝后、尾朝前安装。有几个车辐榫孔,就叫做几孔车辋。标准车辋为三孔车辋。若是四孔车辋,须搭配用两孔车辋。

车辕上悬挂油壶的钩子,叫做特日格。

 一 车辕部分

车辕部分包括驾辕部分和车槽部分。

❶ 驾辕部分

(1)辕木——长约400厘米,两根。

(2)车辖——车辖由下向上楔入。

(3)车轭——用木材的自然弯曲状制。

(4)上轭——上侧有槽。

(5)下轭——比上轭略细,较轻便。

(6)木环——从上轭两端的孔拴在车辕上的绳索,习惯用树条。

(7)下轭系绳——从下轭两端的孔拴在车辕上的绳索。

❷ 车槽部分

(1)车厢——两个挡板及其中间的部分。

(2)挡板——长约90～120厘米,分别用四根支柱在辕上固定。

(3)挡板支柱——高25～30厘米,固定挡板。

(4)车掌——长度与辕距相适应,一辆车有八根车撑。

(5)车厢底板(车笆)——用树条在车掌上编制,也可铺木板或笆。

(6)车舵——有组合车辕和车轴的作用。

(7)舵木支桩——有长支桩、短支桩之分。

(8)长支桩——穿过辕木插入挡板的支柱。

(9)短支桩——仅穿入辕木的支柱。

 **二 车轮部分**

车轮部分包括车轮和车轴。

(1)车轮——成双,木制。

(2)车毂(轮毂)——每轮有一轮毂。

(3)车毂外圈——套于轮毂外,有加固保护作用,铁制。

(4)毂孔——安装车轴孔。

(5)车毂里圈——安装于毂孔内外边沿的铁圈,也有整体里圈。

(6)内里圈——为主,安装于内侧。

(7)外里圈——为次,安装于外侧。

(8)圈钉——固定里圈的钉子。

(9)车头小档——有阻固车毂里圈的作用。

(10)安车辐里端孔——在轮毂上。

(11)车辐——一侧轮有18条。

(12)车辐里端——插入轮毂的头。

(13)车辐外端——插入车辋的头。

(14)车辋——一侧轮有6根。

(15)羊角桩——小木楔子,有加固作用。

(16)车轴——安装于车轮毂孔,担舵木的横木。

(17)车铜——在车轴上固定,减少车毂里圈摩擦。

(18)车辋背——车辋曲部外侧。

(19)车辋口——车辋凹口头。

(20)车辋尾——车辋凸尖头。

(21)安车辐外端孔——在车辋曲部。

图№0111 勒勒车的结构

①车辕部分	⑬舵木	㉕车辐
②车槽部分	⑭舵木桩子	㉖车辐里端
③车辕	⑮长支桩	㉗车辐外端
④车辖	⑯短支桩	㉘车辋
⑤上轭	⑰车轮	㉙羊角桩
⑥下轭	⑱车毂	㉚车轴
⑦木环	⑲车毂外圈	㉛车铜
⑧下轭系绳	⑳毂孔	㉜车辋背
⑨挡板	㉑车毂里圈	㉝车辋口
⑩挡板支柱	㉒圈钉	㉞车辋尾
⑪车掌	㉓车头小档	㉟安车辐的外端孔
⑫车厢底板	㉔安辐条的里端孔	

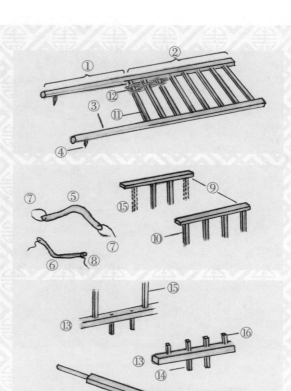

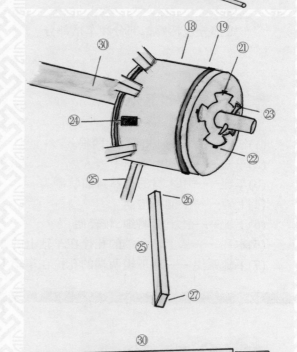

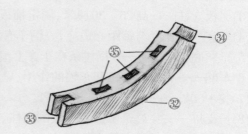

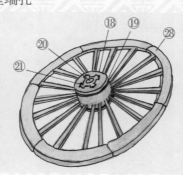

图 № 0112 车轮
图 № 0113 车轴
图 № 0114 车轴铁箍
图 № 0115 车油瓶
　1 油瓶
　2 抹油杆

№0112-a

№0112-b

№0113

№0114-a

№0114-b

№0115-1

№0115-2

45

第三节　哈姆勒勒车

姆勒勒车,是指杭盖勒勒车上安装哈姆(车篷)的勒勒车。车篷高度通常为100—112厘米,宽度通常为190厘米。

哈姆勒勒车,分非固定式哈姆勒勒车和固定式哈姆勒勒车两种。

一 非固定式哈姆勒勒车

非固定式哈姆勒勒车是将单独做的哈姆放置在车槽内的车,可装可卸。主要部件有:

(1)挡头木——2根。

(2)椽子——5根。

(3)边木——4根。

(4)短支柱——4~6根。

(5)横木——2根。

(6)底木——2根。

(7)挡板——若干。

图№0116 非固定式哈姆勒勒车车篷

①挡头木	③边木	⑤横木	⑦挡板
②椽子	④短支柱	⑥底木	

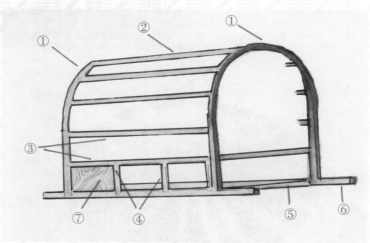

№0116

二 固定式哈姆勒勒车

固定式哈姆勒勒车的篷和车是一体的,篷的做法与非固定式哈姆勒勒车基本相同。主要部件有:

(1)挡头木——2根。

(2)挡头木槽——5个。

(3)长支柱——4根。

(4)短支柱——6根。

(5)椽子——5根。

(6)边木——4根。

(7)前横木——1根。

(8)后横木——2根。

(9)侧挡板——若干。

(10)后挡板——若干。

图№0117 固定式哈姆勒勒车车篷

①挡头木	⑥边木
②挡头木槽	⑦前横木
③长支柱	⑧后横木
④短支柱	⑨侧挡板
⑤椽子	⑩后挡板

№0117-a

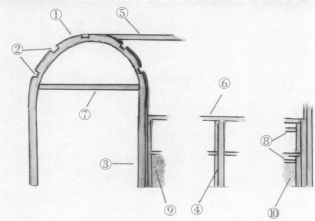

№0117-b

第四节　铁勒勒车

铁勒勒车，因车轮外圈有铁制护层，故称铁勒勒车。不过大部分材料仍以木为主。

 **一 铁勒勒车构造**

铁勒勒车构造，大体上与杭盖勒勒车相一致。所不同的是铁勒勒车车辖由上向下钉入，余头留上边；杭盖勒勒车车辖由下向上楔入，余头留下边。铁勒勒车车轮接触地面部分加铁制护层，并用蘑菇钉子加固，而杭盖勒勒车则一律用木料制作。铁勒勒车驾车的役畜须鞲鞍子，杭盖勒勒车则不用。

铁勒勒车车轮有两种。一种为车轮在车轴上转动；一种为车轮固定在车轴上，车轮和车轴一起转动。铁勒勒车一般驾若干头役畜，并备有相应的拉绳，而杭盖勒勒车则不用拉绳，只驾一头牛即可。

图№ 0118 铁勒勒车和杭盖勒勒车的主要区别

　　1 铁勒勒车
　　2 杭盖勒勒车

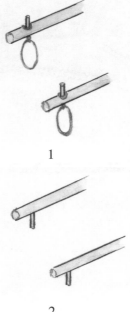

1

2

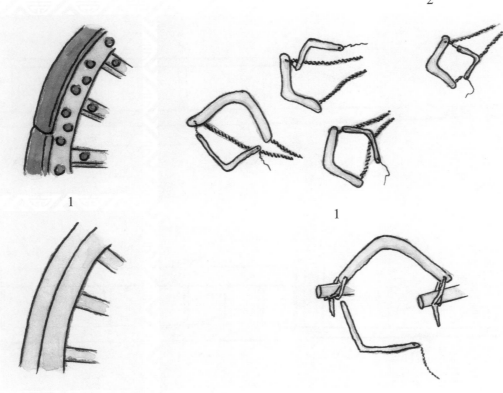

1

2

1

2

1

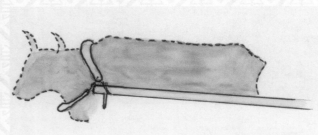

2

No0118-b

图No0119 铁勒勒车的结构

①辕　　　　　⑤车掌　　　　⑨轮毂　　　　⑬蘑菇钉子　　⑰铁圈
②车辖　　　　⑥底板　　　　⑩车轮　　　　⑭车轴　　　　⑱辐条
③挡板　　　　⑦舵木　　　　⑪木辋　　　　⑮车铜
④挡板支柱　　⑧舵木桩子　　⑫铁辋　　　　⑯辐木

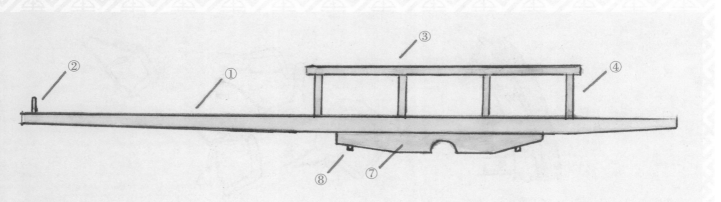

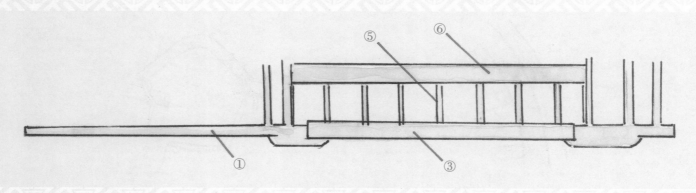

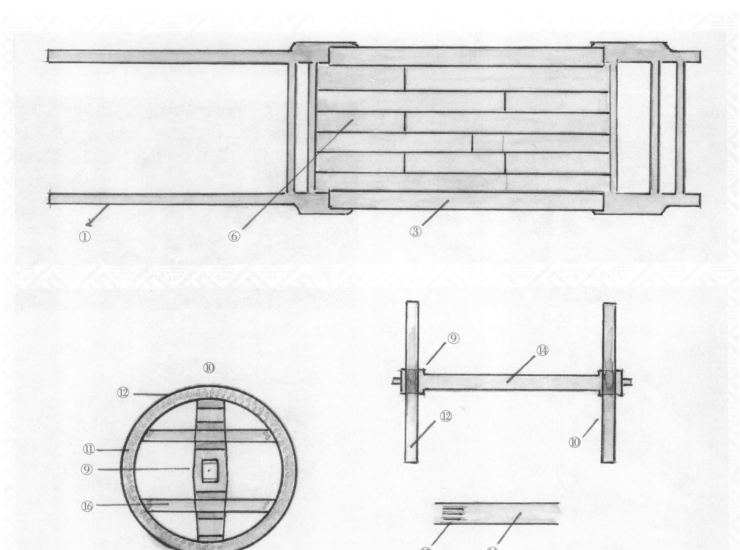

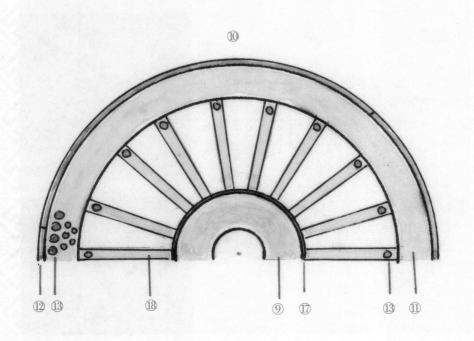

№0119-b

49

图 № 0120 铁勒勒车轮子
 Ⅰ 车轴上转动的轮子
 Ⅱ 车轴上不转动的轮子

№0120-Ⅰ-a

№0120-Ⅰ-b

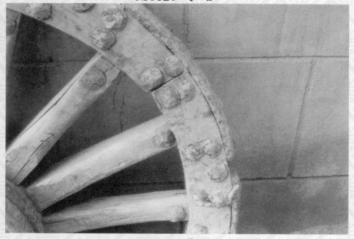

№0120-Ⅰ-c

№0120-Ⅱ

二 铁勒勒车套绳

铁勒勒车,通常驾牛或马。驾牛的叫做牛拉铁勒勒车,驾马的叫做马拉铁勒勒车。马拉铁勒勒车,一般驾四匹、五匹、七匹不等。牛拉铁勒勒车,一般驾四头牛(犍牛),四头牛按其所驾位置分别叫做辕牛、里套牛、中套牛、外套牛。每头牛都有专用套绳,其长短略有不同。

一头牛用一对车轭(一个上轭、一个下轭)及一根穿入上车轭斜孔的套绳,套绳一头系于车辕楔头上。

系在牛角上用于牵牛或连牛的绳索,叫做縻绳(牛缰绳)。

铁勒勒车驾牛或马,要鞴鞍子。鞍子,也叫做驮鞍或驮架子,用木头制作。

图 № 0121 牛拉铁勒勒车套绳

①驾辕牛	⑤上轭	⑨铁环	⑬车鞍子
②里套牛	⑥下轭	⑩舵木	⑭搭腰 肚带
③中套牛	⑦鞅子系绳	⑪拴绳钩	⑮后鞧
④外套牛	⑧套绳	⑫牵绳	

№0121-a

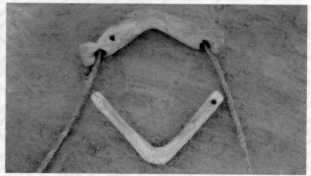

№0121-b

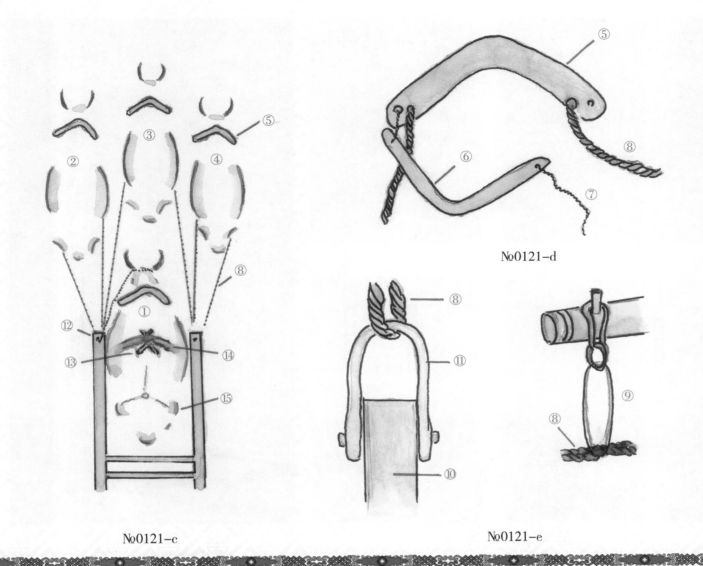

№0121-c

№0121-d

№0121-e

图№ 0122 马车

  Ⅰ 套绳

  Ⅱ 驾马位置

    ①辕马   ③中排   ⑤右套马

    ②前排   ④左套马   ⑥中套马

  Ⅲ 车鞍子

  Ⅳ 其他用具

№0122-Ⅰ-a

№0122-Ⅰ-b

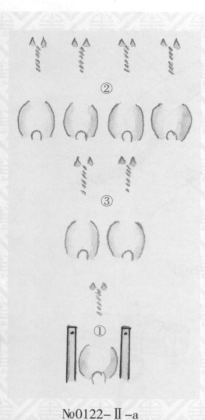

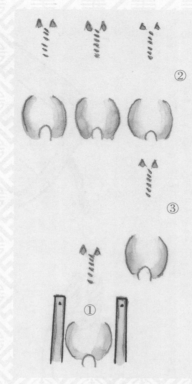

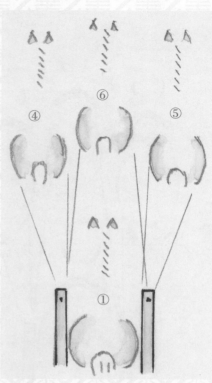

№0122-Ⅱ-a

№0122-Ⅱ-b

№0122-Ⅱ-c

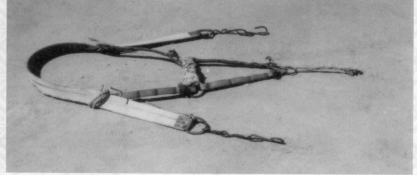

№0122-Ⅲ

№0122-Ⅳ

三 铁勒勒车用具

用铁勒勒车运输柴草、牛粪、粮食时，需要使用一些辅助工具，如车厢筐、车围栏、车架等。

1 车厢筐

车厢筐是专用于车上装东西的用柳条编制的围栏，无底。也有用木条串制的。

图№0123 车厢筐

№0123

② 车围栏

车围栏是专用于车上装东西的用具。常用的有围帘、厢板、席箔等。

(1) 围帘

将直木条穿连成可卷、可展的帘子，高约2~3尺，长度据需要而定。有柳条帘、秫秸帘、竹帘等。

图№0124 围帘

№0124-a

(2) 厢板

厢板是由两对长短挡板组成的。将四块挡板按设定位置安装即可。

图№0125 厢板

(3) 席箔

席箔是用秫秸篾、苇蒾编成的，宽1.5尺左右，长约几丈。囤粮、用车拉东西用之。

图№0126 Ⅰ席箔 Ⅱ树条箔

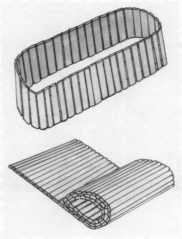
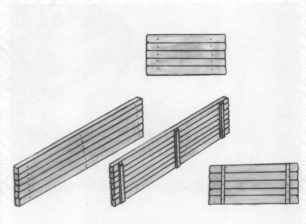

№0124-b

№0125

№0126-Ⅰ

№0126-Ⅱ

③ 车架

车架是用四根或八根木头固定的方形框架。在车上拉柴草及其他物品时专用的辅助用具。

图№0127 车架

№0127

❹ 煞绳 绞棍

用车拉柴草时用煞绳、绞棍、绞杆。

煞绳是用皮革或线麻搓成的粗绳。绞棍，粗而尖，是长约3尺的圆锥体木棍；绞杆，细而长，用于绞紧煞绳。

图№ 0128

Ⅰ 绞棍

Ⅱ 绞杆

Ⅲ 煞绳

№0128-Ⅰ

№0128-Ⅱ

№0128-Ⅲ

❺ 车鞭子

车鞭子有大小两种。一般为竹竿或木竿，鞭绳用皮条制。

图№ 0129 车鞭

1 大鞭子

2 小鞭子

№0129-1

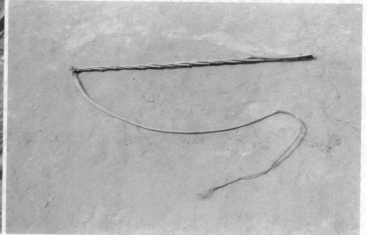

№0129-2

第五节 旱橇

旱橇，是一种用役畜牵引、可以在地面上滑行的交通工具，半农半牧地区种地时，用于拉东西。

牛拉的旱橇构造很简单，由两根滑板、两根挡板、若干根挡板立撑和横撑及盖板组成。滑板前端向上翘起，并有系绳的环钩。其套绳与勒勒车套绳相同。

驼拉的旱橇，除辕木较长外，其它均与牛拉旱橇相同。

图№0130 驾牛的旱橇
①滑板 　④横掌
②挡板 　⑤盖板
③挡板支柱 　⑥拴绳钩

№0130-a

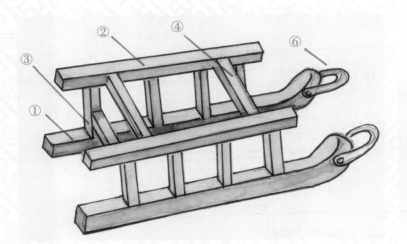

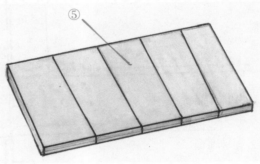

№0130-b

图№0131 驾驼的雪橇
①雪橇辕木 　④雪橇坐板 　⑦驼峰押绳 　⑩鞍屉
②雪橇扶手 　⑤雪橇盖板 　⑧牵带
③雪橇滑板 　⑥雪橇竖掌子 　⑨肚带

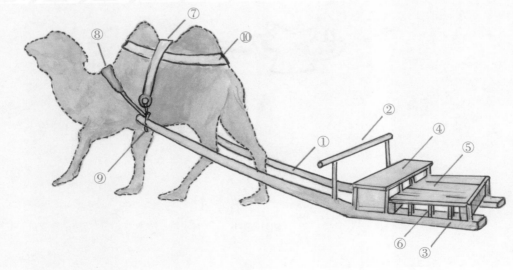

№0131

第六节 驮轿

驮轿,是一种供人乘坐的骡驮轿子。驮轿通常驾骡子,所以也叫做骡轿。有前后各驾一头骡子的驮轿,也有一头骡子上驮两个轿子的驮轿。

驾两头骡子的驮轿,前面有门,左、右、后面开窗,椭圆顶,用挂蓝布面子的毡幪覆盖,下端有四条腿,高约尺余。

通常达官贵人及深闺小姐乘坐这种驮轿出行。出行时,要有两个骑马的人在左右两边护驾。

图№ 0132 驮轿

①前辕　④鞍子　⑦后鞧
②后辕　⑤搭腰　⑧轿子
③支腿　⑥肚带

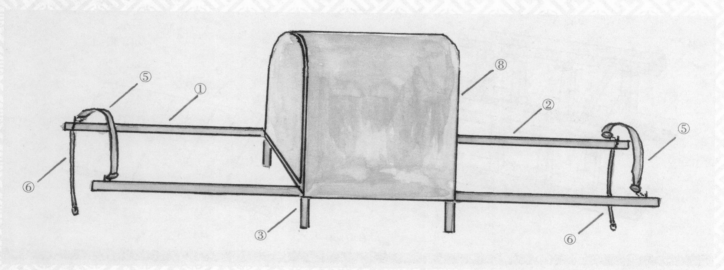

№0132-a

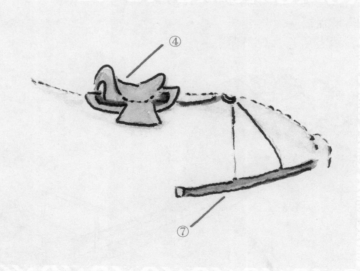

№0132-b

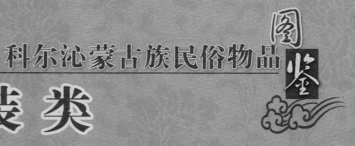

第四章 服装类

服装,是人类物质文化和非物质文化综合反映。它除了要满足人们物质文化需要外,还要满足人们的审美需要。

蒙古服装,是各个历史时期蒙古族人民物质文明和精神文明的重要标志,是蒙古族传统文化不可分割的组成部分。蒙古服装历史悠久、代代相传,千百年来为蒙古族人民群众所喜爱和推崇。到了近代,蒙古服装在继承传统款式基础上不断发展演变,已经形成了具有不同风格和特色的各部落服装。

科尔沁蒙古服装,属于科尔沁巴林特色服饰区,其窄下摆开衩蒙古袍、大襟长兀吉、精致的哈玛靴子等,均具有区别于其他地区的鲜明特色。

科尔沁蒙古服装,以其季节可分为夏装、冬装和春秋装;以其着装者的身份可分为男装、女装、童装及搏克装、僧侣装、萨满装、官府装、兵丁装;以其着装者的年龄可分为老年装、中年装、青年装、少年装及老太太装、大娘装、妇女装、姑娘装;以其用途可分为休闲装、生活装、劳动装、婚礼装、搏克装、赛马装、射箭装及礼服、朝服、睡衣、丧服等。

所有这些服装,虽然各地区之间有所差别,但基本款式大体一致。

在封建社会,贵族和平民差别也体现在服装上。不过尽管贵族服装多么高贵和华丽,也是普通的民间艺人们巧手所缝制。

图№0133 清朝国母孝庄文皇后布木布泰像(满蒙结合式服饰例)
图№0134 清代蒙古族王公蟒袍
图№0135 清代蒙古族亲王夫人衣着
图№0136 清代蒙古族妇女朝服
图№0137 科尔沁左翼后旗始祖明安诺彦蟒袍
图№0138 爱国将领博多勒噶台亲王僧格林沁像(蒙古族服饰例)
图№0139 清代蒙古族贵族坎肩和夹袄
图№0140 阿鲁科尔沁贵族妇女服饰

№0134※

№0133※

№0135※

№0136※

№0137※-a

№0137※-b

№0137※-c

№0138※　　　　　　　　　　№0140※

№0139

科尔沁部落很早以前出现了几个分支,其服饰也有了一些区别,但嫩科尔沁内部和阿鲁科尔沁总体上是一样的。

№0141　　　　　　　　№0142

№0143※

№0144

№0145※

№0146※

№0147

№0148※

现代科尔沁蒙古服装,其款式虽然依旧保留着科尔沁地区传统特色和缝制工艺,但其中男女蒙古袍基本款式却有着逐渐被巴尔虎或察哈尔蒙古袍款式取代的倾向。

图№ 0149　扎萨克图旗已婚男女服饰
图№ 0150　阿鲁科尔沁已婚男女服饰
图№ 0151　扎鲁特旗已婚男女服饰
图№ 0152　阿鲁科尔沁已婚妇女服饰
图№ 0153　巴尔虎男子服饰
图№ 0154　巴尔虎少年服饰
图№ 0155　巴尔虎少女服饰
图№ 0156　巴尔虎已婚妇女服饰

№0149※

№0150※

№0151※

№0152※

№0153※-a

№0153※-b

№0154※

№0155※

№0156※

服饰，与社会发展及人们的文化生活和精神生活需求密不可分，并随着时代的变迁而不断演变。到了现代，随着民间手工业、机械化商品生产和交通运输的发达，新潮时装在科尔沁地区得到了广泛的普及，尤其是蒙古服装开始打破地区和部落界限，正在形成具有整个内蒙古地区特色的新潮时装。

图№0157 驯马手蝙蝠袖蒙古袍
图№0158 带风雪帽男蓬松棉蒙古袍
图№0159 装袖式男蒙古袍
图№0160 风衣式男蒙古袍
图№0161 成吉思汗服
图№0162 男青年两件套
图№0163 少年两件套
图№0164 传统女式蒙古袍
图№0165 配带风雪帽女式吊面皮蒙古袍

№0157※ №0158※ №0159※

№0160※ №0161※ №0162※ №0163※ №0164※ №0165※-a №0165※-b

图№0166 女教师服
图№0167 对称襟横向分割式女式蒙古袍
图№0168 蝙蝠袖女式蒙古袍
图№0169 圆翻领无腰带女式蒙古袍
图№0170 科尔沁式妇女长坎肩
图№0171 中年妇女纵横交织分割式蒙古袍
图№0172 女青年两件套
图№0173 女式三件套
图№0174 女青年短袖蒙古袍
图№0175 女中学生特尔利克
图№0176 少女两件套
图№0177 女童两件套
图№0178 带风雪帽蓬松棉童蒙古袍
图№0179 男女两件套
图№0180 婚礼服

№0168※

№0166※ №067※

科尔沁蒙古族民俗物品图鉴

No0169※

No0170※

No0171※

No0172※-a

No0172※-b

No0173※

No0174※

No0175※

No0176※

No0177※-a

No0177※-b

No0178※

No0179※-a

No0179※-b

No0180※

第一节　帽子 头巾

科尔沁人的帽子,种类很多,夏天戴的有都贵(圆)帽、扎喇(穗缨)帽、礼帽、草帽、席帽、平檐圆帽、立檐圆顶帽,冬天戴的护耳狐皮帽、尖顶皮帽、陶尔彻克皮帽、动物毛皮帽,春秋戴的有陶尔彻克毡帽、都贵(圆)帽等。

科尔沁妇女喜欢扎头巾,夏天扎绸巾或鲜艳的布巾,但妇女与姑娘有所不同,到了冬天也跟男子一样戴暖帽和护耳帽。

科尔沁人戴毡帽和头盔时,里边套戴叫做托围的衬帽。

一 帽子

帽子,蒙古语称玛拉盖(malgai)。

帽子,以其样式可分为都贵(圆)帽、奇赫卜齐(护耳)帽、檐帽、礼帽、凉帽等5种。

图№0181 科尔沁左翼后旗始祖明安诺彦帽子

图№0182 民族英雄嘎达梅林像(皮帽例子)

图№0183 蒙古帽图案

图№0184蒙古王公贵族的暖帽和凉帽

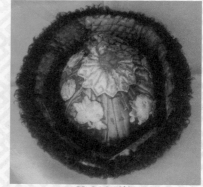

№0181※

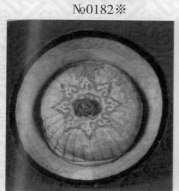

№0182※

№0183-a

№0183※-b

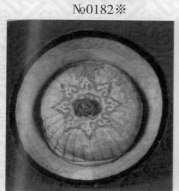

№0183-c

№0183-d

№0183-e

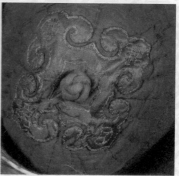

№0183※-f

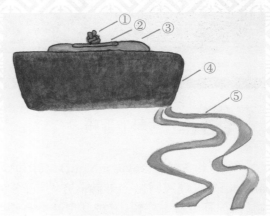

№0185

① 都贵(圆)帽

都贵帽(dugui malgai),有圆顶、尖顶、平顶之分,帽上可加缝羔羊皮、狐狸皮、貂皮、旱獭皮、水獭皮等。

图№0185 都贵帽的结构
    ①结结纽(纽襻儿)　③帽顶　⑤飘带
    ②纽盘　　　　　④帽边

图№0186 圆帽

图№0187 圆顶帽

№0186-a

№0186-b

№0186-c

№0186-d

№0186-e

№0186-f

第四章　服装类

65

No0186※-g

No0187※

❷ 奇赫卜齐帽

　　奇赫卜齐帽(tʃixəwtʃ malgai)，汉译护耳帽，也称马呼扎玛拉盖(maxuʤa malgai)，汉译风雪帽。奇赫卜齐帽，可分为平顶奇赫卜齐帽、尖顶奇赫卜齐帽、四护耳奇赫卜齐帽、三护耳奇赫卜齐帽、双护耳奇赫卜齐帽等。奇赫卜齐帽，习惯用红宝石和扭结装饰帽顶，并在护耳上缝制带毛动物皮，如狐狸皮、狼皮、貉皮、獾皮、貂皮、狗皮、猫皮、兔皮、水獭皮、绵羊皮、山羊皮等。

　　图№ 0188　奇赫卜齐(护耳)帽的结构

　　　　①结结纽　③帽耳　⑤小耳

　　　　②帽顶　　④帽前檐　⑥听孔

　　图№ 0189　奇赫齐帽

　　图№ 0190　马呼扎帽

　　图№ 0191　女冬帽

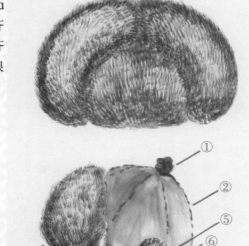

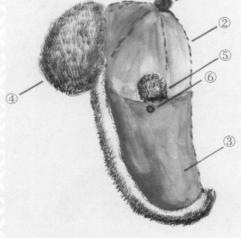

No0189-a

No0189-b

No0188

No0190-a

No0190-b

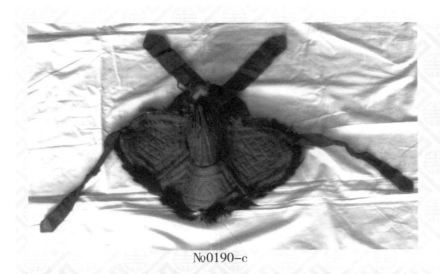

No0190-c

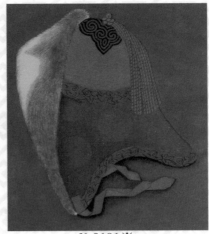

No0191※

③ 立檐帽

根据顶部形状分为六瓣、四瓣、平圆形、圆锥形。帽檐起遮光作用,故夏季戴之。

图 No 0192 立檐帽

图 No 0193 尖顶立檐帽

I 尖顶帽

II 将军帽

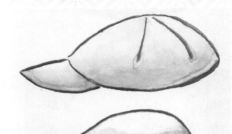

No0192※

No0193-I

No0193-II

④ 礼帽

礼帽均用毡制作。

图 No 0194 礼帽

I 男式礼帽

II 女式礼帽

No0194-I

No0194-II ※

⑤ 凉帽

做农活时戴的凉帽，简易而轻便。

图№0195 凉帽
　　Ⅰ 草帽
　　Ⅱ 草笠、竹笠

图№0196 贵族戴的凉帽

№0195-Ⅰ-a

№0195-Ⅰ-b

№0195-Ⅰ-c

№0195-Ⅱ-a

№0195-Ⅱ-b

№0195-Ⅱ-c

№0195-Ⅱ-d

№0196

⑥ 陶尔彻克(瓜皮)帽

　　陶尔彻克帽(tɔːrʧʃɔɡ)，是一种没有帽檐和护耳的圆形帽，前额上有苏力德图案，顶子上镶嵌红宝石，并缝制纽结或飘带。陶尔彻克帽，有冬季戴的皮陶尔彻克帽、夏天戴的绸陶尔彻克帽、春秋戴的毡陶尔彻克帽等。

图№0197 陶尔彻克(瓜皮)帽的结构
　　①前额　　③帽脑勺
　　②顶部　　④帽耳

图№0198 陶尔彻克帽(瓜皮帽)

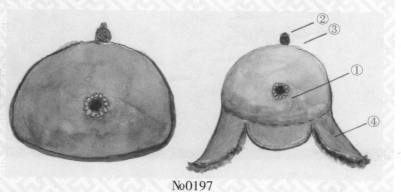
№0197

№0198-a

№0198-b

№0198-c

二 扎拉 顶戴

扎拉(ʤala:)汉译缨穗,是指缝制在帽子上的用红丝绳、红马鬃制作的装饰物。顶戴,亦称顶纽,是指固定在顶子上的珍珠装饰物。

图№ 0199 清代蒙古王公暖、凉帽顶戴

图№ 0200 科尔沁左翼后旗始祖明安诺彦帽子顶戴

№0199※　　　№0200※

 ## 三 护耳

女士用。吊面上贴花、绣花,用狐皮、貂皮做里子。系各种颜色的飘带。

图№ 0201 妇女耳包、护耳

Ⅰ耳包

Ⅱ护耳

图№ 0202 戴护耳

№0201-Ⅰ※

№0201-Ⅱ-a

№0201-Ⅱ-b

№0201-Ⅱ-c

№0201-Ⅱ-d

№0201-Ⅱ-e

№0202

（四）头巾 彩巾

妇女头巾,有方巾、条巾、长巾三种,用布、绸、缎缝制。因为是妇女扎头用,常选用红、绿、蓝、黄等比较鲜艳的颜色。妙龄少女一般用长巾扎头。

女人们用来裹头或盖脸的彩巾,称给布鲁尔。

彩巾,是指安代舞的一种道具。安代,是产生于库伦旗、盛行于科尔沁地区的一种民间舞蹈。跳安代舞者,双手挥动着彩巾表演各种优美的舞蹈动作,其中最引人注目便是那飞动的彩巾。早先,安代治病活动由博教巫师主持,所以曾一度博教巫师服饰就是安代服饰。

图№0203 头巾

Ⅰ方巾　　　Ⅳ安代彩巾
Ⅱ条巾　　　Ⅴ安代服装
Ⅲ裹巾

№0203-Ⅰ-a

№0203-Ⅰ-b

№0203-Ⅰ-c

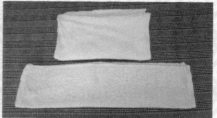
№0203-Ⅱ

№0203-Ⅲ

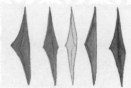
№0203-Ⅳ-a

№0203-Ⅳ-b

№0203-Ⅳ-c

№0203-Ⅳ-d　　　　　　　　　　　№0203-Ⅴ

第二节 服 装

 一 蒙古袍

  蒙古袍,蒙古语称特尔力克(tərləg),其广义泛指有衣袖、开右衽、下摆长的蒙古袍,其狭义单指用绸缎和棉布缝制的蒙古袍。广义的蒙古袍,包括单蒙古袍、夹蒙古袍、棉蒙古袍、皮蒙古袍等。

  蒙古袍,通常在出门时穿,所以很讲究缝制工艺,其纽扣排数量与镶边的绦条数量一致。科尔沁人喜欢穿双排纽扣蒙古袍,纽扣有银纽扣、铜纽扣、编结纽扣等。

  蒙古袍,以其袖口样式可分为有陶罗蒙古袍和无陶罗蒙古袍两种。陶罗(tʊːrɑi),也称努都儒嘎(nʊdrɑg)或突莱,指袖口上的马蹄袖。蒙古袍,以其衣衩可分为开衩蒙古袍和不开衩蒙古袍两种。衣衩,也称摘察。

  图№0204 蒙古袍的结构

①领子——缝在领子底座上的围脖的部分
②领子镶边绦
③领子底座——根据颈部挖出的缝领子的圆形口子
④领子纽扣——连接领子两头的扣子
⑤领子祥儿——连接领子两头的祥儿
⑥领口纽扣——钉在领子下边底座上的扣子
⑦领口祥儿——钉在领子下边底座上的祥儿
⑧小对襟——领子纽扣以下约一寸距离
⑨大襟宽——从小对襟至大襟纽扣的部分
⑩大襟纽扣——钉在大襟弯曲处的扣子
⑪大襟祥儿——大襟纽扣的祥儿
⑫大襟弯——从大襟纽扣至腋下纽扣的部分
⑬腋下纽扣——钉在大襟弯下方的纽扣
⑭腋下祥儿——腋下纽扣的祥儿
⑮腰侧(贴衩)纽扣——开衩图案上方的扣子
⑯腰侧祥儿——腰侧纽扣的祥儿
⑰垂襟——腋下纽扣到开衩固缝的部分
⑱开衩固缝——开衩上方封顶的缝口或加缝的布条
⑲开衩——下摆的开缝
⑳开衩图案——开衩固缝上的装饰
㉑外沿条儿

㉒内沿条儿(绦带)
㉓腋下部位
㉔腰侧部位
㉕腋下缝道——袍前后部分的连接处
㉖双肩部位
㉗袖子
㉘袖子接头缝道
㉙袖子接口——袖子和双肩部位的连接处
㉚袖头——袖子的下口
㉛马蹄袖——袖头上缝的可挽可放的装饰
㉜肩胛部位
㉝背部
㉞后中缝
㉟外大襟——腰带以上至左肩部的部分
㊱内大襟(底襟)——腰带以上至右肩部的部分
㊲腰部——扎腰带的部位
㊳下摆——腰部以下的部分
㊴前下摆——与前襟连接的下摆
㊵后下摆——与肩胛部位连接的下摆
㊶里下摆——与内大襟连接的下摆

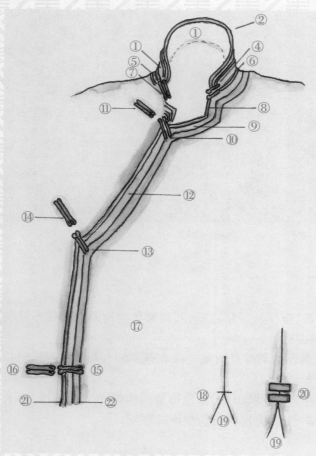

№0204-a

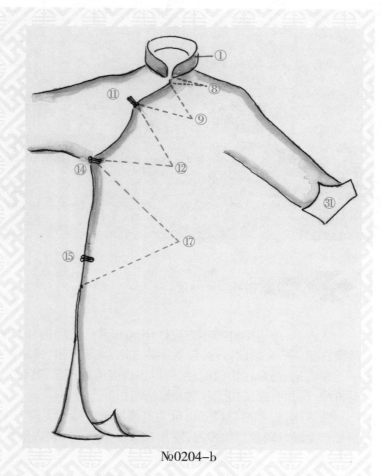

№0204-b

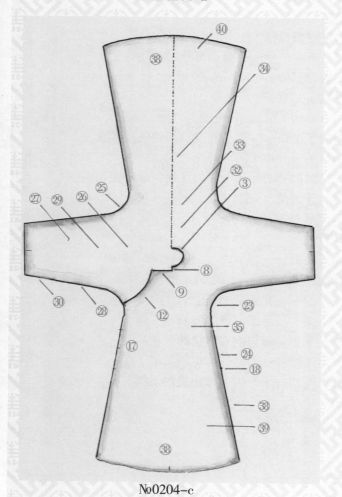

№0204-c

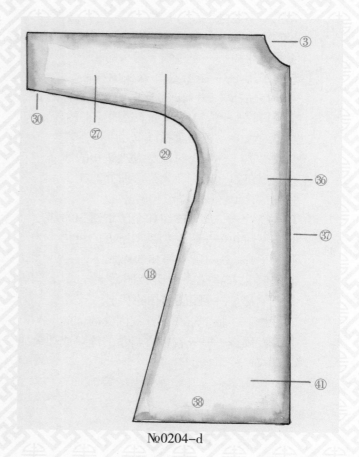

№0204-d

图№ 0205　蒙古袍
图№ 0206　蒙古袍
图№ 0207　蒙古袍大襟领边镶边
图№ 0208　著名艺人琶杰的蒙古袍
图№ 0209　各式各样的纽扣
图№ 0210　袖子的工艺
　　①袖口　　④肩部　　❹青缎绦子
　　②袖头　　⑤腋部　　❺❻锦缎绦子
　　③袖肘　　❶❷❸绦带　　❼外沿条儿

№0205-a

№0205-b

№0206-a

№0206-b

№0206-c

№0206-d

№0206-e

No0207-a

No0207-b

No0207-c

No0207-d

No0207-e

No0207-f

No0208※-a

No0208※-b

No0209※

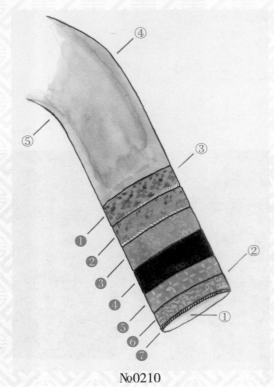

No0210

图No 0211 蒙古袍袖子

图No 0212 马蹄袖

①袖子　③上缘　⑤绦子

②翻面　④沿边

No0211-a

No0211-b

No0211-c

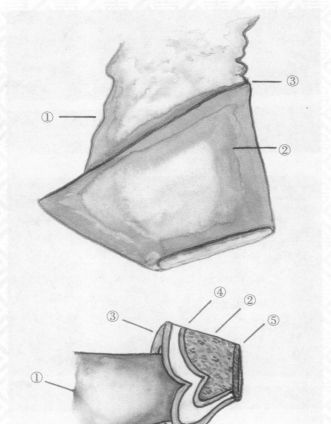

No0212-a

No0212-b

图 № 0213 蒙古袍开衩镶边
图 № 0214 开衩固缝 开衩图案
　　①开衩固缝　③横道固缝　⑤开衩
　　②简易固缝　④图案固缝
图 № 0215 下摆

№0213-a

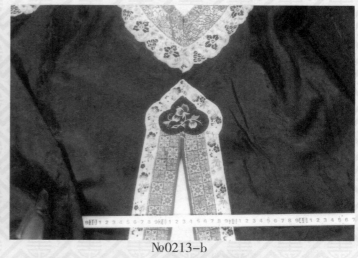

№0213-b

№0213-c

№0213-d

№0213-e

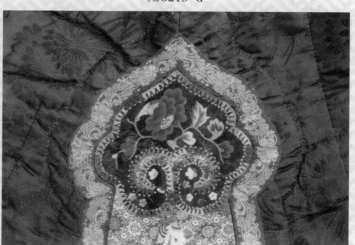

№0213-f

科尔沁蒙古族民俗物品图鉴

④

① ② ③

⑤ ⑤ ⑤

No0214-b

⑤

No0214-a

No0215

 袷姆察

未镶边的单蒙古袍或夹蒙古袍,称袷姆察(ʧamʧ),汉译长衫。科尔沁人夏天穿单袷姆察,春秋穿夹袷姆察。袷姆察,缝制工艺简单,单纽扣,通常当内衣穿,老年人或妇女也当日常便衣穿。

图 № 0216 穿袷姆察者(1945年)

图 № 0217 袷姆察

No0216

No0217-a

No0217-b

第四章 服装类

77

三 兀吉

无袖蒙古袍或无袖呼日莫,叫做兀吉(ʊːdʒ),汉译坎肩。男子穿的短兀吉,称兀吉,妇女穿的长兀吉,称出瓦(tʃʊw),汉译长坎肩或出瓦得勒(tʃʊw dəːl),汉译短坎肩。出瓦,因是女人穿,与蒙古袍一样很讲究工艺。

兀吉,可分为对襟兀吉和斜襟兀吉,又可分为单兀吉、夹兀吉、棉兀吉、皮兀吉等。兀吉,通常用布、绸和锦缎做面料。兀吉,以及兀吉玛克、达忽、呼日莫等的前襟部分叫做阿鹿哈(ɑlx)。

图 № 0218 阿鲁哈
图 № 0219 兀吉
 Ⅰ 击瓦
 Ⅱ 夹兀吉
 Ⅲ 单兀吉

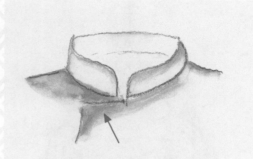

№0218-a

№0218-b

№0218-c

№0219-Ⅰ-a

№0219-Ⅰ-b

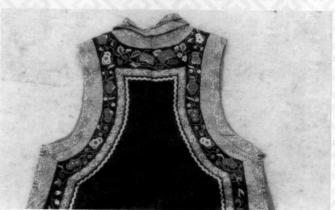

№0219-Ⅰ-c

科尔沁蒙古族民俗物品图鉴

№0219-Ⅰ-d

№0219-Ⅱ-a

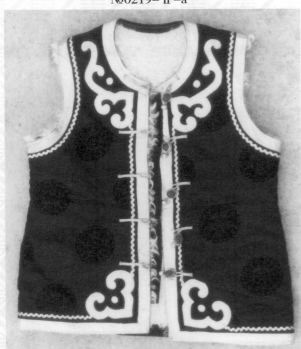

№0219-Ⅱ-b

№0219-Ⅱ-c

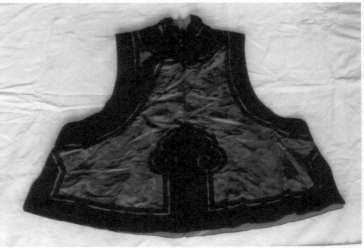

№0219-Ⅱ-d

№0219-Ⅱ-e

№0219-Ⅱ-f

№0219-Ⅲ

四 兀吉玛克

开衩并有褶皱的兀吉，称兀吉玛克（ʋ:dʒmɑɡ），汉译马甲裙。兀吉玛克，只女人穿。

图 № 0220 兀吉玛克

№0220

 五 奥克齐尔

絮棉花的蒙古袍，叫做奥克齐尔（ɔɡtʃɔr），汉译棉袍，有的地方也叫做帕姆或庞忽。其中庞忽有普通庞忽和精致庞忽两种。奥克齐尔，以其面料可分为布奥克齐尔、绸奥克齐尔、丝绒奥克齐尔、锦缎奥克齐尔等。

图 № 0221 奥克齐尔

№0221

 **六 达忽**

皮蒙古袍，叫做达忽（dɑx），汉译皮袍，有些情况下狭义的得勒也称达忽，分吊面达忽和无吊面达忽两种。吊面达忽，叫做卓卜察（dʒʋwtʃɑ:），通常用上好的绸缎吊面。无吊面达忽，也叫做皮达忽，可分为白茬皮达忽、熏皮达忽两种。皮达忽，通常用黑色绦条镶边。

达忽（得勒），以其面料和皮料可分为布达忽（得勒）、绸达忽（得勒）、长毛绵羊皮得勒、短毛绵羊皮得勒、滩羊皮得勒、羔羊皮得勒、浩特得勒（用狐狸腿部皮缝制的得勒）、狐狸皮得勒、貂皮得勒、松鼠皮得勒、伊力根（油鞣革）得勒、褪毛皮得勒、秃毛皮得勒、翻毛皮得勒等。

达忽，又分陶罗达忽和无陶罗达忽两种。陶罗，即马蹄袖。妇女穿的达忽，在缝制其衣领、衣袖和前襟时往往饰以各种图案。

图 № 0222 白茬皮得勒

图 № 0223 穿皮得勒者

№0222-a

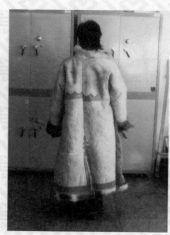

№0222-b

№0223-a

№0223-b

上身穿的无下摆蒙古袍,称呼日莫(xurəm),汉译马褂。呼日莫,以其前襟可分为对襟呼日莫、大襟呼日莫、短襟呼日莫等。

科尔沁人把温暖炎热季节穿的呼日莫也叫做汗达斯(xɑndɑːs),汉译汗衫。汗达斯,分单汗达斯、夹汗达斯两种。夏天穿单汗达斯,春秋穿夹汗达斯。

冬天穿的呼日莫,叫做敖伦岱(ɔlɔndɑi),汉译袄,以其用料可分为棉敖伦岱、皮敖伦岱、布敖伦岱、丝绒敖伦岱等。皮敖冷岱,又分绸面皮敖伦岱、锦缎面皮敖伦岱、白茬皮敖伦岱、熏皮敖伦岱、秃毛皮敖伦岱、伊力根(油鞣革)敖伦岱、褪毛皮敖伦岱、羔羊皮敖伦岱、貂皮敖伦岱等。

图№0224 呼日莫

图№0225 呼日莫的制式

Ⅰ大襟呼日莫

Ⅱ对襟呼日莫

Ⅲ短襟呼日莫

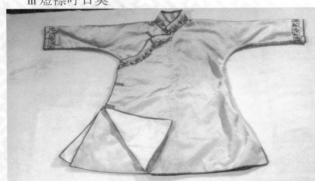

№0224-a

№0224-b

№0224-c

№0224-d

№0225-Ⅰ

№0225-Ⅱ

№0225-Ⅲ

第四章 服装类

（八）坎肩 彻登

科尔沁人称无袖短内衣为坎肩。坎肩腋下部位是敞开的，以系带或纽扣相连。儿童穿的是后背敞开的坎肩。

腋下部位没有敞开的坎肩，叫做彻登（ʧəgdəg），汉译背心。近来，彻登改以针织，不再手工缝制。

图№ 0226 坎肩儿

　Ⅰ 腋下开襟的坎肩儿

　Ⅱ 后边开襟的坎肩儿

　　①前

　　②后

图№ 0227 彻登

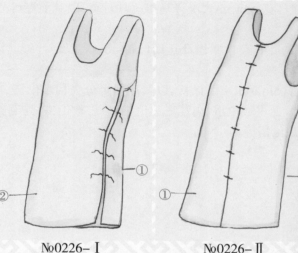

№0226- Ⅰ　　　　№0226- Ⅱ　　　　№0227

 （九）奴莫日 杖齐 奴莫日格

妇女们用于披肩的无袖无襟衣，叫做奴莫日（nomor），类似于披肩。奴莫日，通常用狐狸皮、羔羊皮缝制，也有的絮棉花缝制。

有下摆的奴莫日，叫做杖齐（ʤaɲʧ），类似于长披肩；有帽子的杖齐，叫做奴莫日格（nomrog），类似于斗篷。

图№ 0228 奴莫日

图№ 0229 杖齐

图№ 0230 奴莫日格

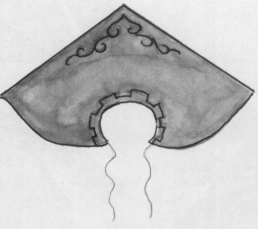
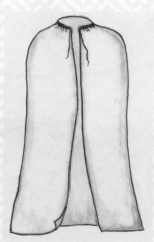

№0228　　　　№0229　　　　№0230

 **（十）裤子**

科尔沁人穿的裤子，通裤腰、大裤裆、细裤腿、不分前后；以其裤裆分开裆裤和不开裆裤两种，婴幼儿穿开裆裤；以其用途可分为单裤、夹裤、棉裤、皮裤等。皮裤，又分为吊面皮裤、白茬皮裤、熏皮裤、伊力根（油鞣革）皮裤等。

厚棉裤，也称呼斯黑尔（xusxir）或呼格德（xugd）。布裤，通常用白布做裤腰。

图№ 0231 裤子结构

　Ⅰ 死裆裤

　Ⅱ 开裆裤

　　①裤腰　　　③裤裆缝　　　⑤裤腿　　　⑦裤带衩儿　　　⑨背带衩

　　②裤裆　　　④贴衩　　　⑥裤脚　　　⑧背带

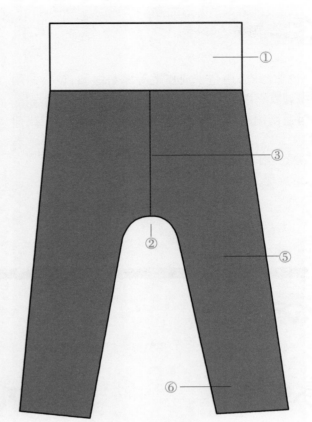

№0231-Ⅰ-a

№0231-Ⅰ-b

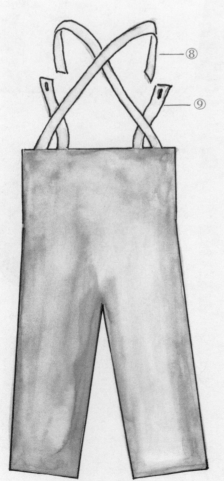

№0231-Ⅰ-c

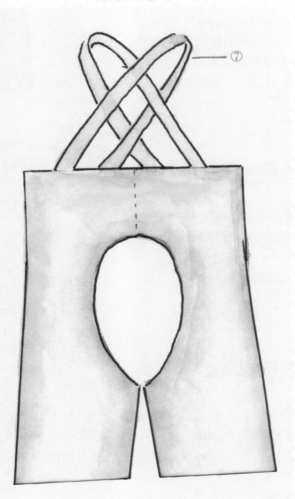

№0231-Ⅱ

十一 雨披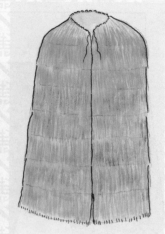

雨披,也称雨衣,用毡子或皮毛等原料缝制,也有的用三棱草编织蓑衣当雨披。

骑马时避雨用的毡雨披,叫做荷斡讷格(xəwnəg)或荷莫利格。

图№ 0232 雨衣

图№ 0233 蓑衣

№0232　　　　　№0233

 十二 其他

① 巴拎塔克

婴儿满月时,为其缝制的布衫,叫做巴拎塔克(bærˈntɑg),即婴儿服。科尔沁人通常用新布条缝制巴拎塔克,并有接缝朝外的习俗。

图№ 0234 巴拎塔克

№0234-a

② 俄利格卜齐

为护婴幼儿前胸和肚皮而缝制的短衣,称俄利格卜齐(əlˈgəwtʃ),即类似于兜肚。

图№ 0235俄利格卜齐

№0234-b　　　　　№0235

③ 浩日麦卜齐

为护前襟而缝制的长衣,称浩日麦卜齐(tʃwicmcx),类似于围裙。女用叫做浩日麦卜齐,男用叫做浩日毛克齐(xormogtʃ),也有的地方叫做浩日麦齐克或浩日麦希克。

图№ 0236 浩日麦卜齐

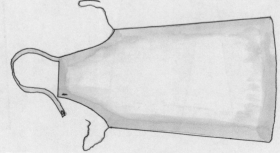

№0236

科尔沁蒙古族民俗物品图鉴

❹ 领衣

领衣只有领和肩,穿于上衣内。

图 № 0237 领衣

No0237

❺ 小衣裳

特指类似于乳罩之类女人内衣。

图 № 0238 乳罩

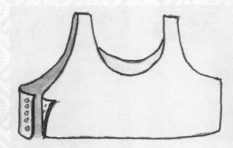
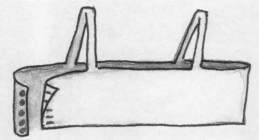

No0238-a

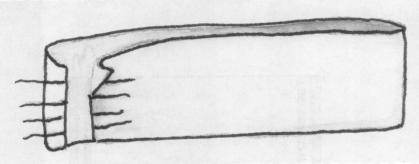

No0238-b

No0238-c

❻ 围脖

围脖,蒙古语称呼洲卜齐(xuʤuːwʧ),一般为长方形,夏季当配饰用,以薄纱、绸缎做原料,冬季御寒保暖用,以毛织品和珍稀动物皮做原料,通常用完整的筒状貉皮、狐狸皮、貂皮、羔羊皮做成的围脖,显得高贵而美观。

图 № 0239 围脖

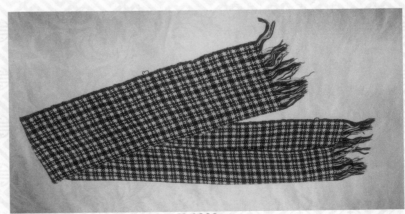

No0239-a

No0239-b

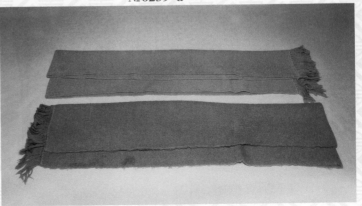

No0239-c

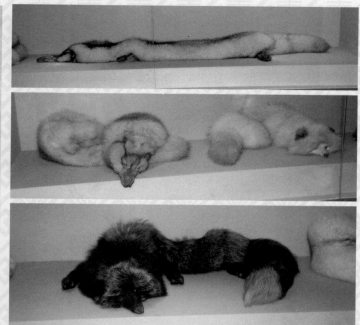

№0239-d

№0239-e

❼ 简袖

简袖,蒙古语称杭曲卜齐(xantʃiːwtʃ)或途克推(dʊgtiː),类似于衣袖,有单用、双用两种,长约一尺左右,冬季用于保暖。

简袖,分为棉简袖和皮简袖两种。皮简袖,又分白茬皮简袖、熏皮简袖、吊面皮简袖三种,用貂皮、羔羊皮、狗皮、兔皮等猫皮做成。

图№ 0240 简袖

　　Ⅰ 皮简袖

　　Ⅱ 棉简袖

№0240-Ⅰ

№0240-Ⅱ

❽ 裹捎克

裹捎克(gɔʃɔg),蒙古语亦称膝日护纳卜齐(ʃurxnawtʃ)、鼓亚卜齐(gujawtʃ)、套护等,类似于套裤或护膝。

裹捎克,分普通裹捎克、盛装裹捎克、搏克裹捎克三种。普通膝日护纳格卜齐,在生产劳动时穿用。

此外,还有种只裹膝盖的护膝,叫做俄搏都格齐(owdogtʃ),若是皮做的叫做台克齐(tɔigtʃ)。

图№ 0241 裹捎克

　　Ⅰ 普通裹捎克　　Ⅲ 博克裹捎克

　　Ⅱ 盛装裹捎克　　Ⅳ 俄博都格齐

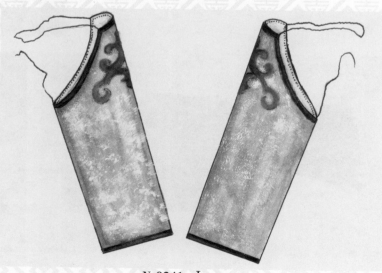

№0241-Ⅰ-a

No0241-Ⅰ-b

No0241-Ⅱ

No0241-Ⅲ ※

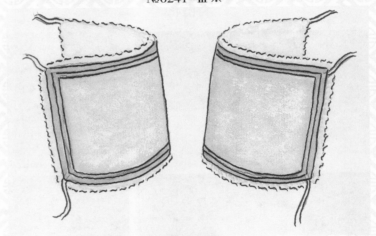

No0241-Ⅳ

9 护腰儿

护腰儿，一种专门用来护腰的宽腰带，蒙古语叫做伯勒赫卜齐（bəlxəwʧ）或伯勒很齐格（bəlxənʧəg）。

图No 0242 护腰儿

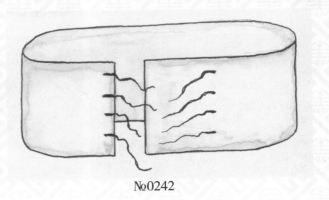

No0242

腰带,蒙古语称布色(bus)。腰带,是蒙古服装不可或缺的重要组成部分,以其用料分为布腰带、绸腰带、皮腰带等。

科尔沁人通常用1—2尺宽、9尺长布腰带或绸腰带。近年来,科尔沁人普遍改用皮带。皮带宽2—5厘米、长1米余,由扣环和长皮条组成。扣环,用铜、铁做,也有的用金、玉做。长皮条,用牛皮、猪皮等坚韧皮革做。

图№ 0243　绸带

图№ 0244　皮带

　　①扣环(带头)　　③扣环舌

　　②皮带　　　　　④扣环框

图№ 0245　带头和带子饰件

图№ 0246　错金银皮带

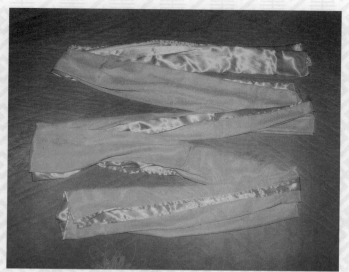

№0243

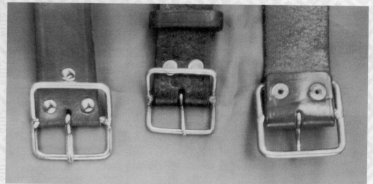

№0244-a

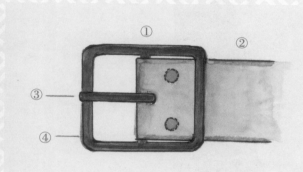

№0244-b

№0245-a

№0245-b

№0245-c

№0245-d

№0245-e

№0245-f

№0245-g

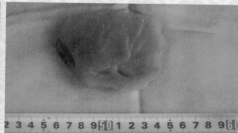

№0245-h

№0245-i

科尔沁蒙古族民俗物品图鉴

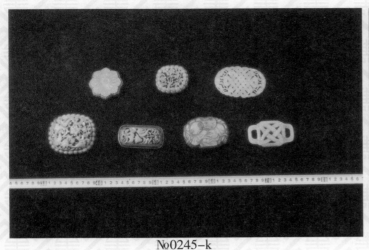

№0245-k

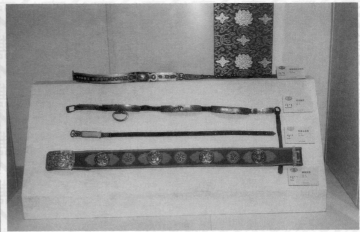

№0246

11 裤腰带

裤腰带,蒙古语称特雷(təli:)或胡烈腾(xurə:təŋ),一般用细布条或细皮革做。科尔沁人非常忌讳将绳索当裤腰带用。

图№ 0247 裤腰带

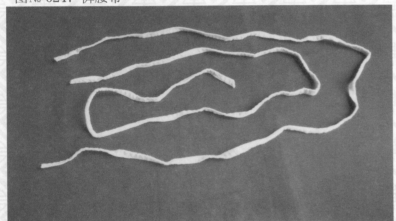

№0247-a

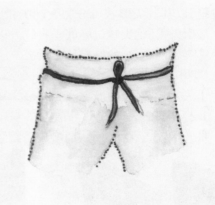

№0247-b

12 裤腿带

裤腿带,蒙古语称呼林包勒特(xoli:n bɔ:lt),是一种冬季里用于或扎裤腿塞入袜子里,或扎袜子塞入裤腿里的细条,一般用几指宽的布条做。

图№ 0248 裤腿带

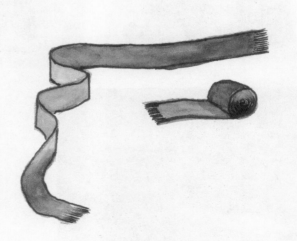

№0248

第三节　蒙古靴 鞋 袜子

 蒙古靴

蒙古靴,蒙古语称郭特勒(gutal),是蒙古族服饰重要组成部分。

蒙古靴,由靴勒(靴筒)、靴帮、靴底三部分组成。

蒙古靴,以其穿者的性别可分为男式蒙古靴和女式蒙古靴两种,以其用途可分为盛装靴、劳动靴、普通靴三种。此外有王府命官穿的朝靴,朝靴靴底为2—3指厚、衲贴7层的高底,靴筒和靴帮各有3个夹条,并绣有吉祥结和云纹图案。

蒙古靴,以其穿者的年龄可分为青年人穿的蒙古靴、中年人穿的蒙古靴、老年人穿的蒙古靴、少年儿童穿的蒙古靴;以其衲制工艺可分为贴绣靴、衲缝靴、盘绣靴、刺绣靴、镌花靴、缉缝靴、驱缝靴等;以其用料可分为香牛皮靴、皮靴、熏牛皮靴、倭缎靴、光面革皮靴、布靴等。此外,还有一种叫做波斡克的低勒毡靴、一种叫做波托克的软底皮靴、一种叫做登得尔玛的专在赶车及雪中穿的厚皮靴,以及一种高过膝盖的毡底高筒皮靴。

蒙古靴,以其靴尖形状可分为大翘尖靴、小翘尖靴;以其靴尖与靴底缝合方式可分为齐头靴(靴底与靴尖在同一条垂直线上)、探头靴(靴尖越过鞋底垂直线);以其靴尖形状可分为哈玛(方头)靴、哈拉哈(圆头)靴等。

通常夏季穿衲底靴,冬季穿毡底靴。

图 № 0249 蒙古靴的种类

Ⅰ 大翘尖蒙古靴	Ⅳ 探头蒙古靴	Ⅶ 无勒蒙古靴	Ⅹ 薄底蒙古靴	ⅩⅢ 矮勒女式蒙古靴
Ⅱ 小翘尖蒙古靴	Ⅴ 毡蒙古靴	Ⅷ 圆头蒙古靴	Ⅺ 厚底蒙古靴	ⅩⅣ 靴套
Ⅲ 齐头蒙古靴	Ⅵ 带皮条箍蒙古靴	Ⅸ 尖头蒙古靴	Ⅻ 软底皮蒙古靴	

№0249-Ⅰ

№0249-Ⅱ

№0249-Ⅲ-a

№0249-Ⅲ-b

№0249-Ⅲ-c

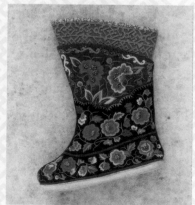

№0249-Ⅲ-d

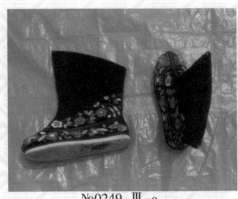

№0249-Ⅲ-e

№0249-Ⅲ-f

№0249-Ⅲ-g

№0249-Ⅲ-h

№0249-Ⅳ

№0249-Ⅴ-a

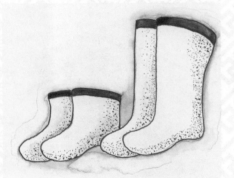

№0249-Ⅴ-b

№0249-Ⅵ

№0249-Ⅶ

№0249-Ⅷ-a

№0249-Ⅷ-b

№0249-Ⅸ

№0249－Ⅹ　　　　　　　№0249－Ⅺ－a　　　　　　№0249－Ⅺ－b

№0249－Ⅻ

№0249－ⅩⅢ－a

№0249－ⅩⅢ－b

№0249－ⅩⅣ

图№0250　蒙古靴子的结构(1)
　　①靴脊　　③靴脖子　　⑤靴筒边儿
　　②靴头　　④靴后包跟

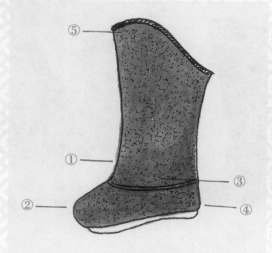

№0250

图№0251 蒙古靴的结构(2)

　　①靴筒　　　⑥靴夹条
　　②靴帮　　　⑦靴中勒
　　③靴底　　　⑧靴底层
　　④靴筒边条　⑨靴筒加固部位
　　⑤靴底边条　⑩镶边

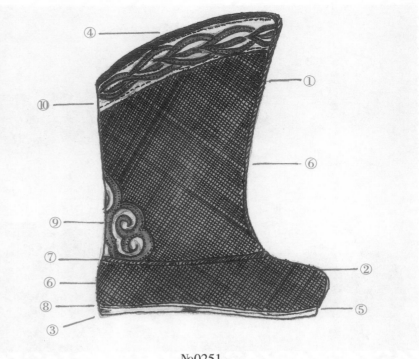

№0251

二　鞋

　　鞋,蒙古语称沙亥(ʃɑːxɑi),由鞋帮和鞋底组成。
　　鞋,以其衲制工艺可分为贴绣鞋、衲缝鞋、盘绣鞋、刺绣鞋、镌花鞋、缉缝鞋等;以其鞋尖与鞋底缝合方式可分为齐头鞋(鞋底与鞋尖在同一条垂直线上)、探头鞋(鞋尖越过越过鞋底垂直线);以其有无夹条可分为有夹条鞋、无夹条鞋;夹条鞋又分单夹条鞋、双夹条鞋等。絮棉花的叫做棉鞋。

　　图№0252 鞋的种类

| Ⅰ单夹条鞋 | Ⅲ无夹条鞋 | Ⅴ弯底鞋(认脚鞋) | Ⅶ带扣鞋 | Ⅸ拖鞋 |
| Ⅱ双夹条鞋 | Ⅳ棉鞋 | Ⅵ系带鞋 | Ⅷ靰鞡鞋 | |

№0252-Ⅰ-a

№0252-Ⅰ-b

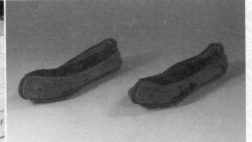

№0252-Ⅰ-c

№0252-Ⅱ-a

№0252-Ⅱ-b

№0252-Ⅲ-a

№0252-Ⅲ-b

№0252-Ⅳ

№0252-Ⅴ-a

№0252-Ⅴ-b

№0252-Ⅴ-c

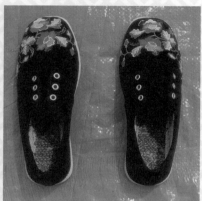

№0252-Ⅵ

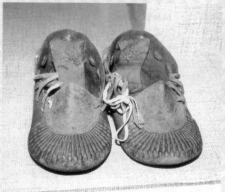

№0252-Ⅶ-a

№0252-Ⅶ-b

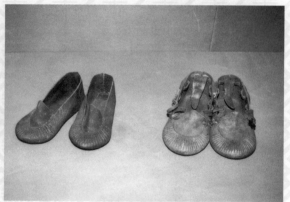

№0252-Ⅷ-a

№0252-Ⅷ-b

№0252-Ⅷ-c

№0252-Ⅸ

图№0253 鞋的结构

①夹条　　③鞋尖　　⑤鞋帮　　⑦单层底子　　⑨鞋脊　　⑪鞋带

②鞋脸　　④鞋跟　　⑥鞋底　　⑧双层底子　　⑩鞋扣　　⑫鞋拔子

图№0254 鞋垫

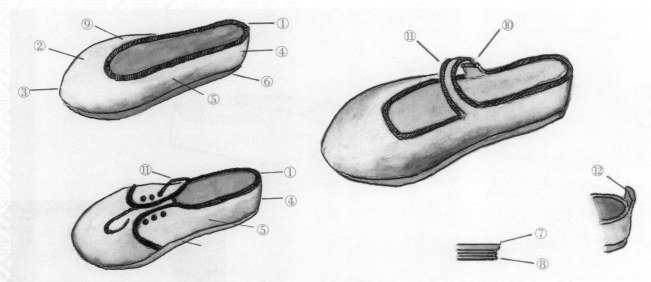

№0253

№0254-a

№0254-b

⊜ 袜子

袜子,蒙古语称敖依玛斯(ɔims),由袜勒、袜底组成。

袜子,以其做工可分为开衩袜子和不开衩袜子、系带袜子和无系带袜子、镶边袜子和无镶边袜子等。开衩袜子通常都有系带。

袜子,以其用料可分为带毛羊皮袜子、毡袜子、棉袜子、布袜子、(夹层里絮驼羊绒做成的)绒袜子等。

牧区多穿高筒袜子(袜筒比靴筒高出三指),而农区则穿矮筒袜子(袜筒与靴筒平行)。

科尔沁人除了穿袜子外,用一种叫做纪利格(ʤirəg)的方布裹脚,或穿一种叫做土礽黑(turəŋxi:)的没有袜勒的袜子。

袜筒的上沿叫做哈日阿(xɑrɑ:),将哈喇的繚缝部位叫做奥冒克(ɔmɔg)。毡袜子,通常都有奥冒克。

图№0255 袜子的种类

Ⅰ袜套	Ⅲ布袜	Ⅴ毛绒袜	Ⅶ无勒袜子
Ⅱ毡袜	Ⅳ皮毛袜	Ⅵ棉袜	

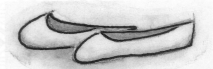

№0255-Ⅰ

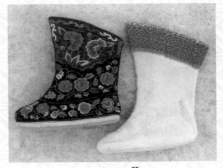

№0255-Ⅱ

№0255-Ⅲ

№0255-Ⅳ

№0255-Ⅴ

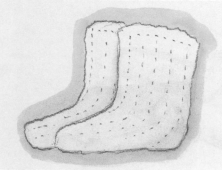

№0255-Ⅵ

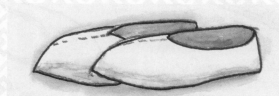

№0255-Ⅶ

图№ 0256 吉力格

图№ 0257 袜子的结构

　　①袜口沿儿

　　②袜口镶边儿——靴筒上侧露出三指宽，上绣图案。

　　③袜筒或袜勒

　　④袜尖儿

　　⑤袜跟儿

　　⑥袜底

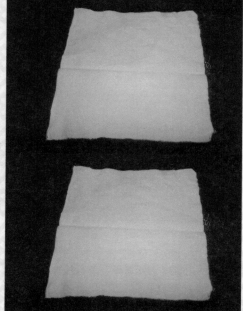

№0256

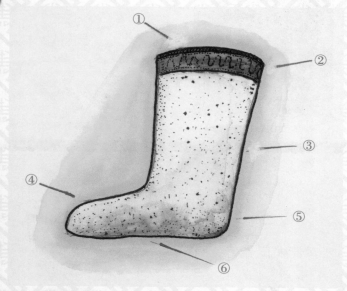

№0257

（四）靴掖

靴掖，是系在裤筒外围的保暖、护腿用品。

图№ 0258 靴掖的结构

　　①后系带　　③口沿儿　　⑤掖筒

　　②掖底带儿　　④镶边

№0258

第五章 饰件类

装饰，与服装密不可分。科尔沁人的装饰与其服装一样同属于科尔沁巴林特色服饰区，大体包括哲里木盟嫩科尔沁十旗和昭乌达盟阿鲁科尔沁旗、巴林左旗、巴林右旗、敖汉旗、奈曼旗、扎鲁特旗、翁牛特旗及邻近的库伦旗和苏鲁克等地区。

科尔沁人装饰，大体可分为首饰、项饰、配饰、腕饰、指饰等。

图№0259 科尔沁妇女装饰

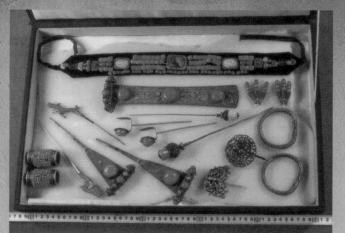

№0259

第一节　首　饰

首饰，主要是指妇女首饰，其中包括塔图尔、哈特忽尔、俄模格、穗赫、玫吉拉嘎、穗赫、侠忽尔等。

科尔沁习俗里，婴儿满月后只在囟门上留一撮椭圆形头发，其余全部剃光；女孩子到了12岁穿耳孔，13岁留全发，当头发长长了，从中间分开梳到后项合为一股用小粒珊瑚串成的珊瑚头绳或红头绳缠绕两指许，然后编成一条三股辫子，辫稍以里四指宽位置再用珊瑚头绳或红头绳缠绕两指许系牢。

姑娘出嫁做新娘，婚礼上由梳辫子父母举行隆重的"叩拜苍天，分开黑发"之仪式。在仪式上，由傧嫂们为新娘开脸后将其发辫从正中分开，并从后脑勺起梳成两条三股辫子，每条三股辫子上套上侠忽尔（发套）垂于后背，插上哈特忽尔后将辫子盘于辫子根部，并配以塔图尔、玫吉拉嘎、俄模格、穗赫等。这个过程叫做梳绡忽，绡忽汉语称鬟或鬏。

科尔沁妇女平时梳绡忽，只需将两条辫子垂于后背，双耳戴上4至6个穗赫即可。

科尔沁未婚女子，不梳绡忽、不戴穗赫、不梳两条辫子。

图№0260　发型

1 儿童发型　　　　3 已婚妇女发型　　　5 老年妇女发型

2 留发少女发型　　4 鬏（鬟）

图№0261 科尔沁妇女头饰

№0260-1

№0260-4

№0260-5

№0260-2

№0260-3

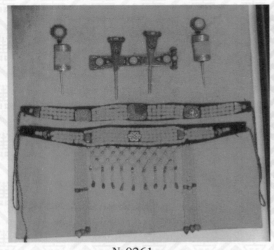
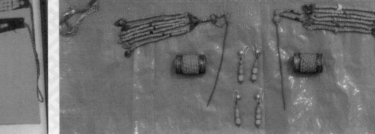

No0261-a

No0261-b

塔图尔

已婚妇女梳好辫子盘于辫子根部之后盖于其上的用珊瑚串儿拼成的长方形饰件，叫做塔图尔（tatuːr）。塔图尔，也称塔特拉嘎，意为额带或额箍。

塔图尔，用一定数量的珊瑚和3—5块大小不等的绿松石片制作。塔图尔上的这种绿松石片，叫做"菁"。制作时，先将绿松石位置固定好，大的居中，其余对称摆开，然后在其缝隙和四周用串起的红珊瑚缀满并固定好。塔图尔下端配以用珍珠串成的玟吉拉嘎。玟吉拉嘎，有的地方称桑吉拉嘎或丁嘎尔。玟吉拉嘎，分网状玟吉拉嘎、线状玟吉拉嘎两种。塔图尔，可以用黑布做衬子，加布衬子的塔图尔，叫做有衬子塔图尔。塔图尔，也有用头发制作的，叫做乌孙塔图尔。

塔图尔，可以单个佩戴，也可以两个或三个合并佩戴。

图 No 0262　塔图尔的种类和结构

  Ⅰ 布底塔图尔　 Ⅲ 有线状垂缨的塔图尔

  Ⅱ 无布底塔图尔　 Ⅳ 有网状垂缨的塔图尔

   ①塔图尔的牌子　④塔图尔布底　⑦网状垂缨

   ②系带　 ⑤串线

   ③珊瑚珠子　 ⑥线状垂缨

图 No 0263　塔图尔

  Ⅰ 金塔图尔　 Ⅲ 珊瑚塔图尔

  Ⅱ 银塔图尔　 Ⅳ 塔图尔

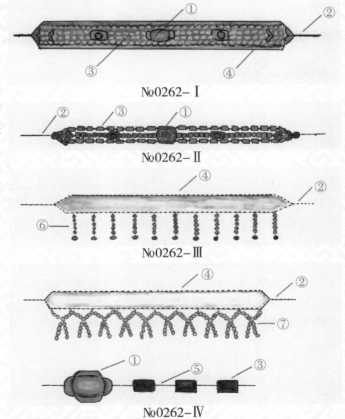

No0262-Ⅰ

No0262-Ⅱ

No0262-Ⅲ

No0262-Ⅳ

No0263-Ⅰ

No0263-Ⅱ

No0263-Ⅲ-a

No0263-Ⅲ-b

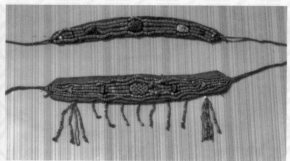

No0263-Ⅲ-c

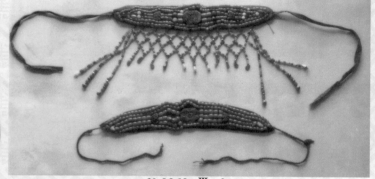

No0263-Ⅲ-d

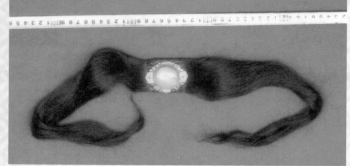

No0263-Ⅳ

 哈特古尔

　　哈特古尔（xatguːr），类似于簪子，用金银制作，用于固定已经梳成绺忽的辫子。

　　哈特古尔，分三件套哈特古尔和五件套哈特古尔两种。三件套哈特古尔，由一个正哈特古尔（也称达姆哈特古尔或昆都仑哈特古尔）和两个副哈特古尔（也称宝操哈特古尔或阿日勒哈特古尔）组成。若在三件套哈特古尔上面加了两个阿鲁哈特古尔（也称乌戈哈特古尔），便叫做五件套哈特古尔。

　　三件套哈特古尔和五件套哈特古尔，通常与侠忽尔（发套）并用。

　　哈特古尔，以其用途可分为扎晋（鬃角）哈特古尔、乌孙（发辫）哈特古尔、阿鲁（末位）哈特古尔、陶勒盖（有装饰柄的）哈特古尔、凤头哈特古尔、蝴蝶哈特古尔等。陶勒盖哈特古尔（大头簪），又叫做锡博呼。

　　图No 0264　哈特古尔　侠忽尔

　　　Ⅰ 五件哈特古尔
　　　Ⅱ 五件哈特古尔及侠忽尔、阿鲁哈特古尔
　　　Ⅲ 三件哈特古尔及侠忽尔
　　　Ⅳ 侠忽尔及阿鲁哈特古尔
　　　Ⅴ 三件哈特古尔及垂缨
　　　Ⅵ 昆都仑哈特古尔

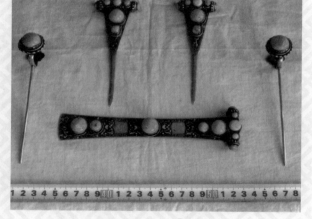

No0264-Ⅰ

No0264-Ⅱ

No0264-Ⅲ

No0264-Ⅳ

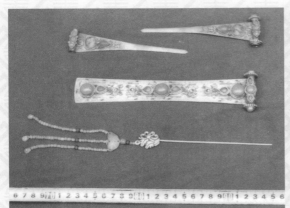

№0264-V

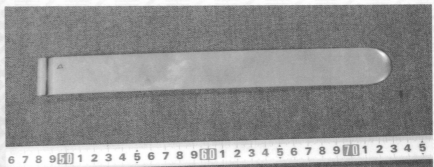

№0264-VI

图№0265 陶勒盖哈特古尔的结构

① 嵌珠 　③ 云钩

② 盘 　④ 腿

图№0266 大头簪

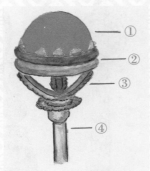

№0265

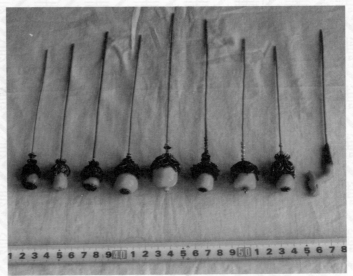

№0266

三 侠忽尔

侠忽尔（ʃaxuːr），也称侠哈勒嘎（ʃaxlag），即发套，一种用珊瑚装饰的筒状饰件，用于套梳成绺忽的辫子，起到使辫子根部翘起的作用。

图№0267 侠忽尔的结构

　① 用金银制成的侠忽尔

　② 珊瑚链

图№0268 侠忽尔

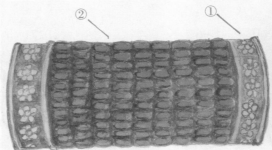

№0267

№0268

四 侠哈玛勒假发

侠哈玛勒假发（ʃaxmal gədʒig），即插发，束辫子根部用，是一种将一束假发的一头用黏胶粘实的饰件。通常用一对，起到加粗辫子的作用。

图№0269 侠哈玛勒假发的结构

　① 假发根部

　② 假发发束

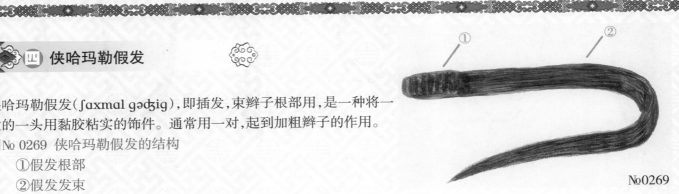

№0269

垂挂穗赫的环形钩,叫做俄模格(ə:məg),汉译耳环。俄模格,分环形俄模格和钩形俄模格,通常用金银制作。

未出嫁女孩子,只戴俄模格,不戴穗赫。

科尔沁女孩子耳朵上,一般扎一、二或三个带俄模格的眼儿,杜尔伯特部落女孩子则扎四个眼儿。

图№0270 耳垂孔

图№0271 俄模格

Ⅰ 钩式俄模格　　　Ⅴ 珊瑚坠俄模格

Ⅱ 环式俄模格　　　Ⅵ 银俄模格

Ⅲ 珍珠俄模格　　　Ⅶ 金俄模格

Ⅳ 玉坠俄模格　　　Ⅷ 玉俄模格

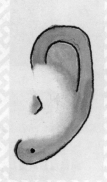

№0270

№0271-Ⅰ-a　　　№0271-Ⅰ-b　　　№0271-Ⅱ　　　№0271-Ⅲ　　　№0271-Ⅳ

№0271-Ⅴ　　　№0271-Ⅵ　　　№0271-Ⅶ　　　№0271-Ⅷ

（六）穗赫

垂挂于俄模格上的一组由玉、绿松石、珍珠、珊瑚、金银等串成的饰件，叫做穗赫（suix），汉译耳坠。

戴穗赫，标志着女孩子已出嫁。

科尔沁出嫁女，通常每只耳朵上各戴两至三串穗赫，杜尔伯特部落女人最多，每只耳朵上戴四串。

图№ 0272 俄模格 穗赫的结构

    ①俄模格 ⑤俄模格盘 ⑨穗赫垫

    ②穗赫 ⑥串绳扣 ⑩穗赫球

    ③穗赫钩 ⑦穗赫头 ⑪穗赫座

    ④环面 ⑧穗赫垫 ⑫串绳

图№ 0273 俄模格 穗赫

    Ⅰ 穗赫

    Ⅱ 俄模格 穗赫

    Ⅲ 穗赫

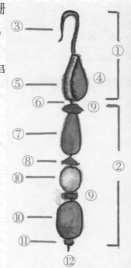

№0272

№0273-Ⅰ

№0273-Ⅱ

（七）伯勒

垂挂于俄模格的一种中间有孔的扁平饰件，叫做伯勒（bəl），汉译耳佩，用玉或珊瑚制作。

科尔沁妇女到了中老年以后，可以不戴穗赫而只戴伯勒。戴伯勒，意味着女人已到中老年。

图№ 0274 穗赫 伯勒

№0273-Ⅲ

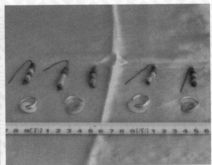

№0274

（八）玫吉拉嘎

玫吉拉嘎（undʒlɑg），汉译鬓垂，是梳绺忽的女人鬓角饰件，由玫吉拉嘎杆、玫吉拉嘎头、珊瑚串等组成。玫吉拉嘎头是一种用绿松石、玉、银子等雕成的蝴蝶、蝈蝈、小鱼等工艺品，下边垂挂三、四、五、六串珊瑚。珊瑚串下边还垂挂一只小铃铛，叫做丁甘。

图№ 0275 玫吉拉嘎的结构

    ①玫吉拉嘎杆

    ②玫吉拉嘎头

    ③珊瑚穗

图№ 0276 玫吉拉嘎

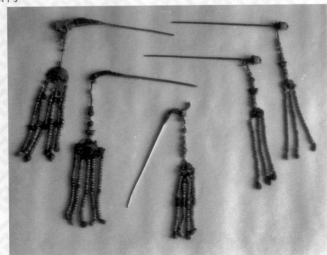

№0276

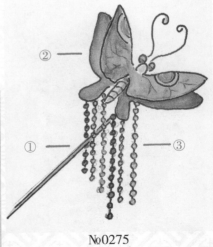

№0275

九 扎头绳

扎头绳,是指不用侠忽尔的时候扎辫根,使辫子翘起的红丝线或红毛绳。

图 №0277 扎头绳

№0277

 十 罩辫子的网套

罩辫子的网套,又称绡忽卜齐(ʃaŋxawʧ),黑色丝线织成,用于罩盘起来的辫子。

图 №0278 罩辫子的网套

№0278

图 №0279 头饰

　Ⅰ 戴塔图尔、穗赫的妇女　　Ⅲ 扎网状玫吉拉嘎和　　Ⅳ 髻　　　　　Ⅵ 新娘头饰

　Ⅱ 戴塔图尔,玫吉拉嘎的妇女　　塔图尔的妇女　　Ⅴ 冬季装束妇女　　Ⅶ 已婚妇女头饰

№0279-Ⅰ

№0279-Ⅱ

№0279-Ⅲ

№0279-Ⅳ

№0279-Ⅴ

№0279-Ⅵ ※

№0279-Ⅶ ※

第二节 项饰

项饰,主要指孙德尔(项链)和俄日赫(念珠)。

 孙德尔(项链)

孙德尔(sɔndər),是指戴脖子上的用金、银、绿松石、珊瑚、水晶、珍珠等串成的饰件,分单色、多色、分色等多种式样。

图№0280 孙德尔(项链)

№0280-a

№0280-b

№0280-c

 俄日赫(念珠)

俄日赫(ərəx),是指戴脖子上的由珊瑚、琥珀、檀香木珠子等串成的饰件,通常贵族、官吏或老年人戴。

图№0281 俄日赫(念珠)

№0281

第三节　佩饰

佩饰，是指佩戴在着装上的饰件，具有实用和装饰双重作用，是由随身携带的日常用品演化而来的装饰物，分前襟佩饰、腰带佩饰两种。

前襟佩饰，主要针对妇女和老年人；腰带佩饰，主要针对男士们。

男士们在所扎腰带右侧图海上垂挂戴鞘蒙古刀、左侧图海上垂挂长链子火镰，在腰带左侧靠右部位掖烟壶褡裢，腰带侧后部位别烟袋。当新郎的小伙子，在上述佩饰上另外还要配挎腰巾和弓箭。

图 № 0282　蒙古刀和火镰

№0282

 一　蒙古刀

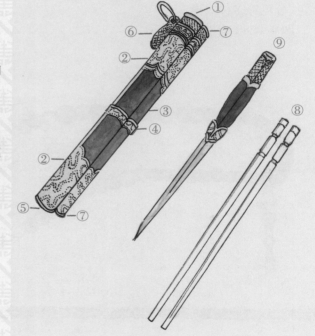

蒙古刀是蒙古人生产生活中不可或缺的随身用品，与火镰和鼻烟壶一起，堪称蒙古族男子必备三件器物。

蒙古刀，长约十厘米至十几厘米，通常为骨制刀柄或木制刀鞘，木制刀鞘多用白银、黄铜镶包，并多有錾纹。

老年人和青年人佩戴的蒙古刀，各有特点。老年人一般佩戴牛角或驼骨刀把、苏木刀鞘、刀鞘口边儿和底部有錾纹铜饰、中间有环形铜箍、并配有象牙筷子的蒙古刀，青年人佩戴苏木刀把、刀把上有錾纹银饰、乌木刀鞘、刀鞘口边儿和底部有錾纹银饰、中间有环形银箍、并配有木筷子的蒙古刀。

图 № 0283　蒙古刀的结构(1)

　①鞘口　　④箍　　⑦顶子
　②套　　　⑤鞘底　⑧筷子
　③鞘　　　⑥提系　⑨刀

№0283-a

№0283-b

№0283-c

№0283-d

图 № 0284　蒙古刀的结构(2)

①顶子	⑥刀沟	⑪提绳
②把	⑦刀尖	⑫结扣
③套	⑧刀刃(刀钢)	⑬掖疙瘩
④箍	⑨提系	⑭缨子
⑤刀背	⑩箍	⑮筷子鞘

№0283-е

№0284-a

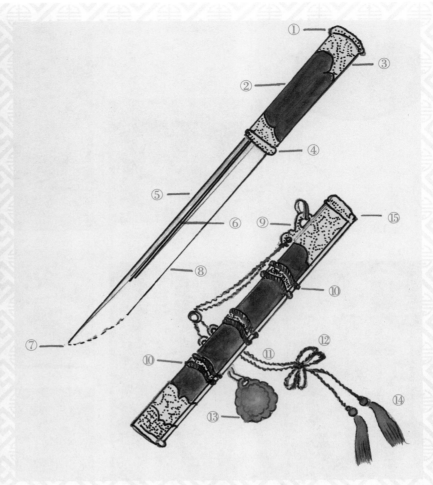

№0284-b

二 火镰

  火镰,曾经是蒙古人用来取火的主要工具,通常与图海和操依勒嘎(操依勒嘎,也叫做俄勒固尔或特俄格)连在一起佩戴。火镰,由提鼻儿、乌拉卜齐(皮夹子)、击铁等三部分组成。乌拉卜齐里常装有乌拉草(白山蓟)和硅石,以备随时取火。装火镰的包,叫做赫特卜齐。

  蒙古人一向把火镰和蒙古刀视为火与光的象征及邪与恶的镇器,格外珍重。

  老年人和青年人佩戴图海和火镰,各有特点。图海,是指固定在腰带上的用于垂挂饰件的佩饰。老年人一般佩戴有缠线纹黄铜图海或龙头红铜图海、云头纹黄铜装饰乌拉卜齐或叶纹红铜装饰乌拉卜齐的火镰。青年人佩戴镶嵌大红珊瑚的图海或吉祥结纹镀银图海或上琺琅的银图海及镶嵌珊瑚的编纹图案银饰乌拉卜齐的火镰。

图№ 0285 火镰的结构

  ①提环　④火镰刃　⑦坠儿　⑩火镰包

  ②皮夹子　⑤饰链　⑧火石

  ③火镰铁　⑥环佩　⑨火绒

图№ 0286 火镰和蒙古刀

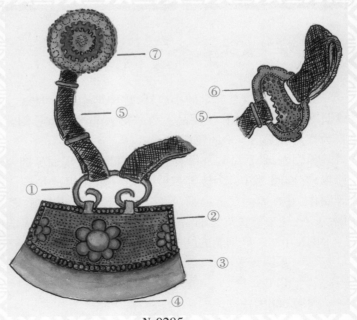

№0285-a

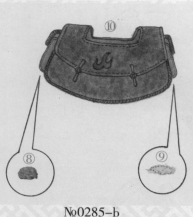

⑩

⑧　⑨

№0285-b

№0285-c

№0286-b

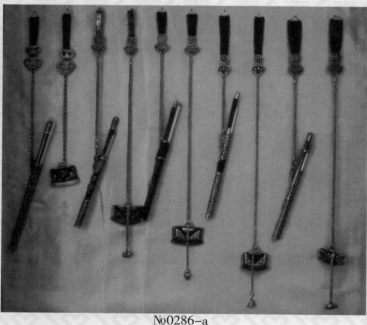

№0286-a

№0286-c

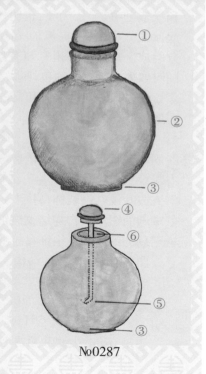

№0286-d

◇◇◇ （三）鼻烟壶

鼻烟壶，是指装鼻烟的小容器，也称烟壶或鼻烟瓶。鼻烟壶，是科尔沁人常用的烟具和相互问候的礼仪用品。科尔沁人非常看重鼻烟壶，尤其是长者、贤达们将其视为富贵、地位、身份的象征物。

鼻烟壶，最常见的是可装一两鼻烟的紫红玛瑙鼻烟壶，高约7—8厘米，厚约2—3厘米，有椭圆、扁圆、多棱等多种形状，一般用银、铜、玉、玛瑙、琥珀、水晶、玻璃、陶瓷等制作，并在壶内壁上绘画、写字、镌刻各种精致内画，壶盖上镶嵌金、银、绿松石、玛瑙、玉石、珐琅等贵重装饰品。从前，一个上好的鼻烟壶能抵牛马价。

图№0287　鼻烟壶的结构
　　①烟壶头　　③烟壶底　　⑤烟壶匙
　　②烟壶身　　④烟壶盖　　⑥烟壶口

图№0288　各种鼻烟壶

图№0289　鼻烟壶袋——装鼻烟壶的绸缎袋，上绣美丽图案，佩于腰间。

图№0290　鼻烟——是用烟叶、薄荷、冰片、樟脑等三十多味药配制而成。

①

②

③

④

⑥

⑤

③

№0287

№0288-a

№0288-b

№0288-c

№0288-d

№0288-e

№0288-f

№0288-g

№0288-h

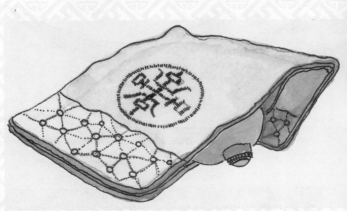

№0289-a

№0289-b

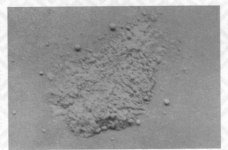

№0290

烟袋是科尔沁蒙古人的主要烟具。由烟袋嘴、烟袋杆、烟袋头三部分组成，长约12～20厘米至40～50厘米不等。男士多用粗而短的烟袋，女士多用细而长的烟袋，有的老太太用长达80～90厘米长的烟袋。

烟袋嘴，用玉石、翡翠、玛瑙、火石、化石、玻璃制作；烟袋杆，用紫檀木以及红木、柞木、榆木、杏树、鼠李（臭李）、杜李（山丁子）、梨木制作，用钢丝凿通烟孔。烟袋锅，用黄铜、紫铜、银、铁之类金属制作，灌锡铅，并雕纹錾花。

以其制作材料的不同，分疙瘩烟袋、树根烟袋、角制烟袋、骨制烟袋、银制烟袋等多种。这类烟袋均为头杆嘴一体。

抠除烟袋油子的烟签，叫做齐克丘尔或希布尔，用银、铜、铁制作，连结在烟荷包提系带上。

图 № 0291 烟袋的结构

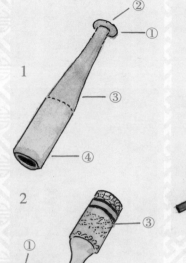

№0291-a

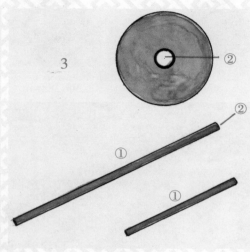

№0291-b

1 烟袋嘴　　　　　①烟袋锅
　①烟袋嘴含头　　②烟袋头脖
　②烟袋嘴烟孔　　③烟袋头筒
　③烟袋嘴脖　　3 烟袋杆
　④烟袋嘴筒　　　①烟袋杆
2 烟袋头　　　　　②烟袋杆孔

№0291-c

№0291-d

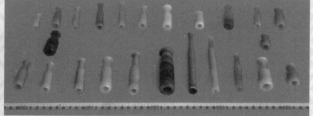

№0291-e

图 № 0292 烟袋的类型
　1 疙瘩烟袋　　4 骨制烟袋
　2 树根烟袋　　5 银制烟袋
　3 角制烟袋
图 № 0293 各种烟袋
图 № 0294 烟签子

№0292-1

№0292-2

№0292-3

№0292-4

№0292-5

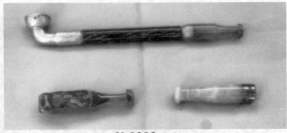

No0293-a

No0293-b

No0293-c

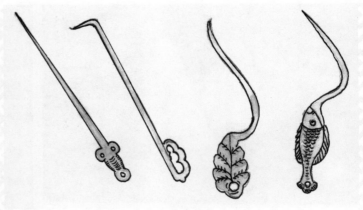

No0294-a

No0294-b

 五　烟荷包

烟荷包,蒙古语称塔玛黑乌塔、塔玛黑哈卜塔、塔玛黑塔日楚克、塔玛黑输贷等,用布或绸缎缝做,也有皮制的。烟荷包由上部、中部、下部三部分组成,上部固定各色飘带,中部绣各种图案,下部若是方形的带穗儿,呈三角形的不带穗儿。蒙古人把烟荷包视为吉祥物,常作为定亲、婚娶、过本命年的礼物相送。

烟荷包飘带的颜色五彩缤纷,但不能有白色的和黑色的,飘带数量不能是单数,常见的有2、4、6、8条,多则12条。男士用长颈烟荷包,女士用短颈烟荷包。

用黄羊皮、鹿皮、狍子皮、獾子皮、牛羊腋下皮制作的烟荷包只有提带、穗儿和披疙瘩。平常人家,将烘干的碎烟叶盛于各种烟盒内,随时取用。还有牲畜阴囊皮做成的烟盒。

图No 0295　烟荷包的结构

　　①烟荷包口　　　⑤腰带
　　②提带儿　　　　⑥飘带
　　③披疙瘩　　　　⑦烟荷包底儿
　　④系绳　　　　　⑧穗儿

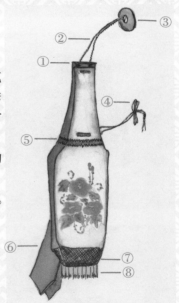

No0295

图No 0296　各种烟荷包

图No 0297　烟袋和烟荷包

图No 0298　烟袋套

图No 0299　烟盒

　　Ⅰ木盒

　　Ⅱ阴囊盒

　　Ⅲ其他容器

No0296-a

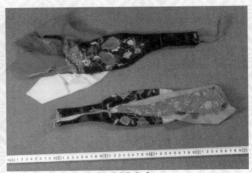

No0296-b

№0296-c

№0296-d

№0296-e

№0296-f

№0296-g

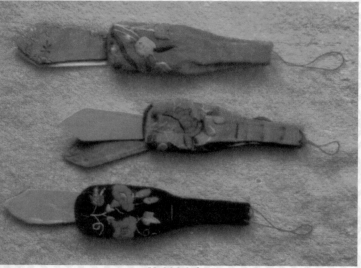

№0296-h

№0296-i

№0296-j

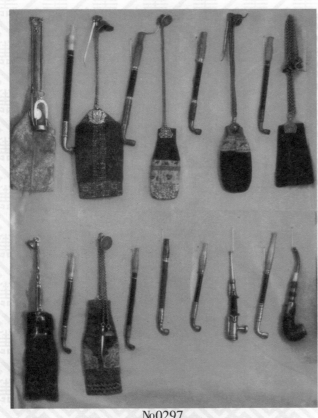

No0297

No0299-Ⅰ

No0299-Ⅱ

No0299-Ⅲ

No0298

（六）荷包 褡裢

荷包是男子衣带上佩戴的饰物。面上绣有花卉、图案。有的口可松可紧，穿有系带，用玛瑙、翡翠做坠儿。

荷包有方形、圆形、椭圆形各种形状。新郎戴红色圆形荷包，在垂带上用红线缝之，用以装娱乐游戏中抢得的羊拐。

褡裢为长方形，中间线上开口，不相对的两面上绣花卉图案等，内装鼻烟壶，系于腰带。

图№ 0300 荷包的结构
　　①荷包盒　　④荷包穗
　　②荷包袋　　⑤披疙瘩
　　③荷包带
图№ 0301 褡裢的结构
　　①褡裢面饰　　③褡裢袋
　　②褡裢口　　　④穗
图№ 0302 各种褡裢

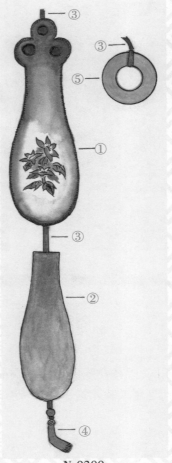

No0300

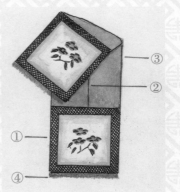

No0301

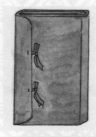

No0302-a

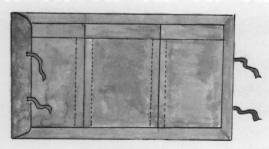

No0302-b

No0302-c

No0302-d

No0302-e

No0302-f

No0302-g

No0302-h

 七 胸荷包

　　胸荷包的做法与其他荷包相同,因挂在胸前而称为胸荷包。妇女装针线,大夫装灸针、放血针,老年人装牙签、耳挖子等。

　　图 No 0303　胸荷包的结构

　　　　①荷包盒　　　③荷包带

　　　　②荷包袋　　　④荷包穗

　　图 No 0304　胸荷包

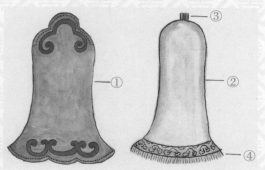

No0303

No0304-a

No0304-b

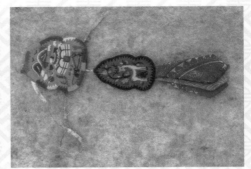

No0304-c

（八）图海

图海（tʊːxɑi），一种环佩，是挎带蒙古刀、火镰或单独佩带在腰间的饰物，也称为套环、带钩。用珍贵材料精雕细刻而成。

图 No 0305 环佩

No0304-d

No0304-e

No0305-a

No0305※-b

No0305※-c

（九）操依拉

操依拉（sʊirɑː）也称掖疙瘩，在衣带上挎荷包、烟袋、烟口袋时使用。多种形状，上面雕琢猴、犬、鸟、兽之类吉祥物和花果植物图案。用金、银、玉、绿松石、老树疙瘩、银元、鞍泡钉、角之类坚硬美观物制作。

图 No 0306 操依拉

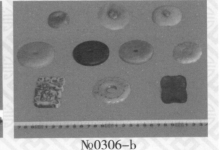

No0306-a

No0306-b

（十）垂巾

科尔沁习俗中，打扮新郎除穿着传统的蒙古袍，扎长条红绸带外，为了祝福新郎健康长寿，还佩带红色霍日麦卜齐、白色垂巾。在垂巾上缝制装羊拐子的腰荷包。并佩带上乘蒙古刀、火镰、鼻烟壶、彩带烟荷包(有四、六、八条彩带的烟荷包均可)等。

垂巾用白布或绸缎制作，比腰荷包略宽，长与裤腿齐。是新郎接新娘时所佩戴的饰物，备一对，佩戴于左后侧腰间，上边将腰荷包缝牢。

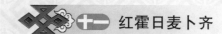 **红霍日麦卜齐**

红霍日麦卜齐（ʊlɑːn xɔrmɔiwtʃ），是新郎接新娘时所佩戴的饰物。长与裤长差不多，扎在前边。

图№ 0307 新郎饰物

　Ⅰ 垂巾　　　　　Ⅲ 腰荷包
　Ⅱ 红霍日麦卜齐

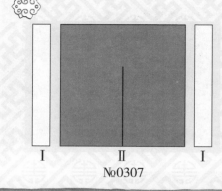

Ⅰ　　Ⅱ　　Ⅰ

№0307

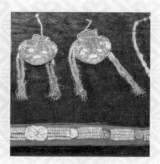

№0307-Ⅲ

第四节　顶子　翎子

顶子、翎子是戴在帽子顶上的装饰物，又是官衔品级的标志。此外，在清朝时期蒙古官服上绣有区分品级的禽兽图案的补子。

 **顶子**

顶子，是冠顶上镶嵌的宝石或帽顶上缝上的纽儿。

顶子可分为装饰顶子和品位顶子两种。装饰顶子，又名帽纽儿、帽疙瘩。品位顶子又名顶戴、顶珠。装饰顶子，庶民百姓到王公贵族均可通用。品位顶子，只有王公贵族按等级规定享用。

装饰顶子，常以纽襻儿做。品位顶子，用宝石制，而且宝石的质色是区别品级的重要标志。清朝对文武官员的品级中规定：一品用红宝石；二品用红珊瑚；三品用蓝宝石；四品用青金石；五品用水晶；六品用砗磲；七品用素金；八品用阴文镂花金；九品用阳文镂花金顶珠。

据清朝文献记载：亲王朝冠东珠十，上衔红宝石；郡王朝冠东珠八，上衔红宝石；贝勒朝冠东珠七，上衔红宝石；贝子朝冠东珠六，上衔红宝石；镇国公朝冠东珠五，上衔红宝石；辅国公朝冠东珠四，上衔红宝石，王公、贝勒、贝子吉服冠顶均为红宝石。蒙古王公贵族也遵循清朝规定按官衔品级戴顶子。一、二等台吉戴珊瑚顶子；三等台吉戴蔚蓝顶子；四等台吉戴暗翠蓝顶子；破落台吉戴黯黑顶子，后取消。

图№ 0308 顶子

№0308-a

№0308-b

№0308-c

翎子,又称翎支,是在冠上向下垂拖着的一根孔雀尾的翎羽。尾端有如同眼睛而极为灿烂鲜明的圈,叫做眼。有单眼、双眼、三眼花翎之别,没有眼的叫蓝翎。以眼的多寡区分品之等级。

清初花翎还不是品级标志,只赏给受朝廷特别恩宠的贵族或大臣。到顺治十八年(1661年),清朝才对花翎作出明确规定:宗族中亲王、郡王、贝勒等一律不许戴花翎,只许贝子、固伦额附戴三眼花翎,镇国公、辅国公、和硕额附戴双眼花翎。非宗室官员五品以上许戴单眼花翎,六品以下只许戴蓝翎。双眼花翎仍然是朝廷的特别恩赏。从乾隆时期起,亲王、郡王、贝勒、贝子戴三眼花翎,镇国公、辅国公戴双眼花翎。

图No 0309 花翎

图No 0310 做花翎的孔雀羽毛

No0309

No0310

第五节 手镯

手镯,由金、银、玉、翡翠或铜制作。铜制的,唯男人戴。

手镯分为原色的和镶嵌的两种。原色手镯分为无花纹的和有花纹的两种。

手镯有开口、封口之分,多为开口。

图No 0311 手镯

1 有花纹原色手镯   4 开口手镯

2 无花纹原色手镯   5 封口手镯与镶嵌

3 镶嵌手镯   戒指

No0311-1

No0311-2

No0311-3

No0311-4

No0311-5

第六节　戒指

戒指，用金、银、玉、翡翠制作。分为原色的和镶嵌的两种。可以镶嵌绿松石、珊瑚、珍珠、东珠等。

男士、女士均可戴戒指，但蒙古人食指上不戴戒指。

图 № 0312　戒指
　　1 原色戒指
　　2 镶嵌戒指
图 № 0313　各种装饰品

№0312-1

№0312-2-a

№0313-b

№0312-2-b

№0313-c

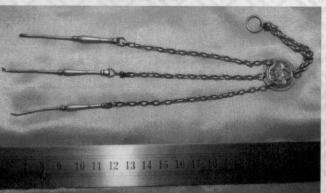

№0313-a

№0313-d

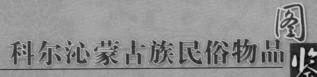
第六章 竞技用具类

搏克、赛马、射箭，以男儿三艺闻名于世，具有文体娱乐性质和群众性，是蒙古民族自古以来传承下来的独特的珍贵文化遗产。

男儿三艺与古代蒙古族经济、政治、文化生活特点完全吻合，又随蒙古社会发展而演化过来的，因此，有着鲜明的民族特色和独特的风格。

科尔沁蒙古人非常喜爱男儿三艺，并通过男儿三艺表现自己的才能，彰显自己的盛誉。哈布图哈萨尔次子也松格是神射手。成吉思汗征伐沙陀国凯旋途中召开的蒙古官员大会上进行射箭比赛，也松格得远射冠军。成吉思汗下令立石碑记载。

图№0314 也松格石碑记文

№0314

第一节　搏克用品

搏克（box），汉译摔跤，古称角抵，是比拼双方力气与技巧的较量，是使对方顷刻间失去平衡跌倒而决定胜负的一种体育娱乐活动。

因此，搏克服既结实又适合角抵的特点。搏克服饰包括江嘎、卓道克、皮带、搏克裤，查尔巴克、俄布都格齐、搏克靴等。

图№0315 搏克手的跃姿

图№0316 角逐

图№0317 搏克服、搏克手

№0315※

No0316※

No0317

一 江嘎

江嘎（ʤæŋʲaː），汉译护身结，是博克手在颈部戴的用各色绸缎作为穗带的饰物。早先，戴江嘎是博克能手的荣誉，当几次冠军戴有几条穗带的江嘎。

嘉奖排名前列的博克手时，活佛喇嘛也赏戴念咒语做法的江嘎。

江嘎由结徽、颈圈、穗带组成。结徽是将珊瑚珍珠、绿松石、银镶嵌在结架上的。颈圈是用绸缎条缠住结架而成的。穗带是用各色绸缎做的，但不取黑色。

科尔沁习俗中，进行搏克比赛时不戴江嘎。

图 No 0318 江嘎的结构

　　①颈圈　③结徽

　　②穗带

图 No 0319 江嘎

No0318

No0319

二 桌道格

卓道克（ʤɔdɔg），是博克摔跤时穿的上衣，形同坎肩，可汉译为博克坎肩。据其款式分为无衽卓道克和有衽卓道克两种，据其所用材料分为香牛皮卓道克、大畜皮卓道克、毡子卓道克、布卓道克等。

卓道克衣的领部、双袖和腋下部位的边缘，都要用坚实的材料镶边，用皮绳、丝线、驼绒线、麻线密纳。通常用351个铜泡钉加固。背部饰有铜镜或银镜，镜子上有龙、凤（实为大鹏）、狮、虎四猛兽或象、鹿浮雕图像，或刻蒙文美术字。

下摆围穿软皮条或用专门皮带。

图 No 0320 卓道克

图 No 0321 卓道克的结构

　　①卓道克面　　③颈部　　⑤下摆　　⑦泡钉

　　②卓道克里子　④袖子　　⑥带子　　⑧镜子

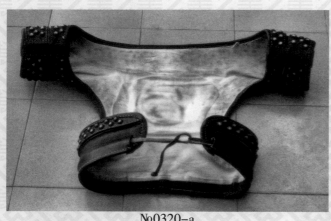

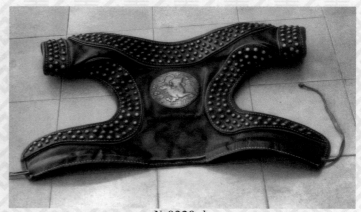

No0320-a　　　　　　　　　　　　No0320-b

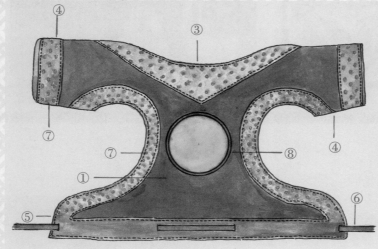

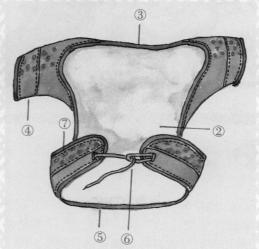

No0321-a　　　　　　　　　　　　No0321-b

三　搏克裤

搏克裤用白布制作。平均标准为：裤腰周长为13尺，裤腿口周长为4尺，裤长为4尺，从裤腰上沿到裤裆的距离为2尺2寸。做一条摔跤裤一般用布12尺、16尺、32尺、40尺不等。搏克手还穿一种叫做疏达格的下服。

喇嘛搏克手们则穿白色长裙子。

图No 0322　搏克裤

No0322

四　查尔巴克

查尔巴格(ʧarwag)，也称霍日麦卜齐，汉译摔跤裙。通常用蓝、黄、红三色丝绸制作，象征天、地、太阳。现在也用绿、黄、粉色的，但只能用三色。

图No 0323　查尔巴克的结构

①查尔巴克围布　③彩带

②系绳

图No 0324　查尔巴克

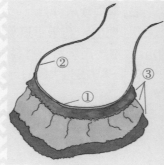

No0323　　　　　　　　　No0324

五 俄卜都格齐

俄卜都格齐（owdogʧ），汉译套裤，搏克手护膝，均为夹层的。平均标准为：前侧长2.5~3尺，背面长1.3~1.7尺，裤腿口周长为1.2~1.5尺。颜色自选，膝部修饰各种图案。

图№ 0325 套裤
图№ 0326 套裤装饰

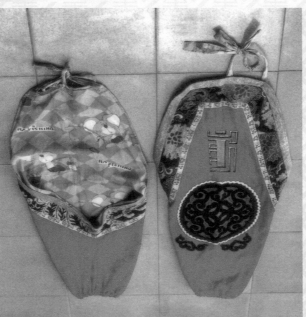

№0326-a

№0326-b

№0325

六 搏克靴

搏克手都穿专用搏克靴。为保护胫骨前脊，靴内塞衬垫。衬垫蒙语称为吉力格（ʤirəg），是用皮条将一拃长、筷子般厚薄竹板串起来的，里侧垫毡块，毡子里侧是用酒浸泡后的烟叶包，挨着胫骨前脊。

摔跤时，为了保护靴子和防止打滑，把靴子用皮条缠3~5道。皮条长6尺，宽1指，一头固定有铁环或铜环，做皮笼套。

图№ 0327 博克靴
图№ 0328 吉力格
图№ 0329 皮笼套

№0327-a

№0327-b

№0328-a

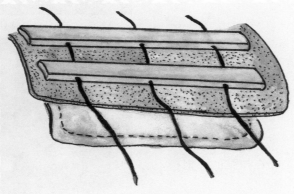

№0328-b

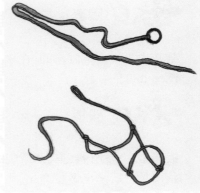

№0329

第二节　射箭用品

射箭,是体力和眼力密切配合的体育运动。可分为立射、骑射两种。站立射箭,叫做立射。跑马射箭,叫做骑射。还根据射箭的目的,分为准射(即为射的)和远射两种。

射箭是从狩猎、作战的需要演化过来的,所以没有专门的服装,通常穿蒙古服装。参赛的射手穿护胸、戴腕套、扳指儿。

图 No 0330　射箭

No0330※

No0331-a

No0331-b　　　　No0332

一　射手用具

1　护胸

护胸是用皮革制作的。
图 No 0331　护胸

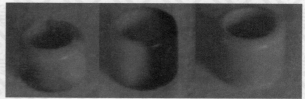

No0333-a

2　腕套

腕套也是用皮革制作的,在拿弓的手腕上戴。
图 No 0332　腕套

3　搬指儿

扳指儿,一般用铜、玉、翡翠制作。是套在拉弦的手拇指上的钩弦用具。后来也做装饰品。
图 No 0333　扳指儿

No0333-b　　　　No0333-c

过去射箭比赛有25步、50步、100步之分，比赛规则是三轮九箭定胜负。

图№ 0334 弓箭

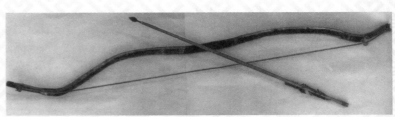

№0334※

1 弓

弓，分为大、中、小型。中型弓约5尺长。

弓的优劣，据其承受的拉力来定。承受20斤重的力量，叫做一拉力，如果一个弓能承受100斤重的力量，则称为五拉力弓。

蒙古人很早以前就开始使用复合弓(或称角弓)。这种弓是用兽类的角做弓腹，用兽类的脊椎或肢体的筋做弓背合成的。

弓身用质硬而富有弹性的木料或竹子。用驼颈皮、牛阴茎、水牛角、椴木等做弓背、弓腹部分和两端，用鲨鱼胶粘贴，外边用红桦树皮缠贴，用鹿角做弓弰。

弓弦用牛蹄皮条、牛皮条、牛筋和牛阴茎、丝绵制作，约筷子般粗。

图№ 0335 弓的结构

①弓身 ③弓把 ⑤弓腹 ⑦弓鼻(弓弰头)

②弓弦 ④弓背 ⑥弓弰 ⑧弓凸

图№ 0336 复合弓结构示意图

①骚高格(读音sɔgɔg) ⑧弓口

②弓缝 ⑨弓弰

③弓面(弓腹) ⑩弓弦码(弓凸)

④弓发带(弓胚子) ⑪弓屏(弓垫子)

⑤望把 ⑫弓扣

⑥弓背 ⑬弓弦

⑦弓弰头(弓鼻子)

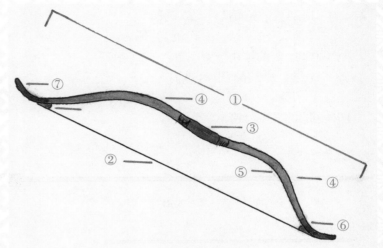

№0335

2 箭

箭(矢)，由箭杆、镞或骲头(镝)、箭翎组成。箭杆可分为头部(箭头)、胸部(箭胸)、根部(箭根)、尾部(箭尾)。尾部下端有豁口，称为箭口。箭尾上粘翎羽，称为箭翎。箭头到箭尾的中间部位，蒙译叫做乌思格尔(读音uːsgər)。

箭杆，用桦木、竹、柳条做箭杆，杆长约三尺，约有筷子般粗。

箭头安装镞、骲头(镝)。镞，镝是用兽骨、角或青铜、铁制成。骲头，分为发射后有响声的和没有响声的两种。有响声的叫做鸣镝(有眼骲头)，蒙语称为高刀利(读音gɔædʲlʲ)，有2个或4个孔(眼)。没有响声的骲

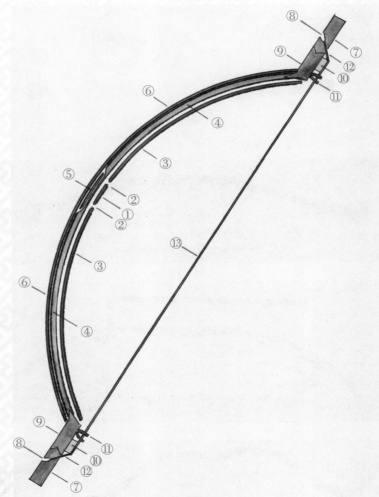

№0336

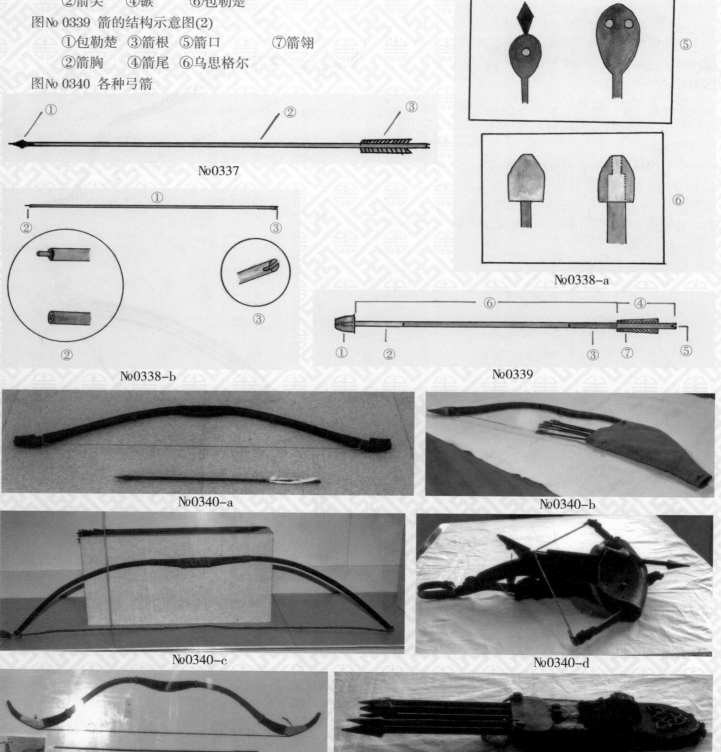

头(无眼骲头)蒙语称为孛格德(读音bogd)。用于训练和比赛用的孛格德,蒙语称为包勒楚(读音bɔltʃuː)。

箭尾粘六寸长的羽毛,秃鹙、雕、鸢尾毛为佳。

箭口子用秃鹙、雕的胫骨前脊皮缠贴。

图№0337 箭的结构
　　①镞　　③箭翎
　　②箭杆

图№0338 箭的结构示意图(1)
　　①箭杆　　③箭口　　⑤鸣镝
　　②箭尖　　④镞　　　⑥包勒楚

图№0339 箭的结构示意图(2)
　　①包勒楚　③箭根　⑤箭口　　　⑦箭翎
　　②箭胸　　④箭尾　⑥乌思格尔

图№0340 各种弓箭

№0337

№0338-a

№0338-b

№0339

№0340-a

№0340-b

№0340-c

№0340-d

№0340-e

№0340-f

科尔沁蒙古族民俗物品图鉴

三 速尔靶 靶

❶ 速尔靶

将大畜生皮割成约一指宽的皮条,搓细后编成拳头般大的网球体,晾干,称其为皮圈靶,即靶子,蒙语称为速尔(sur)。准备12个。另准备11个拳头般大的生皮做的干皮球。把12个靶子和1个干皮球,按着比赛规则排成射击目标,然后用弓箭射击,将这种活动叫做射速尔靶,即射靶子。

被射中的靶子或按规则可算作射中的靶子蒙语叫做乞其尔。射中一个靶子,去掉一个乞其尔(xitʃir),剩余的重摆。射中一个皮球算作三个乞其尔,去掉三个靶子,放回球重摆。如此,去掉全部靶子,只剩一个球为一局,另摆初阵再开局。

靶子摆法:在一条线上并列8个靶子,中间4个靶子上各置一个靶子,在其上方正中置皮球,称为初阵。若要去掉一个乞其尔,应从下行去一个靶子,将上行的靶子调整为对称行列。若要去掉两个乞其尔,从下行两头各去一个靶子。若要去掉三个乞其尔,应从下行两头和上行各去掉一个靶子,将剩余的靶子对称重摆。

图 № 0341 皮圈靶 皮球

图 № 0342 靶子摆法

　　1 初阵　　　　　　　5 去掉两个乞其尔后的摆法
　　2 射中靶子　　　　　6 去掉三个乞其尔后的摆法
　　3 射中球　　　　　　7 去掉四个乞其尔后的摆法
　　4 去掉一个乞其尔
　　　后的摆法

　　　　　　　　№0341　　　　　　　　　　№0342-1

　　№0342-2　　　　　　　　№0342-3　　　　　　　　№0342-4

　　№0342-5　　　　　　　　№0342-6　　　　　　　　№0342-7

❷ 靶

根据靶的放置方式分为卧靶、立靶、吊靶三种。立射或骑射时,按着既定的规则将一定数量的靶排列起来射击。

(1)卧靶

放置在地上射击的靶,叫做卧靶。卧靶,有专用的和用别的物代替的。

帽子靶是典型的卧靶。用毡子做成四面体,作为靶子。或者用白布为面做成四面体,各边相等,内充棉花,上边扣上帽子,作为靶子。

皮制碗内装满沙子做靶,即为替代靶子。

图 № 0343 帽子靶

　　　　　　　　№0343

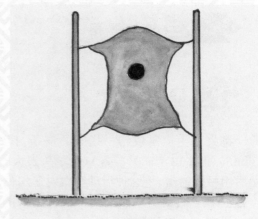

（2）立靶

竖立在地上射击的靶，叫做立靶。立靶一般有站立的成人那么高。

羊皮靶子是典型的立靶。把去掉毛的老羊皮伸展拴在两个柱子上，中间画中等盘子大小的圆圈，涂上黑色作为靶心。将这样的九张羊皮并列成为一组靶子。

图№ 0344 立靶

№0344

（3）吊靶

吊靶是离地面一定高度悬起来的，一般高度为6尺左右。

牛的膀胱或瘤胃内充物后九个为一组并排悬挂进行射击是典型的吊靶。也有在方形、三角形、圆形袋内充物做吊靶的。

图№ 0345 吊靶

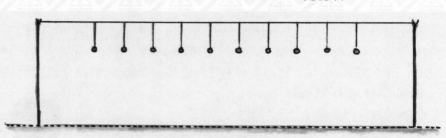

№0345

（4）环靶

环靶是由不同颜色的四个环和一个中心圆组成。其环是用牛皮和毡子圈成的，从外到里将四个环套装起来，染上四种颜色，分别记1、2、3、4分。正中安装红色球形体，射中则记5分。这个球形体叫做中心，蒙语称为杨亚尔(读音 janjar)。

外圈固定于摽绳上，即使射中了也不会掉落。其余环被射中后，连同其内部的环和球掉下来。

图№ 0346 环靶

4
3
2
1

№0346

四 弓囊 箭袋

弓囊，也叫弓套。

图№ 0347 Ⅰ弓囊 Ⅱ箭袋
图№ 0348 弓箭 弓囊 箭袋 环靶

№0347-Ⅰ-a

№0347-Ⅰ-b

№0347-Ⅱ-a

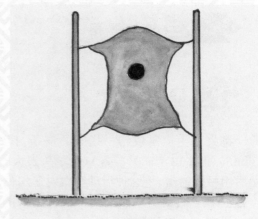

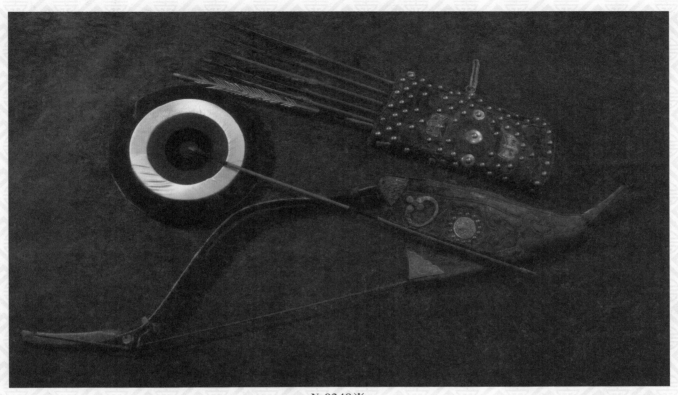

№0348※

第三节 赛马用品

根据参赛马的岁口(年龄)分为成马赛(赛程一般为40~50里)、三至五岁公马赛(赛程一般为20里左右)、二岁马赛(赛程一般为10里左右)等。

根据赛程长短分为长跑赛(长距离比赛),短跑赛(短距离比赛)等。

根据行走形态分为快马赛、走马赛、颠马赛等。

骑手通常穿具有地方特色的民族服装参赛。头部扎上与马的毛色协调的各色绸巾,两头垂在头部两侧。一般手持一拃长檀香木把皮鞭或苏木把皮鞭。

参赛马的额部挂一片小镜子,用绸缎彩带缠额鬃。修理马鬃时鬐甲留一束鬃用彩绸打扮。马尾留两束散放之外其余用绸缎条包扎起来。

图№ 0349 赛马

图№ 0350 赛马的装饰

    Ⅰ 装饰马的额鬃   Ⅱ 装饰马的尾巴

        ①额鬃的缠饰   ①马尾的缠饰

        ②缠饰带   ②缠饰带

        ③额鬃彩带

图№ 0351 赛马鞭子

    ①鞭钮   ③鞭穗   ⑤鞭箍

    ②鞭杆   ④鞭梢

№0349※

№0350-Ⅰ

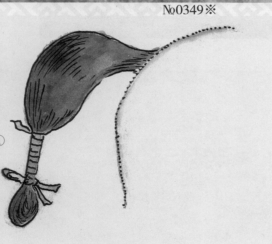

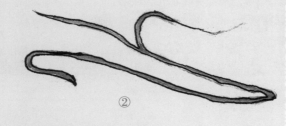

№0350-Ⅱ

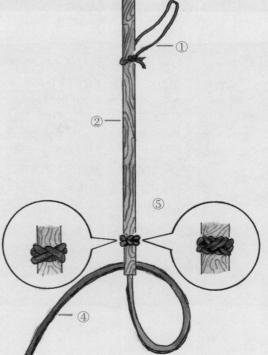

№0351-a

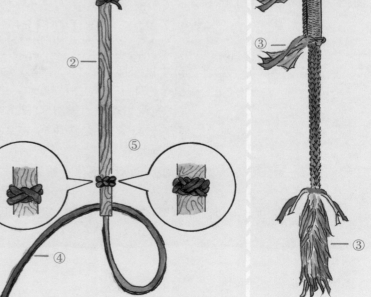

№0351-b

№0351-c

第七章 家用器具类

家庭日用器具是在日常生活中不可缺少的,而且种类繁多。这些用品器具由于融汇着科尔沁的地方特色,所以具有共同性。同时,由于反映着社会各阶层的生活条件和需求,所以又具有差异性。这里仅据所见到的传统用品和实物,分为家庭用品和庭院用具两类。

第一节　屋内用具

家庭用品,据其制作材料可分为木制品、金属制品、陶瓷制品、皮制品、布制品、毛制品等。过去,这些用品多为当地生产,随着农业经济的渗透,异地产品不断流入牧区,牧民生活发生了很大的变化。

一　生火用具

1 托拉嘎和托拉嘎工具

(1)托拉嘎

托拉嘎蒙语叫托拉嘎(tulag),汉译火撑子,是由几个支柱和几个撑圈组合固定而成的蒙古民族生火用具。常常用铁制,牲畜超一万头的富户用钢制。锅撑子的形状有圆形、方形两种。

根据蒙古包的大小可用四条腿的、六条腿的和八条腿的托拉嘎。撑圈(箍环)也三、四、五个不等。为了便于携带也可制作三条腿的野外用的托拉嘎和折叠式托拉嘎。折叠式托拉嘎用两根铁制插棍把撑圈串连起来。

常用的四条托拉嘎撑高39厘米,直径38厘米;腿宽3厘米,厚0.8厘米;箍宽2.2厘米,厚0.5厘米;撑眉呈三角形,长不超过3厘米。撑柱长16厘米,上下两撑外沿间距为15厘米,撑脚长为8厘米,撑脚内折头直径为2厘米。

蒙古人把托拉嘎当作家业兴旺的象征,将三足托拉嘎的三条腿视为父、母、儿媳妇三方,将四足托拉嘎的四条腿视为父、母、儿子、儿媳妇四方,祝福祭祀。使用时支在蒙古包内正中,放置有规矩,使用有禁忌。不用时放在蒙古包的西北角,妥善保管,不得玷污。

图№0352 托拉嘎的结构

①撑腿	⑥撑圈
②撑柱	⑦提手
③撑头	⑧云纹图案
④撑眉	⑨铆钉
⑤撑脚	⑩插棍

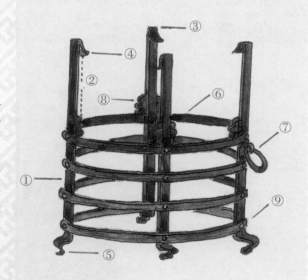

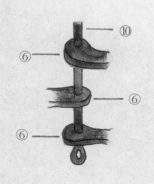

（2）火剪子

火剪子，是从托拉嘎或火灶取火炭和添加牛粪时使用的工具。铁制，长约40～50厘米；把手的部位呈半圆形，夹火部位较长，也有的直径约3厘米的弧形弯度的火剪子，更适于夹物。

图№0353 火剪子

　　①把　　　③夹尖

　　②铆钉

（3）烤肉架

烤肉架，即烤筏，蒙语称为萨勒（读音sal），是在托拉嘎上烤肉时用的。铁制，有各种图案修饰。

图№0354 烤肉架

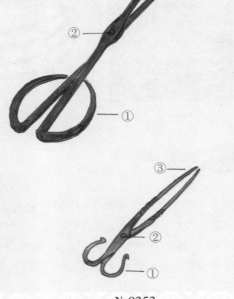

№0353

№0354-a

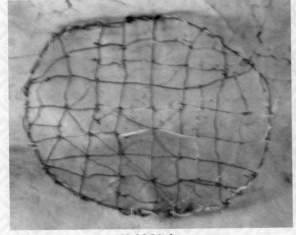

№0354-b

№0354-c

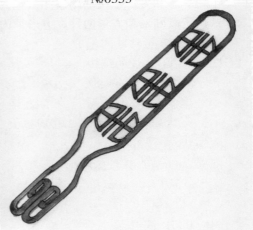

№0354-d

（4）牛粪箱

牛粪箱，蒙语称为轰格（读音xoŋgoː），是装干牛粪的专用木箱。

图№0355 牛粪箱

图№0356 托拉嘎和托拉嘎用具

№0355-a

№0355-b※

No0356-a

No0356-b

No0356-c

No0356-d

2 炉子

　　炉子,分为土炉子、砖炉子、铁炉子三种。据其炉子的动态和静态可分为固定和移动两种。砖炉子是固定的,铁炉子是移动的。

　　土炉子分移动和固定两种。土坯搭的炉子均为立方体,是固定的。用泥土、牛粪、毛鬃、软草和起来,夹以绳索,用双手一圈一圈筑高的圆形土炉子是可以移动的,移铺时亦可带走。这种土炉子,高一尺余,粗与上边放的锅的大小相适应。前方有炉门,后边有出烟口。

　　土坯炉子和砖炉子内部用穰泥做膛,炉膛下安算子,算下挖灰坑。土坯炉子表面用泥抹好。

　　铁炉子有圆形和方形两种。方形炉内部也用牛粪、毛鬃、黏土和好的泥土做炉膛,下方挖灰坑。出烟口在其后面。

图№0357 可移动的土炉

图№0358 砖炉的结构

①炉台　④炉膛　⑦炉门　⑩炉圈
②炉盘　⑤炉窗　⑧烟囱坐　⑪炉盖
③炉口　⑥炉坑　⑨炉算子

图№0359 土坯炉

图№0360方形铁炉的结构

①炉门　③灰坑　⑤炉顶　⑦炉底
②门扇　④炉口　⑥炉衬　⑧出烟口

图№0361 铁炉

No0357-a

No0357-b

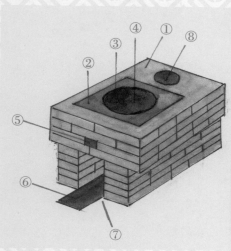

No0358-c

No0358-a

No0358-b

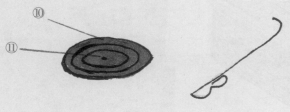

No0358-d

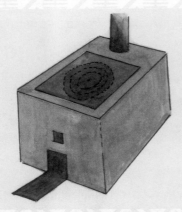

№0359

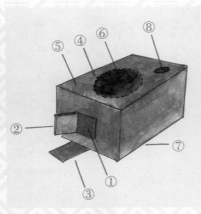

№0360

№0361-a

№0361-b

3 火盆

　　火盆有泥做的和铁制的两种。土火盆的做法与土炉子相同,形状如普通锅。普通锅也常当火盆用。火盆设有架子。

　　牧家用一种铜制盛火工具,蒙语称为麦布儿(读音maiwar),美观大方。

　　图№ 0362　土火盆
　　图№ 0363　铁火盆
　　图№ 0364　麦布儿
　　图№ 0365　火盆架

№0362

№0363-a

№0363-b

№0363-c

№0364

№0365-a

№0365-b

№0365-c

№0365-d

№0365-e

№0365-f

4 火具

图№ 0366 火具

Ⅰ 火锹　　　　Ⅴ 拨火棍　　　Ⅸ 火铲子
Ⅱ 火筷子　　　Ⅵ 火铲子　　　Ⅹ 吹火管
Ⅲ 炉火压实板　Ⅶ 炉钩子
Ⅳ 火耙子　　　Ⅷ 劈木柴斧子

№0366-Ⅰ-a

№0366-Ⅰ-b

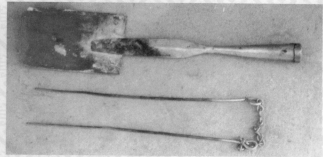

№0366-Ⅱ

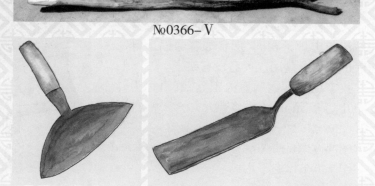

№0366-Ⅵ

№0366-Ⅴ

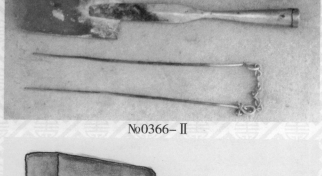

№0366-Ⅲ-a

№0366-Ⅶ

№0366-Ⅲ-b

№0366-Ⅷ

№0366-Ⅳ

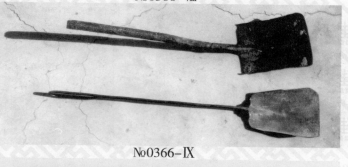

№0366-Ⅸ

№0366-Ⅹ

① 锅

锅有铁锅、铜锅、砂锅三种。

灶上安装的锅分为大锅(盛一斗二升)、中锅(盛一斗)、小锅(盛八升)等。比大锅还大的锅,蒙语称为茂仁陶高(读音 mœrʲin tɔgɔ:),比茂仁陶高还高大的锅,蒙语称为曼占陶高(读音 mandʒan tɔgɔ:),即会餐锅,多数在寺庙里用。

锅盖用铜、铁、木头、蒲棒、秫秸做。

图 № 0367 锅的结构

①锅口	④中等锅盖	⑦锅腿	⑩锅座
②锅边	⑤锅盖把手	⑧锅脐	⑪大锅盖
③锅底	⑥锅把	⑨锅耳	⑫小锅盖

№0367-a

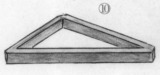
№0367-b

№0367-c

№0367-d

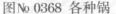
№0367-e

№0367-f

№0367-g

№0367-h

图 № 0368 各种锅

Ⅰ 铁锅	Ⅴ 小铜锅	Ⅸ 挂锅	ⅩⅢ 铜锅和火撑子
Ⅱ 火锅	Ⅵ 广锅(平锅 煎锅)	Ⅹ 砂锅	
Ⅲ 铜锅	Ⅶ 小平底锅	Ⅺ 宽边锅	
Ⅳ 小锅	Ⅷ 大铁锅	Ⅻ 耳锅	

№0368-Ⅰ-a

№0368-Ⅰ-b

№0368-Ⅱ

№0368-Ⅲ

№0368-Ⅳ

№0368-Ⅴ

№0368-Ⅵ

№0368-Ⅶ

No0368-Ⅷ

No0368-Ⅸ※

No0368-Ⅹ

No0368-Ⅺ

No0368-Ⅻ

No0368-ⅩⅢ

No0369-Ⅰ-a

No0369-Ⅰ-b

图No 0369 曼占陶高

　Ⅰ 小曼占陶高　　　　Ⅲ青铜曼占陶高
　Ⅱ 大曼占陶高(特大号锅)

No0369-Ⅱ-a

No0369-Ⅱ-b

2 勺子

木、铜、铁制三种。可以分小勺、中等勺、大勺三种。勺把一般都用木制。

图No 0370 勺子的结构
　①头部　　③把手
　②勺杆

图No 0371 勺子
　1 大勺　　3 小勺
　2 中勺

No0369-Ⅲ-a

No0369-Ⅲ-b

No0371-1-a

No0371-1※-b

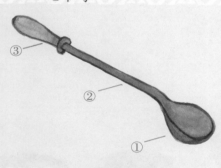

No0370

No0371-2-c

No0371-3-a

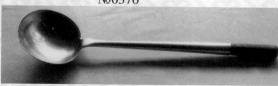

No0371-2-a

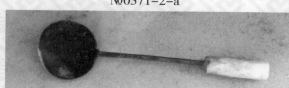

No0371-2-b

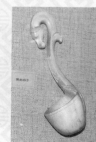

No0371-3-b

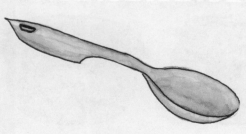

No0371-3-c

炊具包括案板、擀面杖、薄刀、刷帚、笊篱、铲子、抹布、瓢、搅拌耙、锅盖、蒸笼、蒸篦子、饸饹床子等。

(1)案板(菜板)

案板是切食品用的专用木板,甚厚。多为方形。用树根做的菜板是圆形的。

图№ 0372 案板

№0372-a　　　　　　№0372-b

(2)擀面杖

有两头渐细的或有1~2尺长的匀称的圆柱形擀面杖。

图№ 0373 擀面杖

№0373-a

№0373-b　　　　　　№0373-c

(3)薄刀(菜刀)

刀身相当宽,多为长方形,有木把。

图№ 0374 薄刀

(4)刷帚(锅刷)

刷帚用帚黍、高粱穗、马兰根、芨芨草制作。

图№ 0375 刷帚

№0374-a　　　　　　№0374-b

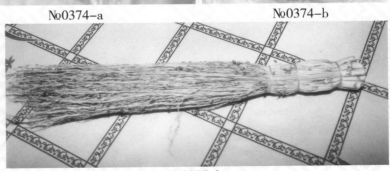

№0375-a　　　　　　　№0375-b

(5)笊篱

常用细柳条剥皮编制。后来也用铁制漏勺和用铁丝编制的笊篱。

图№ 0376 笊篱

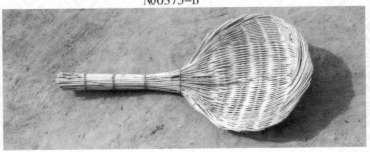

№0376

(6)铲子

铜、铁两种。

图No 0377 铲子

No0377-a

No0377-b

(7)抹布

早先,用毡子或绵羊皮,擦油锅。也用粗布或毛巾当抹布,用以清洁。

图No 0378 抹布

No0378

No0379-1-a

No0379-1-b

(8)瓢

挖木制作的舀器叫木瓢,用葫芦、木、铁制作的舀水器叫水瓢。

图No 0379 瓢

1 水瓢　　3 木瓢

2 瓢舀子

(9)搅拌耙

炒糜子用的工具。

图No 0380 搅拌耙

No0379-2

No0379-3-a

No0379-3-b

No0380-a

No0380-b

(10)锅盖

用木板、秫秸、蒲棒杆制作。

图No 0381 锅盖

1 木盖子　　3 蒲棒杆盖子

2 秫秸盖子　4 做锅盖的材料

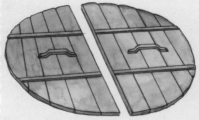

No0381-1-a

No0381-1-b

No0381-2

No0381-3

No0381-4-a

No0381-4-b

(11)蒸笼

由笼屉和盖子组成。

图No 0382 蒸笼

①盖子　③算子　⑤横子

②笼屉　④提系

No0382-a

No0382-b

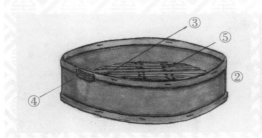

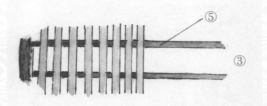

№0382-c

(12)蒸箅子

由托木、树条撖成的圈木、由秫秸或竹子做的横条组成。

图№0383 蒸箅子

 ①托木 ③横条 ⑤箅条

 ②圈木 ④提绳

(13)锅座

锅座,用木头做成三角形或四边形。也有用蒲草编制成圆形的。

图№0384 锅座

(14)饸饹床

饸饹床,用木制。辕木长约三、四尺,压槽底片铁制,有许多漏孔。在烧水的热锅上担置使用。此外,还有一种简易挤压漏子,可将和好的面挤压做成条状食品,挤压漏子没有辕木。

图№0385 饸饹床的结构

 ①辕木 ④压杆柄 ⑦槽底

 ②压杆 ⑤压槽 ⑧楔子

 ③轴铁 ⑥压柱

图№0386

 1饸饹床

 2挤压漏子

(15)菜刷

菜刷是将瓜类食品加工成细丝食品的用具。

图№0387 菜刷

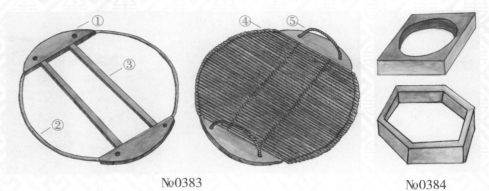

№0383

№0384

№0385

№0386-1-a

№0386-2

№0386-1-b

№0386-1-c

№0387

三 容器

❶ 缸 坛

缸是口大底小的容器。分为缩口缸和撇口缸两种。坛子是口小肚大的容器。多用陶、瓷等制成。亦用红柳条编制方形或圆形坛子,用黏土抹内壁数次,然后用油纸沾好后使用。

图№0388 缸 坛的种类

Ⅰ缸　　　Ⅳ坛子
Ⅱ缩口缸　Ⅴ罐子
Ⅲ撇口缸

№0388-Ⅰ

№0388-Ⅲ

№0388-Ⅱ

№0388-Ⅳ-a

№0388-Ⅳ-b

№0388-Ⅳ-c

№0388-Ⅴ-a

№0388-Ⅴ-b

图№0389 缸

1陶缸　　3缸盖
2瓷缸

图№0390 坛子

1柳条坛　　4有盖坛
2无提系坛　5瓷坛 瓦坛
3有提系坛

№0389-1

№0389-2-a

№0389-2-b

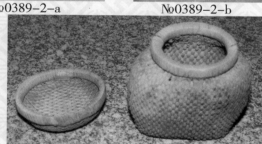

№0389-3-a

№0389-3-b

№0390-1-a

№0390-1-b

№0390-2-a

№0390-2-b

№0390-3

№0390-4-a

№0390-4-b

№0390-5-a

№0390-5-b

②桶

桶,是用木头、桦树皮、皮革、铜制成。用木头制做,可以用若干板条并制,也可用整块木头挖制。常用的桶有圆形桶、扁形桶两种。捣酸奶的桶是较高的圆台形桶。

图№ 0391 桶的结构

    ①桶梁   ③桶耳

    ②桶箍

图№ 0392 各种类型的桶

Ⅰ 木桶	Ⅶ大木桶	ⅩⅢ高奶桶
Ⅱ 桦树皮桶	Ⅷ小木桶	ⅩⅣ酸奶汁桶
Ⅲ 盛酒大桶	Ⅸ扁木桶	ⅩⅤ有盖子的桶
Ⅳ 用实心木挖的木桶	Ⅹ奶桶	ⅩⅥ发酵马奶的木桶
Ⅴ 扁皮桶(挤奶用)	Ⅺ水桶	
Ⅵ 提桶	Ⅻ黄铜桶	

№0391

№0392-Ⅰ-a

№0392-Ⅰ-b

№0392-Ⅱ※

№0392-Ⅲ

№0392-Ⅳ

№0392-Ⅴ

№0392-Ⅵ

| №0392－Ⅶ | №0392－Ⅷ | №0392－Ⅸ | №0392－Ⅹ |

№0392－Ⅺ－a　　　№0392－Ⅺ－b　　　№0392－Ⅻ－a　　　№0392－Ⅻ－b　　　№0392－ⅩⅢ－a

№0392－ⅩⅢ－b　　　　　№0392－ⅩⅣ－a　　　　　№0392－ⅩⅣ－b

№0392－ⅩⅤ－a　　　№0392－ⅩⅤ－b　　　№0392－ⅩⅤ－c　　　№0392－ⅩⅥ

 ③ 壶

　　壶,蒙语称为德布热(读音 dəwər),用黄铜、紫铜制成。主要用于煮茶、盛奶酪、马奶酒等。早先,使用铁壶和砂壶。后来,普遍用锡合金壶。

　　图№0393 壶的结构

　　　　①顶钮　　③耳子　　⑤壶嘴子　　⑦壶腹沟　　⑨壶腹脚

　　　　②壶盖　　④提手　　⑥壶腹　　　⑧壶腹脊

　　图№0394 各种壶

No0393

No0394-a

No0394-b

No0394-c

No0394-d

No0394-e

No0394-f

No0394-g

No0394-h

No0394-i

No0394-j

No0394-k

No0394-l

No0394-m

No0394-n

④ 筒壶

　　筒壶用铜制,蒙语称为棍哲(读音gunʤə:),多用于煮茶做饭。有圆柱形和圆台形两种。较大的筒壶高约1～3尺,粗约两拃余。也可分为有嘴筒壶和无嘴筒壶。也有侧面有小嘴的筒壶。

无嘴筒壶，蒙语称为刀毛或刀毛宝(读音 dɔm 或 dɔmbɔ)；
有嘴铜壶，蒙语称为扎敦宝(读音 ʤadɔmbɔ)。

图№0395 筒壶的结构
　　①顶钮　③把手　⑤圈
　　②盖　　④壶嘴
图№0396 各种筒壶
　　Ⅰ 铜制筒壶　　Ⅲ 有嘴筒壶
　　Ⅱ 无嘴筒壶

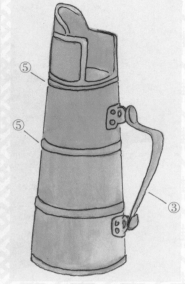

No0396-Ⅰ-a

No0395-a　　　　No0395-b

No0396-Ⅰ-b　　　　No0396-Ⅱ-a　　No0396-Ⅱ-b　　　No0396-Ⅲ

5 盆

过去，多用铜盆，也有用银、锡制的。用于盛东西和洗漱。

瓦盆普遍用于盛奶、水、食品等。此外还使用瓦罐。

图№0397 盆
　　Ⅰ 铜盆　　Ⅲ 瓦盆
　　Ⅱ 搪瓷盆　　Ⅳ 瓦罐

No0397-Ⅰ-a　　　　No0397-Ⅰ-b　　　　No0397-Ⅰ-c

No0397-Ⅱ　　　　No0397-Ⅲ-a　　　No0397-Ⅲ-b　　　No0397-Ⅳ

6 瓶

瓶是口小、腹大、有颈的容器。多用瓷或玻璃制成。

图№0398 瓶
　　Ⅰ 玻璃瓶　　Ⅲ 长颈瓶
　　Ⅱ 瓷瓶　　　Ⅳ 瓶塞

No0398-Ⅰ　　　　　　　No0398-Ⅱ-a　　　　No0398-Ⅱ-b

№0398-Ⅲ-a

№0398-Ⅲ-b

№0398-Ⅲ-c

№0398-Ⅳ

7 盒

盒是底、盖相合的盛东西的器具。用木头挖制的叫木盒,用柳条编制的叫柳条盒,蒙语称巴格布儿,(读音bagwar)为扁形或圆形。

图№ 0399　盒子

№0399-a

№0399-b

№0399-c

8 其他

日常生活中使用各种容器,常见的有帽子盒、盛炒米的升等。

图№ 0400　帽子盒
图№ 0401　盛炒米的升和舀子
图№ 0402　木制容器
图№ 0403　金属容器
图№ 0404　编制容器
图№ 0405　糊制容器

№0399-d

№0399-e

№0400

№0401

№0402-a

No0402-b

No0402-c

No0402-d

No0403-a

No0403-b

No0403-c

No0404

No0405

（四）箱橱

箱子和柜子是存放东西的家具,从上面开启的叫箱子,从侧面开启的叫橱,敞开的叫架子。

No0406-a

❶ 箱橱

(1)箱柜

箱子,一般长度较大,最长的有5尺,叫五尺柜。

有皮箱、裹皮木箱、柳条箱、小箱子之分。比小箱子小的叫匣子、盒子。

图No 0406 箱子的结构

　　①盖儿　　　④架台　　　　⑦提手
　　②箱柜门铜挑牌　⑤扣吊(屈戍儿)　⑧穿钉
　　③箱面　　　⑥扣吊鼻

图No 0407 各种箱子

　　Ⅰ箱　　　　Ⅳ被褥垛柜　　Ⅶ针线匣
　　Ⅱ小木箱　　Ⅴ五尺柜
　　Ⅲ有架台的箱子　Ⅵ匣子

No0407-Ⅰ-a

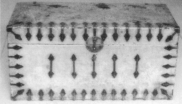
No0407-Ⅰ-b

No0406-b

No0407-Ⅰ-c

No0407-Ⅰ-d

No0407-Ⅱ

No0407-Ⅲ

№0407-Ⅳ-a

№0407-Ⅳ-b

№0407-Ⅴ

№0407-Ⅵ

№0407-Ⅶ-a

№0407-Ⅶ-b

(2)橱

根据其用途可分为衣橱、书橱、碗橱等。

图№ 0408 橱的结构

①橱面	⑤橱腿	⑨拉绳
②橱顶	⑥抽屉	⑩橱门铜挑牌
③橱底	⑦拉手	⑪穿钉
④橱门	⑧拉环	⑫颌

图№ 0409 橱子的分类

Ⅰ 衣柜　Ⅲ 碗橱

Ⅱ 书柜　Ⅳ 其他

№0408-a

№0408-b

№0409-Ⅰ-a

№0409-Ⅰ-b

№0409-Ⅰ-c

№0409-Ⅰ-d

№0409-Ⅱ-a

№0409-Ⅱ-b

№0409-Ⅱ-c

№0409-Ⅲ

No0409-Ⅳ-a　　　　　No0409-Ⅳ-b

(3)碗架

碗架是放置餐具的物架。

图No 0410　碗架

(4)物架

物架是放在柜橱上摆放物品的台架。

图No 0411　物架

No0410

No0411-a　　　　　No0411-b　　　　　No0411-c　　　　　No0411-d

❷ 锁头　钥匙

科尔沁人普遍使用唐古特式锁头,后来使用汉式锁头了。

图No 0412　锁 钥匙

　　　　①锁头　③锁簧

　　　　②钥匙　④穿钉

图No 0413　Ⅰ唐古特式锁　Ⅱ汉式锁

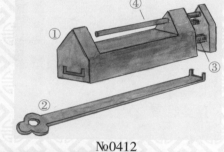

No0412

No0413-Ⅰ-a　　　　　No0413-Ⅰ-b　　　　　No0413-Ⅱ

五　桌椅

❶ 桌子

桌子可分为饭桌、茶桌、祭祀桌、被褥桌、书桌等。

炕上用的桌子,高约一尺左右,有四条腿,多为长方形、正方形,用榆树、檀香、枫树等有纹理的木料制成。有三条腿的六边桌。周边能坐八个人的大方桌叫八仙桌。

茶桌较小,有桌面可以拉动的,也有带抽屉的。平常老人放在身旁随时用。

祭祀桌,放在佛龛前专用的叫做祭祀佛台。

被褥桌,在平房里用的是宽度窄长度较大的被褥桌,在蒙古包内用的较短,上边叠放被褥。

书桌,均为长腿,放在地上。

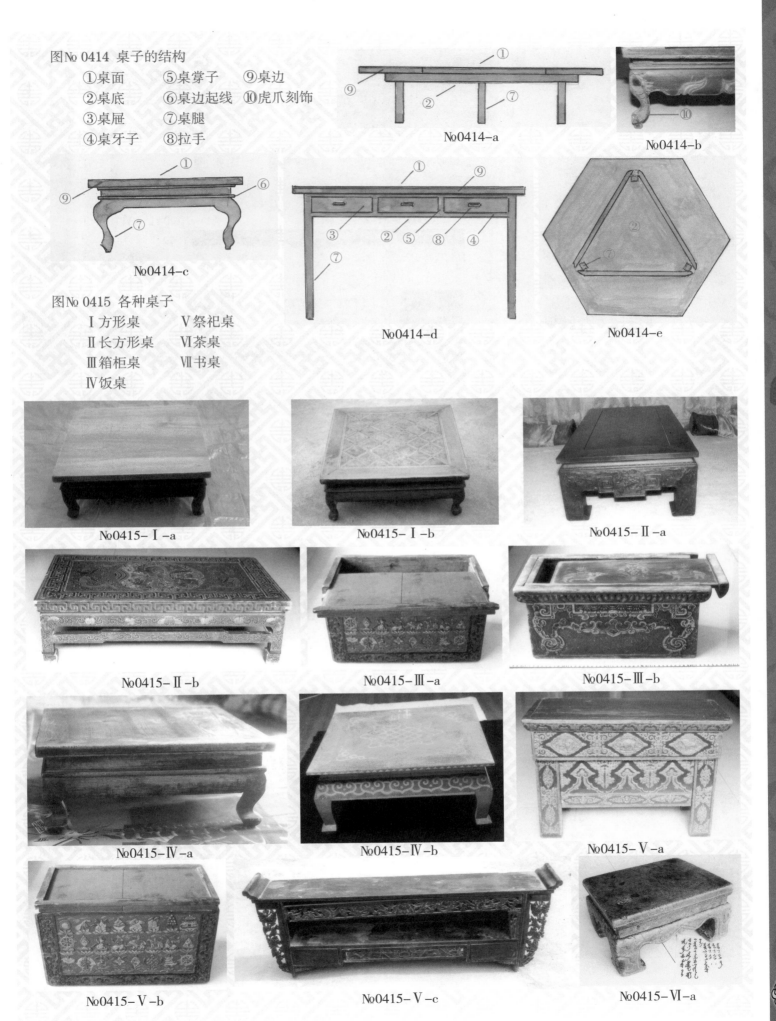

图 № 0414 桌子的结构
①桌面　　⑤桌掌子　⑨桌边
②桌底　　⑥桌边起线　⑩虎爪刻饰
③桌屉　　⑦桌腿
④桌牙子　⑧拉手

№0414-a

№0414-b

№0414-c

图 № 0415 各种桌子
Ⅰ方形桌　　Ⅴ祭祀桌
Ⅱ长方形桌　Ⅵ茶桌
Ⅲ箱柜桌　　Ⅶ书桌
Ⅳ饭桌

№0414-d

№0414-e

№0415-Ⅰ-a

№0415-Ⅰ-b

№0415-Ⅱ-a

№0415-Ⅱ-b

№0415-Ⅲ-a

№0415-Ⅲ-b

№0415-Ⅳ-a

№0415-Ⅳ-b

№0415-Ⅴ-a

№0415-Ⅴ-b

№0415-Ⅴ-c

№0415-Ⅵ-a

№0415－Ⅵ－b

№0415－Ⅵ－c

№0415－Ⅵ－d

№0415－Ⅵ－e

№0415－Ⅶ－a

№0415－Ⅶ－b

№0415－Ⅶ－c

❷ 凳子 椅子

凳子,木制,多为四条腿,有圆形的和长方形的。木匠用的板凳较窄长。椅子,指有靠背的凳子。用陶瓷制的坐具叫绣墩。

图№ 0416 凳子(椅子)及结构

  Ⅰ有三条腿的凳子　Ⅳ椅子

  Ⅱ有四条腿的凳子　Ⅴ绣墩

  Ⅲ板凳

  ①凳子(椅子)面　③横掌

  ②腿　　　　　　④靠背

№0416－Ⅰ

№0416－Ⅱ－a

№0416－Ⅱ－b

№0416－Ⅱ－c

№0416－Ⅲ

№0416－Ⅳ－a

№0416－Ⅳ－b

№0416－Ⅳ－c

№0416－Ⅳ－d

№0416－Ⅳ－e

№0416－Ⅴ－a

№0416－Ⅴ－b

№0417

③ 几子

过去,将小凳子叫做几子,后来专指放东西的用具了。

图№ 0417 几子

№0418－a

④ 床榻

平房内使用的床是长方形的,蒙古包内使用的板床是符合圆形地面组合的,叫做拼榻。

图№ 0418 床

№0418－b

六 口袋 褡裢

口袋是用布或皮等做成的装东西的用具。一侧开口的叫做口袋,中间开口的叫做褡裢,有背带绳的叫做背包。

№0418－c

① 口袋

口袋也叫囊。有大、中、小之分。大的用牛犊、马驹、羊或黄羊的整剥皮制成的,小的像药囊,很小。也有用毡子做成的口袋。大口袋,蒙语称为塔尔(读音 taːr);中等口袋称为苏玛勒(读音 sumal);小口袋称为塔尔查克(读音 taːrʧag)。皮制的口袋蒙语称为托拉木(读音 tʊlam)；大兽皮制的称为德格迪(读音 dəgdiː)；毡子制的称为伊波格(读音 iwəg)。

图 № 0419　口袋的种类

　　Ⅰ 口袋　　　　Ⅲ 中等口袋　　Ⅴ 皮口袋　　　Ⅶ 毡子口袋

　　Ⅱ 大口袋　　　Ⅳ 小口袋　　　Ⅵ 熟皮口袋

№0419-Ⅰ

  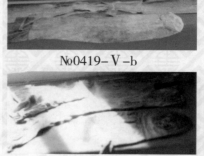 

№0419-Ⅴ-b

№0419-Ⅰ Ⅱ Ⅲ Ⅳ　　　　№0419-Ⅴ-a　　　№0419-Ⅵ　　　　№0419-Ⅶ

❷ 褡裢

褡裢,亦称钱褡子,可以挎在肩上用,也可以在坐车或骑马时用。有中间顺着开口的和两侧开口的两种。

图 № 0420　褡裢的种类

　　Ⅰ 中间开口的褡裢　　Ⅲ 皮褡裢

　　Ⅱ 两侧开口的褡裢　　Ⅳ 马褥子

№0420-Ⅰ　　　　№0420-Ⅱ-a　　　　№0420-Ⅱ-b

  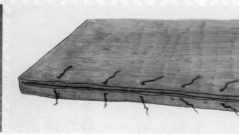

№0420-Ⅱ-c　　　　№0420-Ⅲ　　　　　　　№0420-Ⅳ

❸ 背包 挎包

背包,可以挎在肩上用,也可以在马鞍上用。在马鞍上用的叫挎包,蒙语称为套毛格(读音 tɔmog)。

图 № 0421

　　Ⅰ 挎在肩上用的背包

　　Ⅱ 马鞍上用的挎包

 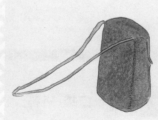

№0421-Ⅰ　　　　　　№0421-Ⅱ

❹ 其他

用动物的瘤胃、膀胱、盲肠等囊物当做口袋使用。

图 № 0422

　　Ⅰ 瘤胃　　　Ⅲ 盲肠

　　Ⅱ 膀胱

№0422-Ⅰ　　　　№0422-Ⅱ　　　　№0422-Ⅲ

七 臼杵

臼杵一组，用于舂米、粉碎砖茶、捣药等，大小不一。臼器，有木制的、石制的、铁制的、铜制的。也分为用手操作的和脚踏的两种。

图№0423 臼杵的结构

　　Ⅰ臼(碓)　　Ⅱ杵
　　①臼口　③杵头
　　②臼底　④杵杆

图№0424 臼杵的种类

　　Ⅰ挖制的木臼　　Ⅲ石臼杵　　Ⅴ木臼石杵
　　Ⅱ铜、铁臼杵　　Ⅳ木臼杵

№0423-Ⅰ

№0423-Ⅱ

№0424-Ⅰ

№0424-Ⅱ-a

№0424-Ⅱ-b

№0424-Ⅲ-a

№0424-Ⅲ-b

№0424-Ⅳ

№0424-Ⅴ

 八 刀

刀，可分为带鞘的刀和不带鞘的刀两种。带鞘的刀，又可分为直鞘刀和弯鞘刀两种。据其可否折合，可分为折刀和直刀两种。

摘除牲畜睾丸用的刀，蒙语称为敖闹字其(读音ɔnɔwtʃ)；杀猪放血用的刀叫做沁刀，蒙语称为其楚尔胡塔嘎(读音tʃitʃuːr xʊtɑg)；剃头发用的刀叫做剃刀，蒙语称为同嘎日嘎(读音tɔŋgɔrɔg)。

刀鞘、刀把用动物的角、骨头和木头、铁、铜制作。

图№0425 刀的结构

　　①刀刃　③刀沟　⑤刀柄
　　②刀背　④刀槽

图№0426 各种刀

　　Ⅰ普通刀　Ⅳ剃刀　Ⅶ蒙古刀
　　Ⅱ带鞘刀　Ⅴ直刀　Ⅷ鱼刀
　　Ⅲ折刀　Ⅵ弯刀　Ⅸ沁刀

图№0427 剑

№0425

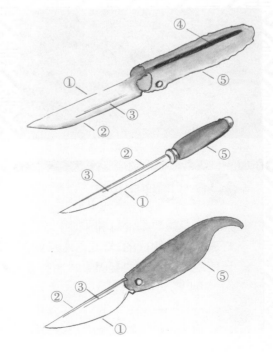

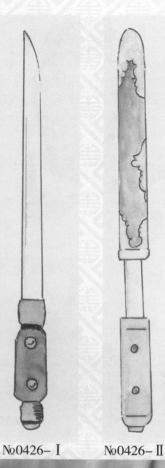

№0426-Ⅲ-a

№0426-Ⅳ-c

№0426-Ⅲ-b

№0426-Ⅴ

№0426-Ⅳ-a

№0426-Ⅰ　　　　№0426-Ⅱ　　　　　№0426-Ⅳ-b　　　　　　　№0426-Ⅵ

№0426-Ⅶ-a

№0426-Ⅶ-b

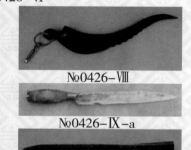

№0426-Ⅷ

№0426-Ⅸ-a

№0426-Ⅸ-b

№0427-a

№0427-b

九　照明用具

照明用具主要是油灯和蜡烛。

灯碗是用铁制成的，灯几是木头做的。用细木棍或骨头做灯钩，通常烧蓖麻油。

还使用中间有芯的凝固牛羊油制成的蜡烛。

图№0428　灯的结构

　①灯芯　③灯几　⑤灯把　⑦灯盘

　②灯钩　④灯碗　⑥支柱　⑧灯台——放灯碗处

图№0429 灯的种类和灯具

Ⅰ 油灯　　Ⅲ 灯几　　Ⅴ 蜡烛和烛座　　Ⅶ 葫芦灯　　Ⅸ 灯钩——绵羊针骨
Ⅱ 灯碗　　Ⅳ 吊灯　　Ⅵ 牛角灯　　　　Ⅷ 提灯

№0428

№0429-Ⅰ-a

№0429-Ⅰ-b

№0429-Ⅰ-c

№0429-Ⅰ-d

№0429-Ⅱ

№0429-Ⅲ

№0429-Ⅳ-a

№0429-Ⅳ-b

№0429-Ⅴ-a

№0429-Ⅴ-b

№0429-Ⅵ

№0429-Ⅶ

№0429-Ⅷ

№0429-Ⅸ

寓居用品

普通家庭的寓所用品主要有炕席、被褥、毡子、地毯、坐垫等。

❶ 睡榻

富裕人家有专门卧室,内置睡榻,外挂绣帘。
图№ 0430 睡榻

№0430-a

❷ 屏风

分隔室内或挡风的用具叫做屏风。屏风用木制,带加装饰。
图№ 0431 屏风

№0430-b

№0431-a

№0431-b

❸ 隔栅

屏风具有可叠可展可移动的功能。而隔栅一般是不能移动的。隔栅用木制,加装饰,一般用于瓦房内。
图№ 0432 隔栅

№0432-a

№0432-b

❹ 炕席

平房普遍用炕席。
席,用苇子、竹子,秫秸篾编制。早先亦有铺柳条箔的。
图№ 0433 炕席

№0432-c

№0433

❺ 被褥

科尔沁人普遍用棉被褥,用花布、绸缎做面料。有的地方还用驼绒被子。
也用野狼、家狗、狐狸、獾子的整张皮当褥子用,叫做皮褥子。
图№ 0434 被褥

№0434-a

№0434-b

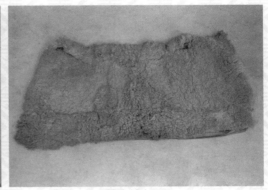

№0434-c

⑥ 枕头

枕头多为圆筒状,两头缝有绣花、盘花的正方形枕面。枕套多为蓝、青单一色。内装荞麦皮,装青茶茶根甚佳。

有些老年人习用木枕、石枕,这种枕头枕部是凹形的。木枕可分为实木枕和空木枕。儿童枕头做成老虎形状,别具一格。

图№ 0435 枕头的结构

　　①枕面　　④缝合线
　　②枕套　　⑤内袋
　　③装袋口

图№ 0436 枕头

　　Ⅰ 普通枕头　　Ⅳ 老虎枕
　　Ⅱ 木枕　　　　Ⅴ 枕套、枕面
　　Ⅲ 石枕

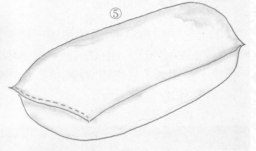

№0435

№0436-Ⅰ-a

№0436-Ⅰ-b

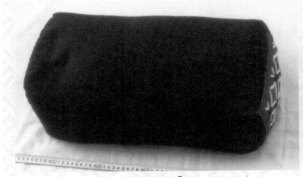

№0436-Ⅰ-c

№0436-Ⅱ-a

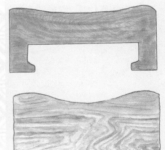

№0436-Ⅱ-b

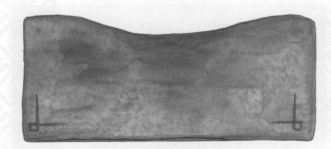

№0436-Ⅲ

№0436-Ⅳ

№0436-Ⅴ

No0436-Ⅴ-a

No0436-Ⅴ-b

⑦ 毡子 毯子

羊毛毡子均为白色,上边用黑毛修饰图案。多为单人毡子,长约5.5~6.0尺,宽约2.5~3.0尺。还有炕上用的整体炕毡。

毯子是用彩毛修饰图案编制的,通常平房里用炕毯,蒙古包内用地毯。

图 No 0437 毡子

图 No 0438 毯子

No0437

No0438-a

No0438-b

⑧ 坐垫

坐垫,多为正方形或圆形,内装保暖的弹性物。故可分为棉垫、毛绒垫、蒲棒绒垫等。此外,还用栽绒毯垫、皮毛垫、蒲团等。

图 No 0439 坐垫

图 No 0440 蒲棒和蒲棒绒

No0439-a

No0439-b

No0440-a

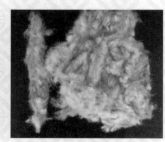

No0440-b

十一 餐饮用具

蒙古人讲究餐饮用具,珍贵的用具不但专用,而且世代相传。

① 碗 碗套

科尔沁人使用瓷碗、银碗、木碗。据碗的用途分为饭碗、招仪碗、乞讨碗等。据碗的容量分为大碗、中碗、小碗等。据其工艺分为细腻碗、粗糙碗、厚碗、薄碗、有纹碗、无纹碗等。蒙语将大碗称为东胡尔阿雅嘎,(读音 duŋxar ajaɡ),中碗称

为翁胡尔阿雅嘎(读音 ʊŋxar ajag);超大碗称为玛塔勒(读音
matal);戴盖的碗称为嘎巴尔(读音 gawar),其底座称为查巴
尔(读音 tʃawar)。木碗是用树根、干树桩挖制,刷漆装饰。蒙
语将戴盖的木碗称为巴格布尔阿雅嘎(读音 bagwar ajag);大
木碗称为策勒格(读音 tʃələg);中等木碗称为图瓦沙(读
音 tʊaʃ);浅底木碗称为塔克沙(读音 tagʃ)。

　　银碗工艺精湛。为防治痨病,也有用紫铜碗的。

　　过去,蒙古人外出随身带碗,把碗装在用毡子或软革做的
碗套、碗袋内。碗袋也有用柳条编制的。

　　图№ 0441　碗

№0441-Ⅰ　　　　　　　　№0441-Ⅱ-a

Ⅰ 瓷碗	Ⅶ 碗托(碗座)	ⅩⅢ 小撇碗(浅底木碗)
Ⅱ 银碗	Ⅷ 摺边碗	ⅩⅣ 特大碗
Ⅲ 铜碗	Ⅸ 粗糙碗	ⅩⅤ 大碗
Ⅳ 木碗	Ⅹ 细腻碗	ⅩⅥ 半大碗
Ⅴ 木盖碗	Ⅺ 大木碗	
Ⅵ 盖碗	Ⅻ 中等木碗	

№0441-Ⅱ-b

　　图№ 0442　碗套　碗袋

№0441-Ⅲ　　　　　　№0441-Ⅳ

№0441-Ⅴ-b

№0441-Ⅴ-a　　　　№0441-Ⅵ　　　　№0441-Ⅶ

№0441-Ⅷ　　　　№0441-Ⅸ　　　　№0441-Ⅹ　　　　№0441-Ⅺ

№0441-Ⅻ　　　№0441-ⅩⅢ　　　№0441-ⅩⅣ-a　　№0441-ⅩⅣ-b

№0441-ⅩⅤ-a　　　№0441-ⅩⅤ-b　　　№0441-ⅩⅥ

№0442-a №0442-b №0442-c

№0442-d №0442-e №0442-f

② 盘

　铜盘、盘子、碟子之类均为浅底圆形盛食用具。盘子、碟子多为瓷制，亦有铜制，其他金属制品则涂漆。

　盛红食(肉食品)、白食(奶食品)用的四足、长方形盘子，蒙语称为查日阿(读音tʃɑraː)，大的用于宴会上，小的用于家庭餐桌上。平常用木、铜、银制成。

　祭祀专用木盘，蒙语称为特孛希(读音təwʃ)。

　摆放杯、壶的盘子叫做托盘。

　图№ 0443 盘
　　Ⅰ 盘　　　　Ⅴ 碟子
　　Ⅱ 方形盘　　Ⅵ 托盘
　　Ⅲ 祭祀盘　　Ⅶ 茶盘
　　Ⅳ 盘子

№0443-Ⅰ-a №0443-Ⅰ-b

№0443-Ⅰ-c №0443-Ⅱ

№0443-Ⅲ-a №0443-Ⅲ-b

№0443-Ⅳ-d

№0443-Ⅳ-a

№0443-Ⅳ-b

№0443-Ⅳ-c №0443-Ⅳ-e

No0443-Ⅴ-a

No0443-Ⅵ

No0443-Ⅶ-a

No0443-Ⅶ-b

No0443-Ⅴ-b

❸ 筷子、匙子

(1)筷子

筷子可分为木制、竹制、骨制、银制。

(2)筷筒

筷筒,木制或用柳条编制。或用秫秸、麻线缝制。

(3)匙子

汤匙,用铜、铁、瓷、木制的均有。

(4)餐叉

用铜、铁、银或木制。

图No 0444 餐具

　Ⅰ 筷子　　　Ⅳ 筷筒　　　Ⅶ 厨具筒
　Ⅱ 匙子　　　Ⅴ 筷套
　Ⅲ 餐叉　　　Ⅵ 勺匙

No0444-Ⅱ-a

No0444-Ⅱ-b

No0444-Ⅲ

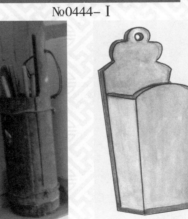

No0444-Ⅰ

No0444-Ⅴ

No0444-Ⅳ-a　　　No0444-Ⅳ-b　　　No0444-Ⅳ-c

❹ 壶 杯

壶和杯之类是喝水喝茶时用的器具。

(1)杯

杯,据其构造可分为执杯和无把杯、有盖杯和无盖杯。其形状有口底匀称和口大底小的两种。

科尔沁人普遍使用瓷杯、玻璃杯。铜杯、银杯也常用。

图No 0445 杯

　Ⅰ 口底匀称的杯　　Ⅲ 执杯　　　Ⅴ 有盖杯　　Ⅶ 杯托(杯座)
　Ⅱ 口大底小杯　　　Ⅳ 无把杯　　Ⅵ 无盖杯

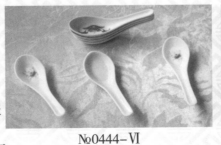

No0444-Ⅵ

No0444-Ⅶ

 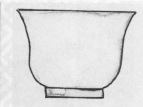   

№0445-Ⅰ　　　　№0445-Ⅱ　　　№0445-Ⅲ　　№0445-Ⅳ　　№0445-Ⅴ　　№0445-Ⅵ

№0445-Ⅶ

图№0446　各种杯

№0446-a　　　　　　№0446-b　　　　　　　№0446-c　　　　　　　　№0446-d

(2)盅

盅是饮酒用的小杯。大木杯，蒙语称为踔锅澈(读音 ʧogʧ)。

盅是用瓷、玻璃、铜、玉石、木、角、金、银制成。

图№ 0447　盅

图№ 0448　酒具

№0446-e

   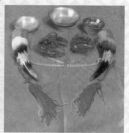

№0447　　　　　　　№0448-a　　　　　　　№0448-b　　　　　　　№0448-c

(3)壶

据其用途分为茶壶、酒壶两种。

茶壶主要用于沏红茶、花茶，大部分有嘴子。

酒壶形式多样，讲究工艺、修饰。如执壶、腰子壶、胡呼儿等。蒙语胡呼儿(读音 xoxuːr)是指扁形大腹酒器;蒙语固澈(读音 guʧ)是指小壶。

壶是用瓷、铜、银、锡等制作的。

图№ 0449　壶

　　Ⅰ 茶壶　　　Ⅲ 扁壶

　　Ⅱ 酒壶　　　Ⅳ 固澈

№0449-Ⅰ-a　　　　　　　№0449-Ⅰ-b

№0449-Ⅰ-d

№0449-Ⅰ-c

№0449-Ⅰ-e

№0449-Ⅱ-a

№0449-Ⅱ-b

№0449-Ⅱ-c

№0449-Ⅱ-d

№0449-Ⅱ-e

№0449-Ⅱ-f

№0449-Ⅱ-g

№0449-Ⅲ-a

№0449-Ⅲ-b

№0449-Ⅳ-a

№0449-Ⅳ-b

（4）吸壶

吸壶是携带方便、使用简便的酒器，也叫
抿酒壶。据材质可分为木制吸壶、皮制吸壶、
银制吸壶、铜制吸壶等。

图№ 0450 吸壶

　　Ⅰ 银制抿酒壶　　Ⅲ 皮制抿酒壶
　　Ⅱ 铜制抿酒壶　　Ⅳ 木制抿酒壶

№0450-Ⅰ-a

№0450-Ⅰ-b

№0450-Ⅰ-c

№0450-Ⅱ-a

№0450-Ⅱ-b

№0450-Ⅲ-a

№0450-Ⅲ-b

№0450-Ⅲ-c

№0450-Ⅳ

（5）背壶

背壶是带背带的扁壶。

图№ 0451 背壶

№0451-a

№0451-b

  **十二 缝纫用具**

❶ 针 锥

针分为细针、粗针、短针、长针等。最细针用于绣花，稍粗针用于绗、缭和皮活，粗针用于缝靴、皮革用品。

超粗针，蒙语称为特孛讷(读音təwən)，用于坚硬粗活。

把特孛讷安装在木制、铁制把上，叫做锥子，用于缝补钻孔。

图№0452

    Ⅰ针　　Ⅱ锥针

    ①针尖　⑤锥子箍

    ②针眼　⑥锥针夹

    ③特孛讷　⑦圆形锥把

    ④锥把

№0452-Ⅰ-b

№0452-Ⅰ-a

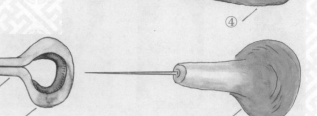

№0452-Ⅱ

❷ 顶针

蒙古人使用针时，用食指按入，用拇指、中指捏住拽出，因此在食指上戴顶针。

顶针似戒指，用大畜皮、香牛皮、骨、角、琥珀、铜、银、铁等制作。为了防止针头滑，表面镂刻阴纹或图案。

图№ 0453 顶针

图№ 0454 顶针的使用

№0453-a　　　№0453-b

№0453-c

№0454-a

№0454-b

❸ 剪子

剪子是用铁制成。

剪子，分为大剪子、中号剪子和小剪子。裁衣服用的大剪子约8～10寸长，中号剪子约4～8寸长。小剪子一般长4寸以下。

图№ 0455 剪子的结构

    ①剪子刃　⑥剪子尖部

    ②剪子后刃　⑦剪子根部

    ③剪子铆钉　⑧剪子背

    ④剪子把　⑨剪子面儿

    ⑤剪子股　⑩剪子口

图№ 0456 剪子

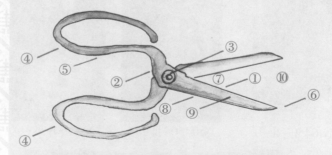

№0455

№0456

④ 熨斗

可分为单纯熨斗和盛火熨斗两种。单纯熨斗是插入火炭中加热，因此烙铁是三角形的。盛火熨斗因为是盛火炭，故形似勺子。

图№0457 熨斗

　　1实心熨斗　2盛火熨斗

图№0458 熨斗的结构

　　①熨斗杆　③烙铁　⑤烙铁底

　　②熨斗把　④烙铁尖　⑥烙铁勺

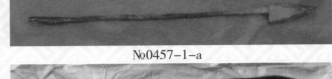
No0457-1-a

No0457-1-b

No0457-2

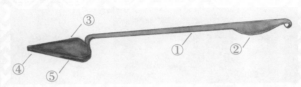
No0458-a

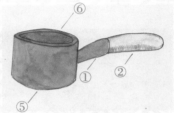
No0458-b

⑤ 纺锭

纺锭是把棉花、绒毛、鬃、麻之类纺成线的工具，用木、骨、石制作。

锭子由锭杆、线座、锭钩组成。根据锭座的形状可分为直形、椭圆形、圆形三种。通常男士用直形纺锭，妇女用椭圆形纺锭，老年人用圆形纺锭。

图№0459 纺锭

　　1直形纺锭　　　3圆形纺锭

　　2椭圆形纺锭

图№0460 纺锭的结构

　　①锭杆　③锭钩

　　②线座

No0459-1

No0459-2

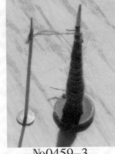
No0459-3

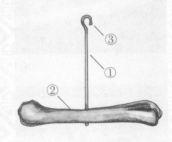
No0460

⑥ 其他

(1)针线盛器

做针线活的妇女都有针线盛器。如针线盒、针线筐、针线包等。

(2)模子

缝补某些东西时使用模子，如：袜模子，是木头做的。

(3)样子

裁剪衣服、靴鞋时使用各部件标准样子。样子是用硬纸剪成的、临摹和自行设计的图案，也叫做样子。

(4)钳子

缝补坚硬的东西时，有时用钳

No0461-Ⅰ-a

No0461-Ⅰ-b

No0461-Ⅰ-c

子。此外还有一些其他用具。

除普通用品外，还有从靴鞋内部戳击使靴鞋成型的杵棒和绩麻线用的绩麻棍等专门用具。

图№0461 针线活用品

Ⅰ 针线盛器　　Ⅴ 针荷包
Ⅱ 袜模子　　　Ⅵ 丝线、缝子等
Ⅲ 样子　　　　Ⅶ 杵棒
Ⅳ 钳子　　　　Ⅷ 绩麻棍

№0461-Ⅱ

№0461-Ⅲ-a

№0461-Ⅲ-b

№0461-Ⅲ-c

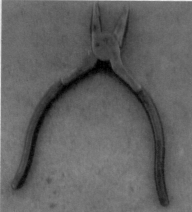

№0461-Ⅳ

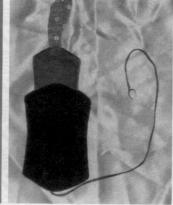

№0461-Ⅴ

№0461-Ⅵ

№0461-Ⅶ-a

№0461-Ⅶ-b

№0461-Ⅷ

＋三 梳妆用具

❶ 梳妆台

有新娘或姑娘的许多富裕人家使用梳妆台。

图№0462 梳妆台

№0462-a

№0462-b

科尔沁蒙古族民俗物品图鉴

2 镜奁

镜奁多为精巧的木匣。

图 No 0463 镜奁

3 镜

早先用铜镜,后来普遍使用玻璃镜子。

图 No 0464 镜子

No0463–b

No0464–a

No0463–a

No0463–c

No0464–b

No0464–c

No0464–d

4 梳子 篦子

梳子有木梳、角梳两种。

篦子是竹制的,两面带有密集的齿。

图 No 0465
　　Ⅰ梳子　Ⅱ篦子

图 No 0466 梳子的结构
　　①梳子背　　③梳子把
　　②梳子齿

No0465–Ⅰ–a

No0465–Ⅰ–b

No0465–Ⅱ

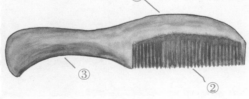
No0466

5 胭粉 胭脂

胭粉抹于脸,胭脂涂于唇。

图 No 0467 胭粉 胭脂

No0467–a

No0467–b

No0467–c

十四 取暖乘凉用具

除火撑、火炉、火盆外,还使用简单形式的取暖用具以及乘凉用品。

❶ 取暖用具

富人家使用火提、手炉、脚炉等取暖用具。

图№ 0468 取暖用具

№0468-a

№0468-b

❷ 乘凉用具

主要使用折叠扇和翎扇。

图№ 0469 扇子的结构

　　Ⅰ折叠扇　　Ⅱ翎扇
　　①扇面　　④扇坠
　　②扇骨　　⑤扇把
　　③扇轴

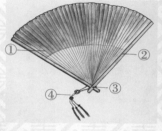
№0469-Ⅰ-a

№0469-Ⅰ-b

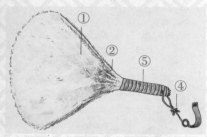
№0469-Ⅱ

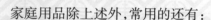

 十五 其他

家庭用品除上述外,常用的还有:

❶ 摇车

制作一辆摇车用4根辕木、3根或8根支柱、1根脚蹬横档、2个车辋、1个前挡头、9个铜环、1条拉绳、1条捆带。若不使用捆带,则使用3对饰牌。

前挡头,用红布包裹,外侧悬挂小刀、镜子、铜币、鹰爪、天矢、鹿角、菱之类小巧玲珑的饰物,以象征吉祥如意。

摇车有两种制作方法:钉做或组合挖孔的四块板条制作。选用木材结籽粒的树种。仅用一块板子组成的摇车叫做平板摇车,蒙语称为章嘎(读音ʤæŋˈɡɑː);由前挡头、底板和捆带组成的摇车,蒙语称为曼垂(读音mantʃiː)。

图№ 0470 摇车的骨架

图№ 0471 摇车的结构

　　①前挡头　④车辕　⑦拉绳　　⑩捆带扣
　　②前辋　　⑤车掌　⑧脚蹬横档
　　③后辋　　⑥支柱　⑨捆带

图№ 0472

　　　Ⅰ摇车　　　　Ⅲ曼垂
　　　Ⅱ平板摇车　　Ⅳ摇篮

图№ 0473 摇车捆带饰牌

№0470

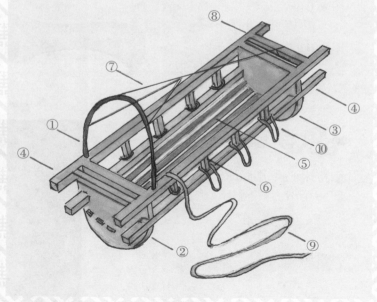
№0471

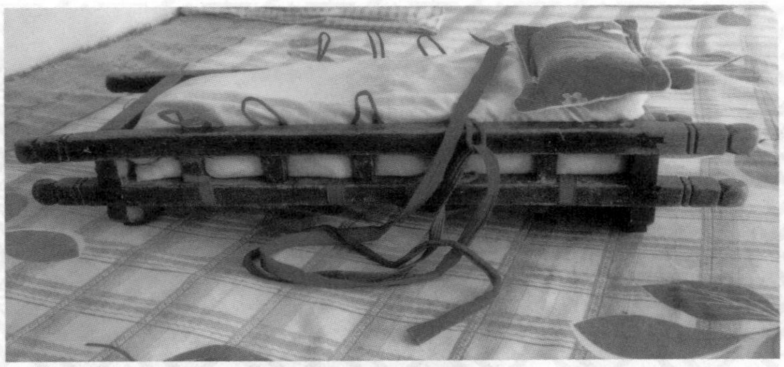

№0472-Ⅰ-a

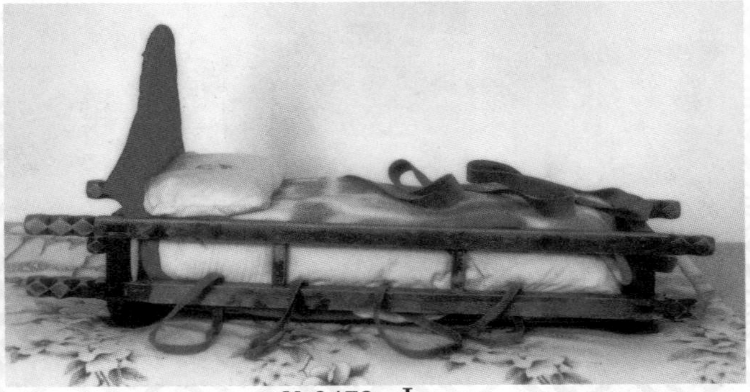

№0472-Ⅰ-c

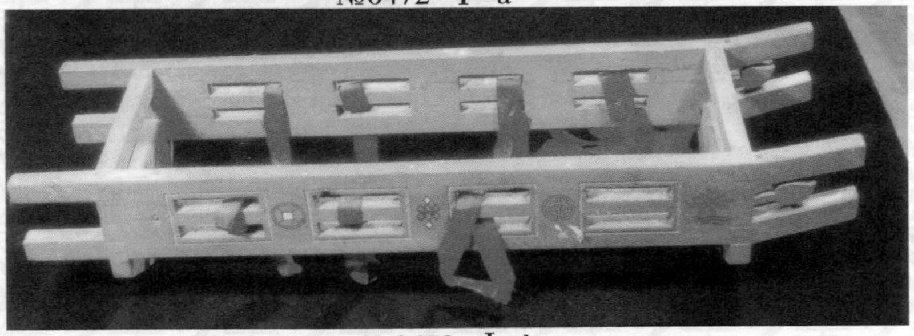

№0472-Ⅰ-b

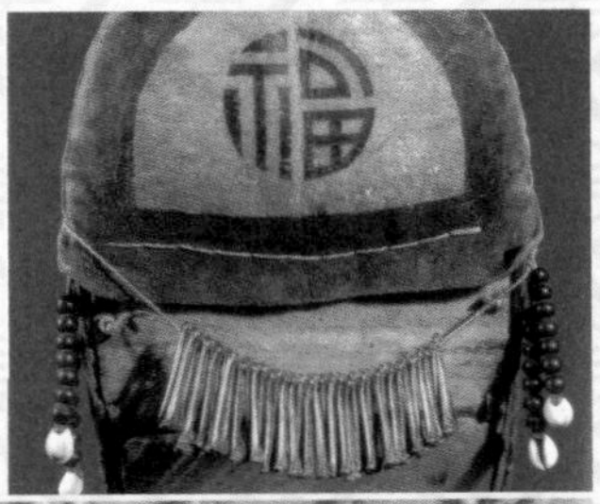

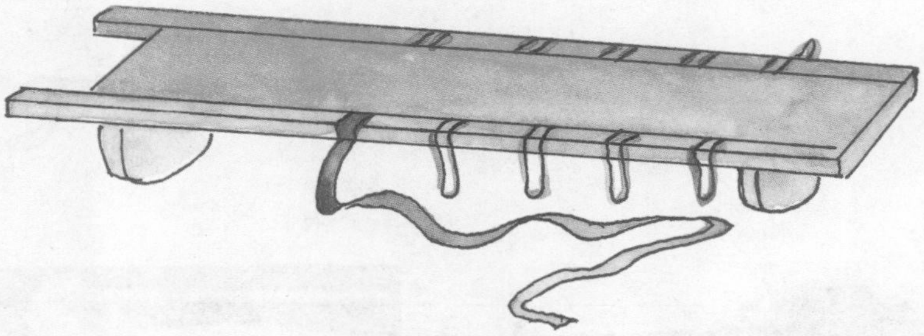

№0472-Ⅱ

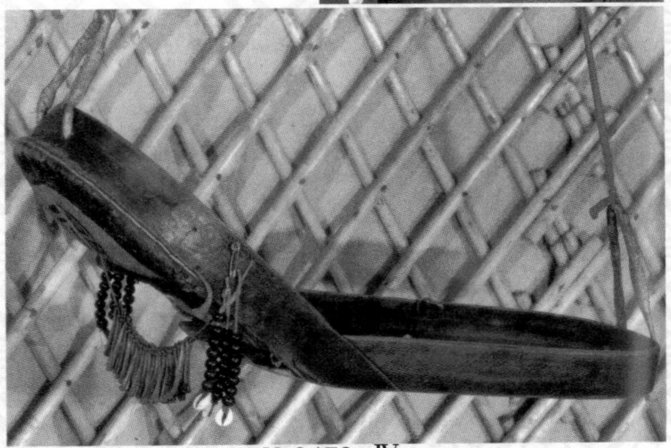

№0472-Ⅳ

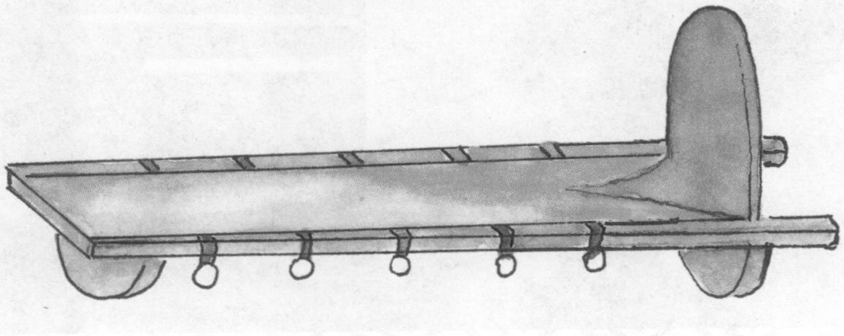

№0472-Ⅲ

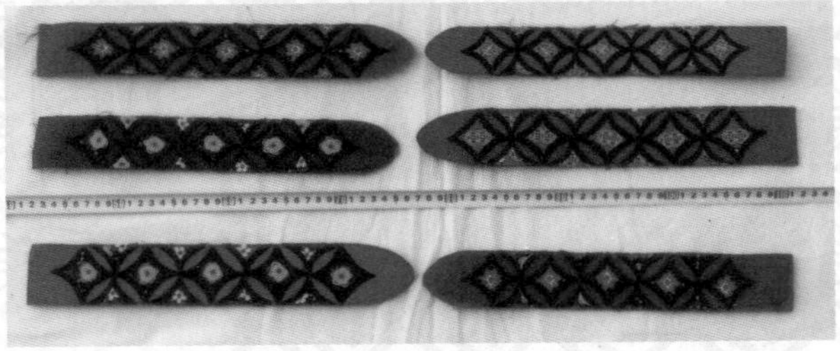

№0473

② 伞

伞，有雨伞、遮阳伞两种。

科尔沁人近代以来还使用伞。

图№ 0474 伞

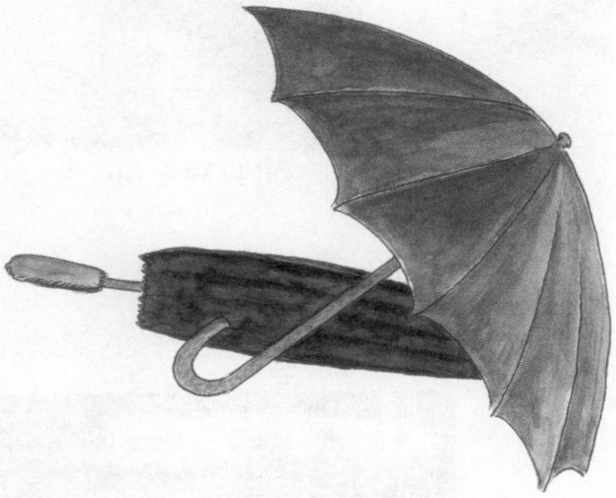

№0474

③ 掸子

掸子，有羽毛掸和翅膀掸两种。

图№ 0475

Ⅰ掸子　　　Ⅲ翅膀掸子

Ⅱ羽毛掸子

①掸瓶　　③掸子把

②掸子杆

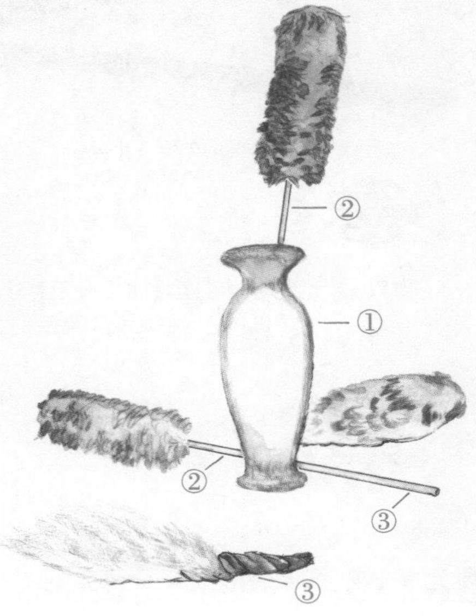

№0475-Ⅰ

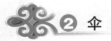

No0475-Ⅱ-b

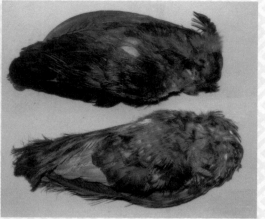

No0475-Ⅱ-a

No0475-Ⅱ-c

No0475-Ⅲ

❹ 甩子

甩子是驱赶蚊蝇等昆虫的用具。

常见的有鬃毛甩子和牛尾巴甩子两种。

图No 0476 甩子的结构

　　①提绳　　③系绳

　　②甩子杆　④鬃毛穗

No 0477 甩子的种类

　　Ⅰ 编制的甩子　　Ⅲ 鬃毛甩子

　　Ⅱ 有系绳的甩子　Ⅳ 动物尾巴甩子

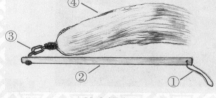

No0476-a

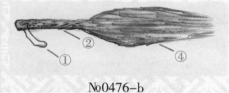

No0476-b

No0476-c

No0477-Ⅰ-a

No0477-Ⅰ-b

No0477-Ⅰ-c

No0477-Ⅱ-a

No0477-Ⅱ-b

No0477-Ⅲ

No0477-Ⅳ

❺ 挠子

也叫搔痒耙或痒痒挠儿。用木头或竹子制作，也使用用玉米棒子做的简易痒痒挠儿。

图No 0478 挠子

No0478

❻ 拐子

拐子，是蒙语称塔雅格（读音tajaɡ），由老年人和残疾人使用的用具。分为手杖(拐棍)和腋杖(拐杖)两种。手杖把上雕刻龙、蛇、鳄头图案。

拐子,分为拐棍和拐杖两种,拐杖可分为单拐和双拐。单拐,蒙语称为推布尔(读音荒tɔiwɔr);双拐,蒙语称为阿拉木尔(读音ɑlmuːr)。

图№0479 拐子的结构
　　①把手　③拐子头
　　②杆　　④掖木
图№0480 拐子
　　Ⅰ手杖　Ⅱ腋杖

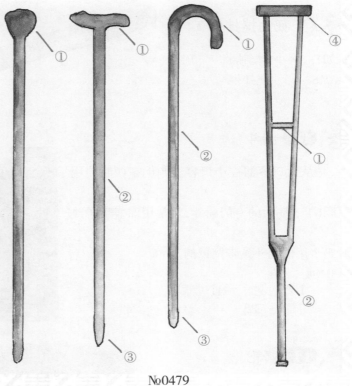

№0479

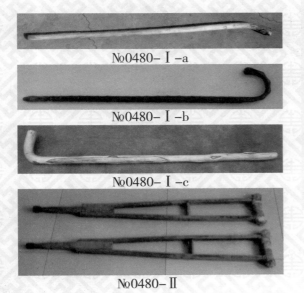

№0480-Ⅰ-a

№0480-Ⅰ-b

№0480-Ⅰ-c

№0480-Ⅱ

7 奶豆腐模子

奶豆腐模子用木制,制作方法有两种:挖木心制作的叫死底模子,模体与模底能分开的叫活底模子。模子里面刻有各种图案。

图№0481 奶豆腐模子
　　Ⅰ死底模子　Ⅱ活底模子

№0481-Ⅰ-a

№0481-Ⅰ-b

№0481-Ⅰ-c

№0481-Ⅰ-d

№0481-Ⅰ-e

№0481-Ⅰ-f

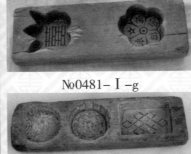

№0481-Ⅰ-g

№0481-Ⅰ-h

8 奶油袋

用白布制作,用于过滤稀奶油。
图№0482 奶油袋

№0481-Ⅱ

№0482

❾ 奶油搅拌棍

形状如杵，头小，木制。
图№ 0483 奶油搅拌棍

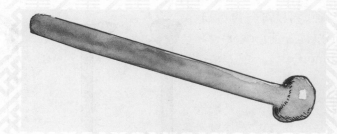

№0483

№0484-Ⅰ-a

⑩ 漏斗

漏斗，是从大口容器往小口容器倾倒东西时使用的器具。

有灌肠(羊、猪)用的专门漏斗，常常用旧壶嘴子改制而成。

过滤奶水用的漏斗是带网罩的。
图№ 0484
  Ⅰ 普通漏斗 Ⅲ 过滤漏斗
  Ⅱ 灌肠漏斗

№0484-Ⅱ

№0484-Ⅰ-b

№0484-Ⅲ

⑪ 酱耙

酱耙，是搅拌大酱用的器具。
图№ 0485 酱耙

№0485-a

⑫ 别签

科尔沁人宰羊(或猪)后洗净内脏灌肠子时，在瘤胃、尿脬、脾、嗓窝内灌入和好脂肪、葱、调味品的血，用两头尖的木签别上，这种木签蒙语称为索勒勃日(读音 sulwə:r)。可译为别签。
图№ 0486 别签

№0485-b

№0486-a

⑬ 笤帚

笤帚，是扫炕或扫地的用具，比扫帚小。用专门做笤帚的高粱穗儿捆制。
图№ 0487 笤帚

№0486-b

№0486-c

⑭ 搁板

固定在墙壁上放置东西的板。
图№ 0488 搁板

№0487

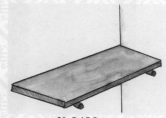

№0488-a

№0488-b

№0488-c

15 钩

钩,是悬挂物品的器具,用木头,
角、铁制。

图№ 0489 钩

№0489　　　　　　№0490

16 搭杆

搭杆,使用于农村房舍,悬于天棚或房檐下,以备搭衣物用。室
内用的叫做幔杆。

图№ 0490 搭杆

17 脸盆架

脸盆架,是放置脸盆的专用架子。有的制作工艺很讲究。

图№ 0491 脸盆架

№0491-a　　　　№0491-b　　　　№0491-c

第二节　庭院用具

农村牧区住户都有室内外和农牧业生产上使用的工具,虽然有些工具可
以通用,但富户都准备一些庭院专用工具。

一　背篓　拣粪叉

1 背篓

背篓,是用柳条编制或罗
制。常用于拣干牛粪。也叫笓
子。较大的笓子蒙语称为阿若嘎
(读音αrαɡ);较小的笓子蒙语称
为瑟折给(读音səːdʒgiː)。

图№ 0492 背篓的结构
　　①固定圈　③背带
　　②系绳　　④缠绳
图№ 0493 背篓
　　Ⅰ 编制背篓　Ⅱ 罗制背篓

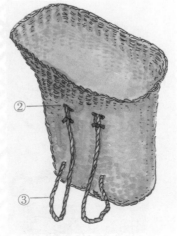
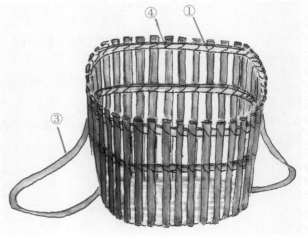

№0492-a　　　　　　　№0492-b

No0493-Ⅰ-a   No0493-Ⅰ-b

② 拣粪叉

拣粪叉,可分为木齿和铁齿两种。

木齿,用榆木摁弯制作,两指宽。一般做五齿、七齿、九齿叉。中齿上端长出一虎口,刻道,与把手的下端刻道对接缠住。

铁齿,均为偶数。在木把下凿孔穿入。

图No 0494 木齿叉的结构

    ①齿   ③横木   ⑤刻槽

    ②中齿   ④叉杆   ⑥缠绳

图No 0495 铁齿叉的结构

    ①齿   ③缠绳

    ②叉杆

图No 0496 粪叉

图No 0497 �L子 叉子

No0493-Ⅱ   No0494-b

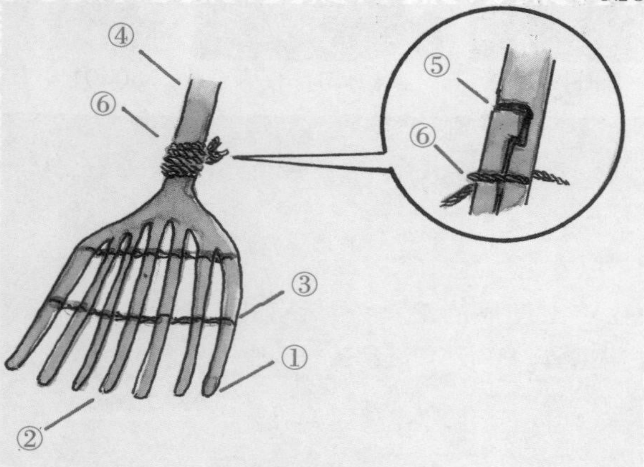

No0494-a

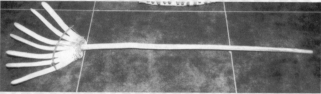

No0495

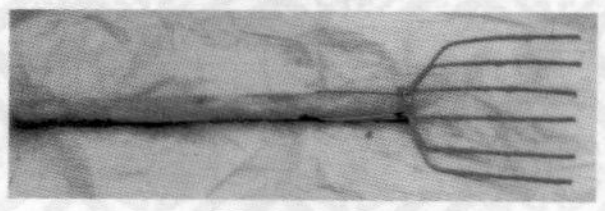

No0496

No0497

〓 筐篓

用柳条或竹子编制。分为有盖儿的筐篓和无盖儿的筐篓两种。装粮食的篓用牛粪抹好。

为便于推移大肚篓,下方设置墩轱辘。

篮,一般指有提梁的筐。用竹、柳条编制的小篮蒙语称为包儿特高(读音 bɔrtɔg)。

篓(筐篓),是指口大、底大、较浅的筐。有的篓用牛粪抹好后使用。

用桦树皮做的篓叫桦皮篓,圆口、方底。蒙语称为胡尼雅(读音 xunˈɑː)。

图No 0498 筐篓及结构

    Ⅰ 大肚篓   Ⅲ 大口篓

    Ⅱ 提篓   Ⅳ 高篓

    ①盖儿   ③篓边   ⑤墩轱辘

    ②提系   ④篓底

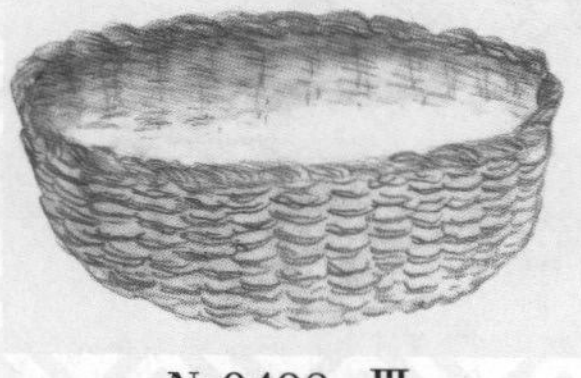

No0498-Ⅲ

No0498-Ⅰ

No0498-Ⅱ

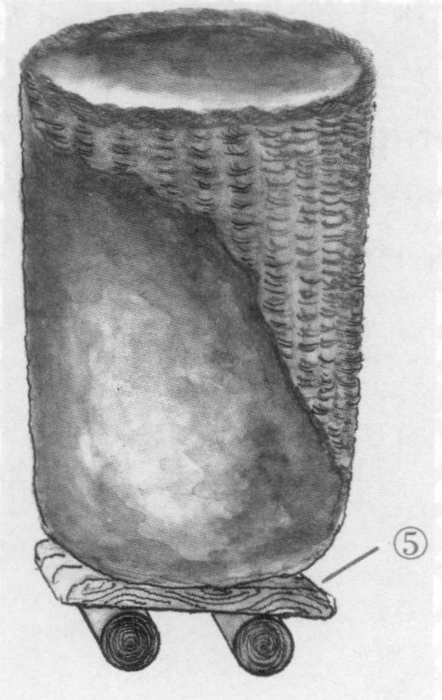

No0498-Ⅳ

科尔沁蒙古族民俗物品图鉴

图 № 0499 篮的结构
　　①提梁　③底
　　②口
图 № 0500
　　Ⅰ 牛粪篓　Ⅳ 柳条筐
　　Ⅱ 牛粪筐　Ⅴ 竹篮
　　Ⅲ 牛粪箩

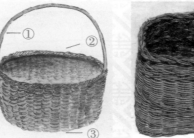
№0499

№0500-Ⅰ

№0500-Ⅱ

№0500-Ⅲ

№0500-Ⅳ-a

№0500-Ⅳ-b

№0500-Ⅴ-a

№0500-Ⅴ-b

碾米用具

碾米用具，主要有簸箕、罗、筛子、筐箩、敛板等。
图 № 0501 碾米

№0501

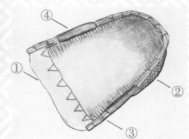
№0502

① 簸箕

簸箕，是用去皮的柳条编制的，也有木制品。
图 № 0502 簸箕的结构
　　①簸箕舌　③簸箕边
　　②簸箕背　④手把处
图 № 0503 几种簸箕

№0503-a

№0503-b

№0503-c

② 罗

罗，由罗圈、罗网组成。罗圈木制，罗网用铁丝或丝线编制。
图 № 0504 罗的结构
　　①罗圈　③挂绳
　　②罗网
图 № 0505 罗 簸箕 筐箩

№0504

№0505-a

№0505-b

№0505-c

№0505-d

③ 筛子

筛子沿是用柳条或竹子捆制的,筛子网是用细铁丝编制的。

图 № 0506　筛子的结构
　①筛子沿　　③揽线
　②筛子网

图 № 0507　筛子

No0506　　　　　　　　No0507

④ 筥箩

碾米用的筥箩是用去皮的柳条编制的。

图 № 0508　筥箩

No0508-a　　　　　　　　No0508-b

⑤ 敛板

敛板,是手掌般大的薄板,用于敛碾盘上的米。

图 № 0509　敛板

No0509

⑥ 漏斗

漏斗,是在碾米时挂在轴柱上使所要碾的粮食按一定量均匀漏于轴心的器具。

图 № 0510　漏斗

No0510　　　　　　　　No0511

⑦ 风车

风车,是分离米和糠的器具。是由风轮、风轮箱、摇把、倒粮口、出米口、出糠口、风轮架组成。

图 № 0511　风车的结构
　①风轮　　　⑤出米口
　②风轮箱　　⑥出糠口
　③摇把　　　⑦风车架
　④倒粮口

图 № 0512　风车

No0512-a　　　　　　　　No0512-b

（四）井用器具

过去,一个浩特(牧营地)或数户人家共用一口井,因此经常挑水。挑水用的扁担是用木或竹制的。由担木、扁担钩、系绳组成。

打水、饮牲口用柳罐,柳罐是用去皮柳条编制的。系绳或系木杆。

冬天井口结冰,用铁镩子。镩杆是直形木杆。

井上放置木槽或石槽,以备饮牲畜用。

图№0513 扁担的结构

　　①担木　　③系绳

　　②扁担钩

图№0514 扁担

图№0515 捞冰笊

图№0516 镩子

图№0517 柳罐

图№0518 饮牲畜槽

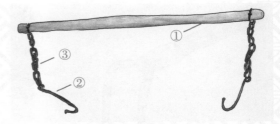

№0513

№0514

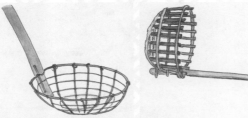

№0515-a

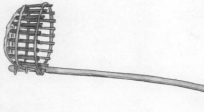

№0515-b

№0516

№0517-a

№0517-b

№0518

五 泥活工具

　　包括抹子、泥板、泥齿子、铁锹、四叉、木榔头、夹板、
碇、泥叉、瓦刀等。榔头、夹板和碇是夯筑土墙用的。

№0519-Ⅰ

№0519-Ⅱ

№0519-a

1 抹子

抹子的抹子板(掌)是铁的,把儿是木头的。

图№0519 抹子 泥板

　　Ⅰ抹子　Ⅱ泥板

　　　①抹子掌　②抹子柄

№0519-b

2 泥齿子

做泥活常用二齿子和三齿子。钩是铁的,把是木头的。

图№0520 泥齿子

　　Ⅰ二齿子　Ⅱ三齿子

　　　①钩　②柄

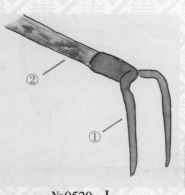

№0520-Ⅰ-b

③ 铁锹

铁锹,分为平锹和卷锹两种,安木柄。

图№ 0521 铁锹及其结构

　　Ⅰ平锹　　Ⅱ卷锹　　Ⅲ筒锹

　　①柄　　　④锹板

　　②柄杆　　⑤锹肩

　　③柄眼　　⑥刃部

№0520-Ⅰ-a

№0520-Ⅱ

№0521-a

№0521-b

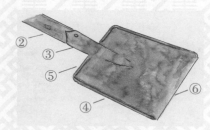

№0521-c

№0521-Ⅰ

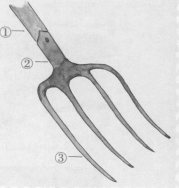

№0521-Ⅲ

№0521-Ⅱ

④ 四叉

四叉,铁制,安木柄。和泥垛墙用。

图№ 0522

　　Ⅰ四叉　　Ⅱ二叉

　　①柄　　　③叉齿

　　②柄眼

№0522-Ⅰ-a

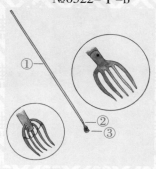

№0522-Ⅰ-b

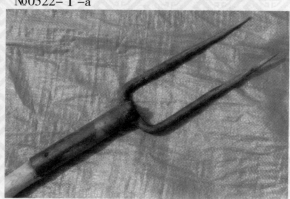

№0522-Ⅱ

⑤ 泥叉

泥叉,叉子大若手掌,柄长丈余。

图№ 0523 泥叉

　　①柄　　　③叉子

　　②柄眼

№0523-a

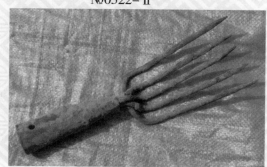

№0523-b

科尔沁蒙古族民俗物品图鉴

⑥ 瓦刀

图 № 0524 瓦刀

№0524-a　　　　　　　　№0524-b

⑦ 木榔头

木榔头,夯筑土墙用。木榔头,头圆形,较长。

图 № 0525 木榔头

①头 ②柄

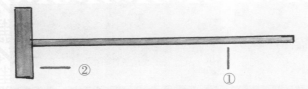

№0525

⑧ 夹板

夹板,夯筑土墙用,成对,用麻绳或树条夹绑在墙两端的挡板上固定。

图 № 0526 打墙板

①夹板 ②绑绳

№0527-a

⑨ 碇

碇,用于夯地,多为石制。亦有木制。

图 № 0527 碇

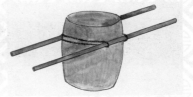

№0527-b

№0526

⑩ 坯模子

图 № 0528 坯模子

№0528

（六）饲畜用具

① 槽

舍饲家畜用的槽有木槽、石槽两种,木槽均为长方形。

饮马石槽很精致,圆形的、八边形的、长方形的均有,沿边凿有拴马孔。

图 № 0529 槽

Ⅰ 石槽　　Ⅱ 木槽　　Ⅲ 饮马槽

№0529-Ⅲ-a

№0529-Ⅲ-b

№0529-Ⅰ　　№0529-Ⅱ-a　　№0529-Ⅱ-b　　№0529-Ⅲ-c

❷ 食槽

食槽,有狗食槽、猪食槽等。

食槽分为石食槽、木食槽两种。木槽是用实心木挖制或用板子钉做。

图№ 0530 食槽

    Ⅰ 挖制食槽   Ⅲ 石槽

    Ⅱ 钉制食槽

№0530-Ⅰ-b

№0530-Ⅱ

№0530-Ⅰ-a

№0530-Ⅲ

❸ 拴马桩

拴马桩,有木桩、石桩两种,石桩凿有拴马孔。

图№ 0531 桩的种类

    Ⅰ 木桩   Ⅱ 石桩

    1 未加修理的木头做的桩子 3 有叉的木桩

    2 加工修理的木桩

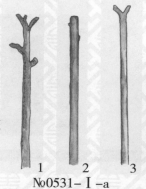

1   2   3

№0531-Ⅰ-a

№0531-Ⅰ-b

❹ 上马石

过去,阔气的门户在大门外设置上马石(石制专用台阶),以便上下马用。

图№ 0532 上马石

№0532-a

№0532-b

№0531-Ⅱ-a

№0531-Ⅱ-b

七 其他

① 梯子

图 No 0533 梯子和梯子的结构
①梯辕　②横掌

② 扫帚

图 No 0534 扫帚

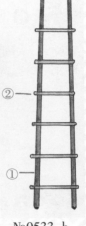

No0533-a

No0533-b

No0534-a

No0534-b

③ 笼子

图 No 0535 笼子

No0535-a

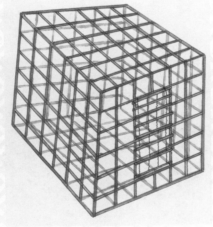

No0535-b

No0536-a

④ 晾晒架

晾晒奶制品和干肉的木架。
图 No 0536 晾晒架

⑤ 背物架

背物架是木制的，专门背东西的架子。
图 No 0537 背物架

No0536-b

No0537

⑥ 背绳

背绳，一头固定木钩，背羊草、柴禾时专用。
图№ 0538 背绳

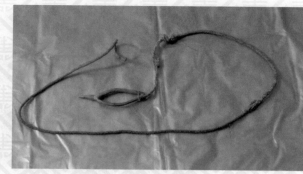

№0538

⑦ 挖子

挖子，主要指小型抠挖工具。
图№0539 挖子

№0539

⑧ 溜子

编炕席时用的破秫秸的一种工具。
图№ 0540 溜子

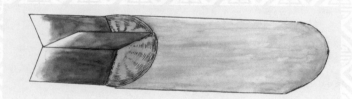

№0540

⑨ 各种绳子

在日常生产生活中使用各种绳子。如细
绳、粗绳、皮绳、毛绳、鬃绳、线绳、布条绳、草绳、
树条绳、麻绳等。
图№ 0541 绳子

№0541-a

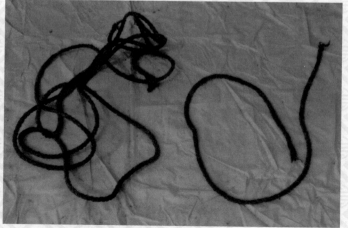

№0541-b

第八章　农用工具类

科尔沁地区除了少数纯牧区以外绝大多数是半农半牧区,因此很重视农活。四季的播种、铲耥、收割、打场等各种农事活动中都有相应的生产工具。

第一节　犁地工具

犁 是耕地的主要工具,也叫做耒耜。用榆木等材质坚硬的木料制作并安装铁铧使用。通常驾两头牛,最多时驾四头牛。

犁由犁杖部分和犁套部分组成。

一　犁杖

图 № 0542　犁杖的结构

①犁头	⑧犁荐楔子	⑮犁床尾
②牵绳、挽钩	⑨大把手	⑯犁铧
③犁卡(别棍)	⑩犁把(耒)	⑰犁镜
④托头	⑪犁柄(小把手)	⑱耥头
⑤犁辕	⑫犁床(犁底)	⑲犁桦板
⑥犁荐	⑬犁床头	
⑦横楔子	⑭犁床楔子	

图 № 0543 犁杖

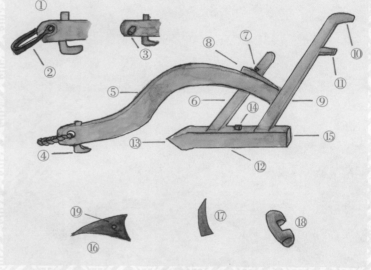

№0542

№0543-a

№0543-b

№0543-c

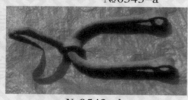

№0543-d

№0543-e

№0543-f

二　犁套

犁套,是用线麻或皮条搓成。驾两头牛以上则用担木。
套牛耥地、耙地等农活所用的牛套基本上与此相同。

图 № 0544 犁套的结构

①犁套横杆	③牛鞅子(上轭)	⑤横担木	⑦担木系绳
②套绳	④牛鞅子(下轭)	⑥鞅子系绳	⑧撒绳

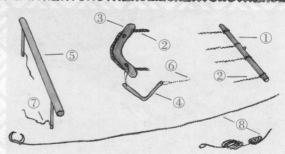

№0544

图 No 0545 犁套
　1 牛的犁套　2 马的犁套

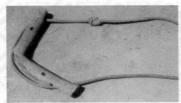

No0545-1-a　　　No0545-1-b　　　No0545-1-c

No0545-1-d　　　　　　No0545-1-e　　　　　　　No0545-2

第二节　播种工具

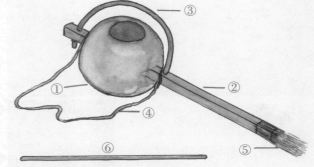

一　耧斗

耧斗，由盛装种子的葫芦、输种子的管道、提手或背带组成。
用二三尺长的敲杆(柝)敲输种子管道，将种子播下。

图 No 0546　耧斗的结构
　①葫芦　③提手　⑤耧斗管穗
　②耧斗管　④背带　⑥敲杆(柝)

No0546

图 No 0547　耧斗

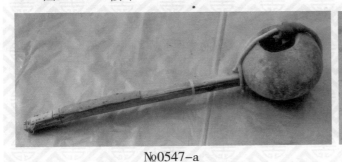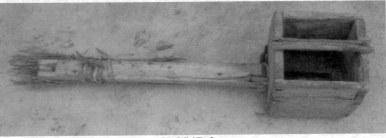

No0547-a　　　　　　　　　No0547-b

二　播梭

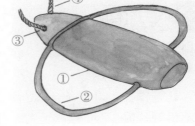

播梭，是播下种子后随即用土埋种子的工具。梭翼用树条或铁丝做。

图 No 0548　播梭的结构
　①梭梭　　③系绳孔
　②梭翼　　④拉绳

图 No 0549　播梭

No0548

№0549-a　　　　　　　　№0549-b

№0550-a

 耙

耙，碎土与平地用的工具，用树条捆制或在木头上钉齿制成。常用于漫撒地。

图№ 0550　耙

№0550-b

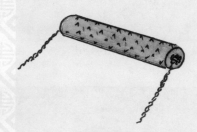

№0550-c

第三节　打场工具

 **木锨**

木锨，是打场工具，木制。

图№ 0551　木锨

№0551-a

№0551-b

 **木叉**

木叉，是打场、垛草工具。

图№ 0552　木叉

№0552-a

№0552-b

 **连枷**

连枷，打场工具。

图№ 0553　连枷

①连枷杆　③连条

②连枷齿

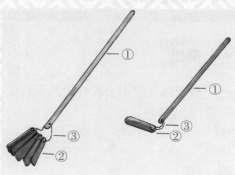

№0553

（四）打棍

打棍，打场工具。

图 № 0554 打棍

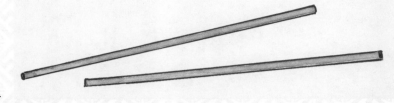

№0554

（五）四叉

四叉，搂柴草用。

图 № 0555 四叉

№0555

（六）捞子

捞子，打打瓜籽时专用的笊篱。

图 № 0556 捞子

№0556

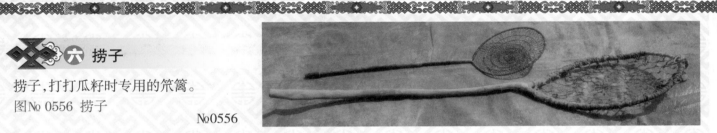

（七）筛子

筛子，有竹子、铁丝编制的，也有树条编制的。

图 № 0557 筛子

№0557-a   №0557-b   №0557-c

（八）碌碡

碌碡，石制。秋季把庄稼晾干后以圆形状铺在场院内，用套牛的或套马的碌碡碾压使粮秸分离。

图 № 0558 碌碡

№0558

（九）铁锹

铁锹，打场时，也常用铁锹。

图 № 0559 铁锹
图 № 0560 场院

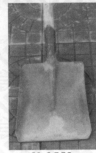 

№0559   №0560

第四节 其 他

（一）锄头

锄头，由头和杆组成，可分为长柄锄头和短柄锄头两种。

图 No 0561 锄头的结构

①锄杆　④锄刃　⑦柄眼
②锄柄　⑤锄钩插孔　⑧锄钩插头
③锄片　⑥锄钩

No 0562 锄头

Ⅰ 长柄锄头　Ⅱ 短柄锄头

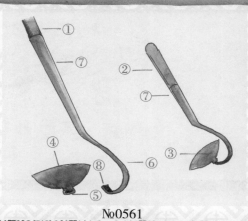

No0561

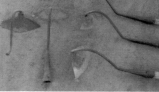

No0562-Ⅰ

No0562-Ⅱ

（二）耙子

耙子，分为木齿耙子、铁齿耙子、搂柴耙子三种。柴帘用树条或铁丝编制。

图 No 0563 耙子的结构

①柄　③柄眼　⑤耙背
②耙齿　④把手

图 No 0564 耙子

Ⅰ 木耙子　Ⅲ 搂柴耙和柴帘
Ⅱ 铁齿耙子

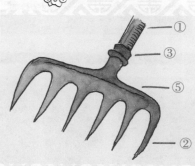

No0563-a

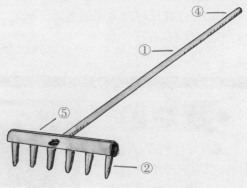

No0563-b

No0564-Ⅰ

No0564-Ⅱ

No0564-Ⅲ-a

No0564-Ⅲ-b

No0564-Ⅲ-c

三 铁耙

铁耙,没有齿,是敛东西的铁片,长柄。

图№0565 铁耙的结构

    ①柄   ③敛片

    ②柄眼

图№0566 铁耙

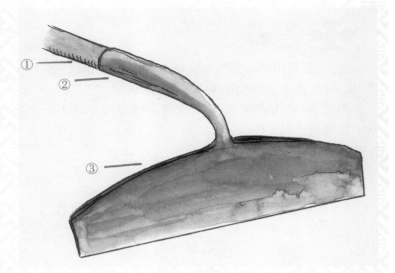

№0565

№0566

四 镢头 镐头

镢头在一端有刃。镐头,则两端带刃而且一端是尖的,一端是平的。

图№0567镢头、镐头的结构

    ①柄   ③柄眼

    ②头   ④刃

图№0568镢头 镐头

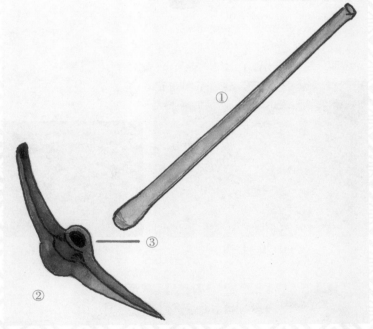

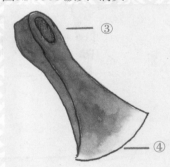

№0567-a

№0567-b

№0568-a

№0568-b

№0568-c

№0568-d

№0568-e

五 镰刀

镰刀,据其用途可分为割镰和柴镰两种,割镰是割庄稼的,镰头窄而薄,柄长;柴镰是打柴禾的,镰头宽而厚,柄短。

割镰,可分为直镰、弯镰以及折合镰三种。对非折合镰,也有做套的。推镰用于割豆类。

图№0569 镰刀的结构

①镰杆	④刀刃	⑦钉子
②把柄	⑤柄眼	⑧刀套
③刀背	⑥钉子孔	⑨系绳

图№0570 镰刀的种类

| Ⅰ直镰 | Ⅲ折合镰 | Ⅴ推镰 |
| Ⅱ弯镰 | Ⅳ柴镰 | |

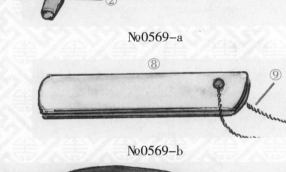

No0569-a

No0570-Ⅰ-a

No0569-b

No0570-Ⅰ-b

No0570-Ⅱ-a

No0569-c

No0570-Ⅱ-b

No0570-Ⅲ-a

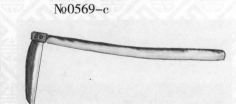

No0570-Ⅲ-b

No0570-Ⅳ-a

No0570-Ⅳ-b

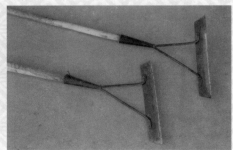

No0570-Ⅴ

六 钐刀

钐刀，用于打草。形同镰刀，但较大。安上长杆约一丈余。

图№0571 钐刀

№0571-a

№0571-b

 七 斧子

斧子，在农活中经常使用的工具。

图№0572 斧子

№0572

 八 铡刀

铡刀，用于铡饲草。原先，使用木床铡刀，后来，使用铁床铡刀了。

图№0573 铡刀的结构

　　①刀身　　④轴棍

　　②刀把　　⑤刀床

　　③轴眼

图№0574 铡刀

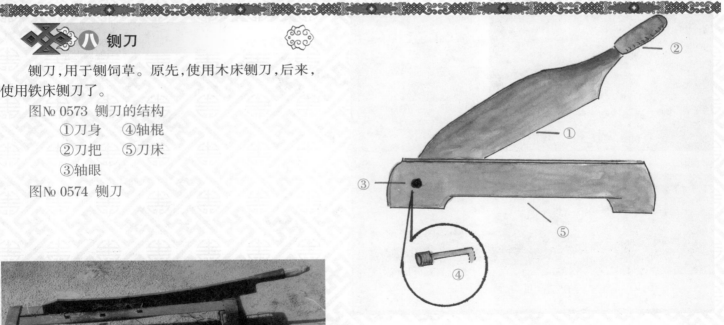

№0573

№0574-a

№0574-b

№0574-c

九 碌子

碌子,石制。有圆形的和圆柱形的两种。

图№ 0575 碌子的结构

  Ⅰ 鸡蛋碌子 Ⅲ 驾套碌子

  Ⅱ 长碌子

  ①碌 ③轴 ⑤碌子脐儿

  ②木架 ④套绳

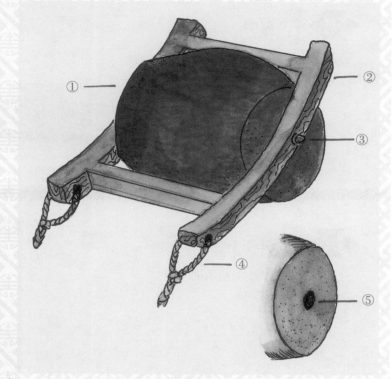

№0575-a

№0575-b

№0575-Ⅰ

№0575-Ⅱ

№0575-Ⅲ-a

№0575-Ⅲ-b

№0575-Ⅲ-c

 十 磨石

磨石,用它磨各种刀具使其锋利的一种石制用具。

图№ 0576 磨石

  a 大磨石

  b 小磨石

№0576-a

№0576-b

随着社会生产力的发展,手工业种类和专业人员增多。科尔沁地区出现了许多木匠、铁匠、银匠等。他们将传统的手工艺继承下来,传承着熟皮、酿酒、擀毡子、织地毯、搓绳索等工艺。

第一节　木匠工具

木工活是科尔沁蒙古族聚居区用途最广的手工工艺。不仅农村牧区多数男子都会简单的木工活,专业木匠也较多,而且制做蒙古包、马鞍、木车、胡琴之类特技木匠也不少。木匠们发挥斫、削、刨、划、锯、凿等各种技能,都备有了与之相适应的工具。

 一　锯

锯,是截、拉工具。大致可分为有梁锯、拉锯、手锯三种。手锯还包括挖槽、雕刻、开缝、凿榫等用途的锯。

图No 0577　锯的结构
　　　①锯梁(竖梁)　④锯的摽绳　⑦锯条　⑩钉扣
　　　②锯梁(横梁)　⑤锯的摽棍　⑧锯齿
　　　③锯拐子　　　⑥锯钮　　　⑨锯柄

图No 0578　锯
　　　Ⅰ梁锯　　Ⅲ手锯
　　　Ⅱ拉锯

No0578-Ⅰ

No0578-Ⅱ

No0578-Ⅲ-a

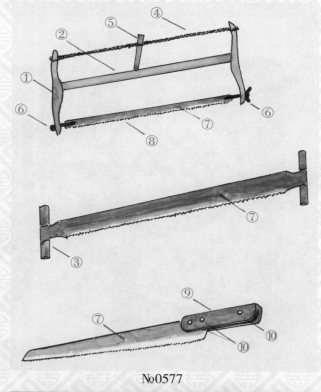

No0577

No0578-Ⅲ-b

 二　斧子

斧子,是砍、削木料的工具。可分为普通斧、木匠斧、大斧等,普通斧较小,木匠斧较大。

图No 0579　斧子的结构
　　　①斧头　③斧面儿　⑤斧柄孔　⑦斧把
　　　②斧背　④斧刃　　⑥斧柄
图No 0580　斧子

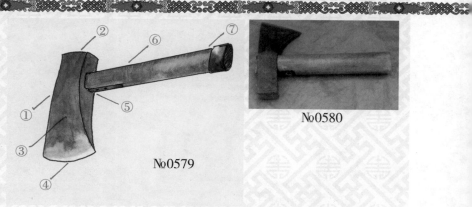

No0579

No0580

科尔沁蒙古族民俗物品图鉴

三 锛子

锛子,也是砍、削木料的工具,可分为长柄锛子和短柄锛子。

图 № 0581 锛子的结构

①锛背　③柄杆

②柄孔　④锛刃

图 № 0582 锛子

№0581

№0582-a

№0582-b

四 刨子

刨子,是刮、削木料的工具。其大小,根据需要而备。

图 № 0583 刨子的结构

①刨子床　⑦刨楔

②刨子底　⑧刨刀

③刨子头　⑨刨刃

④刨尾　　⑩刨刀背

⑤刨翅

⑥把柄

图 № 0584 刨子

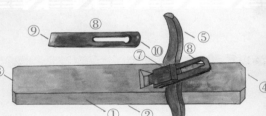

№0583

№0584-a

№0584-b

五 凿子

凿子,是挖槽打孔用的工具。据其刀刃的宽窄分为大、中、小等凿子。据其刀刃的形状分为平刃凿子和弯刃凿子。

图 № 0585 凿子的结构

①把柄　　③柄孔

②绞索(用 ④凿子刃

皮 条 或 铁 ⑤平刃凿子

环)　　　⑥弯刃凿子

图 № 0586 凿子

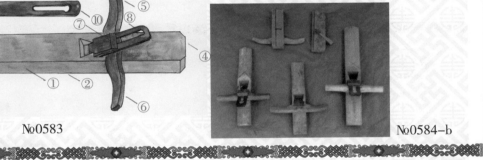

№0585

№0586

六 钻子

钻子,是打眼穿孔用的工具。分为手钻和旋钻两种。旋钻又可分为转动旋钻和拉动旋钻。

图 № 0587 钻子的结构

①钻锥　　⑤拉绳

②钻子头　⑥钻子尖头

③旋转轴　⑦钻杆

④旋转杆　⑧钻柄

图 № 0588 钻子

Ⅰ手钻　　Ⅱ旋钻

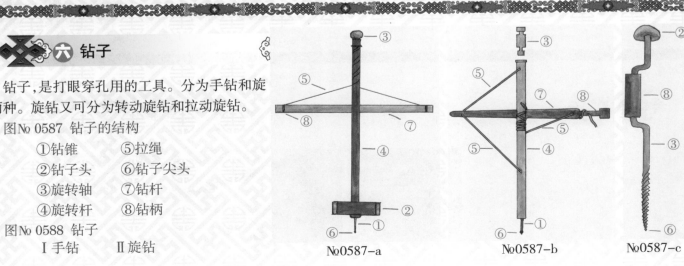

№0587-a　　　　№0587-b　　　　№0587-c

No0588-Ⅰ

No0588-Ⅱ-a

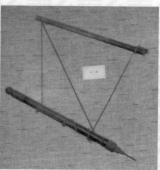

No0588-Ⅱ-b

七 木锉

木锉,是磨削竹、木的工具。

图 No 0589 木锉

No0589-a

No0589-b

八 刮刀

刮刀,是削、刮木料的工具。

图 No 0590 刮刀的结构

　①刮刀　③刀背

　②刀刃　④把柄

图 No 0591 刮刀

No0590

No0591

九 墨斗

墨斗,也叫墨槽,是木工画直线的工具。其斗用牛角或木、铁制成。

图 No 0592 墨斗的结构

　①摇把　　④拽绳

　②墨盒　　⑤墨签子

　③拉线

图 No 0593 墨斗

No0592

No0593

十 尺

尺,是量长短的器具。木工用的有直尺、丁字尺、直角尺、三角尺等。

图 No 0594 尺

　Ⅰ 直尺　　　Ⅲ 直角尺

　Ⅱ 丁字尺　　Ⅳ 三角尺

No0594-Ⅰ

No0594-Ⅱ

No0594-Ⅲ

No0594-Ⅳ

 **模子**

制作有些标准用品时需要模子。如规范蒙古包格子木的模子木等。制作胡琴、马鞍等须遵循一定的样式,即具有地方特色的模子。土谢图(科尔沁右翼中旗)鞍子、宾图(科尔沁左翼前旗)鞍子(远近闻名的嘎拉达其鞍子)的模子至今沿用。这两种模子充分反映科尔沁鞍子的特征,非常有代表性。

❶ 土谢图马鞍模子

图 №0595 土谢图马鞍和制作马鞍工具

　　1 鞍架模子　　　　4 鞍鞒样式(半成品)
　　2 鞍鞒模子　　　　5 制马鞍专用工具
　　3 鞍鞒木取树权为原材料　6 土谢图马鞍

№0595-1

№0595-2

№0595-3

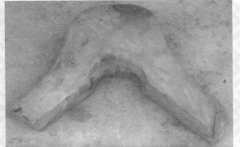
№0595-4

№0595-5-a

❷ 宾图马鞍模子

图 №0596 宾图马鞍和制作马鞍工具

　　1 鞍架模子　5 光板鞍子
　　2 前鞒模子　6 制马鞍专用工具
　　3 后鞒模子　7 宾图马鞍
　　4 鞍鞒样式
　　(半成品)

№0595-5-b

№0595-5-c

№0596-1

№0596-2

№0596-3

№0596-4

№0596-5-a

№0595-6

No0596-5-b

No0596-6-a

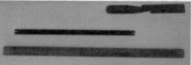

No0596-6-b

No0596-7

❸ 科尔沁朝尔(马头琴)模子

No0597-1

图№0597 科尔沁朝尔模子

1 琴头、琴杆模子 　　　3 制朝尔专用工具

2 琴头琴杆和音箱老式样(半成品)

No0597-2

❹ 科尔沁胡尔(四线胡)模子

图№0598 科尔沁胡尔模子

1 胡琴筒模子 　　　5 胡琴杆、轴、筒(半成品)

2 胡琴筒木料 　　　6 胡琴弓(半成品)

3 胡琴筒(半成品) 　　7 制胡尔的专用工具

4 胡琴杆、胡琴轴(半成品)

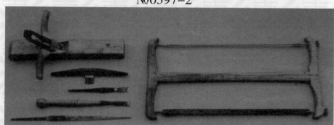

No0597-3

No0598-1

No0598-2

No0598-3

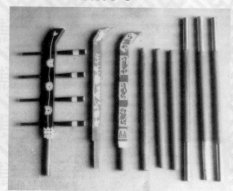

No0598-4

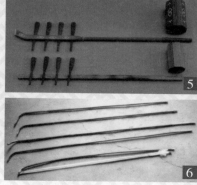

No0598-5、6

No0598-7

✚二 其他

上列器具是木匠的基本工具,还有做活用的板凳、撩拨锯凿的撩摆子、烫孔用的铁钎子、磨刀用的磨石也需必备。别的工种使用的锤子、钳子、解锥、划刀、钢锉、水平仪之类,木工亦常用。

图№0599 其他工具

1长条凳　　4磨石　　7改锥

2撩摆子、钢锉　5水平仪

3解锥　　　6测锤

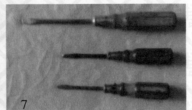

№0599

第二节　铁匠工具

科尔沁地区的铁匠多数是同时从事牧业或农业的个体户,专门从事铁匠活儿的较少。因此,他们的工具是以制作生产生活用品为主的简单工具。

✚一 砧

砧,是捶砸东西时垫在底下的器具。

图№0600 砧的结构

①砧面　②砧座

图№0601 砧

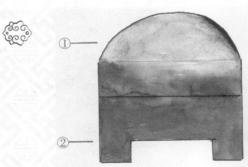

№0600

№0601-a

№0601-b

№0601-c

二 榔头

榔头是打铁用的大锤。
图№ 0602 锤(榔头)的结构
　　①铁锤　②柄
图№ 0603 榔头 锤

№0602

№0603-a

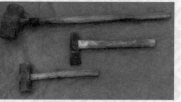
№0603-b

 三 风箱

风箱也叫风匣。
图№ 0604 风箱的结构
　　①风箱门　　⑤盖板
　　②风箱把儿　⑥楔子板
　　③风箱杆　　⑦羽毛塞
　　④吹风嘴
图№ 0605 风箱

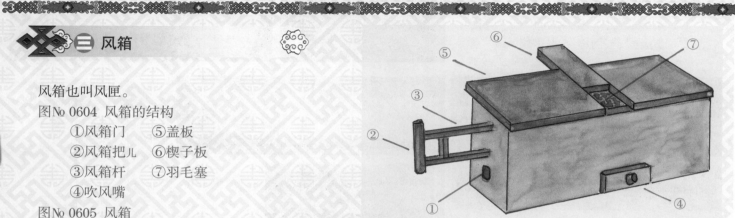
№0604

№0605-a

№0605-b

 四 炉子

炼铁炉子用砖或土筑。
图№ 0606 炉子

 五 坩埚

坩埚是熔化金属的耐高温器皿。一般
用耐火粘土、石墨等制成，或者使用内外侧
用泥土抹的、两侧可以安装把柄的铁锅。
图№ 0607 坩埚

№0606

№0607

 **六 剁子**

剁子，是切割金属的扁形工具。

图№0608 剁子

№0608

 **七 冲子**

冲子，是凿孔用的锥形工具。

图№0609 冲子

№0609

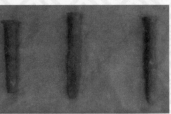

 **八 钳子**

钳子，是夹东西的工具。

图№0610 钳子的结构

　　①把　　　③钳子齿

　　②钳子口　④钳子轴

图№0611 钳子

№0610

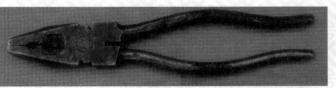

№0611

 **九 钻**

钻是打孔用的锥形工具。

图№0612 钻

№0612-a

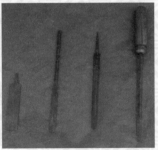

№0612-b

十 锉

锉，是磨削金属的工具。分为方形锉、三棱锉、扁平锉三种。

图№0613 锉

　　1方形锉　3扁平锉

　　2三棱锉

№0613-a

№0613-b

 十一 铗子

铗子，分为长柄铗子和移动铗子。

图№0614 铗子

　　1长柄铗子　2移动铗子

№0614-1

№0614-2

十二 铸模

铸模,是用凝土制成的。根据需要可制作种种形状的模子。

 十三 钢锯

图№0615 钢锯的结构
　①锯梁　　③锯柄　　⑤锯摽 螺棍
　②锯拐子　④锯条　　⑥锯齿
图№0616 钢锯

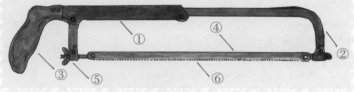

№0615

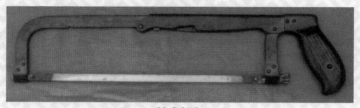

№0616

十四 挂马掌工具

挂马掌有制作蹄铁钉子的模子、烙蹄子的熨斗、挂
马掌架子、钩铁等专门工具。
图№0617 挂马掌用具
　1 马蹄铁 蹄铁钉　4 钩铁
　2 蹄铁钉子模　　　5 锤子
　3 烙铁　　　　　　6 挂马掌架子

№0617-1

№0617-2-a

№0617-2-b

№0617-2-c

№0617-3

№0617-4

№0617-5

№0617-6

第三节 银匠工具

金、银、铜器是蒙古人最为珍惜的用品。科尔沁人将金、银、铜多用于家庭用具、男女装饰、宗教祭祀器物、马具以及所喜爱的日常用品上。因此,银匠作为一个专业工种一直传承着。银匠具有浇铸、锻造、铆、焊、编、绞、錾、镶、镀等各种技艺,有与之相适应的大小、精粗工具。

银匠和铜匠的工具、工艺基本相同。有砧铁、锤子、钳子等几种基本器具外,据其所需备制轻巧而适于游牧生活的多种工具,有的多达几百种。

 **一 砧**

银匠所用的砧比起铁匠所用的砧小一些。
图№0618 砧

№0618-a　　　　　№0618-b

№0618-c

 **二 风匣**

银匠常用脚踩的风匣。
图№0619 风匣和吹管

№0619-a　　　　　№0619-b

 **三 吹管**

吹管,用于熔化银,用嘴吹或使用风匣吹。
图№0620 吹管

№0620-a　　　　　№0620-b

 **四 汤油灯**

汤油灯用于熔化银。
图№0621 汤油灯和吹管

№0621

 **五 炭盘**

图№0622 炭盘(内有牛骨灰)

№0622

 六 熔银坩埚

熔银坩埚,较小,铜制。

 七 火夹子

火夹子,把长,尖弯。
图№ 0623 火夹子和熔银坩埚

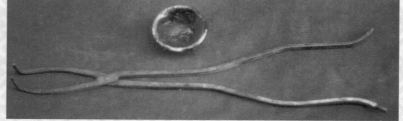
№0623

 八 圆规

圆规,是画圆和量长度的工具。
图№ 0624 圆规

№0624

 九 模子

模子,铜制,多有直线形、圆形凹槽。
图№ 0625 各种模子

№0625-a

№0625-b

№0625-c

№0625-d

№0625-e

 十 手指环模

手指环模,是制作戒指的标尺。
图№ 0626 手指环模

№0626

 十一 钻

图№ 0627 钻和钻头

№0627

十二 锤子

锤子,是敲打东西的器具。

图№ 0628 锤子的结构

　　①锤柄　③锤子背

　　②把　　④锤子起子

图№ 0629 锤子

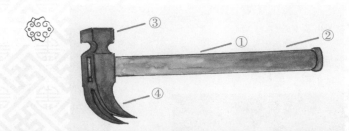

№0628

№0629-a

№0629-b

十三 钳子

各种钳子。通常银匠用的居多。

图№ 0630 钳子

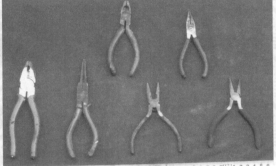

№0630-a

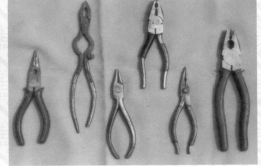

№0630-b

十四 剪子

金属剪子大小不一,有的大剪子有长柄。

图№ 0631 金属剪子

№0631-a

№0631-b

十五 镊子

图№ 0632 镊子

№0632

№0631-c

十六 钢锉

银匠用的钢锉有大有小,各式各样。

图№ 0633 钢锉

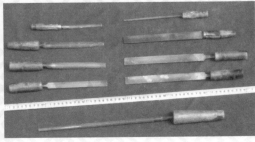

№0633-a

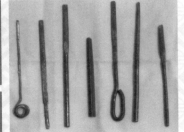

№0633-b

十七 剁子

剁子，是切断金属的扁形工具。

图№ 0634 各种剁子

№0634-a

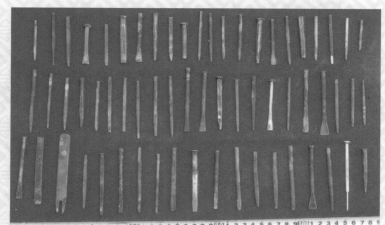

№0634-b

十八 冲子

冲子，是凿孔用的工具。

图№ 0635 冲子

№0635

十九 杵子

杵子，是加大压力的工具。

图№ 0636 杵子

№0636

二十 其他

除上列工具外，还有适应银匠所需的摩擦工具、玛瑙刀、掫戒指的工具、錾花刀、槽刀、刷子等各式各样的工具。

图№ 0637 银匠其他工具

1 摩擦工具　　3 掫戒指工具　5 刷子
2 玛瑙刀　　　4 錾花刀具

№0637-1

№0637-2

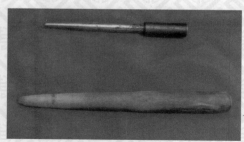

№0637-3

№0637-5

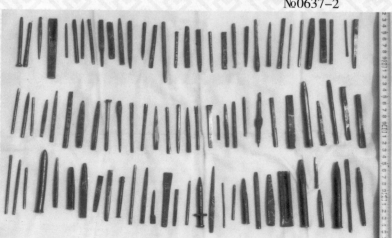

№0637-4

第四节　其他工匠工具

蒙古人家里几乎普遍从事鞣革、酿酒、擀毡、纺地毯、搓绳等手工艺活儿，根据需求来确定制作时间。虽然科尔沁蒙古人中专门从事这些工种的工匠不多，但是这些工种的专门工具每家都备有。

✦ 一　鞣革工具

鞣皮革的常用工具有鞣皮钩子、鞣皮架子、鞣革刀、划刀、刮子、铲子、钻、扳眼、阴阳钩、皮匠木凳等，此外，还有一些适用的工具。

❶ 鞣皮钩子

鞣皮钩子，是利用脚的踩力鞣皮革的工具。
图№0638　鞣皮钩子的结构
　　①钩　　③套脚绳(蹬带)
　　②芟刀
图№0639　鞣皮钩子

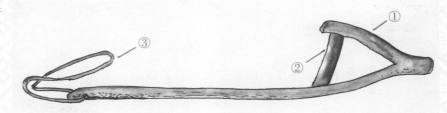

№0638

№0639

❷ 鞣皮架子

鞣皮架子，是由三根长木和一根短木构成的鞣革工具。
图№0640　鞣皮架子结构
　　①横棍　③基木　⑤缠绳
　　②压棍　④橛子　⑥系绳

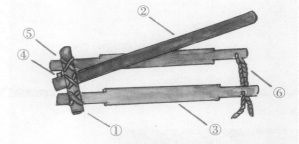

№0640

❸ 鞣革刀

两端有把的弯刃刀。
图№0641　鞣革刀及其结构
　　①把　　②刀

№0641-a

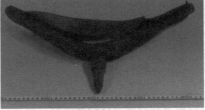

№0641-c

№0641-b

❹ 划刀

划刀，是上端有把的割皮刀。
图№0642　划刀及其结构
　　①把　　②刀

№0642-a

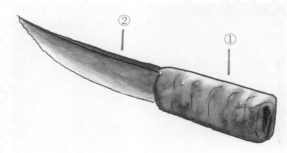

№0642-b

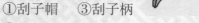

⑤ 刮子

刮子，是刮皮革的工具。

图№ 0643 刮子及其结构

①刮子帽　③刮子柄

②刮子把

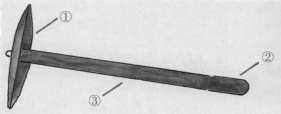

№0643-a

№0643-b

⑥ 铲子

铲子，是铲皮革的专门工具。

图№ 0644 铲子

№0644

№0645-2

№0645-3

⑦ 板眼

板眼，是通过孔穿送皮条使其细化匀称的工具。有角制、竹制、铁制三种。

图№ 0645 板眼

1竹制板眼　3铁制板眼

2角制板眼

№0645-1

⑧ 锥子

做皮活用的锥子分为圆尖头、方尖头两种。有的在尖部有孔。

图№ 0646 锥子

1铁锥子　　　3方尖头锥子　　　5穿缀哈那用的锥子

2羚羊角锥子　4普通方尖头锥子

№0646-a

№0646-b-2

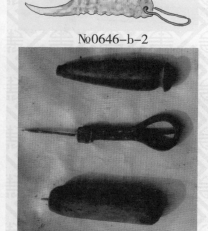

№0646-c

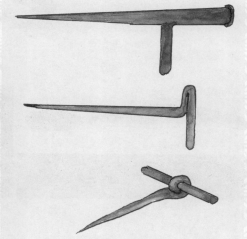

№0646-b-1

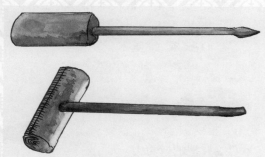

№0646-b-3、4

№0646-b-5

⑨ 阴阳钩

阴阳钩，是挂皮张的用具。

图№ 0647 阴阳钩

№0647-a

№0647-b

10 抻皮条架

抻皮条架,是由三根木杆立起来的木架、两庹多长的压棍(杠杆)和磨盘组成。用于抻张皮条。

图№0648 皮条架

　　①木架　③磨盘
　　②压棍

图№0649 抻皮条架示意图

№0648

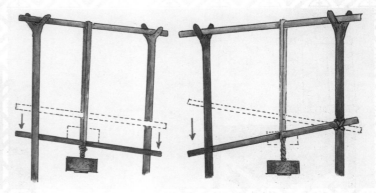

№0649

11 其他

除上列工具外,还备用木凳、钻、小斧子、木棒之类。

图№0650 皮匠板凳
图№0651 钻

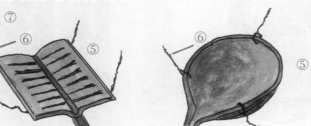

№0650　　　　　　№0651

㈡ 酿酒器具

酿奶酒需用火撑、火撑上放置的盛酸奶的铁锅、铁锅上扣的酿酒笼、酿酒笼内悬挂的接酒器、笼上盖置盛换凉水的平底锅以及缠封笼子和平底锅接头处的缠带(布带或毡子)等。用五畜的嗜酸奶汁(即艾拉克)酿好的酒统称为奶酒。

1 酿酒笼

酿酒笼,是无底圆筒,下口比上口宽敞,木制,用铁箍固定。
酿酒笼分为带嘴的和不带嘴的两种。带嘴的酿酒笼有专制的接酒器。不带嘴的酿酒笼常用瓷瓦坛子替代接酒器。

图№0652 酿酒笼及结构

　　Ⅰ带嘴的酿酒笼　　　Ⅱ不带嘴的酿酒笼

　　①上口　③铁箍　⑤接酒器　　⑦接酒器挂钩
　　②下口　④笼嘴　⑥接酒器系绳

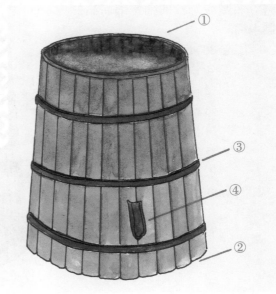

№0652-Ⅰ

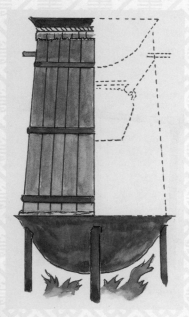

No0652-Ⅱ

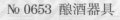

No0653-a

No 0653 酿酒器具

1 平底锅　　4 铁锅

2 酿酒笼　　5 火撑

3 接酒坛子

　　①盛酒坛挂柄

　　②盛酒坛吊绳

　　③缠带

No0653-b

No0653-c

No0653-d

② 嗜酸奶汁桶

嗜酸奶汁是酿奶酒的主要原料。装嗜酸奶汁的桶是细而高的专制木桶。

图No 0654 嗜酸奶汁桶的构造

①铁箍　　　⑦搅拌孔框子木

②桶耳　　　⑧搅拌杆柄

③桶盖　　　⑨搅拌杆头

④桶底　　　⑩搅拌杆头的

⑤盖子背　　　孔(有四眼)

⑥搅拌孔

图No0655 嗜酸奶汁桶

No0654

No0655-a　　No0655-b　　No0655-c

三 擀毡用具

毡子，是蒙古人日常生活中最广泛应用的用品。擀毡子一般经过弹毛、絮毛、滚实、擀成等步骤。
擀毡子使用弹毛棍、弓、圈帘、碌木、拉绳、铺垫皮、束带、样模毡子等。

❶ 弹毛棍 弹子

弹毛棍、弹子用以弹绒毛。长约四尺，粗约一指，用直柳条、大果榆（山榆）、榆木制。弹子是用竹子做的。
图№ 0656 弹毛棍 弹子

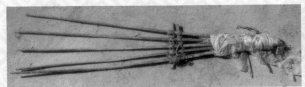
№0656-a

№0656-b

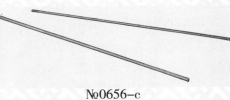
№0656-c

❷ 弓

№0657-a

№0657-b

弓，用于弹毛，使之蓬松。
图№ 0657 弓

❸ 圈帘

圈帘，是用竹子做的，用于絮毛。也用大畜原皮做铺垫絮毛。
图№ 0658 圈帘

№0658

❹ 拉绳

拉绳，用原皮条制。用碌木擀毡子需用7～8庹长的两条拉绳，双向轮换滚制，用25～30庹长的一条拉绳。
图№ 0659 拉绳

№0659

❺ 束带

束带，将原皮拉成二指宽皮条用于缝合裹皮。
图№ 0660 束带

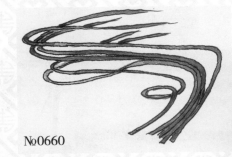
№0660

❻ 毡模

毡模，是指絮绒毛作为样子铺在下面的成品毡子。
图№ 0661 毡模

№0661

❼ 拽子

拽子,用于通过交错拽拉,强化毛绒。
图№0662 拽子

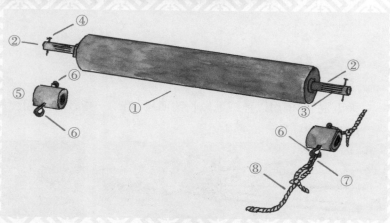

№0662

❽ 滚木

滚木,主要由转轴木和毂圈组成。滚木长7~8
尺,粗由2拃。毂圈有倒钩、系绳,安装于转轴榫头。
图№0663 滚木的结构

①转轴　④插棍　⑦系绳
②榫头　⑤毂圈　⑧拉绳
③铜　　⑥倒钩

№0663

四 纺地毯工具

纺地毯的工具主要有剪子、刀子、镊子和挠子。
纺地毯有专门的木架和两对辅助使用的绞棒和综棒。

❶ 纺地毯基本工具

纺地毯基本工具是剪子、刀子、镊子和挠子。
图№0664 纺地毯基本工具

№0664

❷ 纺织架

纺织架,是用一根横木杆固定两个平行立
柱构成。辅助使用绞棒和综棒各一对。
图№0665 纺织架
①架子　③综棒
②绞棒

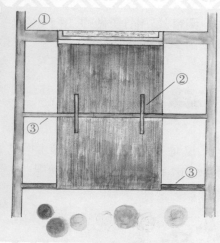

№0665-a

№0665-b

❸ 纺车

纺车,用于纺线。
图№0666 纺车

№0665-c

❹ 线桄子

线桄子是盘绕纺线的专门用具。
图№0667 线桄子

№0665-d

№0666

№0667-a

№0667-b

五 搓绳工具

蒙古人很早以前就开始用皮毛、绒、鬃和线麻、芨芨草、针茅、树条、树皮等搓绳使用。搓绳的主要工具有绳车子、编车子等。

❶ 绳车子

图№ 0668 绳车子的结构
  ①车架子 ③立木 ⑤狗头
  ②中间木 ④绕把子 ⑥横木
图№ 0669 绳车子

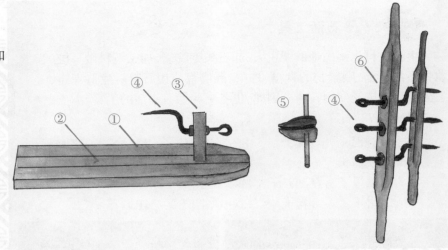

№0668

№0669-a

№0669-b

❷ 编车子

图№ 0670 编车子的结构
  ①把 ③钩子
  ②架子
图№ 0671 编车子

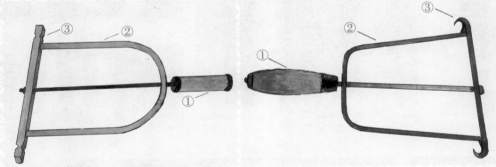

№0670-a   №0670-b

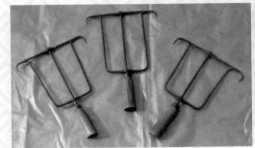

№0671-a

№0671-b

№0671-c

❸ 纺线车

纺线车,主要用于捻绳线。
图№ 0672 纺线车

№0672

 六 石活工具

生活在科尔沁山地的蒙古人,起石头砌院墙,加工石料做马桩、饮牲畜的水槽、喂猪狗的食槽、杵臼、碾磨都使用石料。建造寺庙、王公庭院也广泛使用石料。因此,也备一些做石头活的工具。

图№0673 石匠工具

1 撬棍	5 錾子	9 夹剁子的锤子	13 镐头	17 磨石
2 铁榔头	6 扁子	10 楔子	14 墨斗	
3 铁锤子	7 刻刀子	11 笨楔子	15 方尺	
4 钳子	8 剁子	12 喇叭把楔子	16 砂石	

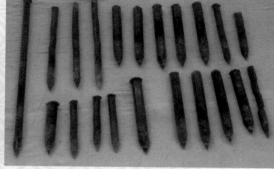

№0673-1

№0673-2

№0673-3

№0673-4

№0673-5

№0673-6

№0673-7

№0673-8

№0673-9

№0673-10

№0673-11

№0673-12

№0673-13

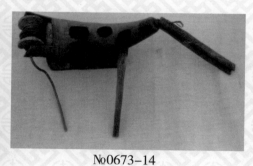

№0673-14

№0673-15

№0673-16

№0673-17

第十章 畜牧用具类

马、牛、骆驼、绵羊、山羊统称为五畜。其中，马、牛、骆驼为大畜，蒙语称为布大玛拉(读音 bɔd maɭ)，绵羊、山羊为小畜，蒙语称为布嘎玛拉(读音 bɔg maɭ)。

饲养五畜是蒙古人经济生活的重要组成部分。科尔沁蒙古人在饲养和使用五畜的过程中仍然保留着传统的用具。

第一节 马 具

蒙古族以马背民族著称于世。他们在放牧、远行、行军、作战时总是离不开马，以马代步，与马相依为命，曾经创造过闻名世界的马背文化。因此，蒙古人特别爱惜马，而且特别讲究马上用品。

一 笼头

笼头，是套在牲畜头上、系鞯(缰绳)、用于拴牵牲畜的用具。笼头由笼头部分和缰绳构成。鞯(缰绳)蒙语称为戳勒孛尔(读音 tʃulwɔːr)。笼头用熟皮结制。

笼头分为封口式笼头和开口式笼头两种。用一根皮条打十字结，结出笼头的鼻、下颌、双脸部，皮条两头衔接于上颊处，接头是活的称之为开口式笼头，接头是死的称之为封口式笼头。

笼头皮条用铜箍、额穗儿装饰。

缰绳系于笼头左侧，活系，长庹余。也有在下颌部备以绳扣或铁环，便于使缰绳滑动，用缰绳控制牲口。

图№0674 笼头的种类
1封口式笼头　3笼头下颌拧　4有穗的笼头
2开口式笼头　　制的笼头　　5缰绳滑动的笼头

图№0675 笼头的结构
①笼头部分　⑤笼头下颌　⑨额穗儿　⑬扣绳
②缰绳　　　⑥笼头环　　⑩笼头后背　⑭绳扣
③泡钉　　　⑦笼头脸　　⑪扣环　　　⑮垂穗
④笼头鼻　　⑧笼头额　　⑫箍

图№0676 戴笼头的马

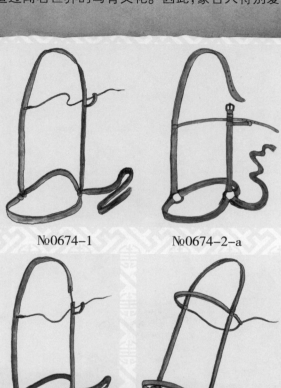

№0674-1　　　　№0674-2-a

№0674-2-b　　　　№0674-3

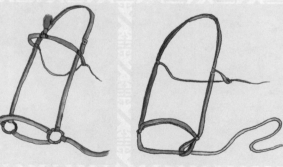

№0674-4　　　　№0674-5

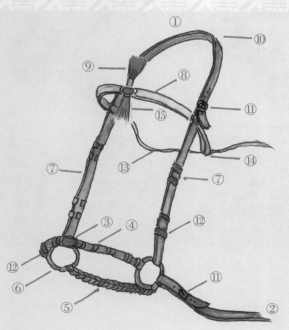

№0675-a

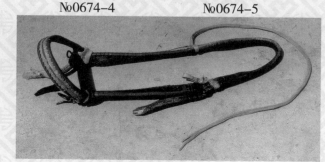

№0675-b

No0676-a

No0676-b

二 辔头

嚼子和缰绳统称为辔。缰绳，蒙语称为焦劳(读音ʤɔɭɔ:)。

辔头是衔住牲口的嘴，并与缰绳驾驭坐骑的用具。其构造基本与笼头相同。但辔头的缰绳两头都固定在嚼子两侧环上，其长度足可挂于鞍鞯。

嚼子可分为开口式嚼子和封口式嚼子，也可分为有额横条的嚼子和无额横条的嚼子。

图 No 0677 辔的结构

①马嚼头　　　　　⑧箍
②缰绳　　　　　　⑨嚼子额(勒额横皮条)
③衔子　　　　　　⑩嚼子扣绳
④嚼子环　　　　　⑪嚼子绳扣
⑤缰绳扣(环和扯手间的　⑫嚼子脸(两颊两侧皮条)
　皮条)　　　　　⑬嚼子后背(头上绕过来
⑥嚼子鼻(勒鼻横皮条)　　的皮条)
⑦泡钉　　　　　　⑭额穗儿

No 0678 各种马嚼子

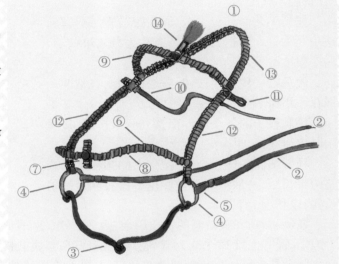

No0677-a

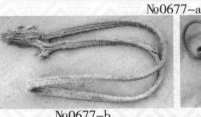

No0677-b

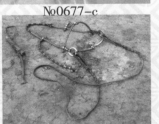

No0677-c

No0678-a

No0678-b

No0678-c

No0678-d

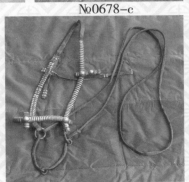

No0678-e

No0678-f

鞍子,是放在牲口背上的支架,马鞍子是马背上的骑座。

马鞍子,据其大小分为大鞍子和小鞍子。大鞍子座长1.6尺,宽8寸,可以驮马褥子。小鞍子长1.3尺,宽6寸,常用于放牧。

据其前鞒款式分为高鞒鞍、低鞒鞍和元宝鞍。科尔沁人习惯于使用低鞒大小鞍子。

鞍座材料一般用檀香木、古榆和古柳根、橡、枫、桦木等。

据其鞍座制法分为四块木鞍子、整块木鞍子、拼制木鞍子等。

据其工艺修饰分为金马鞍、银马鞍、铜马鞍、珐琅马鞍等。还据其地方特点称为科尔沁鞍子、乌珠穆沁鞍子、喀尔喀鞍子等。

做马鞍子用两块鞍翅,鞍翅的两头各钻两个细孔系梢绳,中间钻拴镫带的孔。

拼制鞍子的各个部件衔接处叫做接缝,接缝用厚皮绳穿缀,叫做皮钉。

马鞍两侧各挂一个镫,镫带上的扣环可以调整镫带长短,一般情况下左侧镫带比右侧镫带稍长些,以利于上下马。

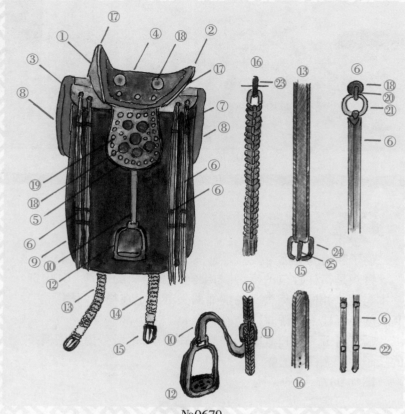

№0679

鞍鞒、鞍翅和鞍鞒洞的各边用金、银、铜、铁、锡、骨之类镶边。泡子和饰钉是不可缺少的装饰品。通常在坐垫上钉4个泡子,镫磨上钉12个或14个泡子。也有钉在鞍翅上装饰的。饰钉主要用于坐垫和鞴。

肚带和扯肚用鞍板革纽悬挂于鞍翅,扯肚在鞍子的左边,肚带在鞍子的右边。扯肚用皮条编制,长三拃余,宽两指。肚带用粗硬的毛编制,可以四股或七股、八股,编出纹饰。分前后,前肚带勒于前胸,后肚带勒于腹部。

梢绳,用圆皮条制,染黑,镶以金、银、铜、锡箍。梢绳,以一孔拴两条以上若干条为一束,一个鞍子上有8束、起码有16条梢绳。另外,在左侧备一条虚梢绳,用以系带鞭子、绊子等。此外,也用后鞴装饰的。

图№0679 马鞍的结构

① 前鞍鞒　⑦ 虚梢绳　⑬ 前肚带　⑲ 饰钉　　㉕ 扣环舌
② 后鞍鞒　⑧ 鞍屉(鞍鞴)　⑭ 后肚带　⑳ 皮条鼻儿
③ 鞍翅(鞍板)　⑨ 鞴(鞴)　⑮ 肚带扣环　㉑ 梢绳环
④ 鞍坐垫　⑩ 镫带　　⑯ 扯肚　　㉒ 梢绳箍
⑤ 小鞴(镫磨)　⑪ 镫带扣环　⑰ 边饰条　㉓ 鞍板革纽
⑥ 梢绳　　⑫ 镫　　⑱ 鞍泡钉(鞍花)　㉔ 扣环框

图№0680 科尔沁马鞍模型
图№0681 雕花的马鞍
图№0682 博多勒噶台亲王府马鞍
图№0683 科尔沁诸旗马鞍

Ⅰ 土谢图马鞍　　Ⅳ 杜尔伯特马鞍
Ⅱ 宾图马鞍　　　Ⅴ 其他
Ⅲ 郭尔罗斯马鞍

№0681

№0680

№0682–a

№0682–b

№0683– I

№0683– II

№0683–III–a

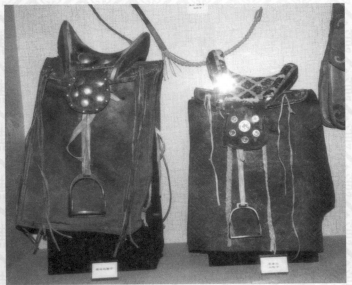

№0683–III–b

№0683–IV–a

№0683–IV–b

№0683–V–a

№0683–V–b

№0683–V–c

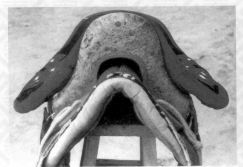

№0683–V–d

№0683–V–e

№0683–V–f

№0683–V–g

❶ 光鞍子

科尔沁马鞍有几种做法。如:土谢图马鞍是照架子模做;宾图旗嘎拉达其马鞍是照拼样模做。架子模是一体的,拼样模是由几个部件的样子构成的。

图№ 0684 光鞍子的结构

①前鞍鞒	⑤鞍翅	⑨前梢绳孔	⑬座板接缝
②坐板	⑥鞍鞒顶	⑩后梢绳孔	⑭皮钉
③坐板槽	⑦鞍鞒斜边	⑪镫带孔	
④后鞍鞒	⑧鞍鞒边头	⑫鞍鞒洞	

图№ 0685 光鞍子

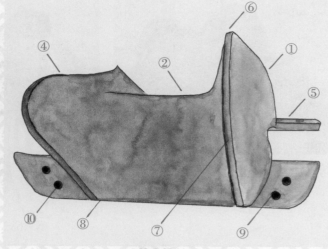

№0684-a

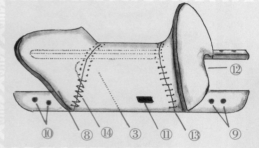

№0684-b

№0685-a

№0685-b

❷ 坐垫

坐垫,蒙语称为德必斯(读音 dəwəs),鞍子坐垫用毡子或香牛皮制。毡子坐垫要用布面并修饰图案。另外,也有备用坐垫的。

图№ 0686 坐垫

№0686--a

№0686-b

❸ 镫磨

镫磨,也叫小鞯,蒙语称为德格勒(读音 dəgəl)。其作用是掩饰镫带扣环,装饰鞍子。可分为圆形、方形两种。用香牛皮或毡子制成。也有与坐垫一体的布面镫磨。

图№ 0687 镫磨

1 圆形镫磨　3 连体镫磨(坐垫
2 方形镫磨　　镫磨一体的)

№0687-1

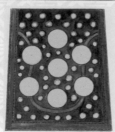

№0687-2

№0687-3-a

№0687-3-b

④ 镫

镫，是挂在鞍子两侧骑马蹬脚的用具，多用铁或铜制成。

镫子据其盘的形状可分为方形镫子、圆形镫子、窄盘镫子三种。据其镫边的形状区分为直边镫子和叉边镫子，据其工艺修饰分别称为龙头镫、狮子镫、九刻镫、涂珐琅镫子等。

图№0688 镫子的结构

    ①镫带   ④镫梁   ⑦镫盘上的花纹

    ②镫孔   ⑤镫盘

    ③镫边   ⑥镫梁上的花纹

图№0689 各种镫子

    Ⅰ方形镫子   Ⅲ窄盘镫子   Ⅴ叉边镫子

    Ⅱ圆形镫子   Ⅳ直边镫子   Ⅵ几种镫子

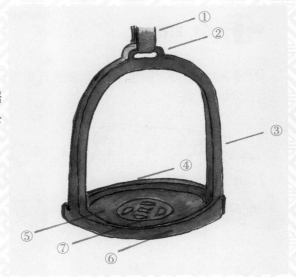

№0688

№0689-Ⅰ

№0689-Ⅱ

№0689-Ⅲ

№0689-Ⅳ

№0689-Ⅴ

№0689-Ⅵ

⑤ 鞍鞯

鞍鞯，据其所取材料分为香牛皮鞯、栽绒毯鞯等。根据其下沿形状分为方形的、圆形的和上宽下窄的几种。鞯上绣图案，饰边。

图№0690 鞍鞯的形状

    1方形   3上宽下窄形

    2圆形

图№0691 鞍鞯

№0690-1   №0690-2   №0690-3

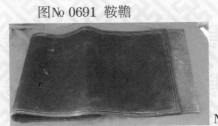

№0691

⑥ 鞍鞯

鞍鞯,也叫鞍屉。用毡子做,两侧要比鞴宽出二指余,用红、绿色布饰边。有硬鞯、软鞯之分,可并用。

图 № 0692 鞍鞯

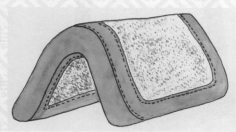 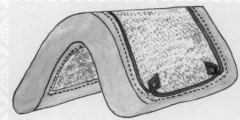 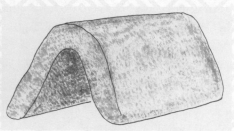

№0692-a　　　　　№0692-b　　　　　№0692-c

⑦ 泡子 饰钉

泡子,也叫压钉、鞍花。蒙语称为巴布尔(读音 baːwar)。钉在鞍磨和坐垫上加固和装饰。用银、铜、锡等材料采用刻纹錾花、涂珐琅等各种工艺制作。多为圆形或六边形,背面有鼻儿。

 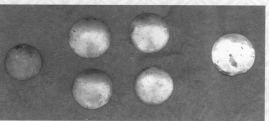

№0693-a　　　　　№0693-b

饰钉,亦称泡钉,蒙语称为套宝如(读音 tɔwruː),是圆形装饰品,亦用银、铜、锡等制作。分大、中、小三种,大的约拇指头肚般大。

图 № 0693 泡子、饰钉

№0693-c

【四】 绊子

马绊子,是绊住马的两条前腿和左后腿的绊具。蒙语称楚德尔(tʃodor)据其干索材料分为铁绊子和皮条绊子两种。铁绊子,只是其干索是铁的。

绊子由绊子头、尾、干索构成。

绊子的三个组件用铁环或皮条连结,绊套别棍用竹、榆木、山榆木做。

图 № 0694 绊子的结构

Ⅰ 铁链绊子　　Ⅲ、Ⅳ绊子头结构

Ⅱ 皮条绊子

①绊子头　　⑥绊套扣鼻
②绊子尾　　⑦系绳
③绊子干索　⑧铁环
④绊套别棍　⑨绊子前叉
⑤绊套儿　　⑩绊子后叉

图 № 0695 马绊子

  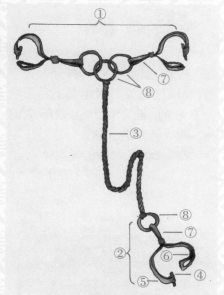

№0694-Ⅰ　　　　　№0694-Ⅱ

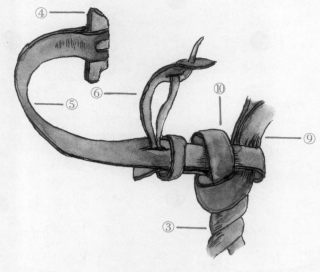

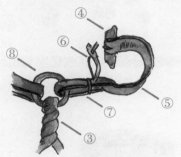

No0694-III

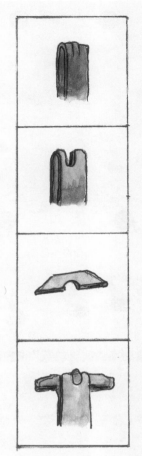

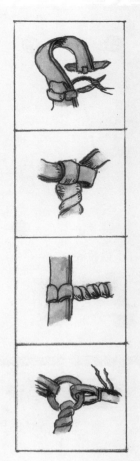

No0694-IV

No0695-a

No0695-b

No0695-c

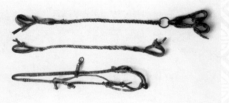

No0695-d

五 前腿绊子 前后腿顺绊子

前腿绊子,蒙语称为托沙(读音 tuʃaː),
前后腿绊子,蒙语称为卧若勒(读 oroːl)。
前腿绊子、前后腿顺绊子都可分为铁绊子、
皮条绊子、鬃毛绊子等三种。顺绊是指可
以绊住一侧两条腿,也可以交叉绊两条腿。

图No 0696

　　Ⅰ 前腿绊子(托沙)　　Ⅱ 前后腿绊子(卧若勒)

图No 0697 绊法

　　　　1前后腿绊法　　3一侧前后腿绊法

　　　　2前腿绊法　　　4前后腿交叉绊法

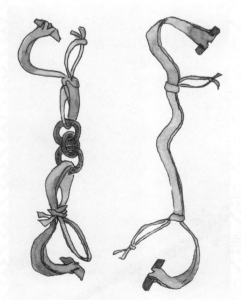

No0696-Ⅰ

No0696-Ⅱ

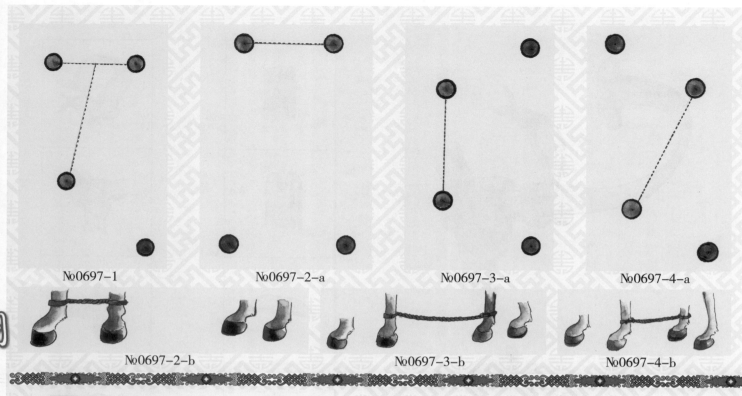

No0697-1　　　　No0697-2-a　　　　No0697-3-a　　　　No0697-4-a

No0697-2-b　　　　　　No0697-3-b　　　　　　No0697-4-b

六 马鞭

马鞭,是骑马时使用的短把儿鞭子,蒙语称为弥拉(读音 mɪlaː)。

马鞭把儿用苏木、鼠李、杜李、杏树制作,其余部分都用皮条。

鞭条是用细皮条裹着鞭芯编制而成。鞭梢也有分岔的。

鞭子分为马鞭、柽柳鞭、伞式鞭、檀木鞭、竹鞭、藤鞭、八股鞭子等。

图No 0698 马鞭子的结构

①鞭系　　　　　　⑥鞭梢
②把(杆)　　　　　⑦鞭芯
③把鞭条固定在杆上的　⑧鞭条鞭把接头
　绑绳　　　　　　⑨鞭条鞭把接头处的衬皮
④鞭穗　　　　　　⑩鞭把顶饰
⑤鞭条　　　　　　⑪鞭把顶端印记

图No 0699 各种鞭子

1各种鞭子　　2半成品

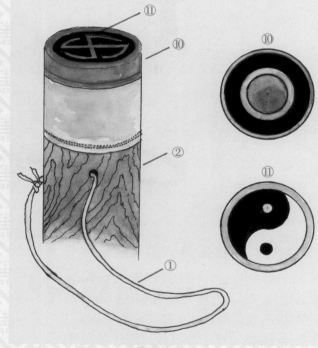

No0698-a

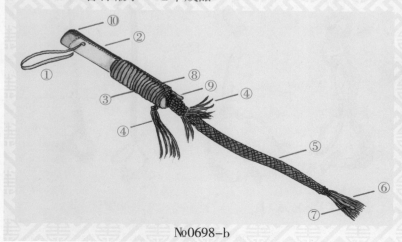

No0698-b

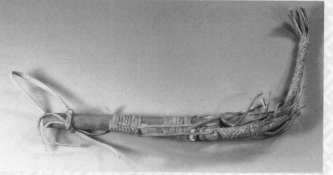

No0699-1-a

226

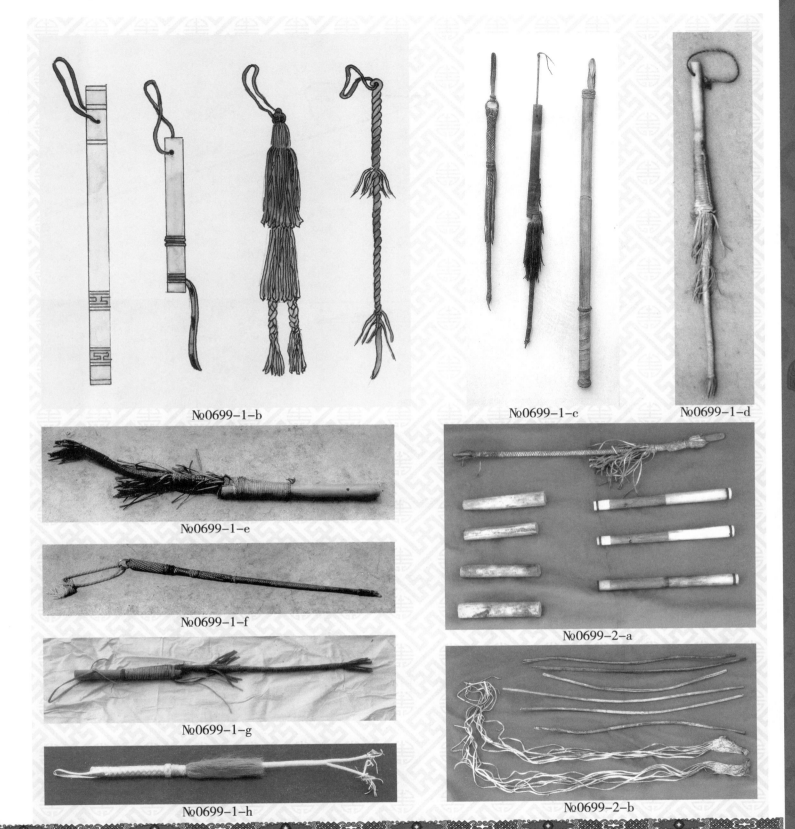

№0699-1-b

№0699-1-c

№0699-1-d

№0699-1-e

№0699-1-f

№0699-1-g

№0699-1-h

№0699-2-a

№0699-2-b

 **套马杆**

　　套马杆,主要用于套马和打猎。蒙语称乌日嘎(读音ʊrag)由主杆、杆梢、套索三部分组成。

　　主杆采用直而质硬、粗细匀称的桦树、稠李、水柳制作。长度和直径以适用为宜。主杆可分为三个部分:接榫处、中杆、杆尾端。中杆上系有曳绳,用细熟皮制作。

　　杆梢,采用没有疤痕的直而细山藤、稠李、柳条,直径与主杆相适应。其长度一般为70厘米、80厘米～110厘米、120厘米。主杆上端和杆梢接榫处用熟皮条缠住。杆梢头系扣,以增加其弹性和梢头重量。

套索，以其制作方法分为单股、双股、三股；以其使用材料分为筋制、鬃制、肠子皮制等。套索的两端接有系线，便于在杆梢和主杆上固定。上系线长15～18厘米、下系线长25～30厘米。

图№ 0700 套马杆的结构

①主杆　⑤曳绳　⑨杆尾
②杆梢　⑥绑绳　⑩系绳(细绳)
③套索　⑦接榫处　⑪接榫处接法
④系口　⑧中杆

❶鬈甲　❸糊带
❷股骨　❹对缝

图№ 0701套马杆

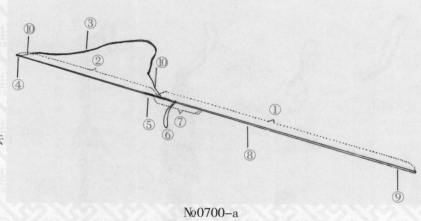

№0700-a

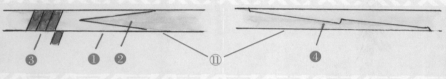

③　　①　②　　　⑪　　④

№0700-b

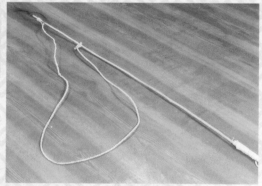

№0701-a

№0701-b

八 其他

除上列马具外，还有与马笼头有关的颈穗，与马鞍子有关的攀胸、鞍鞯以及其他用具。

① 颈穗

颈穗，是马笼头上挂的装饰物。长约四拃，宽二指，常用红布缝制，下部饰红穗。

图№ 0702 颈穗的结构

①挂钩　③红穗
②布带

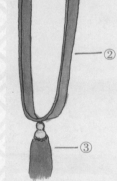

№0702

② 攀胸

攀胸，是在马的锁骨前挂的装饰物。

通常用红布缝制，三指宽。中间钉三个铆钉，戴上红穗儿。

攀胸钩挂在鞍鞯前洞内侧铁环上。

图№ 0703 攀胸的结构

①攀胸布条　③攀胸穗
②攀胸铆钉　④攀胸挂钩

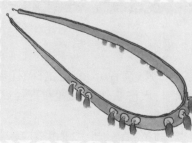

№0703-a

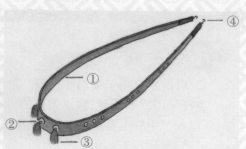

№0703-b

③ 鞍鞦

鞍鞦,是有防止鞍子向前滑动的装饰物。常用于集会、那达慕和公务、军务。

图№0704 鞍鞦的结构

I

①鞍鞦系绳　⑤大腿铁环
②荐骨铁环　⑥尾下皮带
③尻上皮带　⑦吊肚
④臀上连带

II

①鞍鞦皮条　⑤穗
②鞍鞦铆钉　⑥挂钩
③鞍鞦钉钮　⑦挂钩绳扣
④箍

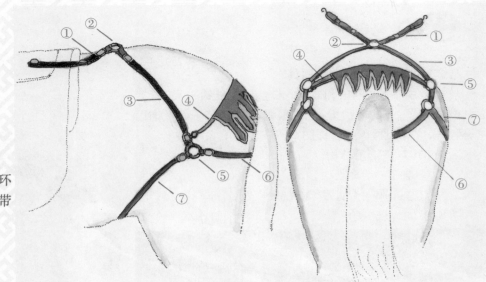

№0704-I

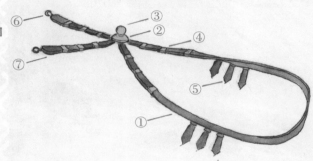

№0704-II

④ 系带鞯

系带鞯,是赛马或骝骑的用具。蒙语称为套浩卜其(读音 tɔxɔwtʃ)。

此种鞯用毡子制,用绸缎做面,或用鲜艳的布饰边,绣以图案。大体上呈三角形,左侧有扯肚,右侧有肚带。

图№0705 系带鞯

№0705

⑤ 蹄铁

蹄铁,是防止马匹蹄子磨损的用具。形似蹄子印状,外侧有三个钉子眼,里侧有两个钉子眼。用专用钉子钉。

图№0706 蹄铁结构

①蹄铁　　③钉子
②钉子眼

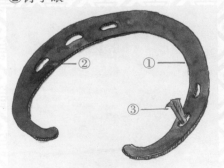

№0706-a

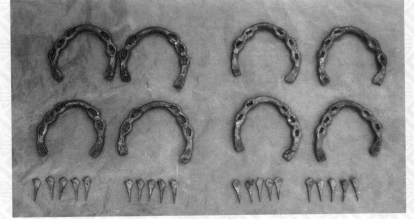

№0706-b

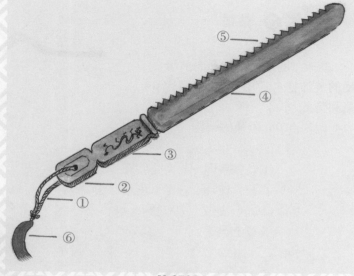

❻ 马铲子

马铲子,是刮马匹汗毛的用具。

马铲子用牛角、羊角和竹子、木板制。长约一尺,宽二指。两面扁平,一侧为钝刃,一侧呈锯齿状。铲子面上饰以龙、鹏、狮、虎等四猛兽或吉祥图案,备有系扣,系于鞍上。

图 № 0707 马铲子结构

①系扣　③把　⑤疏齿
②系扣眼　④刮刀　⑥穗

图 № 0708 马铲子

№0708　　　　　　　　№0707

❼ 马挠子

马挠子,是挠马匹皮肤的用具。木把铁齿。

图 № 0709 马挠子

№0709-a　　　　№0709-b　　　　№0709-c　　　　№0709-d

第二节　驼　具

骆 驼,被称为"沙漠之舟",体大、载重量大。为适应这个特点,备有专门的用具。

➊ 鼻勒 勒绳 勒棍

鼻勒,是蒙语(读音 buːl)、勒绳,蒙语称为布然它格(读音 burantag)、勒棍(蒙语称为高巴吉,(读音 guwdʒ),是牵、栓骆驼的用具。

鼻勒,是用金桃皮木、鼠李(臭李)木、骨或竹子制,长 3.5～4.5 厘米。勒绳用驼鬃或鬃毛搓成,长约一尺。勒棍,是防止骆驼咬断系绳的、有拇指般粗、长约 2～3 尺直木棍。勒绳由驼绒、软毛搓成。皮结纽,蒙语称为套卜浩(读音 tœwxjɔː)。

№ 0710 鼻勒 勒绳 勒棍

①鼻勒　　④鼻勒孔　　⑦勒绳
②鼻勒结纽　⑤别棍　　⑧勒棍
③鼻勒尖　　⑥垫片(皮结纽)　⑨缰绳

图 № 0711 鼻勒

 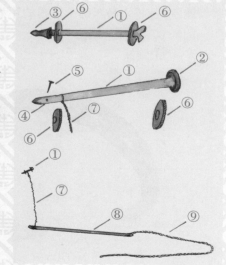

№0710

№0711-a

№0711-b

 笼头

　　笼头,用于生格子(未驯服的)骆驼、未安鼻勒的驼羔、小骆驼、猛骆驼等。

　　骆驼笼头是由拃余长的两块夹木、三条连绳、缰绳等组成。

　　图№0712 驼笼头的结构

　　　①夹木　　③鼻连绳　　⑤缰绳
　　　②额连绳　　④颌连绳　　⑥缨穗

 鞍屉　驮架

 鞍屉

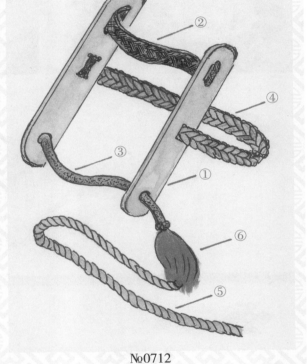
№0712

　　骆驼载重时使用鞍屉。鞍屉,蒙语称为浩木(读音 xɔm)。鞍屉可分为有夹木鞍屉和环形鞍屉。

　　鞍屉由屉、夹木、垫子组成。屉长2.5~4尺,宽1.5~2尺。在毡袋、粗毛织袋内装蒲棒绒、绒毛之类东西,平铺纳制。

　　夹木用圆木做,长度、粗度与屉相适应。在夹木上安支柱变成架木,上边固定档木,叫做驮架。蒙语称为沙梯(读音 ʃat)。

　　屉子和夹木均成对用。鞍屉垫用毡子制作,垫于屉下。鞍屉上驮东西后用4丈长的两条煞绳捆绑。用煞绳捆绑时也用一根别棍,别棍有拇指般粗,直形,蒙语称为华萨(读音 xuɑːs)。

　　图№0713 鞍屉的结构

　　　Ⅰ夹木鞍屉

　　　　①夹木　　④连绳　　⑦华萨
　　　　②固定绳　⑤系绳
　　　　③屉子　　⑥纳纹

　　　Ⅱ环形鞍屉

　　　　①毡垫　　③木片　　⑤拴绳
　　　　②皮条　　④铁环

　　图№0714 鞍屉

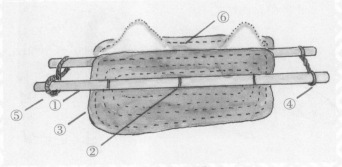
№0713-Ⅰ-a

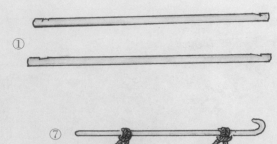

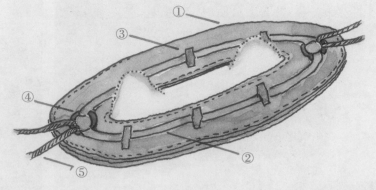

№0713-Ⅰ-b

№0713-Ⅱ

№0714-a

№0714-b

❷ 驮架

图№ 0715 驮架的结构

① 架木　④ 连绳
② 支柱　⑤ 系绳
③ 档木

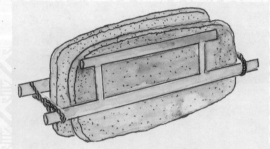

№0715-a

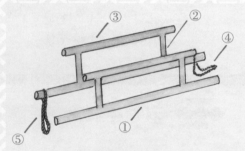

№0715-b

〔四〕 驼鞍

驼鞍,是由一尺宽二尺长鞍屉、鞍翅、肚带、坐垫等构成的。鞍翅用木头或牛角做成。

图№ 0716 驼鞍的结构

Ⅰ 木鞍的结构

① 鞍翅　④ 扯肚　⑦ 坐垫
② 连绳　⑤ 镫　⑧ 鞍屉
③ 肚带　⑥ 梢绳

Ⅱ 牛角鞍的结构

① 鞍翅　③ 镫带
② 连绳　④ 镫子

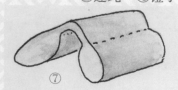

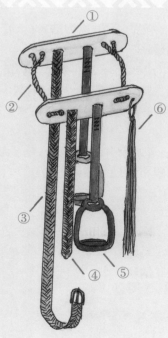

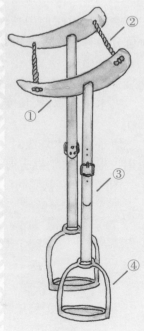

№0716-Ⅰ-a

№0716-Ⅰ-b

№0716-Ⅰ-c

№0716-Ⅱ

五 驼垫

驼垫,一般用绒毯或毡子制成。上部宽、下部窄。毡垫用浅色布做面,用深色布饰边,绣以图案。

图№ 0717 驼垫

    1 绒毯驼垫　2 毡子驼垫

№0717-1　　　　№0717-2

 六 驼绊子

驼绊子,由皮条制作。大致与马的前腿绊子相同。

图№ 0718 驼绊子的结构

    ①绊套　　　④干索
    ②绊套扣鼻　⑤干索中心结
    ③别棍

№0718

 **七 驼套**

把骆驼驾于木车或用骆驼牵引雪橇时用绳套。

图№ 0719 驼套的结构

    ①拉绳　　　④系绳
    ②驼峰押绳　⑤肚带、铁环
    ③押绳铁环　⑥车辕

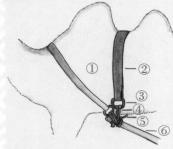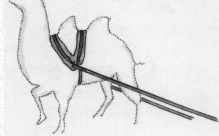

№0719-a　　　　№0719-b

 八 驼铃

长途驼运的时候,驼队的打头骆驼和压尾骆驼脖子上挂铃。通常打头骆驼挂小铃,压尾骆驼挂大铃。小铃"叮叮"响,大铃"咚咚"响。

小铃,是由铃碗、铃锤、颈带、带穗儿构成。

大铃,是由颈带、枕囊、系绳、铃筒、铃锤组成。颈带和系绳由皮条制作;枕囊是枕状粗羊毛织袋;铃筒长尺余,宽拃余,方桶形,用钢板制作,内吊挂碗般粗的木制铃锤,锤头系缨。

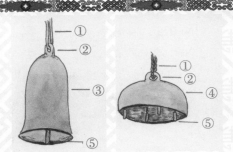

№0720-Ⅰ　　　　№0720-Ⅱ

图№ 0720 驼铃及其结构

    Ⅰ 筒铃　Ⅱ 碗铃

    ①系绳　　　④铃碗
    ②铃鼻儿　⑤铃锤(有四个)
    ③铃筒

图№ 0721 驼运用的驼铃

    Ⅰ 小铃　Ⅱ 大铃

    ①颈带　③铃鼻儿　⑤铃锤　⑦枕囊　⑨木锤
    ②带穗儿　④铃碗　⑥系绳　⑧铃筒　⑩缨子

图№ 0722 驼铃

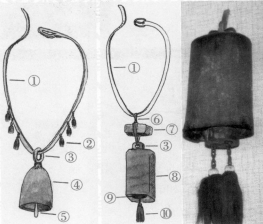

№0721-Ⅰ　　　№0721-Ⅱ　　　№0722

第三节 牛具

牛 是科尔沁人使用的主要役畜,而且是原奶和奶制品的主要来源。但是除绳套和牲畜通用的器具外,专用用具并不多。

 一 牵绳

牵绳,是套在牛角上牵牛用的绳索,用皮条或鬃毛、线麻搓成。绳头有封闭口 (绳扣)。

图№ 0723 牵绳

№0723

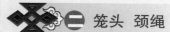 二 笼头 颈绳

通常用笼头或颈绳,拴或牵一、二岁的牛。

牛犊子笼头是并排若干条细驼绒绳缝制作的。用红布裹笼头鼻绳,以示向往五畜兴旺、吉祥如意。

牛犊颈绳是用鬃毛搓成的。

图№ 0724 牛犊笼头的结构
　　①笼头鼻　④笼头后背
　　②笼头下颌　⑤缰绳
　　③扣绳
图№ 0725 牛笼头
图№ 0726 颈绳
　　①颈套　②缰绳

№0724

№0725

№0726

 三 戳日和

戳日和(蒙语,读音ʧorx)是两侧带缰绳的笼头或没有下颌绳,系一条或两条缰绳(两侧)的笼头。均用皮制。

图№ 0727 戳日和的结构
　　①笼头鼻　③缰绳
　　②扣绳

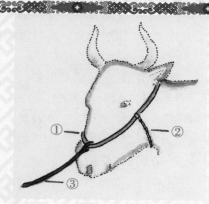

№0727

（四）牵鼻绳

牵鼻绳，蒙语称为多若(读音dor)，即牛鼻环。是从牛的鼻桊连结的缰绳或铁环，可用驹尾毛或驼绒搓成的。鼻桊是穿在牛鼻子上的封闭索扣，也是用驹尾毛搓成的。

图 № 0728 牵鼻绳

①鼻桊　②缰绳

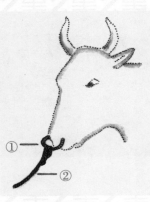

№0728-a

№0728-b

№0728-c

（五）说日格

说日格(蒙语，读音ʃorog)。是戴在牛犊鼻子的刺猬皮、树杈、木板、带尖的交叉木棍等戒奶具。木板做成的戒奶具，蒙语称为布日哈(读音burx)。

图 № 0729 说日格

Ⅰ 树杈做的　　Ⅲ 犬牙状戒奶具
Ⅱ 刺猬皮做的　Ⅳ 木板做的

№0729-Ⅰ

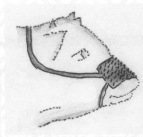

№0729-Ⅱ

№0729-Ⅲ

№0729-Ⅳ-a

№0729-Ⅳ-b

（六）笼嘴

笼嘴，也叫笼口，是笼牛嘴的工具。一般用树条编制，后来用铁丝编制。

图 № 0730 笼嘴

№0730-a

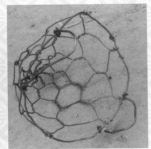

№0730-b

（七）绊子

牛绊子，由皮条制作。

图 № 0731 牛绊子的结构

①绊套　　③别棍
②绊套扣鼻　④干索

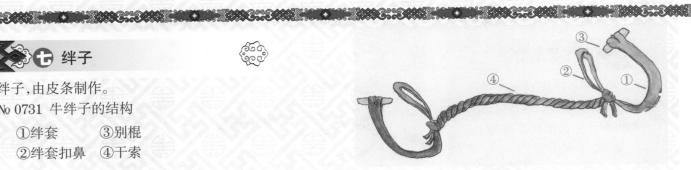

№0731

第四节 小畜用具

五畜通用的用具外，小畜也有一些专门用具。

一 羔袋

羔袋，是装野外生下的幼羔而备的保暖用具，通常用带毛羊皮或毡子制作，有背带。

图№ 0732 羔袋

№0732

二 霍格

霍格(蒙语，读音 hog)，是系于种公羊腰上防止交配的阻配带。用毡制或用布做面，中间部位宽，两头窄，有系绳。

图№ 0733 霍格

№0733

三 羊绒挠子

羊绒挠子，是挠羊绒用的工具，用铁线缠制，由挠齿、腰系、挠把组成。齿弯，腰系可上下移动。

图№ 0734 挠子的结构
　①挠齿　③把
　②腰系

图№ 0735 挠子

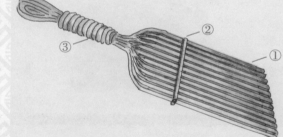
№0734

№0735-a

№0735-b

№0735-c

四 羊毛剪子

羊毛剪子，有普通剪子和长刃剪子两种。常用布条缠住剪子把，以防磨手。

长刃剪子的刃部比普通剪子长一倍多。

图№ 0736 羊毛剪子
　Ⅰ普通剪子　Ⅱ长刃剪子

№0736-Ⅰ

№0736-Ⅱ

第五节 其他

除上列专门工具外，还有一些通用工具。

一 标记

为了辨认和识别牲畜，使用标记。标记可分为永久性、季节性、临时性三种。做标记的方式有做印记、打烙印、染色、剪毛、挂铆片、系布条、带颈圈等。

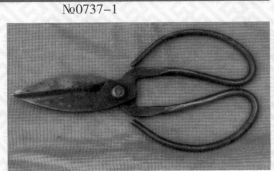

No0737-1

1 印记

五畜均可做印记。印记是辨认和识别自己与他人牲畜的永久性标记。均在牲畜的耳朵上做印记，但为了保护马匹的身段外观，不在耳朵上做，若做印记可在鼻子上做。

印记，可分为弯记、线记、洞记三类，而且多种多样。可归纳为基本印记和演化印记两种。演化印记是从基本印记演变而来的。印记，都用小刀、剪子、圆凿等工具剜、铰、凿，之后涂灰止血。

图№ 0737　做印记的工具

  1 小刀　　3 圆凿

  2 剪子

(1)大畜印记

马、牛、驼等大畜的印记大致相同，只是有些名称稍有差异。以马的印记为例，至少有二十余种。

图№ 0738　马的印记

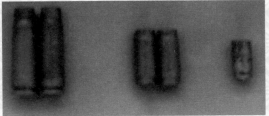

No0737-2

No0737-3

1 花瓣形耳记	14 横割耳记
2 蚂蚁形耳记	15 拇指形耳记
3 抠挖耳记	16 逆向拇指形耳记
4 直角形耳记	17 小指形耳记
5 垂梢形耳记	18 逆向小指形耳记
6 坠子形耳记	19 斜切耳记
7 截短耳记	20 逆向斜切耳记
8 斜截短耳记	21 回纹形耳记
9 硬币形耳记(圆孔耳记)	22 锯凿形耳记
10 豁口耳记	23 钥匙形耳记
11 窄豁口形耳记	24 鸡心耳记
12 竖割耳记	25 爪子形耳记
13 梳子形耳记	

No0738-a

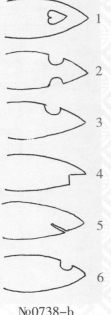

No0738-b

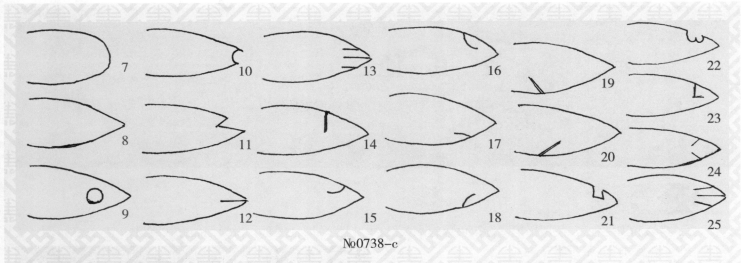

№0738-c

(2)小畜的印记

绵羊、山羊的印记,一般在耳朵上做。虽然绵羊的印记有二十多种、山羊的印记有五十种,但由于做印记在耳朵上的部位不同、一个耳朵上做或两个耳朵上同时做、几种印记并用等而演变成几百样。

图№ 0739 绵羊的耳记

1 抠挖耳记	10 横切耳记	19 斜割耳记
2 垂坠耳记	11 截短耳记	20 钥匙形耳记
3 逆向垂坠耳记	12 竖切耳记	21 爪子形耳记
4 纽扣形耳记	13 回纹耳记	22 角形豁口耳记
5 梳子形耳记	14 直角形耳记	23 勺子形耳记
6 梳子形尖头耳记	15 鸡心耳记	24 弓子形耳记(豁开
7 梳子形截短耳记	16 汤匙形耳记	三角耳记)
8 豁口耳记	17 凿扣耳记(方孔耳记)	25 耳佩形耳记(豁开
9 蚂蚁形耳记	18 硬币形耳记(圆孔耳记)	圆孔耳记)

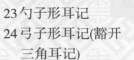

№0739-a

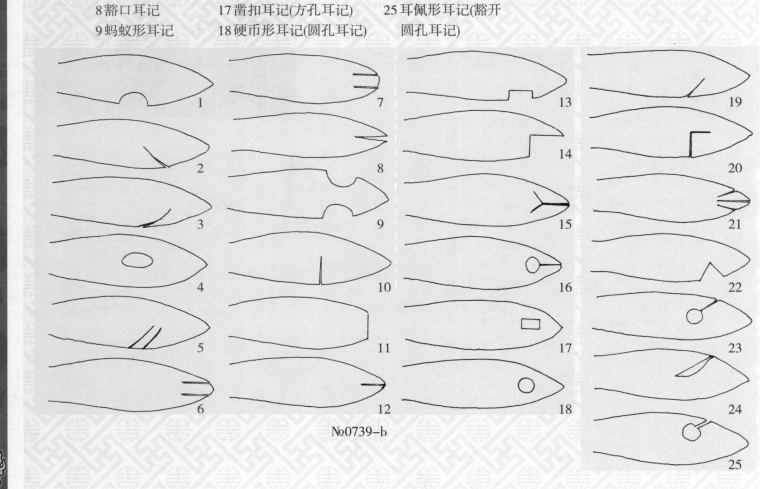

№0739-b

238

图No 0740 山羊的耳记

1 竖切耳记
2 抠挖耳记
3 并列抠挖耳记
4 双边抠挖耳记
5 单圆孔耳记
6 竖向排列双圆孔耳记
7 横向排列双圆孔耳记
8 花瓣形耳记
9 横切耳记
10 垂梢形耳记
11 垂坠耳记
12 重横向耳记
13 梳子形耳记
14 重垂坠耳记
15 垂梢开叉耳记
16 垂坠开叉耳记
17 开叉耳记
18 满开叉耳记
19 逆向母指形耳记

20 重逆向拇指形耳记
21 逆向小指形耳记
22 重逆向小指形耳记
23 截短耳记
24 直角形耳记
25 圆孔开叉耳记
26 竖割圆孔耳记
27 前斜截短耳记
28 后斜截短耳记
29 竖割与横切耳记
30 竖割与双横切耳记
31 竖割与梳子耳记
32 竖割与抠挖耳记
33 竖割与蚂蚁形耳记
34 花瓣形与竖割耳记
35 直角与竖割耳记
36 截短与竖割耳记
37 截短与小指形耳记
38 截短与拇指形耳记

No0740-a

39 抠挖与重拇指形耳记
40 抠挖与重小指形耳记
41 抠挖与拇指形耳记
42 抠挖与小指形耳记
43 抠挖与梳子形耳记
44 抠挖与圆孔耳记

45 重鸡心耳记
46 鸡心耳记
47 重花瓣耳记
48 横切耳记
49 钥匙形耳记
50 别棍形耳记

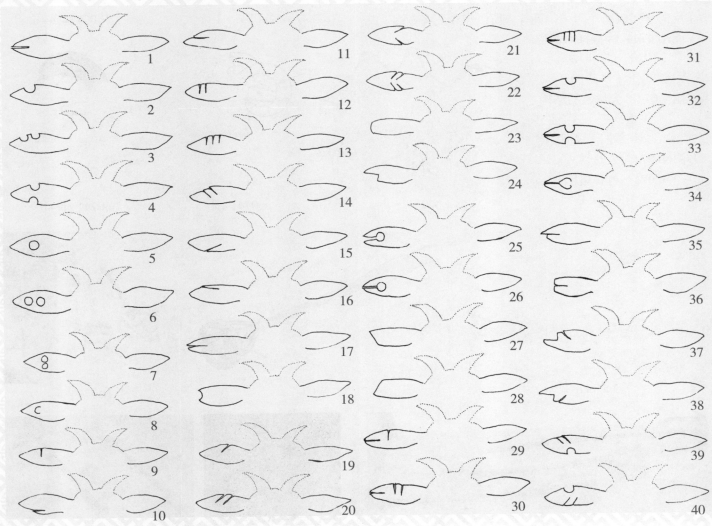

No0740-b

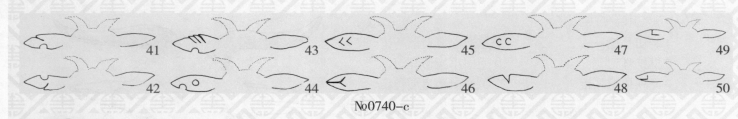

No.0740-c

② 烙印

烙印,是辨认和识别自己牲畜和他人牲畜的永久性标记。科尔沁人选择自己所喜欢的烙印标记使用至今。

早先,五畜都须打印记。牛,在犄角和耳朵、蹄子上打;骆驼,在脸和骻、大腿、大腿根上打;羊,在犄角、耳朵和脸上打印。后来,注重打马印,一般在马的骻、大腿、大腿根上打。

用某种花纹图案做模子打畜印的工具叫烙铁。烙铁,分为大、小两种。大烙铁用于驼、马,小烙铁用于牛、羊。牛、羊的烙印是在犄角上打,所以小烙铁只有指头肚般大小。烙铁由烙铁杆、把、头三部分组成。

烙印花纹是源于星座、动物、植物、工具用品图案和几何图形。可分为基本印纹和变异印纹两种。据说,在牧区至20世纪中叶相传八十余种基本印纹、二百余种变异印纹。一个基本印纹图案与另一个基本印纹图案以某种适当方式结合形成各种组合印纹图案。如:平座正向立式嚼环印、平座反向立式嚼环印、平座正向卧式嚼环印、平座反向卧式嚼环印、平座正向立式双嚼环印、平座反向立式双嚼环印……等等。所以印纹图案颇多。

图 No.0741 牲畜打印部位
　　Ⅰ 牛　　Ⅲ 羊
　　Ⅱ 驼　　Ⅳ 马
图 No.0742 大烙铁的结构
　　① 烙铁把　③ 烙铁头
　　② 烙铁杆　④ 印纹
图 No.0743 大烙铁
图 No.0744 各种烙印

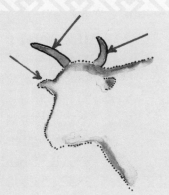

No.0741-Ⅰ-a

No.0741-Ⅰ-b

No.0741-Ⅱ

No.0741-Ⅲ-a

No.0741-Ⅲ-b

No.0741-Ⅳ

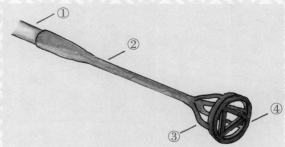

No.0742

No.0743-a

No.0743-b

No.0743-c

No.0743-d

科尔沁蒙古族民俗物品图鉴

图№ 0744 各种烙印

1 太阳印
2 太阴印(新月印)
3 双线新月印
4 半月印(弦月印)
5 连背双月印
6 交叉双月印
7 日月印
8 星辰印
9 火印
10 山印
11 如意印
12 云印
13 弓子印
14 无弦弓子印
15 鼻勒弓印
16 箭印
17 交叉箭印
18 带横杠箭印
19 有基座箭印
20 弓箭印
21 有提系弓印
22 无弦弓箭印
23 缰绳印
24 嚼环印(弯钩印)
25 逆向嚼环印
26 双眼嚼环印
27 单眼嚼环印
28 交叉嚼环印
29 环印(圆印)
30 有提系环印
31 敞口环印
32 外有钩环印
33 内有钩环印
34 有尾环印
35 双重环印
36 塔形环印
37 相切环印
38 相连环印
39 交叉敞环印
40 交叉双镯印
41 鼻勒印
42 双重鼻勒印
43 单横杠鼻勒印
44 双横杠鼻勒印
45 嚼子印
46 衔子印

47 马蹬印
48 敞口马蹬印
49 相连马蹬印
50 鞍梢绳印
51 挠子印
52 烙铁印
53 夹式烙铁印
54 三个烙铁印
55 蹄铁印
56 方形扣环框印
57 有舌方形扣环框印
58 有顶子方形扣环框印
59 圆形扣环印
60 无舌圆形扣环框印
61 交叉印
62 十字印
63 哈那印
64 哈那眼印
65 柱子印
66 帐篷印
67 车辕印
68 车轮印
69 梯子印
70 火撑子印
71 生火火撑子印
72 封口火灶印
73 敞口火灶印
74 生火火灶印
75 橛子印
76 钩子印
77 夹子印
78 伸出别棍的夹子印
79 方形夹子印
80 圆形夹子印
81 铃铛印
82 有锤铃印
83 有眼铃印
84 悬吊印
85 旋钮印
86 狭窄样印
87 戟印
88 无柄戟印
89 有柄戟印
90 有横杠双戟印
91 十字戟印

92 剑印
93 帜齿形印(镞头印)
94 锤子印
95 钩柄锤子印
96 闭合锤子印
97 砧子印
98 方形印(砧子印)
99 有翼砧子印
100 骰子印
101 点戳印
102 长方形印
103 带项子的长方形印
104 三角印(三角形印)
105 敞口三角印
106 有基座敞口三角印
107 有眼三角印
108 有眼敞口三角印
109 如意三角印
110 带顶子的敞口三角印
111 有尾三角印(熨斗印)
112 有柄三角印
113 并连三角印
114 双重三角印
115 三个三角印
116 角形印(角印)
117 双重角形印
118 交错封合对角印
119 连线印
120 敞口连线印
121 锭子印
122 剪子印
123 剪子把印
124 锥子印
125 有横杠锥子印
126 靴底印
127 柱马印
128 钥匙印
129 秤砣印
130 把印
131 提把印
132 连把印
133 镜子印

134 梳子印
135 火镰印
136 有提把火镰印
137 重叠火镰印
138 相连火镰印
139 鼻烟壶印
140 有眼烟壶印
141 并列双烟壶印
142 相连双烟壶印
143 敞口烟壶印
144 有顶子烟壶印
145 重叠烟壶印
146 褡裢印
147 桌子印
148 盘子印
149 碗印
150 瓶子印
151 火镰佩饰印
152 耳环钩印
153 耳坠子印
154 交叉双坠子印
155 耳环印(五谷印)
156 有钩耳环印
157 满圆耳环印
158 有提系耳环印
159 四耳耳环印
160 方耳环印
161 襻儿印
162 镯子印
163 古钱印
164 相连古钱印
165 元宝印
166 宝贝印
167 如意印
168 单眼如意印
169 三眼如意印
170 互连如意印
171 法轮印
172 宝瓶印
173 金刚印
174 反旋海螺印
175 正旋海螺印
176 闭合海螺印
177 拨浪鼓印
178 吉祥结印
179 方形吉祥线印

180 曲形吉祥线印
181 有眼吉祥线印
182 有耳吉祥线印
183 花蕊印(荷花印)
184 草卉印
185 树木印
186 叶子印
187 花瓣印
188 桃子印
189 梨子印
190 葫芦印
191 大麦籽印
192 有叶大麦印
193 鱼花印
194 并列鱼花印
195 三条鱼花印
196 有眼鱼花印
197 有围栏鱼花印
198 有围栏三条鱼花印
199 鱼印
200 有鳍鱼印
201 双鱼印
202 单鱼印
203 鸟印
204 飞鸟印
205 蚂蚁印
206 单眼印
207 双眼印
208 犄角印
209 正向旋印
210 反向旋印
211 蹄子印
212 闭合蹄子印
213 正旋万字印
214 反旋万字印
215 有爪万字印
216 有耳万字印
217 有翅万字印
218 有眼万字印
219 角形万字印
220 方形万字印
221 阿拉伯数字印例子
222 组合印纹图案例子

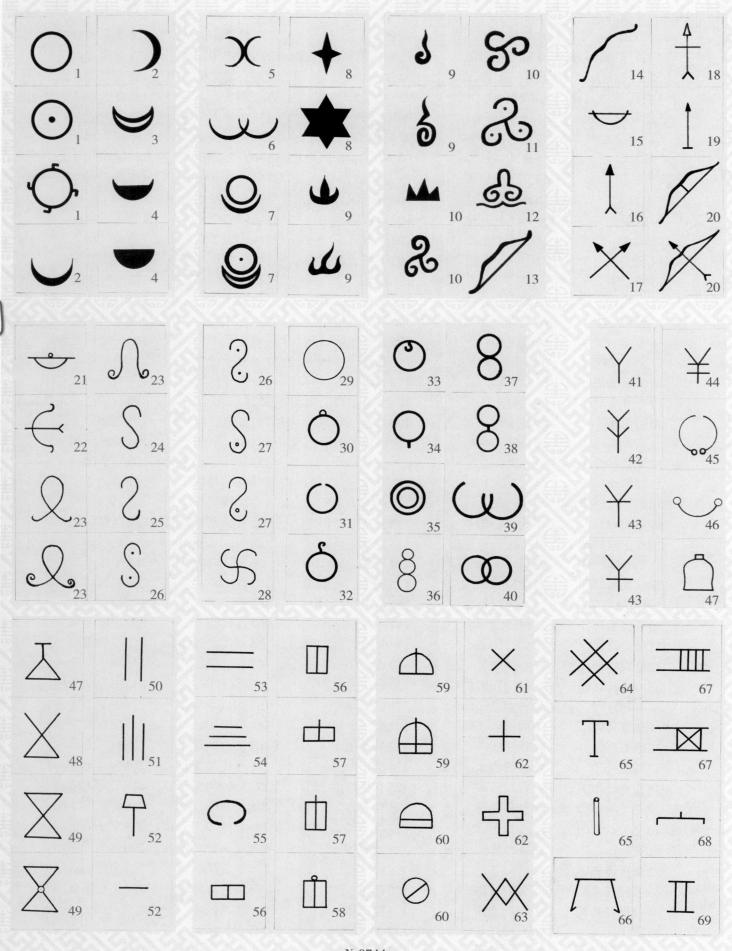

№0744-a

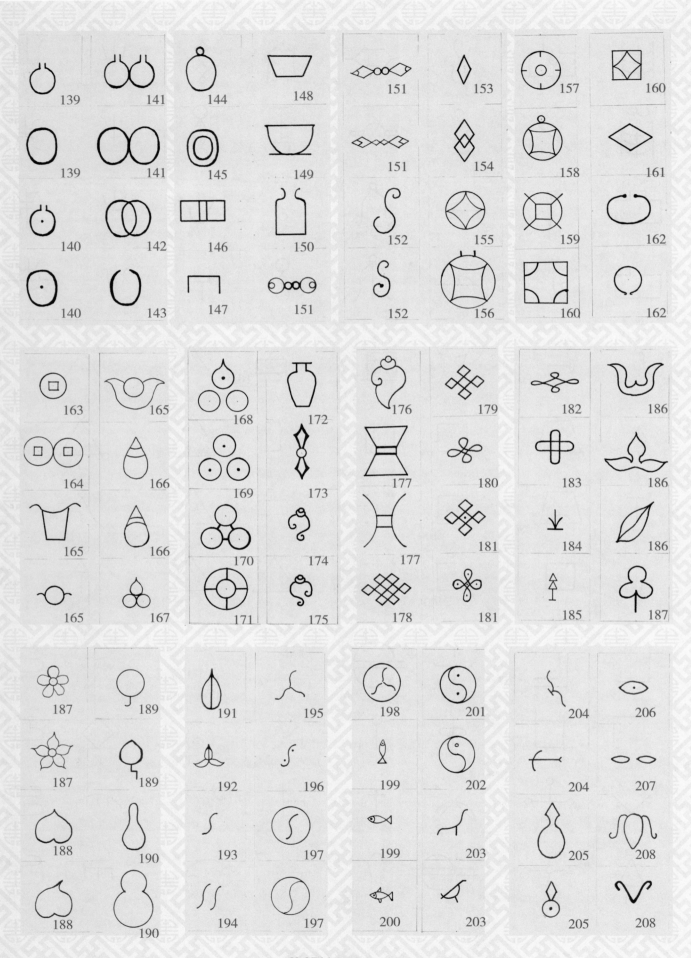

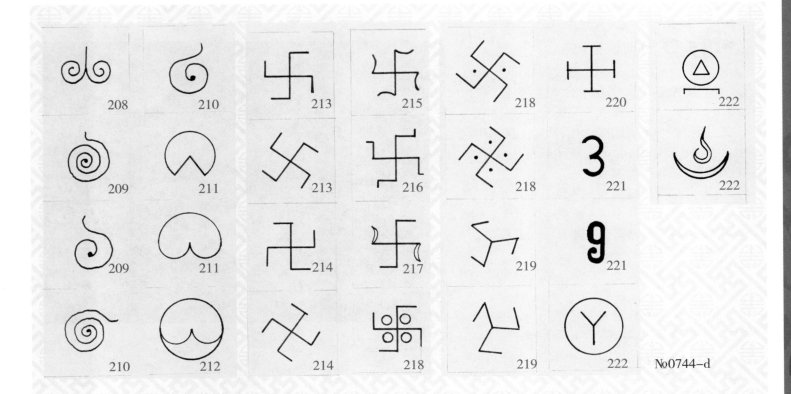

№0744-d

图№0745 文字印纹例子

I 蒙文字印纹例子

1《牲畜》字印　3《十万》字印

2《万》字印

II 藏文字印纹例子

4《cha》字印　6《ba》字印

5《La》字印

№0745-I

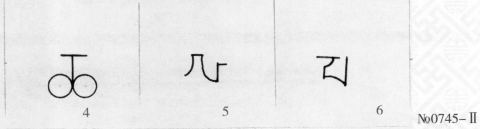

№0745-II

③ 季节性标记

季节性标记，主要用剪毛时留毛的方法。如剪羊毛时在羊的某一个明显部位留一束毛以便于辨认。在牛的背脊、头部、耳朵等明显部位把毛剪去一条状，称其为条状标记。

戴耳环是一种较长期性标记。耳环用铝片制，直径约一寸，在驼、羊耳朵上穿孔戴之。

图№0746 耳环

№0746

④ 临时性标记

出于某种需要,对一个或少数牲畜做临时性 标记。

毛上涂漆、颜料、烟灰、粪便,耳朵上挂铆片、身上拴布条、带颈圈,脖子上悬挂东西等均为临时性标记。

图 No 0747 铆片标记,在耳朵上穿孔系彩布片,手指头肚般大小。

图 No 0748 布条标记,在羊身的明显部位毛上系布条。

图 No 0749 颈圈标记,脖颈上系细绳或系彩布带。

图 No 0750 悬挂标记,在羊的脖子上带铜铃、铁铃或绿松石、珊瑚、琥珀、骨头等饰物。

牛、驼等大畜脖子上带母盘羊拐、小畜肩胛骨、桡骨或铁、木之类。

图 No 0751 犄角标志,在好顶撞人的牛犄角上系的标志,以示警惕。

No0747

No0748-a   No0748-b

No0749-a   No0749-b   No0750-a   No0750-b   No0751

⊜ 阉割用具

公畜到适当年龄要阉割。

阉割用具有:专用小刀、夹木(绑住筷子般两根木棍的一端而做)、厚铁制的烙铁、骆驼鼻勒般大小的木制旋针、用公牛脊背皮制成的皮条、麻线搓的细绳等。

止血和消毒用品有:专用药、盐、花椒、酒、松香、灰等。

图 No 0752 阉割工具

　　1 阉割刀　　3 烙铁
　　2 夹木

No0752-2-a

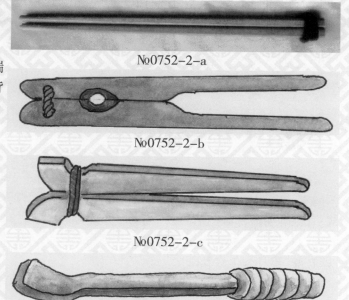

No0752-2-b

No0752-2-c

No0752-1

No0752-3

㈢ 哺乳器

哺乳器,蒙语称为乌格吉(读音ʊgʤ),用牛犄角制作,细头钻孔后安装鞣制羊皮制作的奶嘴为吮吸口。

图№ 0753 哺乳器

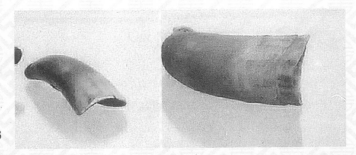

№0753

 ㈣ 瑟特尔

系于宠物脖子上以表示神圣、吉祥的绒线或彩带,瑟特尔(读音 sətər),是将绵羊指认给所信奉的某个天地神、佛、精灵、天体,则在此绵羊脖子上戴瑟特尔做标记。戴瑟特尔的绵羊是神圣的,不可买卖和宰杀。

瑟特尔的绸条或布条长约2寸、宽约1寸,有黄、绿、红、白、蓝五种颜色,依次排列。

图№ 0754

    Ⅰ绵羊的瑟特尔

        ①系绳　②彩穗

    Ⅱ系瑟特尔的绵羊

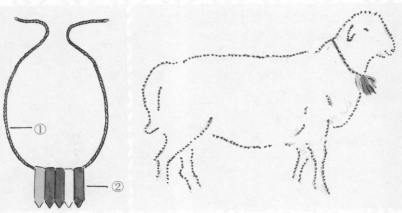

№0754-Ⅰ　　　　　　　№0754-Ⅱ

 ㈤ 绊绳　马橛子

绊绳,蒙古称为阿日嘎木加(读音argamʤaː)由橛子、旋钮、拉绳组成。拉绳用毛搓制,长有几丈,橛子用木头或铁制,长有尺余。

马橛子,拉绳较短,系于马绊子上的橛子。

图№ 0755

    Ⅰ绊绳　　Ⅱ马橛子

        ①橛子　③拉绳

        ②旋钮

№0755-Ⅰ

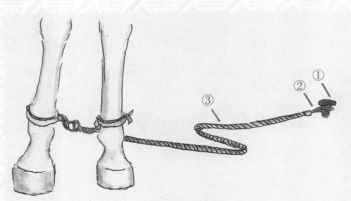

№0755-Ⅱ-a

№0755-Ⅱ-b　　　№0755-Ⅱ-c　　　№0755-Ⅱ-d

缆索,蒙语称为折勒(读音ʤəl),是由柱子或橛子、皮绳或麻绳、旋钮或系线组成。

拴马的缆索是将带杈的木桩根部埋于地,将皮绳两头捆绑于杈子上即可。根据要拴的马匹数量立2~4根桩子。旋钮用木头或铁制,在下端能够旋转的铁环上系笼头牵绳。

拴羊或拴牛犊的缆索的两头是用橛子固定,绳索上系有许多系线。

钩襻索,是系有许多系线的粗绳。系线的长度有两拃余,一头有封闭口,另一头有固定小别棍。绳子两端绑在车轮或树上。钩襻索主要用于拴羊。

交错拴住多只羊的一条绳叫连索。连索用驼绒或春天的羊毛搓制,有的地方将三股、四股细绳盘绕而制。连索有十几丈长。

连索,分为长、短两种。短连索可以拴二十多只小畜,长连索可以拴四五十只小畜。

此外,还有拴骆驼的桩子,很粗。

图№ 0756 缆索 钩襻索

　　　　Ⅰ 拴马缆索　　Ⅲ 钩襻索

　　　　Ⅱ 拴羊缆索　　Ⅳ 连索

图№ 0757 骆驼桩子

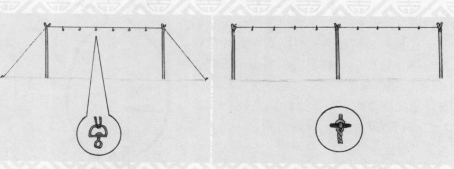

No0756-Ⅰ-a　　　　　　　　No0756-Ⅰ-b

No0756-Ⅱ-a

No0756-Ⅰ-c

No0756-Ⅲ-a

No0756-Ⅱ-b

No0756-Ⅲ-b　　　　No0756-Ⅳ-a

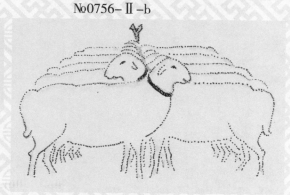

No0756-Ⅳ-b

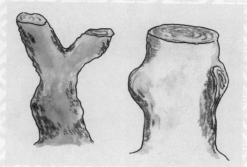

No0757

 **七 护腰儿**

护腰儿,蒙语称为讷木讷(读音 nəmnə:)。是裹脐部,温暖初生羊羔牛犊及瘦弱牲畜的毡块,也用黄羊皮制。长方形,长约1.5尺,宽约1尺,四角缝有布系带。

图№ 0758 护腰儿

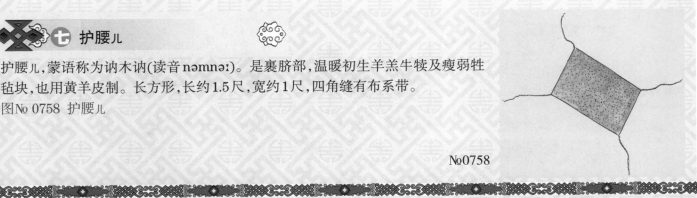

№0758

 八 汗屉 绑带

为防止出汗的牲畜受风而备的被垫叫做汗屉。用毡子制或絮棉花裹布制。大小与马鞍屉相当,或比鞍屉稍长些。较厚的汗屉,有的地方叫做护屉。

系汗屉、护屉的专制带子叫做绑带。绑带,是由公黄羊角或羊角制作的方环儿、编制的肚带、扯肚组成的。

图№ 0759 汗屉

图№ 0760 绑带

　①扣环　　③方环儿

　②肚带　　④扯肚

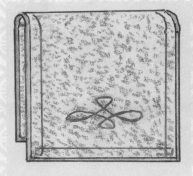

№0759-a

№0759-b

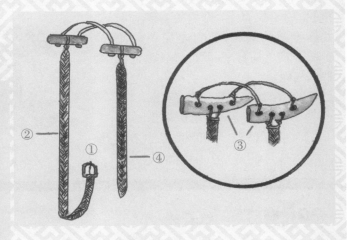

№0760

 九 料兜

料兜儿,是挂在牲畜犄角或脖子上喂料的专用容器,也叫料斗。

为携带轻便而用毡子或帆布缝制成。定居点用柳斗或料桶。

图№ 0761 料兜

№0761-a

№0761-b

 **十 长杆鞭**

长杆鞭,蒙语称为希勒布尔(读音 ʃilwu:r)。是用于驾车和放牧。由鞭杆部和鞭绳部组成,大小不一。赶马车用的俗称大鞭。放牧用的分别叫做牛鞭、羊鞭、驼鞭等,依据鞭杆和鞭绳的长度来进行区别。

图№ 0762 长杆鞭

　1 大鞭　2 赶牲畜鞭　3 马车

No0762-1

No0762-3

No0762-2

驴鞍子

科尔沁地区,除饲养五畜外还普遍养驴,用于拉碾子、骑和驮物等。驴具,大体上与马具相同,只是简单轻便些。驴鞍子较之马鞍子,除前鞒铁制外,其余基本相同。

图 No 0763 光板驴鞍子

①前鞒　④串镫带孔
②鞍翅　⑤肚带、扯肚连挂孔
③座儿　⑥串梢绳孔

No0763-a

No0763-b

饮畜井

半农半牧地区冬季散放畜群,故在野外备有饮畜水井。

饮畜井,用树条杖子、苇子、柳条笆围起来以防冻。饮牲畜用木槽、石槽、沙土冰冻的临时饮水槽。水槽旁结冰,可撒沙防滑。

此外,在湖泊冰层上打洞饮牲畜,叫冰井。

图 No 0764 饮畜井

Ⅰ 冬季饮畜井
　①井　　③饮槽
　②围杖子　④冰沙饮槽
Ⅱ 冰井

No0764-Ⅱ

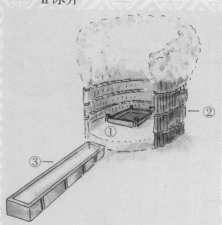

No0764-Ⅰ-a

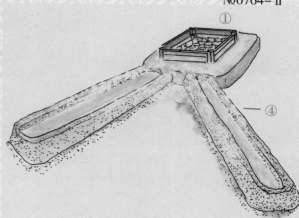

No0764-Ⅰ-b

第十一章 狩猎用具类

科尔沁蒙古人为保护畜群、游牧娱乐和满足生活所需,有分季节狩猎的传统习俗。过去,在科尔沁地区有虎、豹、狗熊、野猪、黑、狐狸、狼、兔、貉、貂、松鼠、黄鼬、艾虎、鹿、黄羊、狍子、盘羊、旱獭、獾、鼢鼠、刺猬等多种兽类,有野鸡、半翅、沙鸡、雁、野鸭、鹤、鸨、雕、鹌鹑等各种鸟类动物和水獭、鱼类、乌龟等水中动物。科尔沁蒙古人以这些动物为捕猎对象进行狩猎活动。

　　科尔沁人的狩猎活动可分为群体狩猎和个体狩猎两类。群体狩猎就其组织的性质而言,可分为官方发起的、公众自发的、自愿合伙的和专门组织的四种。现在,随着猎物的减少,除偶尔有个体狩猎外其他形式的狩猎活动基本消失了。

　　狩猎时,根据猎物的特点,使用各种各样的工具和手段。除常用的方法外,有水猎(在河水泛滥时,轰撵孤岛上无处逃避的猎物,使其落入水中捕获)、冰猎(在湖水封冻后将猎物从三面合围赶到冰上捕获)、雪猎(雪后追踪猎物或围追困兽)、火猎(选择适宜的自然条件和风向放火,驱赶猎物进入事先设计好的捕猎网中)、熏猎(烟熏猎物洞穴,逼迫猎物出洞)、挖猎(挖猎物洞穴捕获)等。同时,科尔沁人善于使用猎犬、猎鹰进行捕猎。

第一节　猎　枪

科尔沁人使用的猎枪是从枪口装铁砂、火药的单发火枪,俗称砂枪。近代以来也使用了快枪。

一 火药枪

　　火药枪,是砂枪的最初形式,只装火药不装砂弹,由一端封口的铁管和木把组成。枪管右侧有点火孔,由点火孔穿入用软纸卷火药做成的导火索,之后,用火镰打着的艾蒿绳引着导火索。

　　枪管内装入适量火药,用木塞子堵枪口。

图№0765　火药枪的结构

①枪筒封闭端　④木把　　⑦导火索

②枪筒口　　　⑤缠箍

③塞子　　　　⑥点火孔

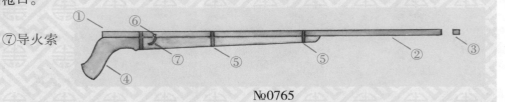

No0765

二 砂枪

　　砂枪,用铁、木材料制作,长五尺余。枪管长四尺余,木制部分长三尺余。木制部分由枪柄和枪把组成,柄、把直接或斜面连接。用铁箍将枪管固定在木制部分上,用两个钉子固定机槽。枪管里侧称枪膛。

图№0766　砂枪的结构

①枪管儿

　❶枪口　　❸枪筒

　❷枪颈

②枪柄　　⑤枪卯眼　　⑧拦环

③枪箍　　⑥枪机　　　⑨扳机

④枪托　　⑦机槽　　　⑩钉子

图№0767　普通砂枪的尺寸

图№0768　各种砂枪

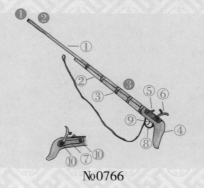

No0766

9cm

17cm

No0767-a

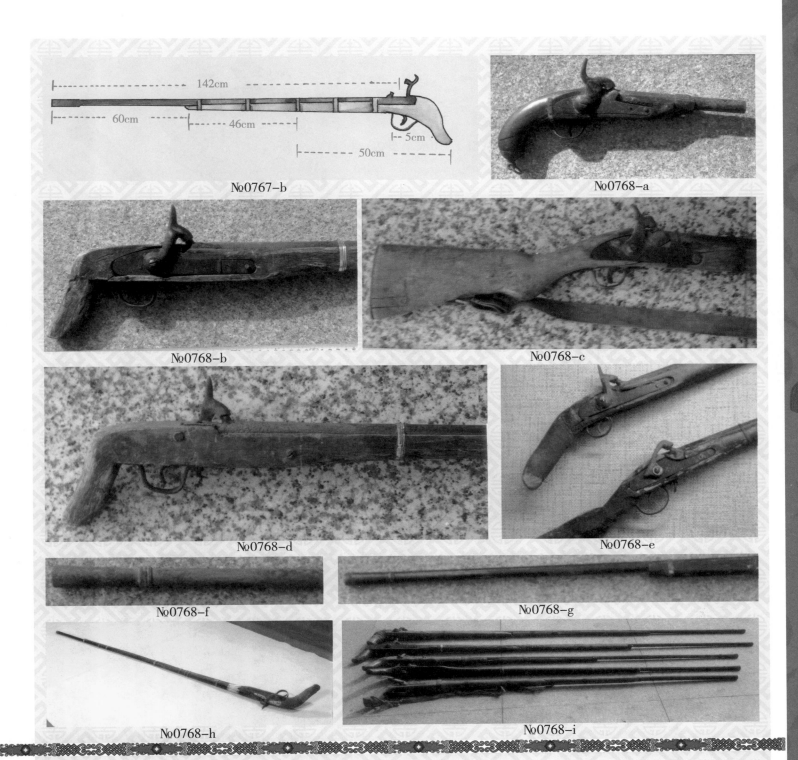

№0767-b

№0768-a

№0768-b

№0768-c

№0768-d

№0768-e

№0768-f

№0768-g

№0768-h

№0768-i

砂枪附件

　　砂枪用火药、铁砂、铅弹、炮子、火柴头等。还备有枪背带、装火药和铁砂的弹药袋、火药囊(火药壶)等。

❶ 背带

背带,用皮条或帆布带制成。
图№ 0769 背带

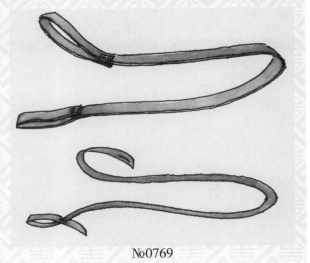

№0769

❷ 火药囊

火药囊,亦称火药壶、火药袋、火药葫芦等。

火药囊用牛皮或猪皮制成。先做勺子状模子,用皮革裹包定型后将两半缝合。

图№ 0770 火药囊的结构
　　①量盖　　④提环
　　②囊口　　⑤系带
　　③囊颈
图№ 0771 火药壶

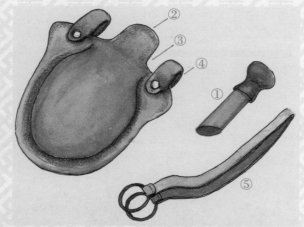

№0770

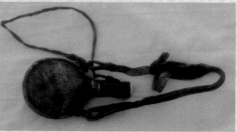

№0771-a

№0771-b

№0771-c

№0771-d

№0771-e

№0771-f

№0771-g

№0771-h

❸ 其他

图№ 0772 其他附件
　　1 枪塞　　3 炮子
　　2 刺针　　4 火柴

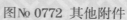

№0772-2

№0772-3

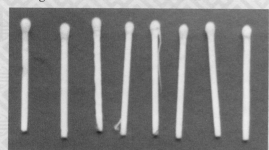

№0772-4

№0772-1

四 快枪

快枪,除在打仗时使用外,在狩猎中也使用。
图№0773 孤胆英雄陶克陶胡(快枪例)
图№0774 快枪的结构
　　①枪口　　④枪箍　　⑦托底板　　⑩扳机
　　②准星　　⑤枪柄　　⑧枪栓　　⑪枪探
　　③枪管　　⑥枪托　　⑨枪机
图№ 0775 快枪

№0773

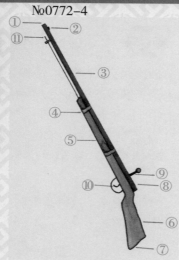

№0774

№0775-a　　　　　　　　　　　　　　　　№0775-b　　　　　　　№0775-c

第二节　布鲁 棍棒

 布鲁

布鲁,(蒙语,读音 buluː),意为投掷拐棒,汉语俗称"套来棒"。是蒙古人的狩猎、放牧以及农业生产中使用的直柄、弯头形状的投掷器具。是在原古时期产生的。在北方游牧民族特别是匈奴(包括东胡)、契丹、蒙古时期使用甚广而且流传至今。随着自然和生产条件的变化,布鲁虽然渐渐失去原来的用途,但逐渐成为娱乐活动的体育器材。

科尔沁蒙古人很看重布鲁。男人放牧、种地、打猎以及野外作业都随身携带,有时把它当做战斗的武器。科尔沁左翼后旗博多勒噶台亲王僧格林沁带兵抗击英军保卫天津、营口的战斗中,骑士们挥舞着布鲁冲进手持火药枪刚刚上岸的敌人队伍里,把敌人打得头破血流。

1 布鲁的结构

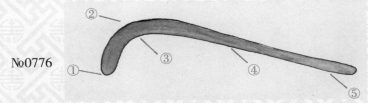

№0776

布鲁,由头(包括端部、弯部、颈部)、杆、柄三部分组成。
通常用榆木、山榆、枫树等坚硬的木料制作。普通布鲁长约50~70厘米,圆形光滑,直径约3~4厘米。
图№0776 布鲁的结构
　　①头部　③颈部　⑤柄(把)
　　②弯部　④杆

2 布鲁的种类

布鲁,可分为杭盖布鲁(蒙语,读音 xaŋgai buluː,指不镶嵌任何金属物的木制布鲁)、翁太布鲁(蒙语,读音 œŋtai buluː,头端镶嵌铅、铜、铁等金属箍环)、都精布鲁(蒙语,读音 duːʤŋ buluː,头部带铜、铁制活动坠子的布鲁)、海木勒布鲁(蒙语,读音 xajamal buluː,一般不镶嵌铅铜,扁宽形布鲁)等。

制作布鲁有几种方法,选用适当的木头揻制、选弯曲度适应的木头削制、用板材锯制、挖制等。

布鲁的形状、制式有所不同,因而其用途也有所不同。杭盖布鲁普遍用于劳动、打猎、放牧和儿童玩耍;翁太布鲁打得准,适于远距离投掷;都精布鲁打得狠,适于骑马猎取黄羊、鹿、狐狸、狼等;海木勒布鲁冲劲快而稳,适于猎取兔、野鸡、半翅等。

图№0777 翁太布鲁
　　①箍头　③箍环
　　②把　　④蒜瓣箍

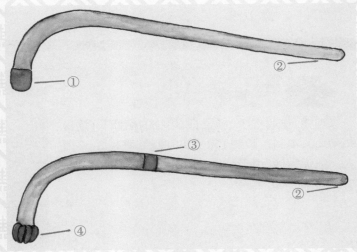

№0777

图 №0778 都精布鲁
　　①坠子　③头端
　　②系绳　④把
图 №0779 海木勒布鲁
　　①头　　③把
　　②缠箍
图 №0780 各种布鲁

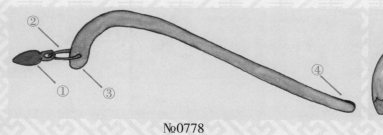

№0778

№0779

№0780-a

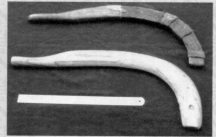

№0780-b

№0780-c

№0780-d

№0780-f

№0780-e

№0780-h

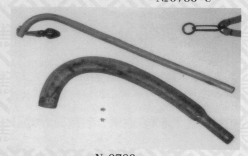

№0780-g

棍棒

　　棍棒,也叫棍子、棒子,蒙语称为萨布日(读音
sawu:r),木制。长约150～160厘米,直径2～3厘
米。细头为柄,用于打猎,棒打卧兔、睡狐等。
　　图 №0781　棍棒

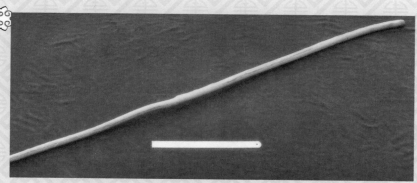

№0781

科尔沁蒙古族民俗物品图鉴

256

第三节 夹 子

夹子，泛指踩夹、板夹等捕猎用具。蒙古语称哈布哈(读音，xɑwx)，根据制夹用的材料分为铁夹、木夹、竹夹等。根据捕猎对象有鹿夹、狼夹、狐夹、鼠夹、野鸡夹、雀夹等，大小不一。另外，还有专门捕捉老鼠、鼢鼠用的弹性夹子。根据使用方式分为立式夹子、卧式夹子；根据制式分为有踏板的夹子和无踏板的夹子。

夹子，由夹子簧、底圈、弓、踩布、踏板、别棍(别钉)、砣、弹木、诱饵系线等组成。但不同夹子的部件有所不同。

图№0782 有踩布夹子结构
| ①夹子簧 | ③夹子弓 | ⑤夹子别棍 | ⑦踩布别钉 |
| ②夹子底圈 | ④夹子踩布 | ⑥弓子别钉 | ⑧夹子砣绳 |

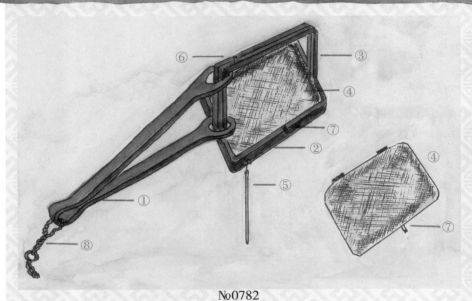

№0782

№0783-a

№0783-b

№0783-c

图№0783 有踩布夹子
图№0784 有踏板夹子结构
| ①夹子簧 | ③夹子弓 | ⑤夹子砣绳 |
| ②夹子底圈 | ④夹子踏板 |

图№0785 有踏板夹子
图№0786 无踏板夹子结构
①夹子梁	④夹子弹木	⑦夹子砣绳
②夹子夹条	⑤夹子别棍
③弹木系绳	⑥诱饵系线

图№0787 无踏板夹子
图№0788 立式夹子结构
| ①夹子梁 | ③夹子弓 | ⑤夹子系绳 |
| ②夹子底木 | ④夹子夹木 | ⑥别钉 |

图№0789 立式夹子

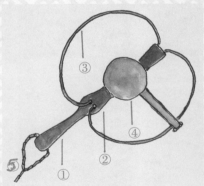

№0784

№0785

№0787-a

№0787-b

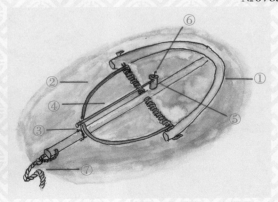

№0786

№0787-c

№0787-d

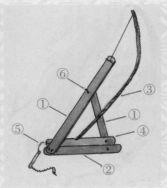
№0788

№0789

第四节 套索

套索蒙语称乌日哈(ʊrax),套杆(含套马杆),可用于狩猎,套绳也可用于骑马套捕野兽。此外,还有浮套(置于水上)、冻粪套索(索的一端冻上牛粪)、立杆套子(将套索固定于立杆上)、撼杆套子、夹子套索等,这些均包括在套索的范畴。

根据制作材料分为鬃套索、铁丝套索两类。根据所捕猎的兽禽可分为野鸡套索、半翅套索、雀套索、狼套索、狐狸套索,兔子套索、老鼠套索、夹子套索等等。

套索,一般设置在野兽洞口、鸟禽窗口、动物经过的路径以及栖息之处。套索的一端是封闭式的索口,下套时另一端固定于地面物体上。

还有一种叫雀套,专门用来套树上的麻雀。

夹子套索,蒙语称为哈吉乌日哈(读音xadʒ ʊrax),是由阿吉给纳(读音adʒgin)和哈吉给纳(读音xadʒgin)以及夹子套子绳构成的。哈吉给纳由夹子木(成锐角固定的两根木)、夹子刀(刀刃快且朝外)组成。阿吉给纳由尖头木或竹子尖朝里安置成圆形或用枳极草罗制。使用方法是:在地上挖尺余深的坑(坑口与阿吉给纳直径相当),上边置阿吉给纳,将哈吉给纳埋于旁边。若野兽踩在坑内,则腿被套住身被致伤。夹子套索各部件是有相应尺寸的。如夹子木一侧木边为5寸,则另一侧木边应为7寸,皮套子长为1尺,阿吉给纳直径为6寸,尖头木长为4寸。

图№ 0790 套索的种类
1 套杆　　3 浮套　　5 立杆套子
2 套绳　　4 冻粪套子　6 撼杆套子

图№ 0791 套索
①索眼　　②索绳

图№ 0792 下套索
①套索　　③动物径
②树毛子

图№ 0793 雀套
①固定木杆　②索

图№ 0794 夹子套索
①哈吉给纳
　❶夹子木　❷夹子刀
②夹子套子　④挖的坑
③阿吉给纳

№0790-1

№0790-2

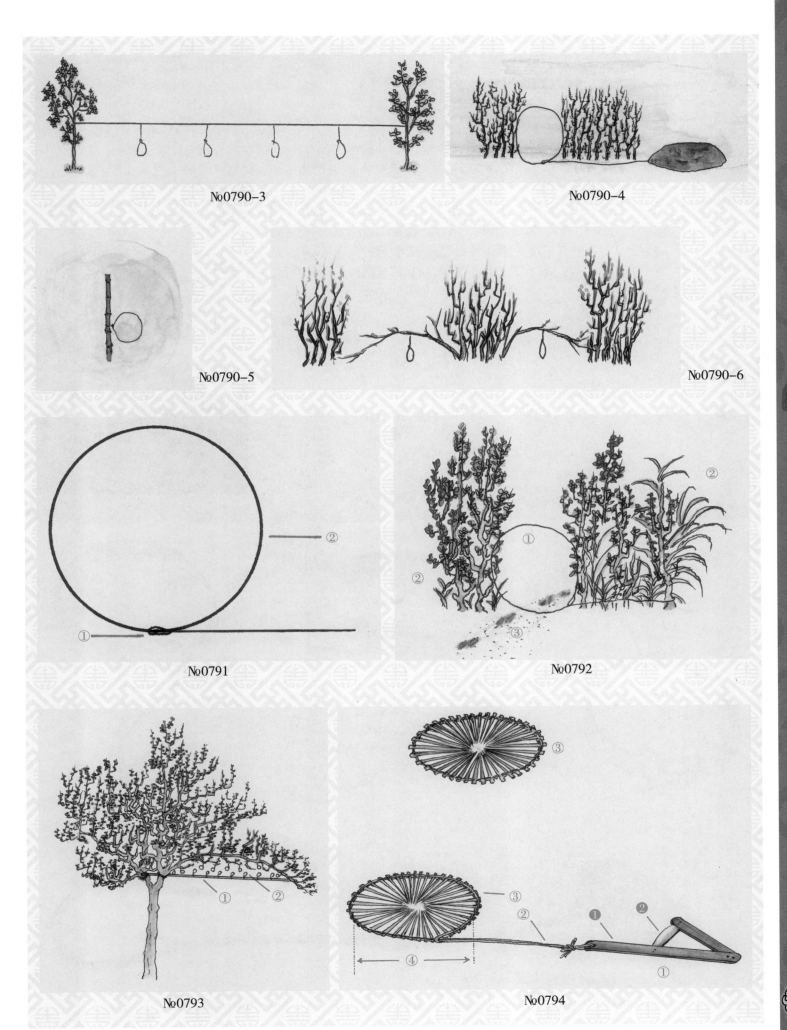

№0790-3

№0790-4

№0790-5

№0790-6

№0791

№0792

№0793

№0794

第五节　猎狗用具

狗　可分为看家狗、牧羊狗(看羊狗)、猎狗三种。科尔沁人将狗从幼崽开始根据其特长进行驯养,并给起吉祥的名字,如"吉日格"("翔翔")、"尼斯格"("飞飞")之类。猎人把猎狗当做自己的助手和伙伴,故习惯于给狗佩带饰物,比较普遍用的是脖套。

图№0795 猎狗

狗的脖套,有带穗的和不带穗的两种。带穗的脖套叫红缨(蒙语称为乌兰札拉,读音ulaːn dʒalaː);不带穗的脖套叫颈圈(蒙语称为呼珠卜其,读音xudʒuːwtʃ)。红缨用于装饰,颈圈用于索狗,所以常常同时用两种脖套。

图№0796 红缨的结构
　①颈圈　③缨
　②筒箍　④环
图№0797 红缨
图№0798 颈圈的结构
　①颈圈　③环
　②牵绳
图№0799 颈圈 牵绳

№0795

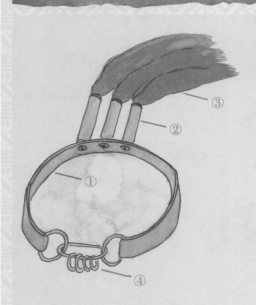

№0796

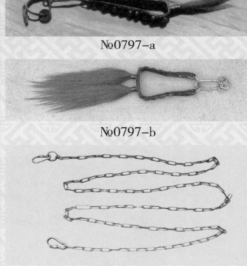

№0797-a

№0797-b

№0797-c

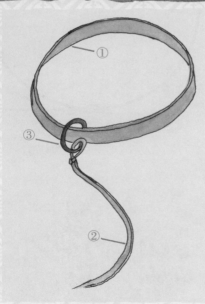

№0798

№0799-a

№0799-b

第六节 猎鹰驯养用具

科尔沁人套捕鹰、海青、雕之后，经过驯养使用于狩猎。驯鹰手，手上带套袖，套袖是用原皮制作的，有毡里子。

驯养用遮套、绊子、鹰架、小铃铛、套袖等，还用诱饵。

遮套，是套在鹰头上掩鹰耳目的帽子。

鹰绊，基本上与马绊相同，只是多一条分支系绳。这是为便于控制和拴住鹰而备。鹰架，是猎鸟栖息之处，放在闲置的房屋或驯养的地方。

鹰铃，很小，比小指甲还小，青铜制，带在尾翎上。

诱饵，是为训鹰而准备的猎物的新鲜肉。

图 №0800 套袖
图 №0801 遮套
图 № 0802 鹰绊的结构
　①绊套　　⑤别棍
　②绊套扣鼻儿　⑥支系绳
　③系绳　　⑦环
　④连条　　⑧缰绳或缆索
图 № 0803 鹰架
图 №0804 猎鹰

№0800

№0801

№0802-a

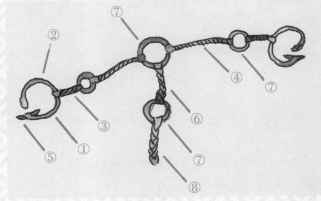

№0802-b

№0803-a

№0803-b

№0804

第七节　捕鱼工具

靠近湖泊和自然河流居住的科尔沁人也捕鱼以弥补生活之需。但捕鱼工具比较简便。

 一　钓钩

① 钓钩

钓钩，是用饵诱鱼上钩的工具。钓钩由钩子、钓鱼线、钓竿组成。

图 № 0805　钓钩的结构

　　①钓竿　③钩子
　　②钓线　④鱼饵

№0805-a

№0805-b

② 快钩子

快钩子，由木杆和铁钩组成，柄长五尺有余。

图 № 0806　快钩子

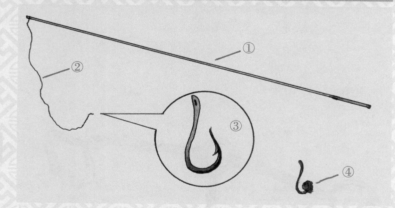

№0806

③ 耒钩

耒钩，是在冬天冰上凿孔用来捕捉鱼的工具。由一根长竹片和固定在其上的若干个铁钩组成。竹片长一两丈以上，宽约二三寸。钩朝向把。

图 № 0807　耒钩
图 № 0808　冰镩子
　　1冰镩子　2网钩

№0807

№0808-1-a

№0808-1-b

№0808-2

④ 竿钩

竿钩,是插在水里捕捉水底下鱼的工具。由钩子、插竿和钩绳组成。用蛙、蝗虫作饵。

图№ 0809 竿钩

    ①插竿　③钩

    ②钩绳　④鱼饵

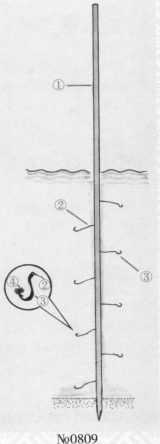

№0809

㈡ 渔网

渔网,是用线绳罗制的捕鱼用具。

据其用途分为大围网、拦河网、尖网、袖网、旋网、把网、抬网、粘网、罾网、顺水网、兜网、鱼兜子等。袖网是在下边脚上系有铅坠子的筒状捕鱼用具。抬网是网的两边系上木杆,两个人分别把着捕鱼的用具。粘网是捕猎水上游鱼的用具。顺水网是顺着流水捕猎鳇鱼之类大鱼的用具,网线粗、网眼大。

普通渔网有网纲、网线、坠子(沉子)、浮子等部件。展网时形成的格子叫网目。

① 尖网

尖网,是用几只船在静水中捕鱼的网具。此类网长十庹余、高四庹余,有坠子、漂儿。

图№ 0810 尖网

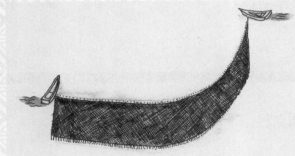

№0810

② 旋网

旋网,是用一只手拽住顶绳,用另一只手撒网的捕鱼工具。此类网口周长十庹余,网长两庹余。

图№ 0811 旋网

    ①顶绳　　③网坠子

    ②网边脚

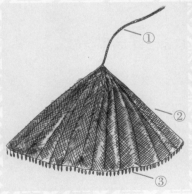

№0811-a

№0811-b

③ 把网(拉网)

把网,是形同旋网的顺着流水捕鱼的用具。此类网口周长有二十庹,长有五庹余。

图№ 0812 把网

④ 罾网

罾网,是用木棍做支架的方形渔网。

图№ 0813 罾网

№0812

№0813

⑤ 兜网

兜网,是口袋状捕鱼用具,长约二庹余,网口周长有三庹。捕鱼时从河的两岸做栅栏,中间留口,将兜网口对系于此。

图№ 0814 兜网

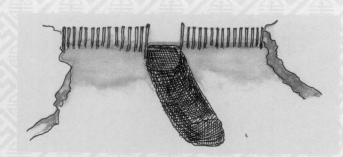

№0814

⑥ 鱼兜子

鱼兜子,亦称鱼捞子,是将网罩固定在圆圈上的舀捕鱼具。

图№ 0815 鱼兜子

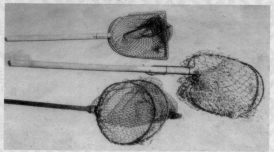

№0815

⑦ 地笼子

地笼子,是在水下捕鱼的网。长五六尺,直径尺余,口袋状,每隔一段,左右侧有对称洞。

图№ 0816 地笼子

№0816

三 捕鱼罩 捕鱼栏

① 捕鱼罩

捕鱼罩(笐),由荆条或竹子连制,上下开口,下口比上口大,圆台形。

图№ 0817 捕鱼罩的结构
　①上口　③罩壁
　②下口　④连绳

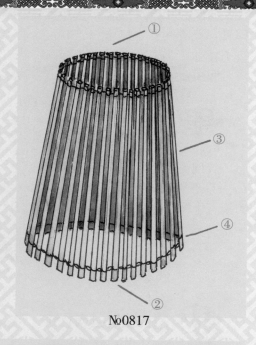

№0817

② 鱼串子

鱼串子,是串鱼的用具,由穿子和长细绳组成。穿子长不足半尺,铁制、圆形,一头尖、一头有穿绳孔。用捕鱼罩捕鱼时别在腰带上串捕捉到的鱼。

图№ 0818 鱼串子
　①穿子　②串绳

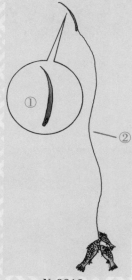

№0818

③ 捕鱼栏

扎竹竿、秫秸拦住河中鱼,当中留间隙,挂上口袋网捕鱼。

图№ 0819 捕鱼栏
　①栏杆　②口袋网

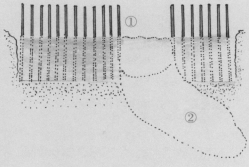

№0819

（四）渔叉

渔叉，是带尖戟头的猎鱼用器，多为小股叉。五股叉柄上带羽翎的猎鱼用具叫投掷渔叉。

图№0820　渔叉的结构

①木柄　③叉齿　⑤柄眼
②叉子　④叉背　⑥羽翎

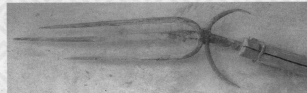

№0820-a

 **五　船　筏子**

№0820-b

 **① 船**

船，是水上交通工具。湖泊和河水附近居住的科尔沁人也在湖里用船捕鱼。

船用木制，亦用桦树皮制作。

小型船叫舟。一根木头挖制的小船叫独木舟。船头尖、船尾直形的小船叫长木舟。

№0821-Ⅱ-1

图№0821　船

1 舟　　　3 长木舟
2 独木舟　4 桦皮船

№0821-Ⅰ

图№0822　船的结构

①纤绳　　　⑦甲板　　⑬支棍
②船头　　　⑧船舱　　⑭船尾(艄)
③船肋　　　⑨坐板　　⑮船缆
④船舷　　　⑩龙骨　　⑯铁锚
⑤底肋合缝处　⑪划子(桨)
⑥船底　　　⑫双拐

№0821-Ⅱ-2

№0821-Ⅱ-3

№0821-Ⅱ-4

② 筏子

筏子，是用牛羊皮制成或用木头平摆着编扎成的水上交通工具。木制的也叫木筏或木排。皮制的叫牛皮筏或羊皮筏。

图№0823　筏

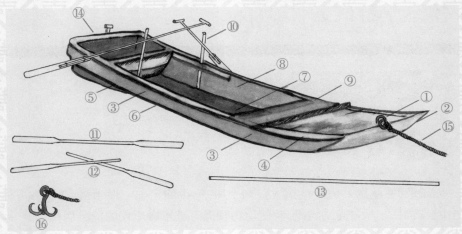

№0822

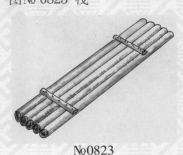

№0823

第八节 其 他

No0824-a

 一 陷阱

陷阱,是为捕野兽而挖的深坑。坑的大小与深度要依据捕猎对象而定。坑口封闭并伪装成野兽不易发觉。坑内布置扦子之类杀伤器具。

图 No 0824 陷阱

No0824-b   No0824-c

 二 扦子

扦子,是用铁棍、竹子或木制成的带尖的猎具。称铁扦、竹扦或木扦。常常暗插在体大猎物的必经之路上,使猎物受惊奔跑时被刺伤。

图 No 0825 扦子

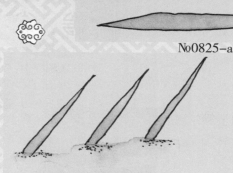

No0825-a

No0825-b   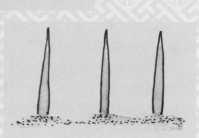 No0825-c

 三 压排

压排,是用树杈做架子,上边并排钉上秫秸或细木条做成的猎具,可压死黄鼬之类的动物。

布置压排要用支棍支起来形成一定的倾斜度,上边放置土坷之类重物,支棍顶端系诱饵,猎物咬诱饵时支棍掉下,猎物被压在下面。

图 No 0826 压排的结构
　　①架子木　③支棍
　　②排子

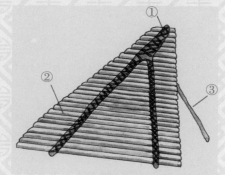

No0826

 四 压墩 压木

 1 压墩

压墩,在相距一庹远的地方钉两个橛子,中间吊起一根木墩,下边挂生肉,诱引貂、獾之类动物咬肉,使动物咬肉时被木墩压住的捕猎用具。

图 No 0827 压墩的结构
　　①橛子　③别钩
　　②墩木　④诱饵(吊肉)

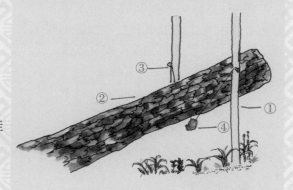

No0827

❷ 压木

压木，是在森林中倒下的树桩两侧钉橛子，中间吊起一根木头，使树桩上经过的貂、松鼠之类动物被木头压住的捕猎用具。

图№0828 压木

№0828

五 扣篮

扣篮，是用柳条编的专门捕猎飞禽的敞口阔底篮。由篮子、支棍、拉绳组成。拉绳长约几丈。

图№0829 扣篮

①拉绳　③篮子
②支棍

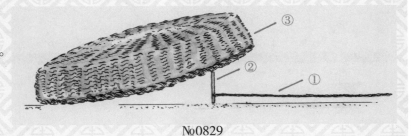

№0829

六 绷子

绷子，是在河里倒下的树桩上钉一根橛子，封住橛子两侧设置的绷索。将从树桩上经过的貂、骚鼠、银鼠、灰鼠之类受阻掉进水时捕猎。

图№0830 绷子

№0830

七 摇翅 鸣片

摇翅、鸣片是诱骗狐狸的用具。摇翅是可以晃动的带柄的翅膀，鸣片是在两块薄铁片中间夹可吹响的东西，可吹出兔子挣扎的叫声音。

猎人隐蔽在高处，摇翅一旦摆动鸣片就响，狐狸误以为鹰捉住了兔子，便要抢食而来"自投罗网"。

图№0831 摇翅 鸣片

①摇翅

　❶柄　　❸鸟翅膀
　❷系绳

②鸣片

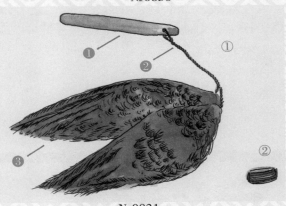

№0831

八 禽兽网

除捕鱼网具之外，还有捕猎野兽飞禽的各种网具。如：野鸡网、捕鹌鹑的顶网、雀网、野鸭网、兔网、跳兔网、鹰网、咳网等。这些均由鬃毛或麻线罗制，且针对捕猎禽兽的特点制作方法有所不同。

咳网，是在有长柄的圆圈上拴住网罩，捕猎沙半鸡、野鸡之类的用具。

图№0832 咳网

①柄　　③罩网
②圈

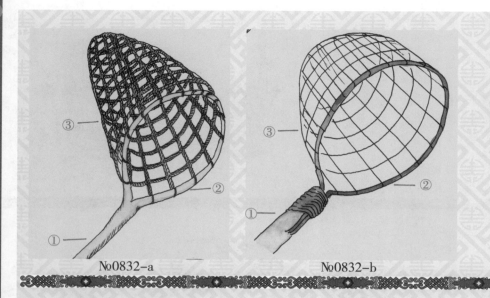

No0832-a　　　　　　No0832-b

九　耍杆

耍杆,也称甩杆,是长约6尺,直径近2寸的直木杆。把木杆放在平地上,一头拴一条长绳,并立一个支点支住杆子。在杆子附近放一些饵料,当禽鸟来聚集时,从隐蔽处突然拉绳子,杆子随即贴地甩出打死禽鸟。

图 № 0833　耍杆

No0833

十　绊索

绊索,是一条长绳。在野兽出没的路上,距地面适当的高度拉一条绳,当野兽奔跑路过时,被索绊倒,猎手即可出击。

图 № 0834　绊索

No0834

十一　隐蔽窝

隐蔽窝或隐蔽坑,是几个人或单独狩猎者的临时蔽所。猎人在此"守株待兔",寻找捕获猎物的时机。

图 № 0835　隐蔽窝

No0835

过去，科尔沁地区看病治疗，主要靠蒙医。

蒙医治疗方法有针刺、艾灸、扎、热罨、裹缠、压、夹、烙、熏、敷、拔火罐、整骨、按摩和盐疗、沙疗、浴疗、食疗、道木等各种疗法，而且配备有与之相适应的器械和物品。

第一节　药用器具

蒙医主要是师授祖传，个体行医，独自承担备药材、制成药、诊断治疗等多项职能。因此，每个大夫都有一套自己的医疗用具。

 一 药包

药包，用硬布或软皮缝制。长两三尺余，宽一尺余。由裹皮、药囊、囊套儿组成。药包一般成对使用，一对药包有五十多个囊套儿。药囊长约四五寸，用黄羊、山羊皮制。每个药囊都有系带，系带上拴有签，上书药名。药签是用骨头、木头、竹片制作的。

有的药包一头缝有装小木盒的袋子。

药包，通常装在褡裢内，驮在坐骑上。药盒放在屋里装药。

图№0836 药包的结构

　　①裹皮　　④系带　　⑦药签

　　②盒袋　　⑤药囊

　　③囊套儿　⑥囊系绳

图№0837 药包

图№0838 药包褡裢

图№0839 药囊

图№0840 医用皮包

图№0841 药盒(药袋)

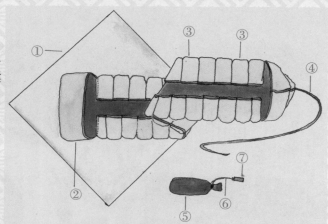

№0836

№0837－a

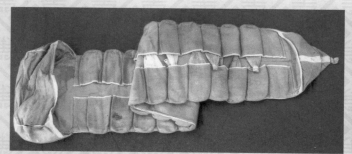

№0837－b

№0837－c

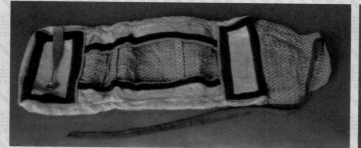

№0837－d

№0837－e

№0837-f

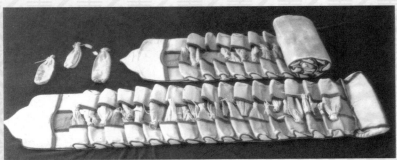

№0837-g

№0837-h

№0837-i

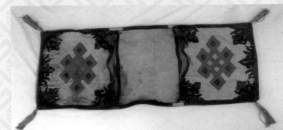

№0838-a

№0839-a

№0840

№0838-b

№0841

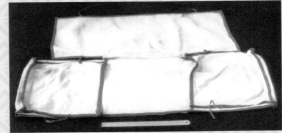

№0838-c

№0839-b

 药勺

药勺，用铜、银制成，柄长、勺小。

图№0842 药勺

图№0843 药勺皮夹

№0842-a

№0842-b

№0842-c

№0842-d

№0843

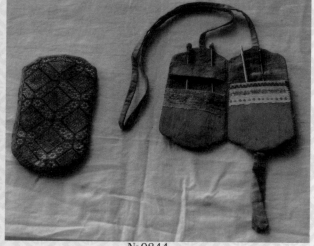

№0844-a

三 放血针荷包

放血针荷包专门装灸针、放血针，通常布制、皮制。

图№ 0844 放血针荷包

四 药臼杵

药臼杵是粉碎药材的专门工具。盛装东西的叫臼，捣碎的叫杵。臼杵可用木、石、铁、瓷制成。分为手臼、脚臼两类。

图№ 0845 臼杵种类

1 手臼	3 木臼	5 铁臼	7 瓷臼
2 脚臼	4 石臼	6 青铜臼	8 瓷臼木柄杵

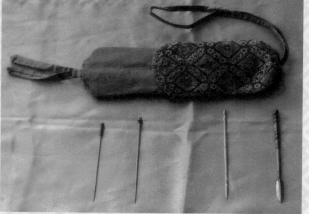

№0844-b

№0845-1

№0845-2

№0845-3

№0845-4

№0845-5

№0845-6

№0845-7

№0845-8

五 其他

1 药盒

图№ 0846 药盒

№0846

 **2 药盘**

图№ 0847 药盘

 3 药戥子

图№ 0848 药戥子

№0847　　　　　　№0848

第二节　治疗器具

 一 诊断用具

诊断用具,有头部外伤诊断工具、肉体内遗留刃物和镞的诊断工具、脓肿的诊断工具、痔漏的诊断工具等四类。

1 针头形

针头形用具,是对头部外伤的诊断工具。头部斜面椭圆形、六指长、麦秆般粗,粗细均匀。

2 豆子形

豆子形用具,是对肉体外伤的诊断工具。头部像豆子般圆形,长十二指,细、直、光滑。

3 三菱形

三菱形用具,是对肉体外伤的诊断工具。头部像荞麦粒般三菱形,长十二指,细、直、光滑。

4 弯曲形

弯曲形用具,是对肉体外伤的诊断工具。头部像大麦,稍弯曲,长十二指,细、直、光滑。

5 蛇首形

蛇首形用具,是对肉体外伤的诊断工具。头部像蛇抬头般弯曲,长十二指,细、直、光滑。

6 号角形

号角形用具,是对肉体外伤的诊断工具。像号角一样中空,长十二指,细、直、光滑。

7 权头形

权头形用具,是对肉体外伤的诊断工具。头部像权子般,长十二指,细、直、光滑。

这些工具主要用来诊断和取出头部和体内的刃物。

8 有孔利刃形

有孔利刃形用具,是对脓肿的诊断工具。头部锋利,有小孔,八指长,细、直、光滑。

9 痔漏诊断工具

这是对肛门和妇女阴部痔瘘的诊察工具。头部椭圆形,似乳牛乳头,外部柔软光滑,侧面有两个膨起的豆粒般大的孔,中空,可容拇指。

10 痔漏刮刀

痔漏刮刀,柄长、刃快。

探知痔漏后,将刮刀伸入诊察工具柄孔内,刮去从诊察工具侧孔被挤入的痔疮,之后进行烫疗。

图№ 0849 诊察用具的结构

①头　③把
②柄

图№0850 诊断用具 种类　　　№0849

Ⅰ 针头形	Ⅴ 蛇首形	Ⅸ痔漏诊断工具
Ⅱ 豆子形	Ⅵ 号角形	Ⅹ 痔漏刮刀
Ⅲ 三菱形	Ⅶ权头形	
Ⅳ 弯曲形	Ⅷ 有孔利刃形	

273

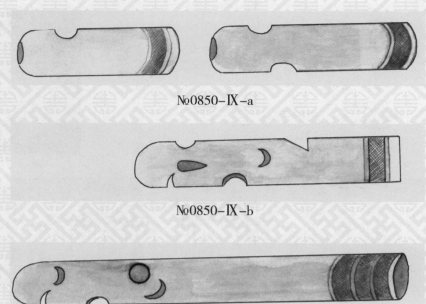

№0850-IX-a

№0850-IX-b

№0850-I II III IV V

№0850-VI VII VIII

№0850-X

№0850-IX-c

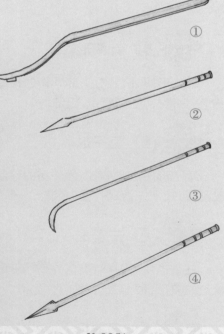

№0851

二 放血针

放血针,是刺破皮肉放血的工具。用优质铁制成。刃利、背厚,像雀翎管般粗,长六指。

放血针,据其刃头形状分为斧刃状、矛头状、弯月状、三菱状等。据其用途分为骨脉放血针、静脉放血针、动脉放血针弹出式放血针等。

图№0851 放血针刃头
　　①斧刃状　③弯月状
　　②矛头状　④三菱状

图№0852 普通放血针
　　I 斧刀放血针　　III 三菱针
　　II 矛头放血针　　IV 弯月形放血针

图№0853 特殊放血针的种类
　　I 骨脉放血针　　III 动脉放血针
　　II 静脉放血针　　IV 弹出式放血针

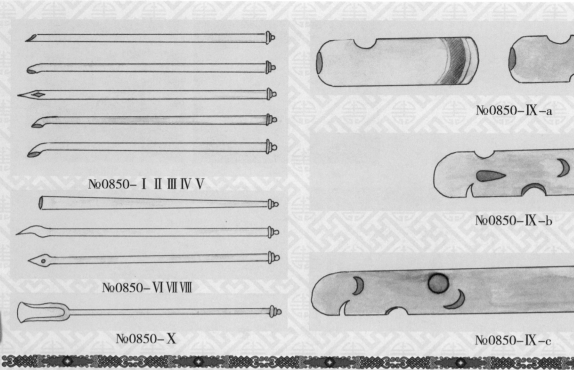

№0852-I-a

№0852-I-b

№0852-I-c

№0852-II

№0852-III

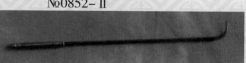

№0852-IV

№0853-I

№0853-III

№0853-II

№0853-IV

三 刺针

刺针,是扎在肉体上治病的特制针,细而长。
用金银制成的叫金针或银针。
刺针可分为空心针和实心针两种。

1 蛙头空心针

长六指,柄光滑,尖稍往里弯曲,上侧有孔。

2 竹签空心针

长六指,柄光滑,尖直,上侧有孔。

3 翘首空心针

长十二指,柄光滑,尖翘起,上侧有孔。

4 大麦粒针

长一拃,柄光滑,实心。

5 蛙头针

长一拃,柄光滑、实心。

6 三菱针

长四指,柄光滑,实心,铜制。

7 牛舌针

长一拃,柄光滑,实心。针头刃一指长,似牛舌。

8 钻头针

长一拃,柄光滑,实心。针头似钻头。

9 矛头针

长一拃,柄光滑,实心。针头似扎枪头。

10 子宫针

长一拃,头像镰刀般弯。把向里一半距离内无快刃。

11 蛇头针

长一拃,头像蛇抬头一样弯。

12 取石针

长十二指,柄像麦秆般粗,中空。

图№ 0854 刺针种类

Ⅰ 蛙头状空心针	Ⅴ 蛙头状针	Ⅸ 矛头状针
Ⅱ 竹签状空心针	Ⅵ 三菱状针	Ⅹ 子宫针
Ⅲ 翘首状空心针	Ⅶ 牛舌状针	Ⅺ 蛇头状针
Ⅳ 大麦粒状针	Ⅷ 钻头状针	Ⅻ 取石针

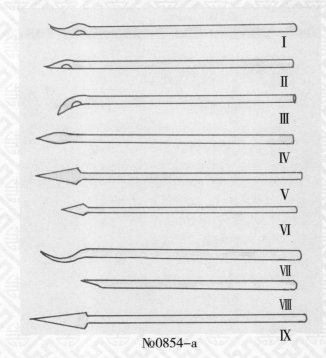

№0854-a

№0854-b

图№ 0855 放血针 刺针
图№ 0856 各种刺针
　　Ⅰ 灼针　Ⅲ 干针
　　Ⅱ 银针

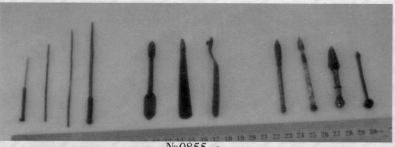

№0855-a № 0855-b

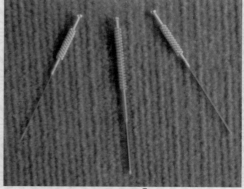
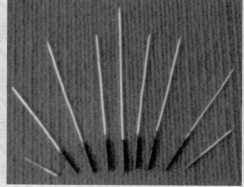
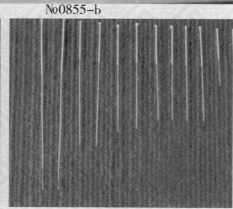

№0856- I №0856- II №0856- III

（四）灸针 灸

利用火的热量,烤灼患者某个部位的疗法叫灸法。灸法用品有灸针和艾绒等。

❶ 灸针

灸针,用金、银、铜、铁制成。烤灼使用,各有其效。

(1)牙虫灼针

长十指,弯头,有鞘。

(2)小舌(悬雍垂)灼针

长十指,弯头,有鞘。

图№ 0857

　　I 牙虫灼针　II 小舌灼针

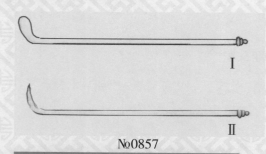

№0857

❷ 灸法

灸法,是用燃烧的艾绒等烤灼穴位的治疗方法。据其所使用的工具和用品分为金灸法、银灸法、铜灸法、铁灸法、茴香灸法、柽柳灸法、艾绒灸法、火炬灸法等。

(1)茴香灸法

茴香灸法,是将茴香用黄油搅拌,放在锅里用温火烤热后用毡片裹起灼治的方法。亦称蒙古灸法。

图№ 0858 茴香

№0858

(2)柽柳灸法

柽柳,也叫红柳、山川柳,蒙语称为蓿亥(读音 suxai)。

将柽柳削成手指般粗、一拃长的棍子,用芝麻油或豆油熬热后使用。

图№ 0859 柽柳

№0859

(3)艾灸

秋天采集艾草,放阴凉处晒干后捣碎成绒状,去掉刺棍。将艾绒浸泡于砖茶和碱水后晾干。将晾干的艾绒用模子压制成圆锤体使用。

将艾蒿加工后也可替用。

艾绒模子,口大、底小、圆锤形。在模子槽内将艾绒压型制成绒团。绒团大小不一,有膨胀的豆粒那么大、有羊粪蛋那么大、有小指头肚那么大、有食指头肚那么大,视病情择用。

图№0860 艾灸用品

    1 艾绒模子 杵棍　　　3 艾绒模子 杵棍

    2 艾绒团　　　　　　放血针 金针 银针

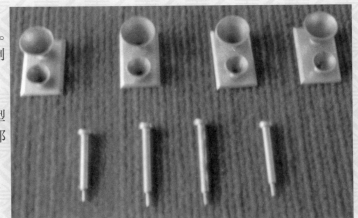

№0860-1-a

(4)火炬灸法

用棉花做成指头肚大的火把头,蘸芝麻油点燃使用。

图№0861 火炬

(5)银制切筒

在间接灼灸时用切筒将姜片或蒜片切成圆状使用。

图№0862 银制切筒

№0860-1-b

№0860-2

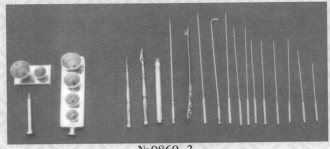

№0860-3

№0861

№0862

◆五 拔罐

拔罐,是在相应的穴位或患病部位用拔吸的传统方法治疗的器具。

拔罐,据其制作材料分为紫铜制的、黄铜制的、银制的、瓷制的、玻璃制的、犄角制的等。据其疗法分为火拔、吸拔、拔刺结合三种。

火拔,常用纸、棉、酒精引火,吸拔是用角拔罐,拔刺结合是拔罐子与针刺疗法相结合,各有其效能。

图№0863拔罐种类

    Ⅰ 牛角拔罐　　Ⅲ 陶瓷拔罐

    Ⅱ 铜制拔罐　　Ⅳ 玻璃拔罐

№0863-Ⅰ

№0863-Ⅱ

№0863-Ⅲ

№0863-Ⅳ

◆六 疗伤用具

① 刀具

手术刀,是医治创伤的专用刃具。用软钢和优质铁制成,刃利、背厚、柄约雀翎干般粗。

(1)治浮肿的用具

形状如船桨,长六指,用于身体各部位。

(2)治舌肿的用具

头部似镰刀状,长八指,专用于舌肿。

(3)治头颅伤的用具

头部似普通刀尖状,刃部较长,全长六指,治头颅伤和类似颅伤。

图№0864 手术用具

Ⅰ 治浮肿的用具　　Ⅲ治头颅伤的用具

Ⅱ 治舌肿的用具

№0864–Ⅰ Ⅱ Ⅲ

❷ 夹子

夹子,是夹取骨肉内遗留物的工具。

(1)狮子嘴状夹子

头部短而粗,四指长,八棱,有食指粗直柄,以狮子嘴状图案固定,有弯钩般把,全长十八指。

(2)秃鹫嘴状夹子

轴心用钉子固定,夹尖部位较长而有弹性,八端置环,全长十八指。

(3)乌鸦嘴状夹子

轴心用钉子固定,夹尖部位较短而细,全长十八指。

(4)鹬嘴状夹子

轴心用钉子固定,夹尖部位象鹬嘴一样尖,全长八指。

(5)竹笋状夹子

尖部细,中间安装铁芯的夹子,全长十二指,用于夹取深层的遗留物。

(6)镊子

夹尖部有平行纹齿,用箍紧,用于镊取碎骨碴儿。

图№0865 夹子

ⅠⅠ 狮子嘴状夹子　　Ⅳ鹬嘴状夹子

Ⅱ 秃鹫嘴状夹子　　Ⅴ竹笋状夹子

Ⅲ 乌鸦嘴状夹子　　Ⅵ镊子

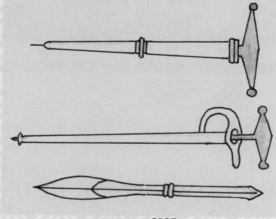

№0865–Ⅰ Ⅱ Ⅲ Ⅳ

№0865–Ⅴ Ⅵ

❸ 刮子

刮子,是用优质铁锻造的双面带刃木柄器具,长六指,用于刮头颅骨。

图№0866 刮子

Ⅰ 斧头状刮子　　Ⅴ喉咙刮子(刃似

Ⅱ 斧刃状刮子　　刨刃,弯头,长十二

Ⅲ 刨子状刮子　　指。用于刮耳、鼻、

Ⅳ 耙齿状刮子　　喉苔。)

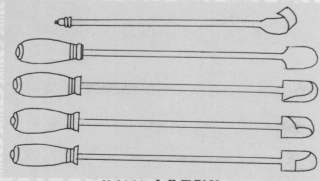

№0866–Ⅰ Ⅱ Ⅲ Ⅳ Ⅴ

❹ 剃头刀

剃头刀,相似于初二、三的月亮般弯。另外用玻璃(镜)制的快刀也可用于剃头发。

图№0867 剃头刀

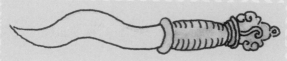

№0867

科尔沁蒙古族民俗物品图鉴

⑤ 锯

宽约二指,有细齿,长十指,用于锯骨。

图 № 0868 锯

　　　　1 锯　　2 长锯

№0868-1、2

⑥ 剪刀

剪刀,刀利,用于切断脉筋。

图 № 0869 剪刀

№0869

⑦ 钻

有金刚杵般把,有锯刃状刀,长五
指,用于取镞片或钻头颅。

图 № 0870 钻

№0870

⑧ 管

(1)粗管

长八至十指,粗头有拇指般粗,细头有豆粒般粗,中空,有双道箍。

(2)细管

形状与粗管相同,但较小较细,用于洗疮。

(3)放药管

长十指,有豆粒般粗空管,用于在喉咙食道内放入药。

图 № 0871 管

　　Ⅰ 粗管　　Ⅲ 放药管

　　Ⅱ 细管

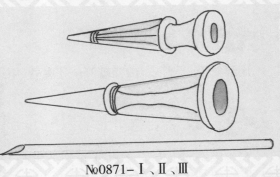

№0871-Ⅰ、Ⅱ、Ⅲ

⑨ 弯头熨斗

弯头熨斗用于灼治肿胀,由青铜、铁、铜、金、银制成。根据其
金属的性能可烤灼治疗筋脉断伤、脓血、溃烂、创伤等各种疾病。

图 № 0872 熨斗

№0872

⑩ 缝皮肉针

针尖锐利而弯约一指,用于缝皮肉伤。

图 № 0873 缝皮肉针

№0873

 正骨器具

正骨,是科尔沁蒙古人特别是科尔沁左翼后旗博尔济吉特氏(包氏家族)祖传医术。主要器具用品有:白酒、固定夹
板、软牛皮、按摩器、银筷子、绷带等。

❶ 白酒

喷射于患处,以消炎、消毒、消肿、活血,利于按摩。

❷ 固定夹板

常用的有柳木板、松木板、栎木板、牛皮、髓骨、鹿小腿等,绷扎伤骨,有助于接骨复原。

❸ 按摩用品

蛇蛋花宝石、青铜镜、银环、银熨斗等,用于按摩、止血、冷麻。

❹ 银筷子 青铜针

银筷子,用于取骨碴;青铜针,用于刺扎相应穴位。

❺ 沙袋

将烘干的沙子装在布袋内,辅助固定、接骨。

❻ 包扎物 绷带

用绵羊毛、小兽皮、油鞣革等包扎患处,用细布条绷紧。

❼ 翁古德

在包氏家族祖传正骨中,正骨师把翁古德(神灵)放在盛米的升内以供奉。

图№0874 整骨器具

Ⅰ 夹板 绷带 纱布　　Ⅶ筷子(治疗脑震荡用)
Ⅱ 银筷子　　　　　　Ⅷ沙袋
Ⅲ 蛇蛋花宝石　　　　Ⅸ翁古德
Ⅳ 青铜镜按摩器
Ⅴ 阴阳按摩器
Ⅵ 脑震荡治疗棒

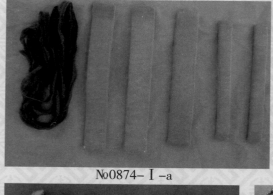

№0874-Ⅰ-a　　　　　　　　　№0874-Ⅰ-b

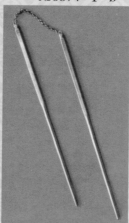

№0874-Ⅰ-c　　　　　　　　　№0874-Ⅱ※

№0874-Ⅲ※　　　　　　　　　№0874-Ⅳ※

№0874-Ⅴ※　　　　　　　　　№0874-Ⅵ

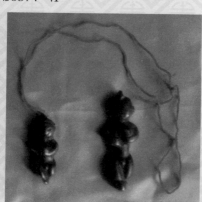

№0874-Ⅶ　　　　　　　№0874-Ⅷ　　　　　　　№0874-Ⅸ※

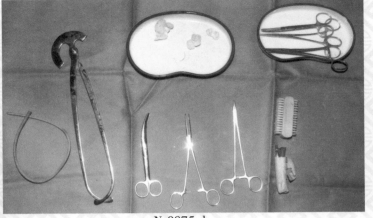

No0875-b

 （八）接生用具

过去,农村牧区接生均在私人家或牧铺里进行,故接生用具比较简单。仅有布包袱皮、肚脐包裹带、纱布、毛头纸、手套、袖套、围裙、毛巾、剪子、镊子、洗手刷子、香皂等。

图№ 0875 接生用具

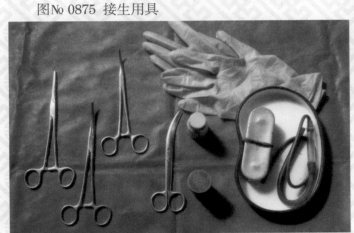

No0875-a

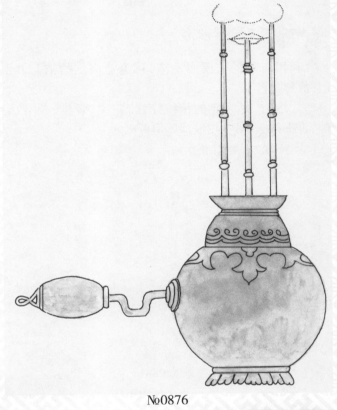

No0876

（九）其他

1 吸烟雾器

吸烟雾器,为葫芦状容器,高约十指,颈部像牛乳头,颈底直径约五指,颈顶直径三指,顶部有豆粒般大小的三个孔,孔上接平行的三个直管,用鼻、嘴吸烟雾。

图№ 0876 吸烟雾器

2 按摩器

按摩器,相似刮子的按摩用具。

图№ 0877 按摩器

3 水浴疗法

水浴疗法,可分为自然水浴和配制水浴两种疗法。

自然水浴,利用自然界水中的矿物质和药物进行治疗的方法。

配制水浴,是水中浸配对症药物治疗的方法。

No0877-a

No0877-b

有药浴、骨浴、酒糟浴、酸奶浴、胡椒浴,茶浴等。药浴主要配杜松、麻黄、冷蒿、苏日嘎儿、温布等草药,故称"五味药浴"。

药浴盆通常用木料、石头制成。

图№ 0878 自然药浴(阿尔山浴)

图№ 0879 药浴缸

图№ 0880 五味药浴

No0878

No0879

④ 盐沙浴

利用自然的咸溪水洗浴,称为盐浴。盐浴与沙浴常并用,故称盐沙浴。

盐沙浴,是多年的传统疗法,对腰、脊椎、关节病症、风湿、舌头齿龈糜烂、皮肤病等有疗效。

图№ 0881 盐沙浴

No0880

No0881

⑤ 敷疗

敷疗,分为热敷、冷敷两种。

(1)热敷

石头、砖、盐、羊粪、鹿粪、香獐粪、驼绒、犬毛以及用酒、黄油烘烤的穄子米等均可用于热敷。

(2)冷敷

雪水、露水、泉水、无底水、药水等用于冷敷。也用冰、雪、石、铁、蛙等来冷敷。

图№ 0882 热敷用品

    1穄子   3粪

    2盐   4毛

图№ 0883 冷敷用品

    1冰   3蛙

    2雪

No0882-1

No0882-3

No0882-2

No0882-4

No0883-1

No0883-2

No0883-3

⑥ 热罨

热罨，是用牲畜的瘤胃、皮、脏腑、肠或其中配以药物敷于患处的疗法。用健壮的四岁公羊的器官最有疗效。

图No 0884 热罨疗法

No0884-a

No0884-b

No0884-c

⑦ 渗透疗法

渗透疗法，是将配制的药剂或药物浸湿、涂抹在患处治疗的方法。

图No 0885 渗透疗法

No0885-a

No0885-b

第三节　食疗食品

科尔沁蒙古族在长期的生活实践中,掌握了食用动物内脏器官和一些粮食作物、水果、蔬菜的治疗疾病的偏方,同时积累了许多食疗经验。科尔沁医生在治病用药时,禁忌与适用相结合,辅助使用食物疗法。食物疗法具有治疗慢性病、疑难病症、滋补养身、延缓衰老等特殊疗效。食疗物品可分为,有治疗功能的动物器官和动物内脏、米谷、疏菜、水果等四类。这些食品可原汁原味地使用或用医学方法炮制,有的用新鲜,有的用陈旧,有的生吃,有的熟用,有的做药引子或配药剂使用,有的可食用,有的体外使用。

一　有治疗功效的动物器官和内脏

图№0886　有治疗功效的动物器官(多数以图片表示)

1动物的头	12动物触须髭	23动物蜂巢胃、	33动物乳	44动物管部	55爬行动物甲壳
2动物颅骨	13动物喉咙	重瓣胃	34动物甲状腺	45动物皮	56鱼类鳞
3动物大脑	14动物心脏	24动物胎盘	35动物血	46动物蹄掌	57飞禽蛋皮
4动物犄角	15动物肝脏	25动物胚胎	36动物骨骼	47动物脚汗	58小动物窝
5动物软骨质角	16动物肺脏	26动物胰脏	37动物脂	48动物绒毛	59蛛丝
6动物眼睛	17动物脾脏	27动物牛黄	38动物油	49动物羽翎绒	60蝌蚪尾
7动物鼻子	18动物肾脏	28动物胃结石	39动物骨髓	50动物反刍物	61蛹
8动物喙嘴	19动物胃	29动物外肾	40动物鬃鬣	51动物皮胶	62鲨鱼鳍
9动物舌头	20动物肠	30动物阴茎	41动物尾巴	52动物尿粪	63蜂蜜
10动物牙齿犬牙	21动物胆	31动物筋	42动物爪子	53马腿内侧角质痣	
11动物唾液	22动物尿脬	32动物肉	43动物蹄子	54驴尾污垢	

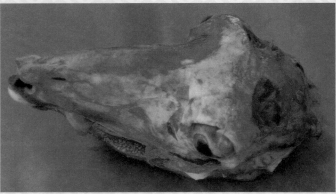
№0886-1

№0886-2

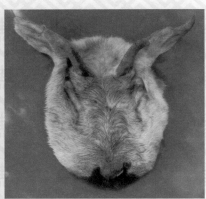
№0886-4

№0886-5

№0886-6

№0886-7

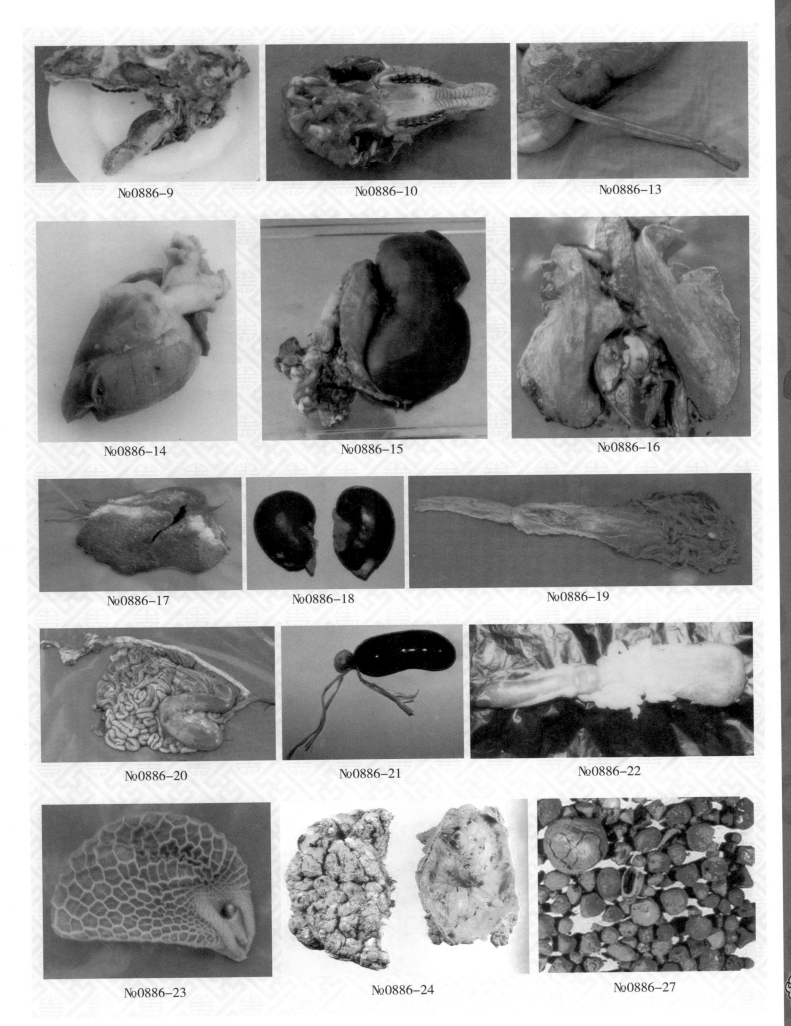

№0886-9   №0886-10   №0886-13

№0886-14   №0886-15   №0886-16

№0886-17   №0886-18   №0886-19

№0886-20   №0886-21   №0886-22

№0886-23   №0886-24   №0886-27

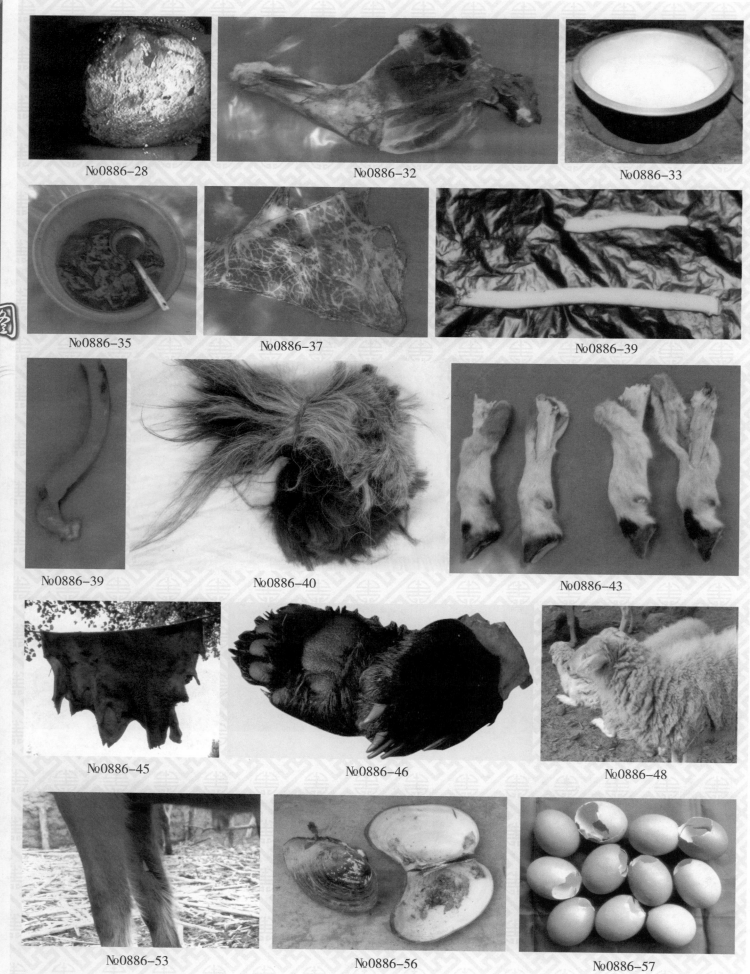

№0886-28　　　　№0886-32　　　　№0886-33

№0886-35　　　　№0886-37　　　　№0886-39

№0886-39　　　　№0886-40　　　　№0886-43

№0886-45　　　　№0886-46　　　　№0886-48

№0886-53　　　　№0886-56　　　　№0886-57

№0886–58

№0886–59

№0886–63

 有辅助治疗功效的米谷

图№0887 有治疗功效的米谷

1糜子	4小麦	7玉米
2稻子	5荞麦	8大麦
3谷子	6高粱	9豆类

№0887–1

№0887–2

№0887–3

№0887–4

№0887–5

№0887–6

№0887–7

№0887–8

№0887–9

三 有辅助治疗功效的蔬菜

图№0888 有治疗功效的蔬菜(多数以图片表示)

1韭菜	5蒜	9土豆	13黄瓜	17西瓜	21芹菜	25木耳
2山葱	6白菜	10甘薯	14冬瓜	18蔓菁	22苦菜	26蒙古葱
3葱	7萝卜	11茄子	15南瓜	19麻叶荨麻	23芥菜	27海带
4圆葱	8胡萝卜	12西红柿	16香瓜	20菠菜	24蘑菇	28香菜(芫荽)

№0888-1

№0888-2

№0888-3

№0888-4

№0888-5

№0888-6

№0888-7

№0888-8

№0888-9

№0888-10

№0888-11

№0888-12

№0888-13

№0888-14

№0888-15

№0888-16

№0888-17

№0888-18

№0888-19

№0888-20

№0888-21

№0888-22

№0888-23

№0888-24

№0888-25

№0888-26

№0888-27

№0888-28

（四）有辅助治疗功效的水果

图 № 0889 有治疗功效的水果(多数以图片表示)

1梨	4石榴	7山楂	10桃	13杏	16榆钱
2苹果	5松子	8栗子	11枣、酸枣	14橘子	17白刺果
3葡萄　野葡萄	6核桃	9柿子	12桑葚	15沙枣(银柳)	

№0889-1

№0889-2

№0889-3-a

№0889-3-b

№0889-4

№0889-5

№0889-6

№0889-7

№0889-8

№0889-9

№0889-10

№0889-11

科尔沁蒙古族民俗物品图鉴

№0889-12　　　　　　　№0889-13　　　　　　　№0889-14

№0889-15　　　　　　　№0889-16　　　　　　　№0889-17

第四节　兽医用具

兽医用具,包括放血针、烙铁、灸疗用品、刺针、灌药器、阉割工具等。

 **放血针**

放血针,有桃形放血针和三菱放血针等。

❶ 桃形放血针

桃形放血针,主要用于治疗肿胀。
图 No 0890　桃形放血针

❷ 尖头放血针

尖头放血针,形状相似矛头。
图 No 0891　尖头放血针

❸ 三菱放血针

三菱放血针,分为大、中、小、微小四种规格。
图 No 0892　三菱放血针

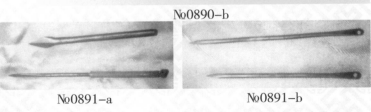

№0890-a

№0890-b

№0891-a　　　　　　　№0891-b

№0892

291

二 烙铁

烙铁，用于治疗创伤和止血。通常用熨斗或铁板条。

图№ 0893 烙铁

№0893

 **三 灸疗用品**

灸疗时常用艾蒿和斧背。

图№ 0894 灸疗用品

　　1艾蒿　　2斧子

№0894-1　　　　　№0894-2

 **四 灸针**

灸针，分为银针和火针。

№0895-a

❶ 银针

银针，用于穴位，有长短几种。

图№ 0895 银针及其荷包

№0895-b

❷ 火针

使用火针时，将火针穿过用面做的杯(杯中盛油)，火针上部缠上棉花点燃加热。

图№ 0896 火针

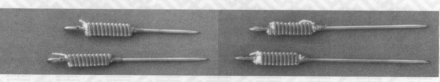

№0896

❸ 穿刺针

在穿刺针针眼内串入鬃毛，刺穿患处放疮肿黄水时使用。

图№ 0897 穿刺针

№0897

 **五 灌药器**

灌药器，蒙语称为乌格珠尔(读音ʊɡʤʊːr)，用于给患病的牲畜灌药。

图№ 0898 乌古珠尔

№0898

第十三章 文化用品类

科尔沁民间艺术的重要形式朝尔英雄史诗、四胡伴奏说书、叙事民歌、本子故事和曲艺的主要形式好来宝以及祝颂、谚语、格言、神话故事、谜语等都用科尔沁方言创作，由民间口语传播外，也由科尔沁蒙古人的母语蒙古语言文字所记载。

蒙古族通用的文字是现在使用的竖写式传统蒙古文。科尔沁蒙古人自古至今一直使用。

蒙古字从形体方面分为印刷体和书写体两种。印刷体适用于制版印刷，书写体适用于笔、签书写。

蒙古字从写法方面分为楷字、行书字、草字、篆字、美术字等。篆字适用于印章，美术字适用于装饰。蒙古字是多音节拼音文字，而且其书法有其独特风格。

图№0899 蒙古字形体

Ⅰ 印刷体例子

| 1宗教经卷印刷本 | 3医疗书籍印刷本 | 5演义书籍印刷本 | 7蒙汉满对照本 |
| 2历史书籍印刷本 | 4文化书籍印刷本 | 6藏蒙对照本 | |

Ⅱ 书写体例子

| 1宗教经卷手写本 | 3演义书手写本 |
| 2历史书手写本 | 4翻译书手写本 |

№0899-Ⅰ-1

№0899-Ⅰ-2-b

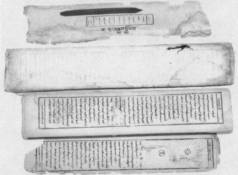

№0899-Ⅰ-3

№0899-Ⅰ-2-a

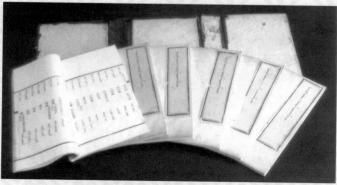

№0899-Ⅰ-4

No0899-Ⅰ-5

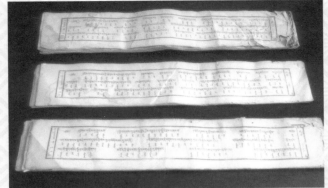

No0899-Ⅰ-6

No0899-Ⅰ-7

No0899-Ⅱ-1

No0899-Ⅱ-2

No0899-Ⅱ-3

No0899-Ⅱ-4

图No 0900 近代书写体例子
1 哲里木盟盟长、郭
尔罗斯前旗札萨克
多罗郡王齐莫特色
木丕勒手迹
2 扎赉特旗札萨克多罗
郡王巴特玛拉布坦
手迹

No0900-1

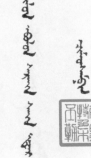

No0900-2

图№ 0901　现代蒙文书法

Ⅰ 楷字
　　1 邵道书法　　　　　　3 博·博彦书法
　　2 阿拉坦索那嘎书法
Ⅱ 行书字
　　1 胡努斯图书法　　　　3 白布和书法
　　2 色仁道尔吉书法
Ⅲ 草字
　　1 额·巴达拉胡书法　　3 仁钦道尔吉书法
　　2 图雅书法

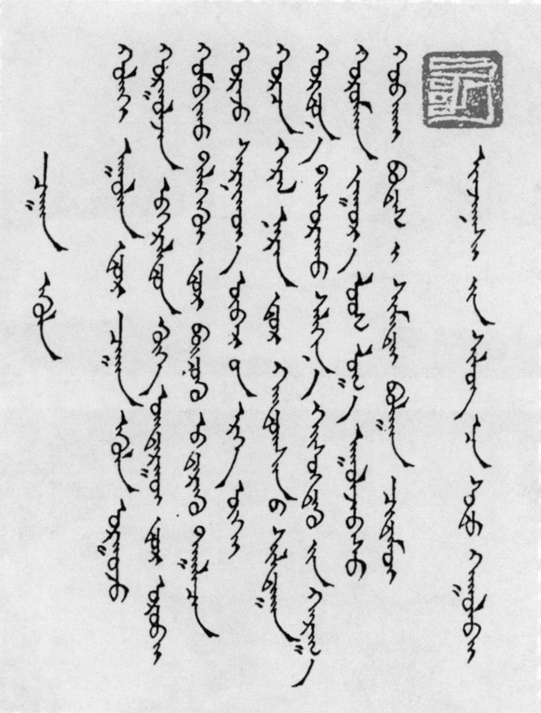

№0901-Ⅰ-1※

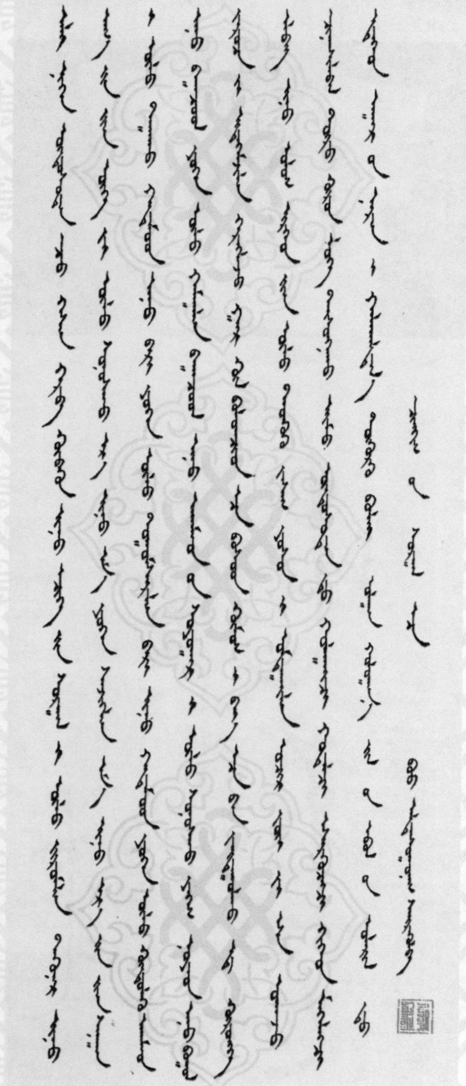

№0901-Ⅰ-2※ 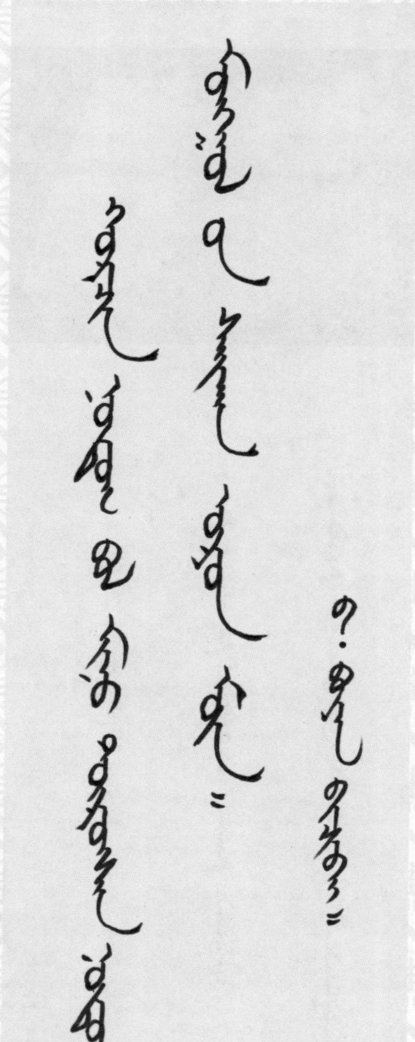　　　　　　№0901-Ⅰ-3 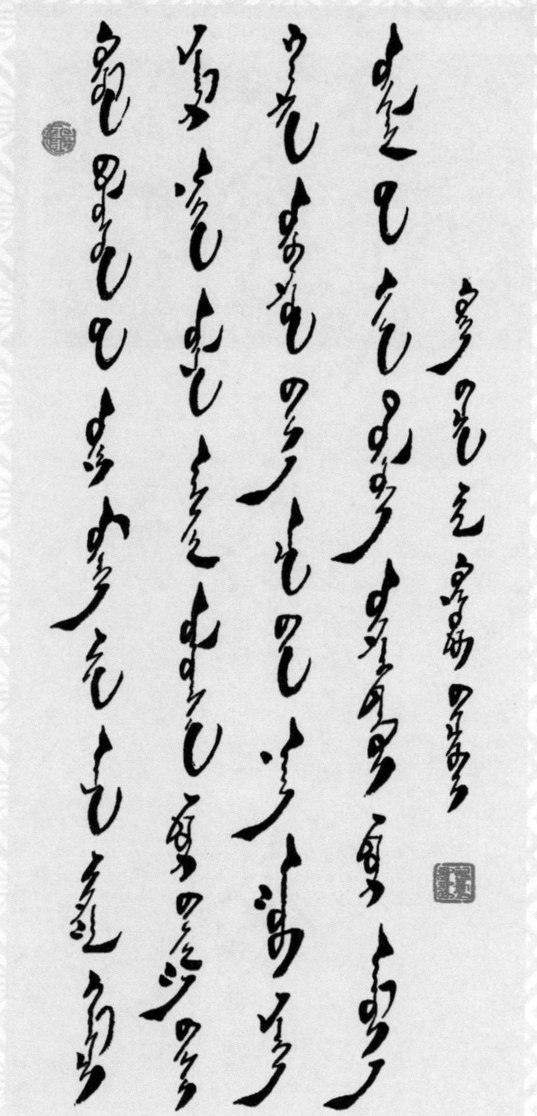　　　　　　№0901-Ⅱ-1※

科尔沁蒙古族民俗物品图鉴

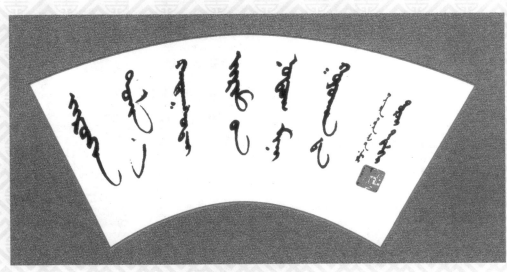

№0901-Ⅱ-2※

№0901-Ⅱ-3※

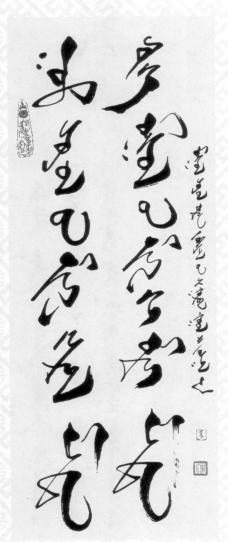

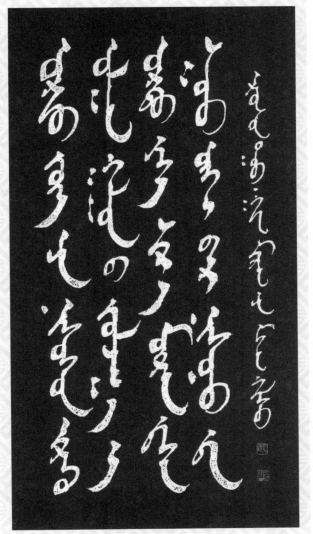

№0901-Ⅲ-1※

№0901-Ⅲ-2※

№0901-Ⅲ-3※

Ⅳ篆字

　　1班布尔篆刻　　3图雅篆刻
　　2包海篆刻

Ⅴ美术字

　　1斯文美术字　　　3克兴额美术字
　　2青春美术字

№0901-Ⅳ-1※　　　　　　　　　　　　№0901-Ⅳ-2※

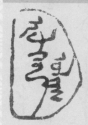

№0901-Ⅳ-3※

№0901-Ⅴ-1※

№0901-Ⅴ-2-a※

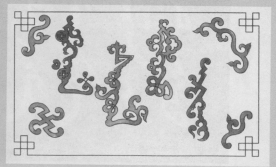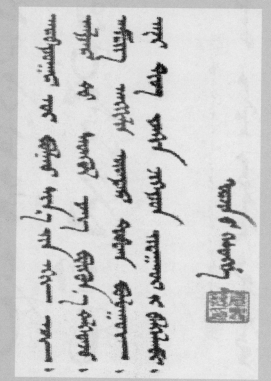

№0901-Ⅴ-2-b※　　　　　　　　　　№0901-Ⅴ-3※

科尔沁蒙古族民俗物品图鉴

第一节 书 籍

近代，几百年来科尔沁的蒙古族文化，吸收满、汉、藏文化的原故，故出现了一些兼通几种文字的文人、艺人、医生。随之，蒙、满、汉、藏文书籍广泛流行。但流传至今的甚少。

流行的蒙文、满文书籍多为手抄本。汉文、藏文多为刻印本。

 一 史书

史书，收藏于望门贵族，由于种种原因多已失传。

图№ 0902 史书

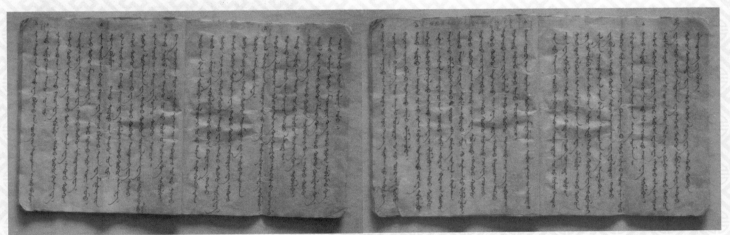

№0902

 二 族谱

族谱，在科尔沁蒙古族中口传、书传皆有，但主要以家谱形式祖传。

图№ 0903 家谱

    1孛儿只斤·查干少布族谱　3他塔喇氏族谱

    2科左中旗乌克善世系谱

№0903-1※-a

№0903-1※-b

№0903-2※-a

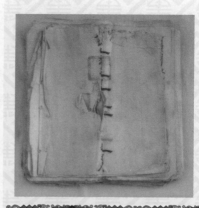

№0903-2※-b

№0903-3※

 **三 经书**

经书,主要是藏传佛教书籍,寺院中有文化的僧侣译成蒙文相传。

图№ 0904

　　Ⅰ 藏文经书　　Ⅱ 蒙文经书

№0904-Ⅰ

№0904-Ⅱ-a

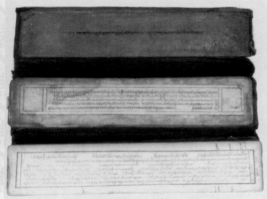

№0904-Ⅱ-b

 **四 医典**

医典,有三种情形:

　　1.直接利用藏医经典,因为多数蒙医精通藏文。

　　2.将藏医典译成蒙文书,传承利用。

　　3.蒙医蒙文医典。广为流传的是《四部医典》等。

图№ 0905 医典

图№ 0906 人体图解

№0905-a

№0905-b

№0905-c

№0905-d

科尔沁蒙古族民俗物品图鉴

No0906-a

No0906-b

（五）蒙译书籍

汉译蒙书籍主要以手抄形式流传，可分为三类：

1、儒学书，如《三纲五常》、《孝经》、《易经》、《三字经》、《千字文》、《四书》、《论语》等。

2、占卜书，如《玉宝箧》、《关老爷占卜书》、《文王占卜书》等。

3、历史演义书，如《三国演义》、《隋唐演义》、《封神演义》、《汉朝演义》、《元朝演义》、《水浒传》等等。过去，马头琴手说唱《莽古斯》演义，四胡琴手说唱汉传历史演义。

图№ 0907 汉译蒙书籍

No0907-a

No0907-b

No0907-c

No0907-d

（六）官文官印

清代，科尔沁实行盟旗制，行官文，加盖札萨克印章。印章，由清廷内务府造，印文为满蒙两种文字，为方形，有专用印鉴盒。

图№ 0908 文 印

    Ⅰ科尔沁左翼郭尔罗斯后旗札萨克印　　Ⅲ札萨克亲王印鉴盒

    Ⅱ科尔沁右翼杜尔伯特旗札萨刻印

图№ 0909

    Ⅰ扎鲁特右旗札萨克印　　Ⅱ管辖锡热图库伦所有喇嘛生徒之印

图№0910 元代金印令牌

No0908-Ⅰ ※

No0908-Ⅱ ※

No0908-Ⅲ

No0909-Ⅰ ※

No0909-Ⅱ※

No0910-a

No0910-b

第二节 文 具

 笔砚

科尔沁人主要使用毛笔和砚台。毛笔是在细竹管上安装兔、羊、狼或鼠毫做笔头的笔。分为大、中、小号三种。

砚台分为有盖的和无盖的两种。形状有方形、椭圆形等多种。还有铜盒、银盒砚台。

图No 0911 毛笔的结构
　①笔管　③笔帽
　②笔尖

图No 0912 毛笔 砚台

古代笔贴式(书史、书记员)将浸泡墨汁的布条装在可携带的盒子内,此为墨盒。将墨盒和乬笔夹于靴勒内随身携带,随时可用。

图No 0913 墨盒 乬笔
　1 ①布条　③乬笔
　　②盒　　④笔套
　2 蒙古族著名的文化活动家克兴额使用过的文具

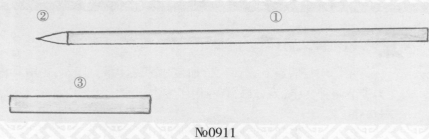

No0911

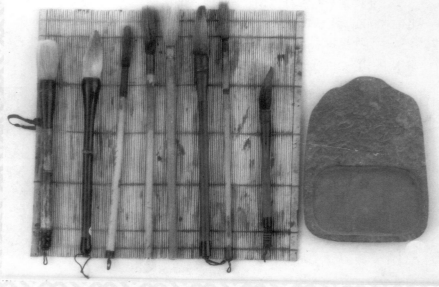

No0912

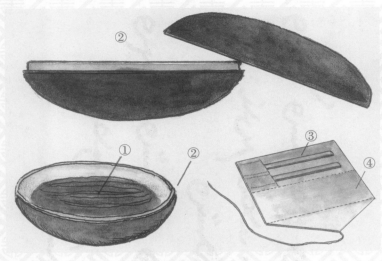

No0913-1

No0913-2※

 纸墨

过去,用的是立方体固体墨,用水砚磨。有黑墨和朱锭两种颜色。书写毛笔字一般使用毛边纸或毛太纸。早先是在桦树皮上书写的。

图№ 0914 桦树皮
图№ 0915 毛边纸
图№ 0916 墨

No0914

No0915

No0916

 刁笔 羽笔

 刁笔

刁笔是用竹、木削制成的写字工具。长一拃左右,宽一指或半指不等。

图№ 0917 刁笔 刁笔字

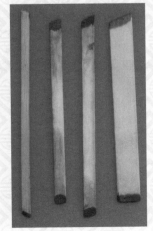

No0917-a

No0917※-b

303

② 羽笔

羽笔，亦称羽毛笔，是将雕之类鸟的粗羽毛翩削成尖而蘸墨使用的写字工具。

图№ 0918　羽笔　羽笔字

№0918-a

№0918-b

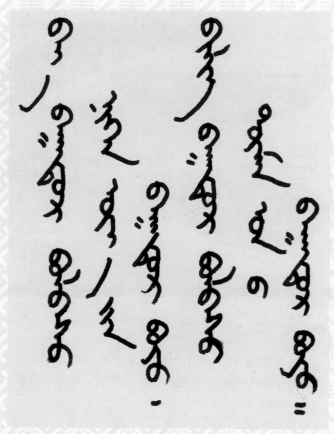

№0918-c

（四）写字板

写字板，有沙盘、灰板、漆板、石板等几种。沙盘是将净沙盛于木盘内用木棍写字用。灰板是在涂油的板上撒草木灰而成，用细棍儿写。漆板是刷橙黄色漆的板，用毛笔写。石板是薄石片做的，大小不一，小的可装入书包内。筷子般厚，黑灰色，用灰白色石灰笔写。

图№ 0919　写字板

1沙盘　　3漆板
2灰板　　4木板

№0919-1

№0919-2

№0919-3

№0919-4

（五）算盘

算盘，由框、杆、珠子组成，亦称算珠。框，木制；杆，铜制、竹制、木制；用铁梨木制珠子。是传统的计算用具。

图№ 0920　算盘的结构

①框　　　③串珠杆　　⑤固定角
②横隔木　④珠子

图№ 0921算盘

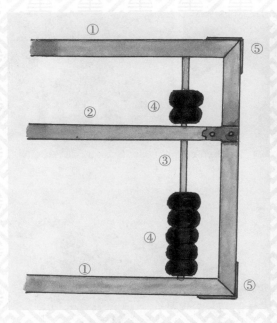

№0921-a

№0920

№0921-b

（六）绘画工具

在科尔沁地区，20世纪中叶已有文人雕刻版画，绘中国画，而寺院画出现较早。三种画的绘画工具有所不同。

① 木刻版画工具

木刻版画，取梨木、白果、白桃、椴木等木材的横断面刨成木刻板。

木刻工具，有木刻刀、加力锤子、滚筒、毛刷、木蘑菇等。用油墨。

若水印，需要水粉、水彩颜料，也可用墨汁和中国画色。

纸张一般用铜版纸、胶版纸、宣纸、皮纸等。

印法，有油印、水印两种。油印分黑白版画和套色版画两种。

木刻刀，可分为平刀、斜刀、圆口刀、三角刀等，规格大小不等，一般分大、中、小三种。

图№0922　木刻工具

　　1 木刻刀　　4 木蘑菇
　　2 小锤子　　5 毛刷 滚筒 铲子
　　3 滚筒

图№0923　木刻版画材料

　　1 油墨　　　　　　3 木板
　　2 水粉水彩颜料

图№0924　木刻版画例子

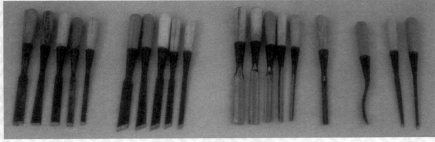

№0922-1-a

№0922-1-b

№0922-2

№0922-3

№0922-4

№0922-5

№0923-1

№0923-2-a

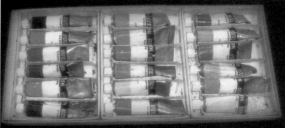

№0923-2-b

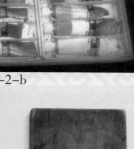

№0923-3

№0924※

② 中国画工具

科尔沁蒙古族有些懂汉文的文人，也习作中国画。国画的主要工具和用品是文房四宝和国画颜料。

图№0925 文房四宝
图№0926 中国画例子

№0925-a

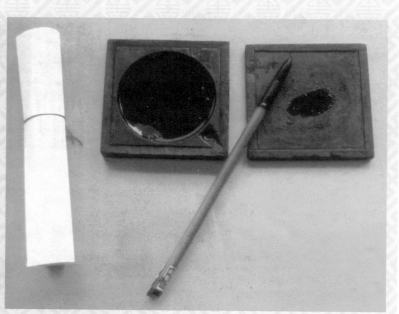

№0925-b

一代天骄

No0926※

❸ 寺院画工用具

过去,大型寺庙有专门的画匠。画匠主要是在寺庙建筑上作装饰画或画雕佛像。寺院画工的工具与民间画匠的工具基本相同,不同的是有专门的雕塑工具。

图No 0927 寺院画工雕塑专用工具

    1佛像模子　　3调色盘

    2塑具

图No 0928雕像例子

No0927-1

No0927-2

No0927-3

No0928

七 剪纸工具

剪纸,是民间工艺之一,缝纫工艺也结合用剪纸艺术。

剪纸工具包括剪子、刻刀、垫板等简单用具。纸张选用薄而质地结实的白纸、色纸均可。

有叠纸剪法和不叠纸剪法两种。剪制对称图案或重复图案用叠纸法。叠纸有对折、棱折、边折等形式。

图№0929 剪纸工具

    Ⅰ剪子   Ⅱ刻刀

图№0930剪纸画例子

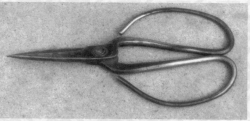

No0929-Ⅰ

No0929-Ⅱ-a

No0929-Ⅱ-b

No0929-Ⅱ-c

No0930-1※

No0930-2※-a

No0930-2※-b

八 其他

常用的其他文具还有笔架、笔筒、尺子、镇子等。尺子长近一尺,方形,约有拇指宽。镇子是压纸的东西,有茶杯口大,铅制。还有打格子用的铅制划刀。在官方活动亦使用信筒和后来出现的文件包之类。

图№0931 其他文具

    Ⅰ笔架   Ⅲ尺子   Ⅴ铅划刀   Ⅶ画板

    Ⅱ笔筒   Ⅳ镇子   Ⅵ笔帘   Ⅷ调色盘

图№0932 信筒 文件包

    1信筒   2文件包

No0931-Ⅰ

No0931-Ⅱ-a

No0931-Ⅱ-b

No0931-Ⅲ

No0931-Ⅳ

No0931-Ⅴ

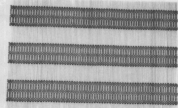

No0931-Ⅵ

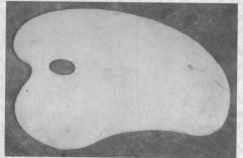

No0931-Ⅶ

No0931-Ⅷ

科尔沁蒙古族民俗物品图鉴

№0932-1-a　　　　　　№0932-1-b　　　　　　　　№0932-2

第三节　出版印刷

印刷技术在科尔沁发展较晚。20世纪初始，有些学者贤达着手开拓出版事业。如文化活动家克兴额(科左前旗人)于1926年在沈阳创办东盟书局，发明了"东盟黑铅版"印刷技术，于是编辑印刷了在蒙古族启蒙教育史上占有重要地位的《蒙古族小学课本》、《小学生必读》、《心镜》(蒙语法)，《蒙汉对照辞典》等。还印刷发行了《满蒙汉合璧辞典修订本》和《蒙古秘史》、《黄金史纲》等史书；《聊斋志异》、《今古奇观》等汉译蒙书及自然科学、民间故事、民歌等许多书籍。与此同时，1926年，文化活动家卜和克什克在北京创办了"蒙文学会"。其主要业务是编印出版蒙文书籍，同时还创办了蒙文杂志《丙寅》。1934年，蒙文学会迁至当时的兴安西省省会开鲁(现在的开鲁镇)，继续印书和发行《丙寅》杂志。

蒙文学会先后出版了尹湛纳希的《青史演义》、《一层楼》、《泣红亭》，萨囊彻辰的《蒙古源流》，历史名著《蒙古秘史》，额尔德尼陶克陶的《蒙古新字典》、"蒙文学会"会员撰写的《今古蒙古故事》等。《丙寅》杂志刊登了诗歌、神话、谚语、民歌、民间文学和知识常识等。

图№0933《丙寅》杂志
图№0934 卜和克什克、林沁浩日老的作品
图№0935《丙寅》杂志社使用的印刷机
图№0936　木版

№0933※-a　　　　　　　№0933※-b　　　　　　　№0933※-c

№0933※-d　　　　　　　№0933※-e　　　　　　　№0933※-f

№0934※-a　　　　　№0934※-b

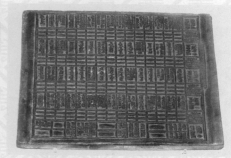

№0936

№0935※

第四节　对　联

科尔沁人过年时都要张贴对联,而且必须在大年三十早餐前贴完定为规矩。对联的内容多为向往与寄托平安、富裕、欢乐、吉利的愿望和祝福。

对联必须在红纸上用黑墨汁书写,用爿笔或毛笔。若在亲戚和家族中有去世的,则不贴对联,或贴除红纸以外的各种颜色的纸上用墨汁书写的对联,以示居丧。

对联通常贴于门窗、庭院、库房、车碾、柜橱、缸瓯、柱桩以至禽畜舍导。

图№ 0937　对联

№0937-a

№0937-b

№0937-c

科尔沁的传统民间文化艺术内容丰富,特色鲜明。近代以来,由乐器伴奏的好来宝、祝颂、民歌、说书等民间艺术有很大发展,而且推动了科尔沁乐器的发展。

科尔沁蒙古人在过年过节时每个村子都有唱民歌听说书的集体娱乐活动。由此产生了名朝尔手、名胡琴手、名民歌手等民间艺人,而且在不少村屯出现了民间乐器手组合。

科尔沁的民间乐器可分为拉弦乐器、弹拨乐器、吹鸣乐器、膜鸣乐器,体鸣乐器等。

第一节 拉弦乐器

拉弦乐器,主要包括梯形弓拉弦鸣乐器和筒形弓拉弦鸣乐器两种。

一 朝尔

朝尔(蒙语,读音tʃɔːr),由共鸣箱、琴头、琴杆、弦轴、琴马、琴弦、琴弓等组成。

共鸣箱,分为倒梯形、梯形、铁铲式长方形、构形、瓢形等。正面或正、背面蒙羊皮、马皮或牛犊皮,面宽20厘米左右。两面蒙皮的,前后两面皮,周边用皮绳交叉连结绷紧。正面蒙皮的,背面蒙薄木板,在木板的中央部位开有圆形发音孔。

琴头、琴杆,用整块硬杂木制作,全长95厘米左右。顶端为琴头,多雕刻螭头、螭马双头,也有平而无饰的。琴头下方开有线槽,两侧置有两个弦轴,左右各一。弦轴用硬木制成,呈圆锥形或扁耳形。

琴杆,细长,前平后圆。皮面中央稍上方置琴马,呈桥形,琴马较高。张以两束马尾为琴弦,弦从弦槽下边的螭口中穿出。

琴弓的弓杆为木制,直杆,两端系马尾为弓毛,弓毛不绷紧。

后来,将琴头改为马头,称为马头琴。汉语称胡琴、马尾胡琴、弓弦胡琴等。马头琴可分为高音马头琴和中音马头琴。

图№ 0938 朝尔和马头琴的结构

Ⅰ朝尔的结构	Ⅱ马头琴的结构	
①琴头	⑩系带绳码子	⑲音孔
②琴杆	⑪线槽	⑳琴弓
③琴轴	⑫铜转钮	㉑弓弦
④琴轴梢	⑬上码子	㉒弓背
⑤琴弦	⑭下码子	㉓弓梢
⑥外弦	⑮琴箱	㉔弓根
⑦内弦	⑯蒙皮(琴箱正面)	㉕弓紧钮
⑧系弦带	⑰琴箱侧面板	㉖弓把
⑨系带系绳	⑱琴箱背面板	

图№ 0939 朝尔 马头琴
Ⅰ人民艺术家色拉希及其朝尔 Ⅱ乌格云色登的朝尔

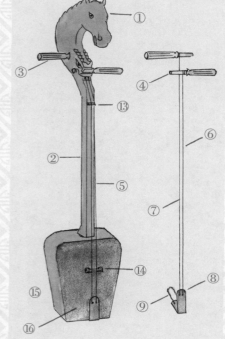

№0938-Ⅰ-a

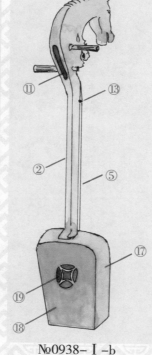

№0938-Ⅰ-b

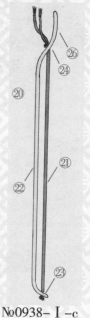

№0938-Ⅰ-c

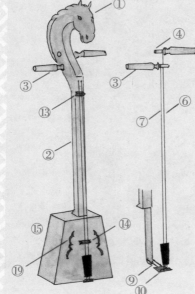

№0938-Ⅱ-a

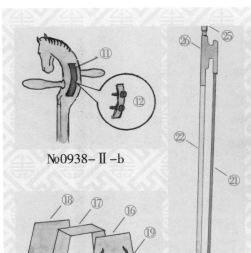

No0938-Ⅱ-b

No0939-Ⅰ※-a

No0939-Ⅰ※-b　　No0939-Ⅱ

No0938-Ⅱ-c　　　No0938-Ⅱ-d

二 胡琴

胡琴,全长80厘米左右。共鸣箱呈半梨形,用整块硬木挖凿出腹腔,蒙羊皮制成,面宽约22厘米。琴底设有琴托。琴杆顶端雕饰螭头像。琴杆前平后圆。正面为按弦指板,不设品位。张两条丝弦。皮面中央置木制琴马。用直杆马尾弓,弓毛不绷紧。

胡琴很可能是朝尔的前身。

图No 0940 胡琴

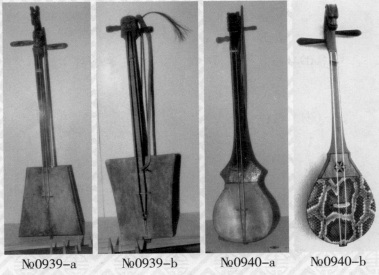

No0939-a　　No0939-b　　No0940-a　　No0940-b

三 四胡

四胡,也称为四弦胡、四股弦、二夹弦等。分为高音、中音、低音三种。科尔沁地区广泛流传中音、低音四胡。

四胡,主要由共鸣筒、琴杆、弦轴、千斤、琴马(码子)、琴弦、琴弓等组成。

共鸣,筒为铜制或木制。铜制的呈圆柱形;木制的呈八棱柱形或六棱柱形,多用乌木、紫檀木、楠木、花梨木、杂木制作。

做法有剜制、拼制、贴制三种。筒长一般13.2～14厘米,前口外径6.8～10厘米。琴筒蒙蟒皮、猴皮、牛皮、羊皮、鼠皮等。筒口加边框。

琴头、琴杆,用整块木料中精选优良材质而制成。长约79～85厘米,直径2～2.4厘米。琴头为平顶,斜向后方,镶有珊瑚或骨饰。琴杆上部呈方形柱状体,等距横置四个弦轴,垂直于琴杆。轴把外形分为绞纹状、棱角状、光圆状三种。轴顶镶骨饰。琴杆中、下部为圆形柱状体,中部设有千斤钩,下端装入琴筒中。皮面中央置琴马,张有四条弦丝,一、三为里弦,二、四为外弦,里、外弦音高相同。

方形杆和筒板上镶骨制七宝八供图案,筒的敞口安装刻制盖,杆上挂飘带等,以装饰。

琴马也叫码子,用驼骨、象骨或竹、木制成。分阴、阳两种,阴的呈凹形,阳的呈凸形。

琴弓用盘羊、公山羊犄角或细竹拴马尾而成,马尾用50～80根,分两股,弓长75厘米。

图No 0941 四胡的结构

①琴杆	⑤琴杆接头	⑨轴梢	⑬筒皮(蒙皮)	⑰弓背	㉑串弦孔	㉕码子脚
②方形杆	⑥琴轴	⑩千斤	⑭琴码	⑱弓子接头	㉒琴弦	㉖码子洞
③圆形杆	⑦琴轴把	⑪琴筒(共鸣筒)	⑮琴弓	⑲弓把	㉓系弦带	
④琴杆头	⑧轴顶	⑫镶边	⑯弓弦	⑳弓尖	㉔码子沟	

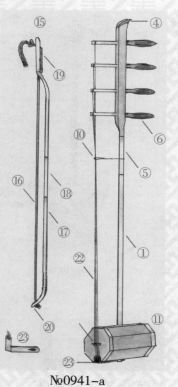
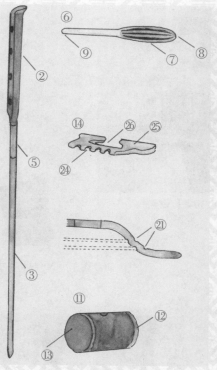

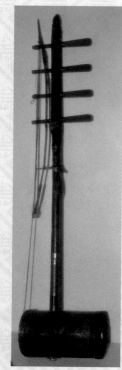

№0941-a   №0941-b   №0942-Ⅰ※-a   №0942-Ⅱ※

图№ 0942 各种四胡

Ⅰ 著名说书艺人琶杰的四胡

Ⅱ 著名说书艺人毛依罕的四胡

Ⅲ 其他四胡

图№ 0943 四胡盒

№0942-Ⅰ※-b

№0943

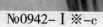

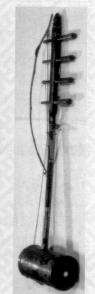

№0942-Ⅰ※-c   №0942-Ⅲ-a   №0942-Ⅲ-b

（四）奚胡

奚胡,即奚吉利(蒙语,读音,xi:l),汉语也称胡琴。

奚胡的琴杆用硬木制,一般长约50厘米。琴筒用木或铜制,长约10厘米,直径约7厘米。前口盖桐木薄板。弦轴为圆锥形,张丝弦或羊肠弦两根。弧形弓竹系马尾为弓,长约40厘米。

奚胡很可能是四胡的前身。

图№ 0944 奚胡

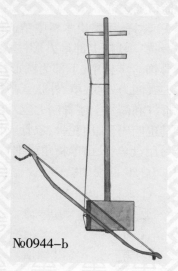

№0944-a   №0944-b

第二节 弹拨弦鸣乐器

弹拨弦鸣乐器,主要包括蒙古筝、二弦、三弦、火不思等。

一 蒙古筝

传统雅托噶(蒙语,读音 jatag),汉语称古筝、蒙古筝。共鸣箱常用整块桐木挖制成槽形,长130～160厘米、宽20～24厘米,上面蒙桐木薄板而成,中间略鼓,两端微下垂。底板的左、右两端和中央分别开有一个圆形或成一字形的发音孔。通体髹深棕色漆,琴首、琴尾表面和琴箱四周镶嵌或描绘金龙图像或云卷图案。张以丝弦或肠衣弦,弦下设有柱马,柱马可移动以调节音量。

雅托噶有十二弦至十六弦多种。军队多使用十四弦雅托噶,王府多使用十三弦雅托噶,寺院和民间多使用十二弦雅托噶。

根据雅托噶的大小和弦数分为大筝、小筝、特大筝和朝廷筝等。

图№ 0945 筝的结构
　　①琴头　③面板　⑤底板　⑦琴弦
　　②琴尾　④侧板　⑥琴梁　⑧码子

图№ 0946 筝
　　1 共鸣箱(半成品)　　2 雅托噶

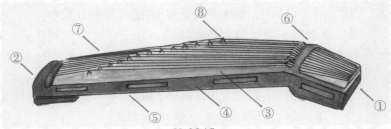

№0945

№0946-1

№0946-2-a

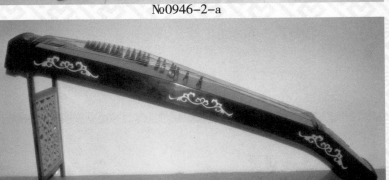

№0946-2-b

二 二弦

托布秀尔(蒙语,读音 tɔwʃuːr),汉名二弦,用乌木、麝香木、银柳制作,琴头为龙首。琴杆长,上部左右两侧置弦轴各一。长方形音箱,上盖薄木板为面。有两根弦。

图№ 0947 二弦

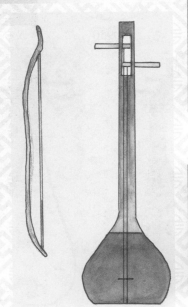

№0947-a

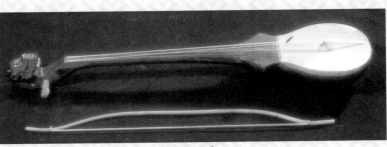

№0947-b

三 三弦

硕多日古(蒙语,读音 ʃudraɡ),汉名三弦、大三弦,长约122厘米,木制。共鸣箱(琴鼓)呈扁椭圆形,长22～25厘米,宽20～22厘米,厚9厘米。箱框用四块楠木、檀木或花梨木拼接制成,蒙贴蟒皮。箱框上、下开有装入琴杆的方孔。

琴头和琴杆用硬木制作。琴头是装饰,琴轴呈圆锥形,琴杆为半圆形柱状体,由指板和背板胶合而成,前平后弧,长80厘米,上端设有山口,指板厚1.2厘米,表面平滑不设品位,琴杆下端呈方形,插入琴鼓方孔中。

琴鼓皮面中央置一竹制桥形琴马。张三条丝弦或钢丝弦。在琴鼓下端有一菱形木壳(抓扣或拴弦纽)系弦。

图 № 0948 三弦的结构

①琴头	④琴鼓(共鸣箱)	⑦背面	⑩码子	⑬木壳
②琴轴	⑤蒙皮	⑧琴弦	⑪指板	
③琴杆	⑥侧面	⑨山口	⑫背板	

图 № 0949 三弦

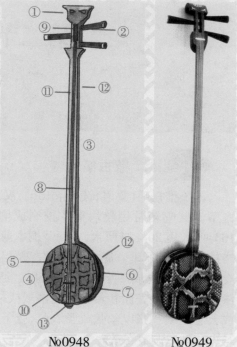

№0948　　№0949

四 火不思

火不思(蒙语,读音 xœwⁱs),通体用硬木制成,长约80cm,腹宽约10厘米,共鸣箱蒙贴蟒皮,背面雕刻纹饰。若正面用薄板制作,则刻发音孔。

琴首平顶。琴杆正面镶嵌骨饰,设品位。琴杆上部横置四个棱形琴轴,张四根弦丝。

图 № 0950 火不思的结构

①琴头	④上弦轴	⑦琴箱侧面	⑩码子
②琴轴	⑤琴箱	⑧琴箱背面	⑪音孔
③琴杆	⑥琴箱正面	⑨品	⑫琴弦

图 № 0951 火不思

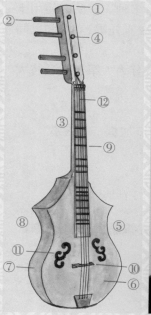

№0950　　№0951-a　　№0951-b

五 琵琶

蒙古琵琶,用于歌舞伴奏。头部较长向后倾斜,左右各设两个弦轴。音箱呈瓢形,蒙薄木板面,板面上对称开两个月牙形音窗,装饰图案。颈部设呈弧形四项十三品。

图 № 0952 琵琶的结构

①头部	④正面	⑦音箱	⑩品
②颈部	⑤背面	⑧弦	⑪图案
③腹部	⑥弦轴	⑨音窗	

图 № 0953 琵琶

№0952　　№0953-a　　№0953-b

科尔沁蒙古族民俗物品图鉴

第三节 吹鸣乐器

吹鸣乐器，可分为吹管乐器和气鸣乐器两种。

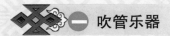 一 吹管乐器

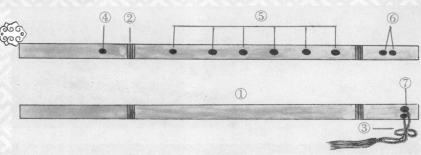

No0954

① 笛子

林布(蒙语，读音 limbə)，汉语称笛子，也叫牧笛。据其制作材料分为竹笛、骨笛、铜笛、木笛等。据其制式形状分为公笛、母笛等。公笛稍粗而短，母笛稍细而长。笛子，管长20～30厘米，直径约3厘米。民间大多使用六个按孔的笛子，双手持笛，横吹。蒙古笛子与其他笛子的区别在于蒙古笛子不用膜。

图№0954 笛子的结构

    ①管　　④吹孔　　⑦下出音孔
    ②箍　　⑤音孔
    ③穗　　⑥上出音孔

图№0955 笛子

② 金布尔

金布尔(蒙语，读音ʤimbər)，汉语称箫。金布尔的制作材料与做法基本上和林布相同，从一端顺吹。

图№0956 金布尔

③ 管子

管身木制或竹制，长18～24厘米，内径2～2.6厘米，外径2.4～3厘米。设八个或九个按孔，每按孔均有一背孔。

图№0957 管子

④ 筚篥

筚篥(蒙古语，读音bɪlɑr)，汉语称芦管、茄管小管子等。管身木制或竹制。

图№0958 筚篥

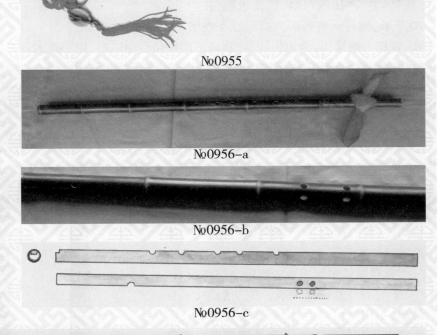

No0955

No0956-a

No0956-b

No0956-c

No0957

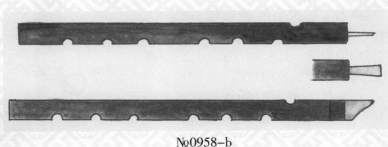

No0958-b

No0958-a

5 那仁筚篥格

那仁筚篥格,(蒙语,读音 naranbiləg),汉语称金口角、唢呐、喇叭。是寺庙乐队中的主奏乐器。管身木制,吹口在管上端,下端接铜制喇叭。小者管身开三孔,大者管身开八孔(前七侧一)或九孔。

图№0959 金口角的结构
①号嘴　③音孔
②管　　④喇叭
图№0960 金口角

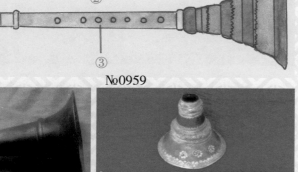
№0959

№0960-a

№0960-b

二 气鸣乐器(吹奏乐器)

1 胡笳

胡笳,古代芦苇制,近代木制,长约70厘米,管身开有等距离圆形三个按音孔,管口上端饰角,为边棱吹奏,管口下端按角制喇叭口,用于扩大音量。此乐器擅长吹奏蒙古长调乐曲。

图№0961 胡笳的结构
①吹孔　③喇叭
②音孔
图№0962 胡笳

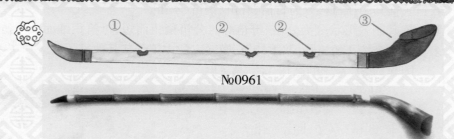
№0961

№0962

№0964

2 莽号

莽号,蒙语称玻力叶(读音 burə:),藏语称筒钦,汉语称大号、大莽号、大号筒。为佛教寺院传统乐器。

莽号通体铜制或木管铜箍。筒身由上、中、下三节号管衔接而成。上节最细、下节最粗,不用时可将上、中两节号管逐节收拢后置入下节号管中。上节号管的顶端固定着号嘴,号嘴有杯形、平口两种。下节号管下形成喇叭口,口外缀有一个铜环,供系绳带之用。

莽号,有大小两种规格,大莽号长260～350厘米,小莽号长130～220厘米。收拢后的长度一般为全长的二分之一左右,上中两节相当于下节长度。

图№0963 莽号的结构
①号嘴　③中节　⑤铜箍　⑦铜环
②上节　④下节　⑥喇叭
图№0964 莽号

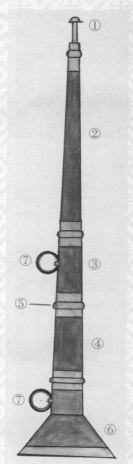
№0963

№0964

❸ 刚洞

刚洞,也称干叮,为佛教寺院法器之一。管体多为铜材制作,亦有银制或骨制的。形制不同,规格不一,外形与大牛角相似,由三节组成。

图 № 0965 刚洞

№0965-a　　　　　№0965-b　　　　　№0965-c

❹ 海螺

海螺,也称梵贝。采用海水中天然长成的海螺壳制作,螺壳呈螺旋状。大小不一,一般全长25～33厘米,将吹嘴做成圆锥形或直筒形,孔径1厘米左右,装饰精美。用彩带装饰或配有图案吹嘴子和把手。

图 № 0966 海螺

№0966-a　　　　　　　№0966-b

第四节　膜鸣乐器

膜鸣乐器,包括短腔捶击膜鸣乐器、高脚捶击膜鸣乐器、细腰捶击膜鸣乐器等。

㈠ 萨满鼓

萨满鼓,也称手鼓、太平鼓、单皮鼓、单环鼓。是萨满教巫师必备的三件乐器之一。

鼓面宽约30～50厘米,单面蒙上蟒皮或牛皮。鼓框和把柄用铁丝撖成,用布绸缠把柄,柄头串九个铁环。以鹿狍的小腿或竹棍、藤棍为鼓槌。

图 № 0967 萨满鼓的结构
　①鼓框　④缠带　⑦鼓槌
　②蒙皮　⑤柄头
　③把柄　⑥铁环
图 № 0968 萨满鼓

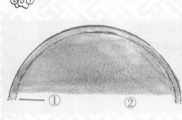

№0967-a

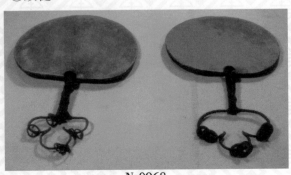

№0968

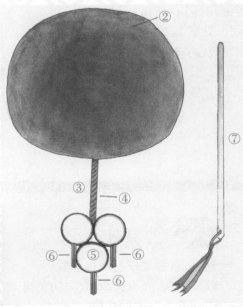

№0967-b

扁鼓

扁鼓,也称蒙古鼓。鼓框木制,高15～20厘米,两侧各设一个金属小环,周身涂朱红、蓝或绿色,绘图案。两面蒙住牛皮、马皮或羊皮,边周用两排鼓钉固定,直径40～80厘米,亦有绘制图案的。鼓槌为木制,上粗下细,成对使用。

图No 0969　扁鼓的结构

①鼓框　　③铆钉　　⑤槌子
②蒙皮　　④金属环　⑥鼓架

图No 0970　扁鼓

No0970

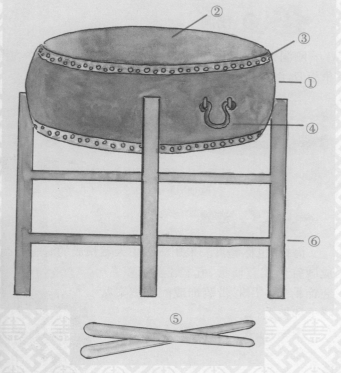

No0969

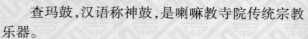

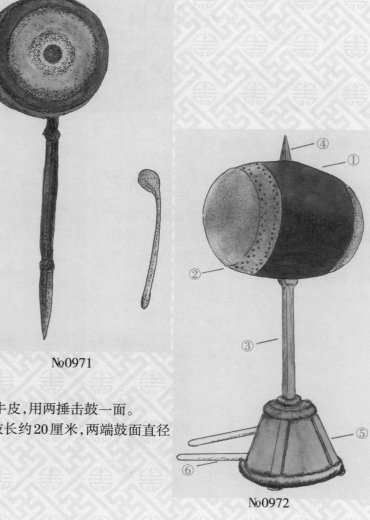

三 查玛鼓

查玛鼓,汉语称神鼓,是喇嘛教寺院传统宗教乐器。

规格大小不一,鼓面直径一般为42～68厘米,鼓框厚17～28厘米。两面鼓口蒙牛皮,周边用一排金属铆钉固定。皮面中心至四周分别涂饰不同色彩的同心环带。鼓框多饰以各种色彩图案花纹。鼓框上下两端开有方孔,穿入四方形或八棱形木制鼓柄,柄长50～84厘米不等,木柄外表涂棕红色漆。鼓槌用藤条或竹条制作,用火烘烤弯曲后呈弓形。槌头缠布多层,外包羊皮。

图No 0971　查玛鼓

No0971

四 建鼓

建鼓,古称足鼓、悬鼓、楹鼓。

鼓体较大,鼓身长而圆,中间稍粗,两端略细,两面蒙牛皮,用两捶击鼓一面。

喇嘛教寺院中的建鼓,鼓身木制,鼓体短而圆,一般鼓长约20厘米,两端鼓面直径约30厘米,鼓座为十字形木制脚架。

图No 0972　建鼓的结构

①鼓框　　③鼓杆　　⑤鼓座
②蒙皮　　④杆头　　⑤鼓槌

No0972

五 战鼓

战鼓，古称大鼓、军鼓。适用于车上和适用于马上两种，稍有区别。鼓身木制，两面蒙贴牛皮，皮面边缘以三排鼓钉固定，鼓框两侧设有两个鼓环。鼓面直径50厘米左右，鼓高80厘米左右。

鼓槌木制，槌头略大，槌尾系红绸带为饰。

图№0973 战鼓

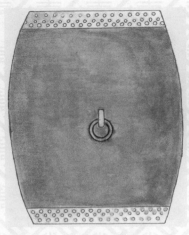

No0973-a

No0973-b

六 达玛如

达玛如，(蒙语，读音damar)，汉语称拨浪鼓，铃鼓，羯鼓。早先是古代蒙古人征战或狩猎时相互传递信息的用具，后广泛用于佛教寺院。

这种鼓大小不等，规格不一。较大的鼓面直径20～30厘米，鼓厚10～12厘米，多为木制。较小的鼓面直径7～10厘米，鼓厚7～8厘米。大拨浪鼓鼓面蒙上牛犊皮，小拨浪鼓鼓面蒙上羊皮。

图№0974 拨浪鼓的结构
　　①鼓框　　③皮棰　　⑤飘带
　　②蒙皮　　④鼓柄

图№ 0975　各种拨浪鼓

No0975-a

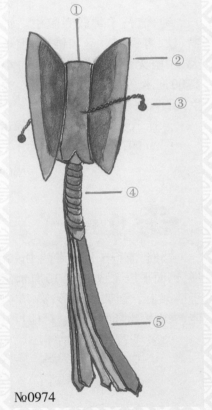

No0974

No0975-b

No0975-c

第五节　体鸣乐器

体鸣乐器,包括敲击体鸣乐器、摇击体鸣乐器、互击体鸣乐器等。

 一 敲击体鸣乐器

❶ 钟

钟,流行于佛教寺院中。钟体铜、铁、青铜制。呈圆锥形,上小下大,中空无舌,规格尺寸不一,小的高90厘米,钟口直径60厘米。大的重几百斤。

悬挂于梁或树上,用木杠撞击。

图 № 0976　钟

№0976

❷ 铛铛

铛铛,流行于佛教寺院中。由铛子、铛架和铛槌组成。铛体用铜制,圆形,铛面平坦无脐,直径15厘米,铛边较宽,边上钻有三四个小孔,用丝线系于铛架上。铛架曲折形,高45~50厘米,用木制,其立柱和横梁均为圆柱体,表面旋出环状条纹。铛槌长16厘米,木制,有的槌头用玉石制作。

图 № 0977　铛铛的结构

① 铛架　③ 横梁　⑤ 系线　⑦ 边孔　⑨ 槌柄
② 立柱　④ 铛子　⑥ 铛子边　⑧ 槌头　⑩ 把柄

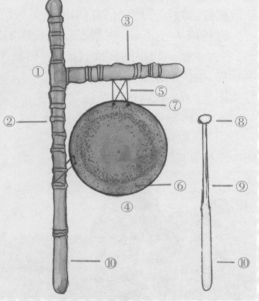

№0977

❸ 木鱼

木鱼,流行于佛教寺院和民间。

用木料雕刻而成,有长鱼形和团鱼形两种。规格不一。长鱼形木鱼一般体长100~150厘米,高25~40厘米;木槌用圆木棒制作,槌长100~150厘米,直径2.5厘米,槌头直径4厘米。团鱼形木鱼,外形雕刻似鱼头,收首缩尾,腰部中空,底部椭圆。头部正前方横开长条形口能发音。长、宽、高大致相同,大者圆径40厘米左右,小者圆径7厘米左右。木槌长短与木鱼的大小相适应,长一般为木鱼圆径的1.5倍以上。

图 № 0978　木鱼

1 长鱼形木鱼　2 团鱼形木鱼

№0978-1

№0978-2

④ 云锣

云锣，民间称为九音锣，属民间器乐。用于民间音乐和寺院音乐中。

云锣由锣体、锣架和锣槌组成。根据发音的高低，一般由十面小锣组合，大小厚薄略有不同。锣体铜制，圆形，锣面凸起，平坦无脐，锣面直径7～8.5厘米，中心部位凸起1.3～1.7厘米，外侧有一圈垂直于锣面而又平行的锣边，边宽2.5～2.7厘米。边上钻有三四个小孔，穿以丝线，按其音位排列悬挂于锣架木格中。锣槌木制柄长33厘米左右。槌头亦有牛角制作的。

图 No 0979 云锣的结构

①锣　　③系绳　　⑤槌柄
②锣架　　④槌头　　⑥锣的侧面直观图

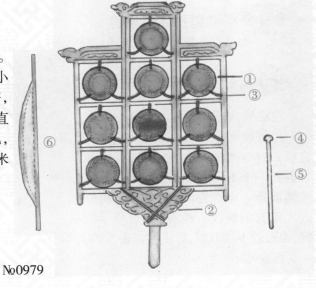

No0979

⑤ 磬

磬，蒙语称为都日嘎(读音 duːrag)。，可分为铁磬、引磬(铜磬)、水盏等。流行于佛教寺院中。水盏，多用于萨满座鼓演唱伴奏。

（1）铁磬

铁铸而成，口大底圆，大小不一，小者如碗，大者似缸，在一般寺院中，以磬高20～25厘米，磬口直径30～40厘米者居多。演奏时用木槌敲击磬壁而发声。

图 No 0980 铁磬

（2）引磬

引磬，又称击子，磬体铜铸，形如小碗。磬口外径为5.6～7厘米，磬高3.5～4厘米，磬壁厚0.4～0.8厘米，磬底钻有小孔，钉于磬柄上端。磬柄木制，柄长25～30厘米，柄径1.6～2厘米，柄体外表旋有环状纹饰。磬槌(或称磬钎)，用细铜(或铁)棍制成，上圆下扁，直径约0.6厘米，长25～30厘米。

图 No 0981 引磬

No0980　　　　　No0981

（3）水盏

水盏，因盏中盛水而得名，蒙语称乌孙都古日嘎(读音 usan duːrag)。

磬体用铜铸而成，呈仰钵体。元代宫廷用小盏，为碗形，口有斜向小边，侧有双耳，用小铁棍敲击。民间流行的水盏，呈圆座高脚杯状，通高15厘米，杯口直径5厘米，杯桩高8厘米，杯壁厚0.5厘米，底座直径5厘米。

演奏时，置于案上，盛水调音后，手执细竹棍击奏。

图 No 0982 水盏

1元代水盏　　2民间水盏

No0982-1　　　　No0982-2

⑥ 锣

铜制木槌，元代用于战阵，后流行于民间。

图 No 0983 锣

No0983-a　　　　No0983-b　　　　No0983-c　　　　No0983-d

 二 摇击体鸣乐器

❶ 连厢棍

连厢棍,也称花棍儿、金钱棍。

用竹或木棍制作,长80～100厘米,直径2.5～3厘米。在距两端5～10厘米处各开一个10×1.5槽或三四个透气孔。从侧面钻一小孔穿入铁钉作轴,再分别嵌入四五根铜线。演奏时,可单手执单棍,也可双手执双棍,摇击或敲击发声。

图№0984 连厢棍

№0984

❷ 摇铃

摇铃,铃身外形似钟,响铜铸成,圆口,边缘齐平,顶部和周身有精美图案。铃舌铜制或铁制,呈棒槌形,悬挂于铃身内腔顶部。规格大小不一,一般通体高14.8～25.2厘米,柄长8.8～162厘米,铃口直径7.4～10.8厘米,不等。

图№0985 摇铃的结构
①顶部　　④铃舌
②铃柄　　⑤顶杆
③铃身(铃筒)　⑥铃边
图№0986 铃

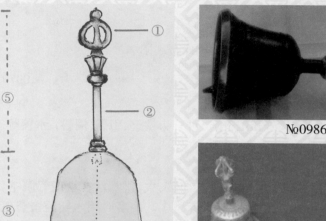

№0985

№0986-a

№0986-b

№0986-c

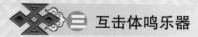 三 互击体鸣乐器

❶ 铜镜

铜镜,是萨满歌舞伴奏的乐器。圆形,一般直径10～15厘米,厚0.6～0.8厘米,大者直径达19.2厘米,小者5.3厘米。正面亮泽如镜,背面铸有花纹图案,中心有一圆钮,其上钻有小孔,用以穿绳缀挂。

图№0987 铜镜

№0987

② 钹

(1)钹

钹,也称铜盘。用响铜制,两面为一副。中部隆起的半球形部分称碗,碗根与钹边之间称堂,碗顶有小孔,用绸或布拴系,用手持握。

一般面径约20～25厘米,碗径约10～12.5厘米,碗高3～4厘米,不等。

图№0988 钹的结构

　①钹边　④碗孔
　②堂　　⑤绸带
　③碗

图№0989 钹

(2)镲

镲,是一种小钹,通常面径12～20厘米,碗径为面径的0.4倍,碗高1.5～2.5厘米。

图№0990 镲

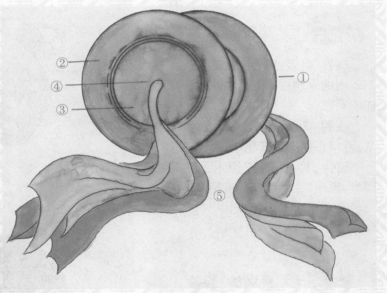

№0988

№0989

№0990-a

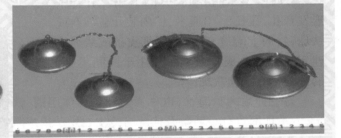

№0990-b

③ 铙

铙,用响铜制,构造与钹略同,两面一副。中部隆起部分似帽,帽径约为全径的0.2～0.25倍。铙和钹的区别是钹面厚而平,碗大而顶圆,铙面较薄而呈弧形,帽小而顶平。

图№0991 铙

№0991-a

№0991-b

④ 碰铃 碰盅

碰铃、碰盅，用于佛教寺院。

用响铜制成，两枚一副。无舌，顶部钻孔相连或系带。

碰铃，外观呈小钟形，通常铃高4.5～6厘米，铃口直径5.5～7厘米，碗径3厘米。

碰盅，厚0.5～0.7厘米，盅口直径7.6～8.2厘米，盅高2～2.2厘米，碗径3cm，碗高1厘米。

图№0992 碰铃 碰盅
　1碰铃　2碰盅

№0992-1

⑤ 萨满铃 腰铃

萨满铃，是萨满教巫师必备的三件乐器之一。

萨满铃，据其形状可分为两种：一种是圆球形或椭圆形，也称为晃铃。铃体铜制，直径2.5～5厘米，表面粗糙。铃的下端开有一字形发音孔，孔长2～3厘米，铃内装几粒沙石或铁珠，铃的上端设有圆环，用细皮条或线绳串连三至五枚系成一束。晃铃用于民间集会、器乐合奏或萨满歌舞伴奏。

另一种是喇叭筒状，也称为筒铃。铃体用铜、铁或合金铸制。长10～15厘米，上端直径2.5厘米，下口直径4～5厘米，上端顶部置有小环备系挂。筒铃主要用于组成腰铃。

腰铃，是萨满教巫师必备的三件乐器之一。将多个萨满铃缀挂在长条带上，系于腰部的器具称为腰铃，腰铃主要用于萨满教的祭祀、驱邪活动。

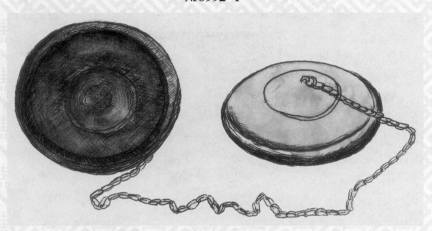

№0992-2

图№0993 萨满铃 腰铃
　1晃铃　3腰铃
　2筒铃

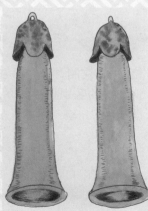

№0993-1　　　　　　　　　　　№0993-2

№0993-3-a　　　　　　　　　　№0993-3-b

对科尔沁蒙古族影响大的宗教,主要是卜额(也用汉字记作博)教和喇嘛教。

第一节　卜额用品

蒙古族将萨满教称之为卜额教。蒙古卜额教是从古代蒙古部族原始公社时期开始形成的,而且在蒙古社会发展过程中产生了久远的影响和作用。在科尔沁地区,到20世纪中期仍普遍存在。

图№0994　哲里木山区萨满教修行基地布局图

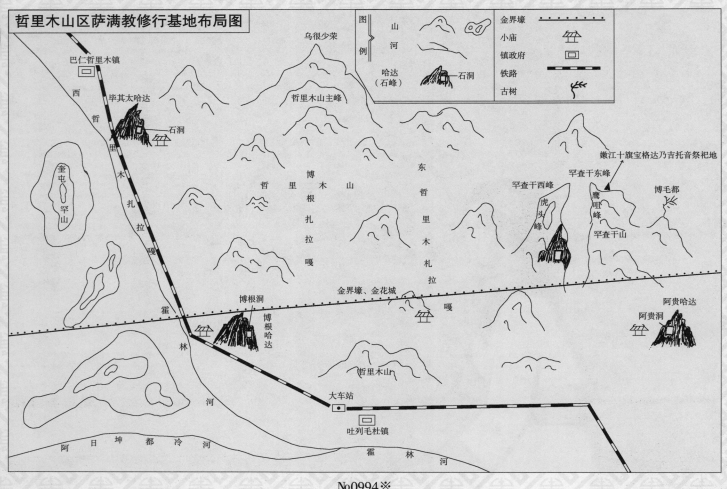

№0994※

 **卜额服装**

　　从事卜额教活动的男性称为卜额(蒙语,读音boː,即卜),女性称为巫都干(蒙语,读音udgan,即巫)。卜、巫装束基本上相同。

　　佛教化的卜额称为赖青,即受佛教影响而归符黄教的白方卜的变种。故亦称为喇嘛卜。赖青主要从事治病、占卜活动。

　　卜额分为两种:崇拜东方四十四天的卜、巫被称为黑方卜额,崇尚黑色;崇尚西方五十五天的卜、巫被称为白方卜额,崇尚白色。古代的卜额只穿白色蒙古袍,后来穿黑白分明的"阿拉嘎德勒",黑方卜穿黑袍、黑鞋、舞黑巾等。也许是因为受佛教的影响,"黑白花服"后来,演变成"杂色花裙"了。

图№ 0995 卜额装束

   Ⅰ 达尔汉亲王旗卜额装束　　　　Ⅲ 科尔沁卜额装束

   Ⅱ 博多勒噶台亲王旗卜额装束　　Ⅳ 黑方卜额装束

№0995-Ⅰ-a　　　　№0995-Ⅰ-b　　　　№0995-Ⅰ-c　　　　№0995-Ⅰ-d

№0995-Ⅱ-a　　　№0995-Ⅱ-b　　　№0995-Ⅲ※-a　　　№0995-Ⅲ※-b　　　№0995-Ⅳ

① 青铜头盔

科尔沁卜额的标准青铜盔,由5个青铜额牌、1个青铜箍和十字形青铜冠脑勺、3个青铜叶叉、3个青铜鹰和2个青铜铃,犹如鸟尾的3束五色绸带、布系带等组成。由此演化出几种青铜盔。

主额牌上刻有科尔沁卜额的鼻祖浩卜克图像,其他额牌上刻有檀香树、铜钱之类象征浩卜克图所居美丽富饶圣地图案或日月、山河、动植物之类自然物图案。

叶子叉,直立,叉尖上置飞鹰。叶子叉象征雪白山上的独树。鸟尾用长宽各2.5尺的五色方块绸子制。两侧叶子叉各挂一个小铃,以代替鹰鸣之声。头盔内套瓜皮帽。

但有的地方也有所不同。有的额牌上刻有骷髅或佛像,有的叶子叉上置雕,有的系各种颜色的九束飘带,有的头盔脑勺是整体的。赖青戴有十五面旌旗的帽子或有十五面旌旗的头盔。有的卜额不戴盔而戴德尔根帽。有的则不戴盔、帽而用红布缠头或散放披肩发。而有的巫的头饰更简单,只是把头发梳成三股长辫,辫梢上系三条红穗。

科左后旗整骨术大师那仁阿柏巫的头盔由6个瓣焊接组成,额部正中置飞翔的白海青,下方有腾飞的龙凤,周围有6朵火焰图案,冠顶部悬挂有青铜铃和白、蓝、黄、红、黑五色飘带,象征东西南北中五个方位和金木土火水五行。

图 No 0996 青铜头盔的结构
①额牌　　④叶子叉　　⑦绸飘带
②冠箍　　⑤鹰　　　　⑧布系带
③盔脑勺　⑥小铜铃

图 No 0997 青铜盔
Ⅰ达尔汗亲王旗卜　　Ⅱ博多勒喀台亲王
额的头盔　　　　　　旗卜额的头盔

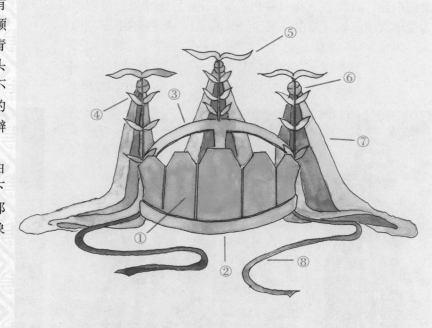

No0996

No0997-Ⅰ-a

No0997-Ⅰ-b

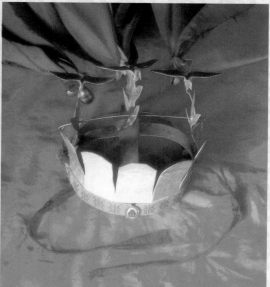

No0997-Ⅰ-c

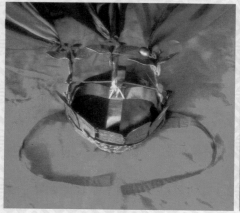

No0997-Ⅰ-d

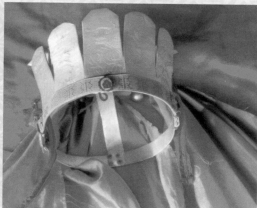

No0997-Ⅰ-e

No0997-Ⅰ-f

№0997-Ⅱ-a

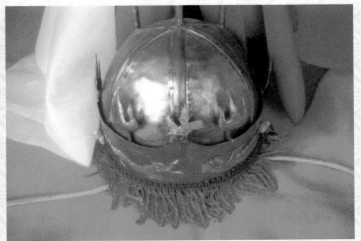
№0997-Ⅱ-b

② 瓜皮帽

瓜皮帽,蒙语称为陶尔朝克(读音 tɔːrtʃɔg),是头盔内套的帽子。用黑色毡制,额前有蒙眼睛的黑色穗带。巫的瓜皮帽另有些装饰。

图№ 0998 瓜皮帽的结构
　　①帽脑勺　③飘带
　　②穗带
图№ 0999 瓜皮帽

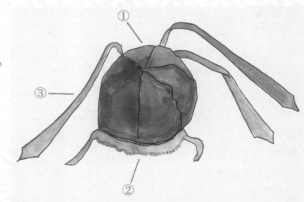
№0998

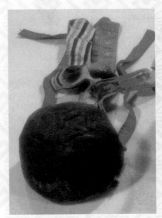
№0999-a

№0999-b

№0999-c

③ 德尔根帽

德尔根(蒙语,读音 dərgən),是圆顶圆沿青蓝色毡帽。帽顶上有红色顶钮和缨子,饰黑边。库伦卜额戴德尔根帽。

图№ 1000 德尔根帽的结构
　　①顶钮　④黑边
　　②穗子　⑤系带
　　③缨子
图№ 1001 德尔根帽(圆帽)

№1000

№1001※-a

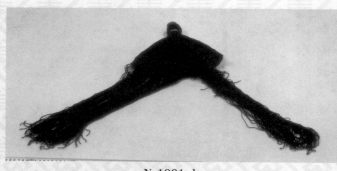

No1001-b

No1001-c

④ 卜额服

　　卜额服，分为上身穿的和下身围的两种。上身穿的，除蒙古袍外，主要有黑白褂和铠甲(坎肩)两种。那仁阿柏的铠甲，前胸有太阳，后背有月亮，分别用铠甲上所挂的青铜镜象征。还钉有象征三星、七星的泡钉。其实，科尔沁卜额多数是穿蒙古袍围条裙和围裙。

　　上身穿的称为阿拉嘎呼日莫(蒙语，读音alɑg xurəm)，汉译黑白褂。领口、襟和袖子用白色镶边。科尔沁卜额很少穿黑白褂，库伦卜额穿普通黑白褂。

　　下身围的称为阿拉嘎德勒(蒙语，读音alɑg də:l)、额日延德勒(蒙语，读音ərε:n də:l)或达喇巴其(蒙语，读音dalawʧ)，汉译条服或条裙。条服由二十一、二十三或二十七条条带组成。那仁阿柏的条服有二十八条条带，有象征二十八宿的含义。

　　条服内扎围裙，一人系一对，开衩对准大腿外侧。镶边饰以图案，有红衣黑边、黑衣红边。

　　赖青的服装略有所不同。

　　卜、巫、赖青均穿普通裤子。

　　图No 1002 卜、巫服 结构

　　　Ⅰ铠甲

　　　　①太阳　③三星
　　　　②太阴　④七星

　　　Ⅱ条服

　　　　①裙带　③条带
　　　　②裙边　④穗

　　　Ⅲ围裙

　　　　①系带　⑤开缝
　　　　②裙边　⑥开衩
　　　　③裙摆　⑦图案
　　　　④饰边

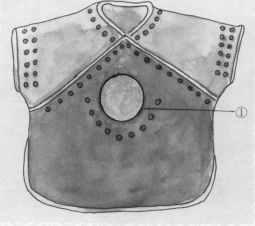

No1002-Ⅰ-a

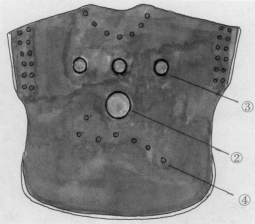

No1002-Ⅰ-b

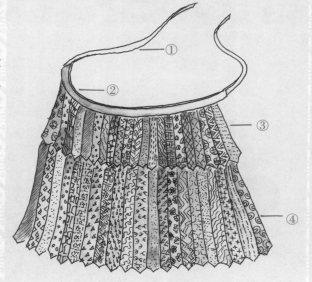

No1002-Ⅱ

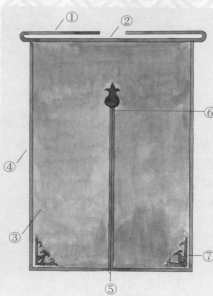

No1002-Ⅲ

图№1003 卜、巫服
　　1铠甲　3围裙
　　2条服

附：
4库伦卜额的黑白裀
5库伦卜额的条裙
6库伦卜额的装束

№1003-1-a

№1003-1-b

№1003-2-a

№1003-2-b

№1003-2-c

№1003-2-d

№1003-3-a

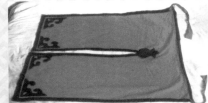

№1003-3-b

№1003-3-c

№1003-3-d

№1003-4※

№1003-5※

№1003-6※

⑤ 靴鞋

卜额的靴子是有盘花图案的蒙古靴子。也穿普通鞋。

图№1004　卜额的靴鞋

№1004-a

№1004-b

№1004-c

№1004-d

卜、巫只用萨满教传统的神具,与赖青用的剑有所不同。

图№ 1005 科尔沁卜额的神具

No1005-a

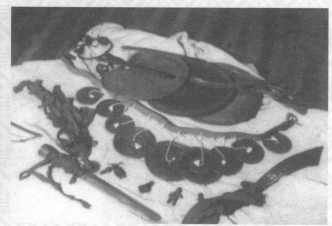

No1005-b

❶ 萨满镜子

科尔沁卜额备有青铜制的腰镜、胸镜、供镜等。

腰镜,是将大小不等的圆镜拴在四指宽的皮带上制作的。悬挂九、十一、十三或十八面镜子均可。正中的镜最大,其余对称,从里往外逐渐变小。那仁阿柏下传的腰镜却有八面。

镜面上刻有十二属相、四大天王、佛、浩卜克图、吉雅其(畜牧神)、巴兀玛拉(雷电神)、博格多额么格(圣贤奶奶)或雪白山、树、鸟等图案,还有咒语等。

有的卜额胸前挂胸镜。

有的卜额供青铜镜。

图№ 1006 萨满镜子

　　1 铜镜

　　2 具有九面铜镜的腰镜

　　3 具有八面铜镜的腰镜

No1006-1

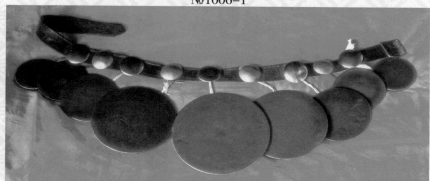

No1006-2

No1006-3

❷ 萨满鼓 鼓槌

科尔沁卜额的鼓是由细铁丝框、把柄、铁环、蒙皮等组成的边鼓,亦称偏鼓。蒙皮为白山羊皮。

偏鼓有大、小两种。一个卜额备有大鼓一个,小鼓十余。大鼓用于祈祷,小鼓用于娱乐。小鼓皮面上画有荷花、八卦、西瓜、吉祥结等。

有些卜额用红、白两种鼓,师傅用白鼓,徒弟用红鼓。

鼓槌,长一尺,用细木棍或竹制,槌头要用布条缠裹,把柄上系五色飘带。

图№ 1007 萨满鼓和槌的结构

　　①鼓框　③把柄　⑤铁环　⑦飘带

　　②蒙皮　④把环　⑥槌杆

图№ 1008 萨满鼓 鼓槌

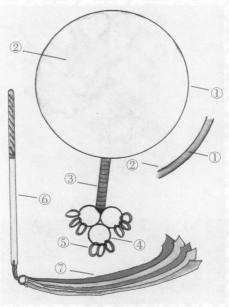

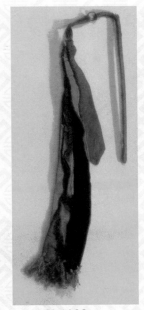

No1007

No1008-b

No1008-a

No1008-c

3 萨满鞭

卜额使用的神鞭有柽柳鞭、搔日毕鞭、系铃鞭、查干额利叶鹰鞭等。

(1)柽柳鞭

鞭杆长一尺,鞭绳长二尺,戴飘带。鞭绳是用狂犬皮制的。此类神鞭用于卜额们过九险的技艺比试活动。

此外,有一种形状相同的普通神鞭称为鹞鞭,用于卜额们驱祟治病活动。

图No 1009　柽柳鞭的结构

　　①鞭杆　　③飘带

　　②鞭绳

图No 1010　柽柳鞭

(2)搔日毕鞭

搔日毕(蒙语,读音sɔrbi),是用细木为鞭杆的形似搔日毕(一种祭祀时的手持用具)的鞭子称为搔日毕鞭。

图No 1011　搔日毕鞭的结构

　　①鞭杆　　③飘带

　　②铁环

(3)系铃鞭

鞭杆长约一尺半,杆头系三个小铜铃,柄头系五色飘带。此鞭用于驱邪镇魔。

图No 1012　系铃鞭的结构

　　①柄杆　　③飘带

　　②铃铛

(4)紫檀木神鞭

有的卜额将形制像马鞭似的紫檀木柄皮鞭专门作为神鞭使用。

图No 1013　紫檀木神鞭

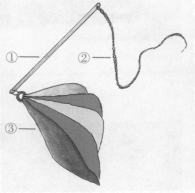

No1009

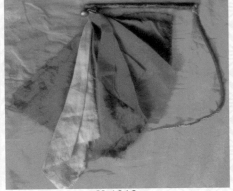

No1010

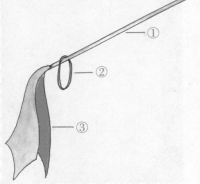

No1011

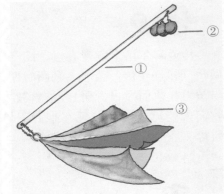

No1012

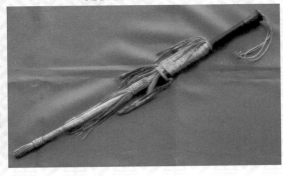

No1013

④ 萨满刺刀 萨满斩刀

卜额使用的刺刀(扎枪)和斩刀由刀柄、刀身、两色飘带、两个铜铃、1个小铜镜组成。刺刀长约一尺半左右,斩刀长约二尺左右。所谓"容枪"神术所用的刺刀宽约二指,长约一拃。

图№ 1014 萨满刺刀、斩刀的结构

　Ⅰ 刺刀　Ⅱ 斩刀

　　①刀柄　③铜镜　⑤刀身
　　②飘带　④铜铃

图№ 1015 萨满刺刀

　1 扁头青铜刺刀　3 尖头青铜刺刀
　2 金刚杵青铜刺刀

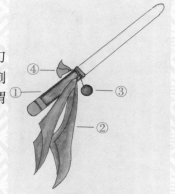
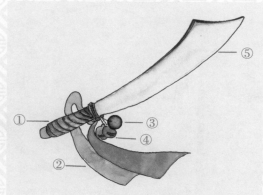

No1014-Ⅰ　　　　No1014-Ⅱ

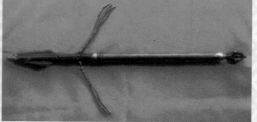

No1015-1　　　　No1015-2

⑤ 剑

剑,是赖青专用器具,与战剑同。

图№ 1016 剑

⑥ 钹

钹,是赖青专用器具。较小,系有彩带。

图№ 1017 钹

No1015-3　　　　No1016

⑦ 三界图

传说科尔沁卜额曾有过萨满经,叫做《青册》经相传。至浩卜勒图时期,因与黄教相争而败,《青册》经被黄教头没收而未能流传至今。现在唯有三界图留传。

图№ 1018 三界图

No1018※

⑧ 卜额徽标

卜巫们从事卜额教活动时,将徽标立在一方祭祀示威。

图№ 1019 青铜虎头徽标

⑨ 萨满神灯

卜巫们在施展神术治病时,在患者头部近处放置点燃三根蜡烛的神灯,令患者注目。在神灯上刻有善于捕捉毒蛇的仙鹤图。

图№ 1020 萨满神灯

No1019　　　　No1020

10 青铜三菱针

卜巫们医治病患时,使用青铜三菱针。

图№1021 青铜三菱针

№1021

11 镇魔器

卜巫们在从事卜额活动或镇魔驱邪时使用萨满刺刀、神杖、羚羊角之类镇魔神器。

图№1022 神杖

　　1 马头神杖　　3 蛇头神杖

　　2 鹿头神杖　　4 剑杖

图№1023 羚羊角神器

12 翁古德

翁古德(蒙语,读音ɔŋgɔd),是精灵之意,或指万物所依附的灵魂的物质化的化身,即将所供奉的神灵形象化,用木、石、毡、毛、布、绸、青铜、铁、银、铜之类物制作的宗教偶像。汉语称偶像或神祇。

翁古德,可分为四类:祖先翁古德、动物翁古德、植物翁古德、人造物翁古德。如:人形汗呼日勒巴特尔翁古德、虎形雄猛翁古德、山榆树翁古德、门窗翁古德等。

翁古德的出现,与古代蒙古人的大自然崇拜、图腾崇拜、祖先崇拜有关。翁古德的数量非常多,有的萨满教士或牧户有成百个翁古德,这是因为每请一回萨满教士作萨满神术,必须制作一个翁古德,而且不能遗弃。

图№1024 各种翁古德

　1

　　①三界翁古德　③青铜翁古德

　　②玉制翁古德

　2

　　①青铜翁古德　　⑦羊皮制老虎翁古德

　　②铁制将军翁古德　⑧羊皮制熊翁古德

　　③布制黑白翁古德　⑨羊皮制公羊翁古德

　　④毡制翁古德　　　⑩羊皮制蜜蜂翁古德

　　⑤羊皮制男女翁古德　⑪九头莽古斯翁古德

　　⑥羊皮制老叟老妪翁古德

　3 其他翁古德

№1022※-1

№1022※-2

№1022※-3

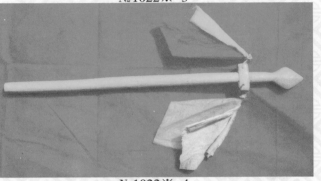

№1022※-4

№1023

№1024-1-①

№1024-1-②

№1024-1-③

№1024-2※-①

№1024-2※-②

№1024-2※-③

No1024-2※-④

No1024-2※-⑤

No1024-2※-⑥

No1024-2※-⑦

No1024-2※-⑧

No1024-2※-⑨

No1024-2※-⑩

No1024-2※-⑪

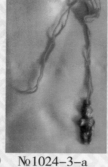
No1024-3-a

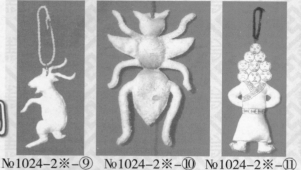
No1024-3-b

No1024-3-c

No1024-3-d

No1024-3-e

No1024-3-f

No1024-3-g

13 查干额利叶

查干额利叶(读音 ʧagaːn əlʲəː),是用白布或白纸剪制的人形图案,卜额们用于镇魔驱邪治病。在安代(读音 andai)治疗中使用查干额利叶蒙盖制作的小白屋,叫做沃若查干格日(读音 oroː ʧagaːn gər),主持行卜的卜额还穿着查干额利叶装束的服装。

图 No 1025 查干额利叶
图 No 1026 蒙盖沃若查干格日所用的查干额利叶
图 No 1027 沃若查干格日
图 No 1028 查干额利叶装束

No1025-b

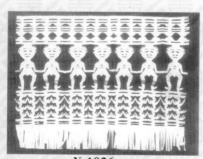
No1026-a

No1025-a

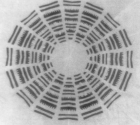
No1026-b

No1026-c

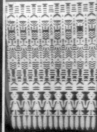
No1026-d

№1027※

№1028

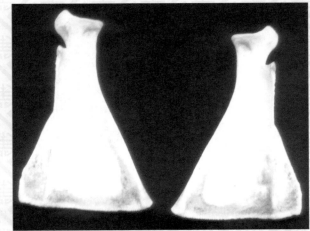
№1029

14 其他

除上述外,卜、巫在施展萨满神术和魔法时,也用具有萨满特色的"母木"、"父木"、"巴尔达格"、神灯、木碗、夹子、九色旌、筷子、匕首、烙铁、手旗、哈达、羊胛骨等器具。羊胛骨用于算卦。

图№ 1029 羊胛骨

第二节 喇嘛用品

佛教开始形成于公元前六世纪中期,是发源于古印度的宗教。公元七、八世纪正式传入西藏,长期与西藏原始宗教本教竞争斗争,到十世纪中叶后发展成为藏传佛教,也称为喇嘛教。十三世纪喇嘛教传入蒙古,清朝时期在科尔沁地区广泛发展并占据宗教的统治地位。到清亡时作为喇嘛教活动场所的寺庙,在科尔沁地区就有二百余座,有的寺庙僧侣达两千余人。

一 喇嘛服装

喇嘛服装,包括帽、短衫、长衫、袈裟、罩裙、额楞、道德贵、斗篷、靴袜等。

喇嘛一般着红色、紫红色或黄色服装。普通喇嘛穿红色或紫红色的,到一定等级的喇嘛才能穿黄色的。寺庙外一般穿红色、紫红色长袍、棉袍、羊皮袍等。

图№ 1030 披袈裟的喇嘛

№1030

1 帽

喇嘛平时可以戴布制圆帽、有檐帽。春秋可以戴紫红色礼帽。寺院外可以戴伞形草帽。此外,有几种喇嘛帽。

(1)沙姆帽(蒜瓣帽)

沙姆帽,又名沙萨尔帽。样子像鸡冠,顶部还有穗。分为普通蒜瓣帽和扁长蒜瓣帽两种。前者,喇嘛诵经时戴;后者,领诵喇嘛、掌堂师戴。

(2)光绍帽(桃形帽)

光绍帽,用黄绸制作,形如桃。这种帽子只在"焚化面塑"时戴。

(3)巴森帽

这种帽比光绍帽稍扁些,顶部也较矮。绰尔济以上学位的喇嘛日常戴。

图№ 1031 各种喇嘛帽

№1031

No1031-a No1031-b No1031-c

(4)装饰帽

五佛冠,是将五块画有佛像的五边形布片子用线串起后戴在头上的一种宗教头饰。前达牟尼冠,是将几个球形体竖罗起来用珊瑚珠子装饰的宗教头饰。

图No 1032 装饰帽

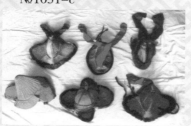

No1031-d

 ❷ 短衫

喇嘛穿白色短衫。

图No 1033 喇嘛短衫

No1032

 ❸ 长衫

喇嘛长衫钉钮襻儿或铜钮。

图No 1034 喇嘛长衫

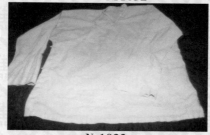

No1033

No1034

 ❹ 袈裟

袈裟,是喇嘛披在身上用的罩裙。有红、黄、紫红色三种袈裟。长14尺,宽4尺。科尔沁喇嘛也有披12尺长的。黄袈裟只有取得拉布占巴以上高级学位的喇嘛才能披用。

图No 1035 袈裟

No1035-a No1035-b No1035-c

❺ 罩裙

喇嘛们原来不穿红色、紫红色、青蓝色罩裙。科尔沁喇嘛穿有裤腰的裤子,系裤腿。沙比(徒弟)喇嘛穿白色裤。

珊塔布(沙姆塔布)是一种有许多褶子的罩裙,套在平时穿的白布裙子外边。

图No 1036 罩裙

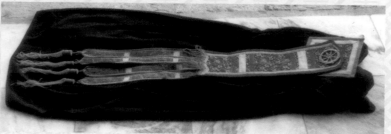

No1036-a No1036-b

⑥ 额楞(坎肩)

额楞，是无袖、无兜，不钉钮扣，前下摆散置不缝的坎肩。

图№ 1037 喇嘛坎肩

№1037-a

№1037-b

№1037-c

⑦ 道德贵(短袄)

制式与平民穿的短袄相似，衣襟很短，黄色。

图№ 1038 喇嘛袄

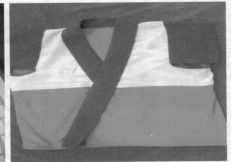

№1038

№1039

⑧ 斗篷

斗篷，是无袖、无襟披篷。喇嘛穿用黄色、绛紫色斗篷。有许多褶子的斗篷，称为达姆。

图№ 1039 斗篷

⑨ 脖领

高僧戴礼仪帽时戴在颈部。

图№ 1040 脖领

⑩ 靴袜

№1040

№1041

喇嘛可以穿灰色、紫红色、黑色布靴。有学位的喇嘛穿红布靴。靴面上可以用一种颜色盘花，不许穿贴花、刺花靴。也穿普通鞋。

喇嘛平时穿白布袜子或用布裹脚。夏天一般不穿靴袜。

图№ 1041 喇嘛靴

寺庙用品

寺庙用品，包括寺庙装饰物、寺院常用品以及喇嘛用具。

① 寺庙顶饰

(1)寺庙金顶又名屋脊宝瓶。

图№ 1042 寺庙金顶

(2)庙顶如意宝

图№ 1043 庙顶如意宝

(3)庙顶吉祥鹿

图№ 1044 庙顶吉祥鹿

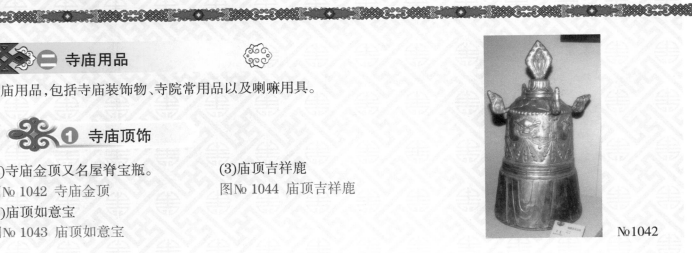

№1042

№1043

№1044

❷ 塔

(1)时轮塔

图№ 1045 时轮塔

(2)菩提塔

图№ 1046 菩提塔

图№ 1047 开鲁元代白塔

№1045

№1046

№1047

❸ 吉祥鹿

图№ 1048 吉祥鹿

①公吉祥鹿　②母吉祥鹿

№1048-a

№1048-b

№1048-c

❹ 如意宝

佛教尊崇的七宝之一,供品。置于佛前。

图№ 1049 如意宝

№1049-a

№1049-b

№1049-c

 **⑤ 那木吉黄登**

镇恶兆,门上挂。

图No 1050 那木吉黄登

 **⑥ 华盖**

华盖,是佛、菩萨、呼图克图、转世活佛的高座或轿子上举起的顶饰。由盖圈、蒙布、彩带、盖杆组成。

图No 1051 华盖

⑦ 佛堂挂饰

图No 1052 佛堂挂饰

⑧ 飞幡

图No 1053 飞幡

⑨ 彩带

彩带,是悬挂在寺堂内的装饰品。除此以外,把殿堂内、供佛处和佛龛都要装饰得五彩缤纷。

图No 1054 彩带
图No 1055 其他装饰

No1050

No1051

No1052-a

No1052-b

No1053-a

No1053-b

No1054

No1055-a

No1055-b

No1055-c

No1056

 ⑩ 驱魔朵玛供台

图No 1056 驱魔朵玛供台

⑪ 七宝八供

七宝八供是佛教的象征
名称,也是供物。

图No 1057 七宝

1法轮宝	5象宝
2如意宝	6马宝
3夫人宝	7官宝(将军宝)
4臣宝	

图No 1058 八供

1华盖	5白法螺
2金鱼	6吉祥结
3莲花	7胜幢
4宝瓶	8法轮

No1057-1

No1057-2

No1057-3

No1057-4

No1057-5

No1057-6

No1057-7

No1058-1

No1058-2　　　No1058-3　　　No1058-4　　　No1058-5

No1058-6　　　No1058-7　　　No1058-8

No1059-Ⅰ

12 金刚杆 交杵金刚

镇器,诵经用。

图No 1059

　　Ⅰ金刚杆　　Ⅱ交杵金刚

No1059-Ⅱ

13 法轮

法轮,又名经轮。置于寺庙殿堂
顶上或殿堂内。金、银、铜制。

图No 1060 法轮

　　1法轮　　　3玛尼手轮
　　2玛尼经轮

No1060-1

No1060-2-a

No1060-2-b

No1060-2-c

No1060-3

345

14 铜镜

铜镜，洗佛像时对着放。
图 № 1061 铜镜

№1061-a　　　　　№1061-b

15 法杖

格斯贵(掌堂师——执法喇嘛)持用的惩罚违规喇嘛的木杖。
图 № 1062 法杖

№1062

16 藏经箱 经卷包皮

僧侣把经卷放在箱子里或用包皮裹起来珍藏。
图 № 1063 藏经箱 经卷包皮

№1063-a　　　　　№1063-b　　　　　№1063-c

№1063-d

№1063-e　　　　　№1063-f

17 钵

僧侣化缘的器皿。
图 № 1064 钵

18 布施器

施主施舍钱财的容器。
图 № 1065 布施器

№1064　　　　　№1065

19 储香筒(盒)

图№ 1066 储香筒(盒)

№1066-a

№1066-b

20 香炉

香炉,是烧香的鼎。用红铜、黄铜、青铜制,有圆鼎、方鼎等。

可以拎的带盖的小香炉称为"贝布尔"。

图№ 1067

Ⅰ 香炉 Ⅲ其他烧香器皿

Ⅱ 贝布尔

№1067-Ⅲ-a

№1067-Ⅰ-b

№1067-Ⅲ-b

№1067-Ⅲ-c

№1067-Ⅰ-a

№1067-Ⅱ

№1067-Ⅲ-d

№1067-Ⅲ-e

21 供碗

点佛灯的用具,内装油竖芯。多为铜制。

图№ 1068 供碗

№1068-a

№1067-Ⅲ-f

№1068-b

№1068-c

22 净水壶

净水壶,又称圣水瓶,浴佛像的器具。形同茶壶,用铜、金、银制成。

图№ 1069 净水壶的结构

①瓶首 ③瓶嘴 ⑤孔雀翎

②瓶座 ④瓶罩 ⑥插翎管

图№ 1070 净水壶

№1069

№1070-a

№1070-b

23 甘露瓶

图№ 1071 甘露瓶

24 醑祭器

醑祭用的器具。用红铜或人的颅骨制成。由盖、容体、座组成。

图№ 1072 醑祭器的结构
　①盖　　③座
　②容体

图№ 1073 醑祭器

No1071-a

No1071-b

No1072

25 曼达

圆形，内装绿松石、珊瑚、金、银、各色豆之类物，诵经时供佛。

图№ 1074 曼达

No1073-a

No1073-b

26 普日布

喇嘛的法器。

图№ 1075 普日布

No1075

No1074-a

No1074-b

27 查玛面具

查玛，藏语，神祇偶像舞之意。是喇嘛教禳灾的仪式，喇嘛们戴上种种面具跳跃，表示以神的威力驱除灾魔。跳查玛舞时戴的面具称为查玛面具。查玛面具有白骨面具、牛头神面具、鹿头神面具等多种。

图№ 1076 各种查玛面具

No1076-a

No1076-b

No1076-c

28 钟

钟,在寺庙院内将钟悬挂在梁栿或树上,用粗木棍撞击生响。

图№1077 钟

No1077-a　　　No1077-b　　　No1077-c

三 诵经乐器

至今在科尔沁寺庙中流行的常用诵经乐器有十余种。

1 金刚铃

铃柄铜或银制,顶部铸成中空结构的金刚形,故称金刚铃。

图№1078 金刚铃

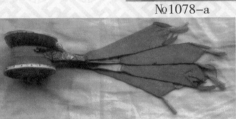

No1078-a　　　No1078-b

2 拨浪鼓

拨浪鼓,蒙语称达玛如(读音damar),用檀香木、象牙或人的颅骨制鼓框,用牛犊皮、羊皮蒙贴鼓面。鼓身涂棕、红、绿色漆。系各色(除黑色以外)彩带。

图№1079 拨浪鼓
1拨浪鼓　　3鼓带
2鼓套

No1079-1-a　　　No1079-1-b

No1079-1-c　　　No1079-2

3 木鱼

木鱼,是团鱼形、中空,敲击体鸣乐器。

图№1080 木鱼

No1079-3-a　　　No1079-3-b

No1080

4 鼓

鼓,寺院内诵经常用的是足鼓。

图№1081 足鼓

No1081-a　　　No1081-b

⑤ 大法号

大法号,由三节组成,大的长260~350厘米,小的长130~220厘米。

图№1082 大法号

No1082-a

№1082-b

⑥ 小法号

诵经乐器。用铜、银或骨制,藏语称干叮。

图№1083 小法号

No1083-a

No1083-b

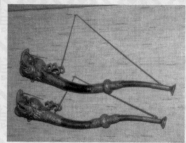

No1083-c

No1083-d

No1084

⑦ 海螺

海螺,用彩带装饰或配置刻有图案的吹嘴子和把手。

图№1084 海螺

⑧ 钹

铜制,两面一付,碗顶孔内系彩带,用于装饰和手持。

图№1085 钹

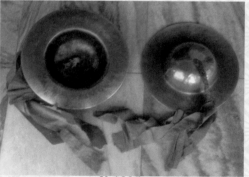

No1085

⑨ 镲

镲的形状和用法与钹相同,是小钹。

图№1086 镲

No1086

⑩ 丁夏

诵经乐器。铜制,两枚一付。汉语称碰铃、碰盅。

图№1087 丁夏

No1087

第十六章 习俗物品类

科尔沁蒙古族民俗物品图鉴

科尔沁人从游牧生活向定居生活过渡的过程中，虽然农耕文化的影响不断扩大，但蒙古族原始文化的恭敬、崇拜、象征之类传统习俗依然保留着，而且增添了许多新的内容和形式，在日常生活中显而易见。

第一节 吉 祥

科尔沁人非常讲究瑞兆的祈求。诸如对颜色、数目、日子、方向、言语等等，都有传统的推崇和敬重，祈求福气、幸运、吉祥如意。

在理念上，推崇白、蓝、黄、红色，白、蓝更甚；推崇三、七、九、十三和双数，三、九更甚；推崇良辰吉日、北方为上、说吉利的话等等。另外，也有不少行为表现。

一 幸运之托

蒙古人将福气命运看作与人体同生的运气，所以非常重视运气。为了使运气旺盛，把幸运之托挂在屋内供奉，或制成旌旗立杆高扬，或剪成吉祥马洒向空中随风飘游。

幸运之托，是出于祈求瑞兆的愿望而绘制的奔腾的骏马。蒙语称为奚茂里(xi: mœr')，有的译成汉语"禄马"。

在室外立杆悬挂的奚茂里可分为矛头奚茂里、叉头奚茂里和连索奚茂里三种。

室内墙上张贴和挂供的奚茂里分为小版的和大版的两种。小版的奚茂里是奔腾的骏马图，四角画有龙、鹏、狮、虎，写有运气旺盛之意的藏文。

大版奚茂里正中画有骏马，周围由龙、凤、狮、虎、七曜、八挂、九宫、七宝八供、十二生肖、二十八宿等图和藏文组成。

图№1088 奚茂里旌旗(禄马风旗)
图№1089 奚茂里小版
图№1090 奚茂里大版

图解：
(1)七曜

日	木星
月	金星
火星	土星
水星	

(2)九宫

一白宫	六白宫
二黑宫	七赤宫
三青宫	八白宫
四绿宫	九紫宫
五黄宫	

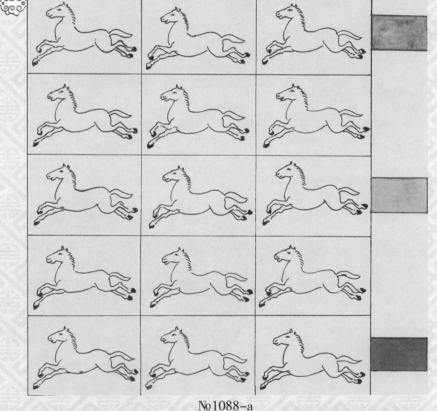

№1088-a

№1088-b

№1088-c

№1089-a

№1089-b

№1089-c

№1089-d

(3)二十八宿

参井鬼柳星张翼轸
虚尾室璧奎娄胃昂毕觜
角亢氏房心尾箕斗牛女

№1090

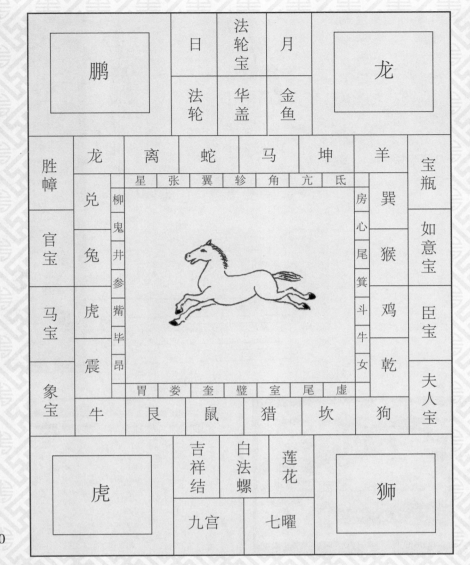

鹏		法轮宝		龙
	日		月	
	法轮	华盖	金鱼	

外圈：胜幢　龙　离　蛇　马　坤　羊　宝瓶
官宝　兑　　星张翼轸角亢氏　　巽　猴　如意宝
　　柳鬼井参觜毕昂　　房心尾箕斗牛女
马宝　虎　　　　乾　鸡　臣宝
象宝　震　　胃娄奎璧室尾虚
　牛　艮　鼠　猎　坎　狗　夫人宝

| 虎 | | 吉祥结 | 白法螺 | 莲花 | | 狮 |
| | | 九宫 | | 七曜 | | |

图№1091 矛头奚茂里
　①矛　　④旌　　⑦底座
　②太阳　⑤旌穗
　③缨子　⑥旗杆

图№1092 叉头奚茂里
　①叉部　　⑩盘形饰木
　②杆部　　⑪饰盘盖
　③底部　　⑫缨子
　④矛　　　⑬担木
　⑤日月　　⑭旌
　⑥箭　　　⑮旌穗
　⑦弓　　　⑯旗杆
　⑧环　　　⑰底座(供台)
　⑨铃铛

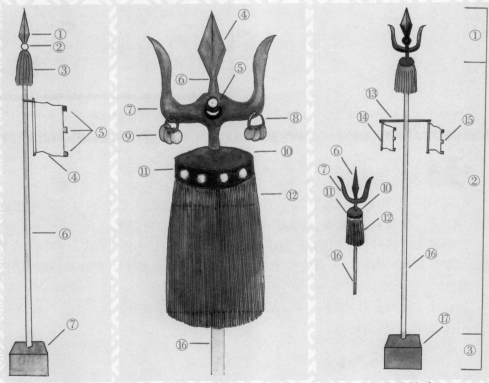

№1091　　　　№1092-a　　　　№1092-b

图 № 1093 连索奚茂里
　①徽　　⑤幡
　②担木　⑥旌
　③缨子　⑦旗杆
　④连绳　⑧底座(供台)
图 № 1094 奚茂里
　1传统版　　3绘画
　2演变版

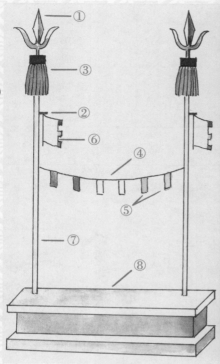

№1093

№1094-1※

№1094-2-a

№1094-2-b

№1094-3※

招仪

　　招仪,是一种招福的仪式。为了使自己富裕安康的梦想成真,科尔沁人往往以招福形式来寄托。招福仪式需用招福桶、招福升、招福碗、招福箱、招福箭、哈达、福袋、九色旗等器具。

　　招福箱和招福升是木制的,上面还有吉祥图案。招福剑用七节或十三节细竹竿制成。举行仪式时招福升内装满九种庄稼籽和珊瑚、珍珠、绿松石之类宝物及香、檀香木屑等插上九色旗。招福箭用五色哈达、小镜子、棉团装饰,也插于招福升内,进行祈祷。

　　招福仪式分为春招、秋招、冬招、九匹白马招或其他专项招仪等。

　　图 № 1095 招仪器具

　　　Ⅰ招福桶

　　　　①盖　　③容器
　　　　②提环

Ⅱ招福碗　Ⅲ招福设备
①招福箭　⑥九色旗
②招福升　⑦招福镜
③升盖　　⑧哈达
④插箭孔　⑨棉团
⑤招福箱

№1095–Ⅰ

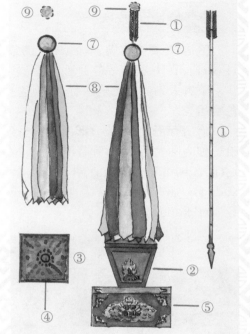

№1095–Ⅱ

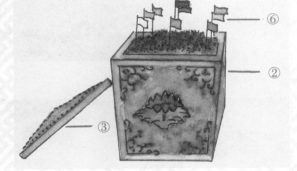

№1095–Ⅲ–a

№1095–Ⅲ–b

图№1096　部分招仪器具
1招福箭　3招福桶
2招福升　4招福箱

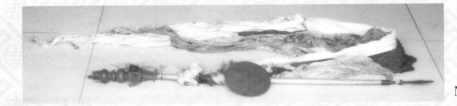

№1096–1

№1096–2–a

№1096–2–b

№1096–2–c

№1096–2–d

№1096–2–e

№1096–3

№1096–4

（三）哈达

　　哈达，是寄寓美满、幸福、平安的象征。广泛应用于春节、会拜、婚礼、节日、祝寿等各种活动。

　　蒙古人崇尚白色哈达、蓝色哈达。后来受黄教影响也用黄色哈达。

　　哈达有正方形、长方形两种。也分为上、中、下三等。上等哈达称为阿尤希哈达(读音ajuʃ xadag)，中等哈达称为旺丹哈达(读音waŋdan xadag)，普通哈达称为散拜哈达(读音 sambai xadag)。还有苏那木哈达(读音 sunam xadag)、萨尔希哈达(读音 sarʃi xadag)等。

　　图№ 1097　哈达

　　　　1 长方形哈达　　2 正方形哈达

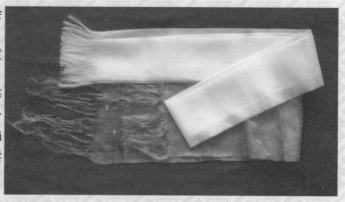
№1097-1-a

№1097-1-b

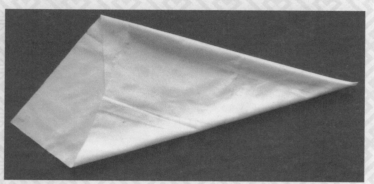
№1097-2

 （四）符

　　科尔沁人为保佑子女健康平安，给一到十三岁的孩子颈部带护身符、护身结、宝锁、天镞、绿松石、珊瑚之类饰件。后来受黄教影响，将这些饰件也有让转世佛念咒作法，或请护法带。

　　图№ 1098　护身符
　　图№ 1099　护身结
　　图№ 1100　天镞

№1098-a　　　　　　　　　　　　　　№1098-b

№1098-c

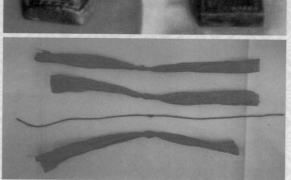
№1099

№1100

五 阿迪斯

阿迪斯(蒙语,读音adᵈas),是指活佛之聪慧与法力的恩赐,也指佛的供物。拜佛者叩拜活佛时,活佛用手给予摸顶,用经书触顶,这对拜佛者是无尚荣幸的事。活佛赐予嘱咒作法的供物,拜佛者当做圣物享供。

拜佛者将得到的阿迪斯视为幸福安康的寄托。

 六 房屋护符

① 屋符

科尔沁人盖新房后在主檩正中用铜钱钉上正方形红布,红布上画有八挂图,红布下方悬挂装五谷的红布袋,袋口处拴上交叉的一双红筷子和羊拐,以寄托生活富裕、家庭幸福,认为这样可以避邪、镇邪。有的地方,起初使用带有吉祥结图案的黄布、白色五谷袋、镢、黄穗组成的护符,这可能是受黄教影响所致。后来用红布越来越普遍,这可能是受农耕文化影响所致。有的地方在主檩上用九条红毛线吊上绣有鸳鸯的带红穗红飘带红边的黄色元宝,元宝内装满五谷。这也是一种符。

图№ 1101 房屋护符

    Ⅰ 红布符

        ①红布   ③铜钱   ⑤羊拐

        ②八挂   ④筷子   ⑥五谷袋

    Ⅱ 黄布符

        ①黄布   ③白色五谷袋   ⑤镢

        ②吉祥结   ④旧币串   ⑥穗儿

    Ⅲ 元宝符

        ①条绳   ③穗儿   ⑤檩子

        ②元宝   ④飘带

图№ 1102 棚圈符

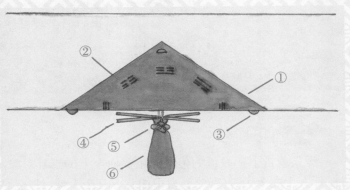

No1101-Ⅰ

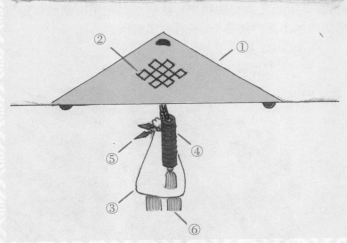

No1101-Ⅱ

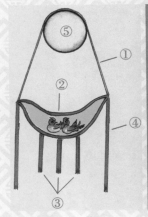

No1101-Ⅲ-a

No1101-Ⅲ-b

No1102

② 避邪镜

科尔沁人为了避免祟鬼作怪,便在房屋主梁南北两端挂两面镜子,称之为避邪镜。

图№1103 避邪镜

№1103

第二节 祭 祀

在科尔沁的多数祭祀活动中,卜额教和佛教的影响同时存在,这是卜额教和佛教相融的表现。

 **一 祭天**

天是蒙古卜额教最为信奉的重要而至上的崇拜对象。卜额教邀呼语词中提及东方四十四个天神、西方五十五个天神,计九十九个天神(有的资料中加北方三个天神、计一百零二个天神)。祭天,是指祭祀这些全体天神的习俗。

科尔沁人在正月初一凌晨启明星升起的时候祭天。祭天仪式在室外进行,每户都燃起篝火,向日出的东方焚香、献德吉(享用品之最初的精华)、献祭。祭祀用面塑的灯碗、巴灵(供品)、木碗、木盘、木勺、木匙等木制器具。后来,有人凭借想象画出天神腾格里,平时在屋里供奉。

图№1104 腾格里神

　　1天神腾格里　　2战神腾格里

№1104※-1

№1104※-2

二 祭祖

过去王公贵族筑专门祭祀的庭院，称为家庙或祖庙。祖庙内供奉以圣祖成吉思汗、哈布图哈萨尔为首的列位先祖。

不论贵族或平民在吃饭前都用饭菜的德吉（物之第一件或物之精华）祭祀，尤其是在节日期间，饭前用最美味食品——德吉首先祭祖。

此外，每年阴历十二月二十三日、除夕、清明节必须在室外燃火供祭。清明节到墓地上坟祭祖。

图№ 1105

　　Ⅰ 圣主成吉思汗像　Ⅱ 哈布图哈萨尔像

图№ 1106 燃火供祭情景

No1105-Ⅰ-a

No1105-Ⅰ-b

№1105-Ⅰ※-c

№1105-Ⅱ※

No1106

三 祭火

祭火，分为家祭、庙祭、官方祭三种。

家祭有日祭（小祭）、月祭、季祭、年祭（大祭）等。科尔沁的大祭于阴历十二月二十三日进行。

庙祭是指喇嘛们在寺庙内聚会祭火的活动，只有蒙古族寺庙举行。

官方祭是指官衙主持办的祭火活动。古代成吉思汗汗室祭火、哈布图哈萨尔祭火等等，沿袭几百年。清朝时期，旗札萨克主办，配备专门的祭祀蒙古包，在包内西北侧放供桌，供桌上置札萨克印章和神灯碗祭之。

科尔沁蒙古人的家庭祭火有祭火撑、祭火盆火、祭灶火等三种形式。祭火是用榆树、针茅、芦苇头、冷蒿、杜松、枣、白绵羊或白额白鼻梁的绵羊胸脯、直肠、酹、香、佛灯、蓝红白绿黄五色布彩条、饮食德吉等，焚而供之。其实，直接祭自然火是最初的、最根本的，其余都是从此演化而来的。

图№ 1107 祭火撑

No1107

㈣ 供佛

佛教在蒙古各地相传后,供佛在科尔沁地区已成为普遍现象。

供佛,主要有四种形式:筑寺庙供、建佛庭供、在居民住宅供、戴在胸前供等。

① 寺庙

除由官方筑造的旗庙外,还有民间的村庙或几个村中间的寺庙。寺庙是喇嘛教日常活动的场所。

图№ 1108 寺庙

　Ⅰ科左后旗双合尔庙

　　1复原图　2大殿原貌

　Ⅱ科左中旗集宁寺(哈么莫力庙)原状　　Ⅳ杜尔伯特旗富余正洁寺模型

　Ⅲ土谢图族遐福寺模型　　　　　　　Ⅴ寺庙建筑

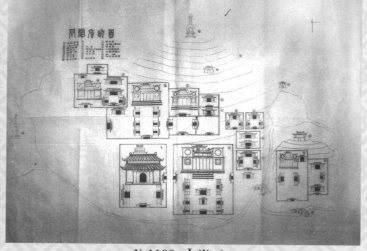
№1108-Ⅰ※-1

№1108-Ⅰ※-2

№1108-Ⅱ※

№1108-Ⅲ※

№1108-Ⅳ※

№1108-Ⅴ-a

№1108-Ⅴ-b

№1108-Ⅴ-c

❷ 佛庭

佛庭，是望门、贵族、富翁私家配备的供佛场所。

图№1109 佛庭内的设施

❸ 佛龛

平民百姓，大都在住宅内尽量配备佛龛。没有条件配备佛龛的在屋内西北侧将佛像放在桌子上或挂在墙上供祭。

图№1110 供房内供台

图№1111 佛龛

图№1112 供桌

图№1113 佛像

No1109

No1110-a

No1110-b

No1111-a

No1111-b

No1111-c

No1111-d

No1111-e

No1111-f　　　　　No1112-a　　　　　　　　No1112-b

No1113-a　　　　No1113-b　　　　　No1113-c　　　　　No1113-d

④ 佛盒

　　佛盒,是可以戴在脖颈上的装有佛像的小盒。用黄铜、紫铜、金银制。有长方形、正方形、圆形、上圆下方等各种款式。

　　图No 1114 各种佛盒

No1113-e　　　　　　　No1113-f

No1114-a　　　　　　　　　　No1114-b

科尔沁蒙古族民俗物品图鉴

五 祭苏勒德

供祭成吉思汗近卫军黑、白苏勒德的习俗在科尔沁早期相传。

❶ 远望哈日苏勒德

哈日苏勒德(蒙语,读音 xar suld),即黑纛,从很远处望得见,故称远望。哈日苏勒德由剑形头(二指宽、约一尺长、钝边,下方有柄眼,柄眼直径寸余,铁制)、圆盘(直径约一尺,银制,凿有系鬃毛的八十一眼孔)、鬃缨(黑色公马额鬃八十一束,色黑,用羊皮条系于盘孔)、纛杆(长十三尺半,直径二寸,果松制)等组成。

图 № 1115 哈日苏勒德

①剑形头　③鬃缨　⑤纛座
②圆盘　④纛杆

№1115-a

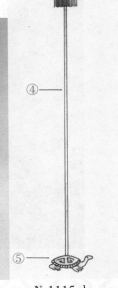

№1115-b

❷ 九足查干苏勒德

查干苏勒德(蒙语,读音 ʧaɡaːn suld),即白纛,由一个主纛和八个副纛组成,分别插于九个纛座上,故称九足。副纛分别与主纛连索相连,距三丈。查干苏勒德由叉形头(由弓、箭模型组成,长一尺,铁制、镀金)、圆盘(与黑纛同)、鬃缨(白色公马额鬃八十一束、色白,用羊皮条系于盘孔,缨长三拃四指)、纛杆(主纛杆长十三尺,副纛杆长九尺)组成。

图 № 1116 查干苏勒德

①主纛　③叉形头　⑤鬃缨　⑦连索
②副纛　④圆盘　⑥纛杆　⑧纛座

№1116-a

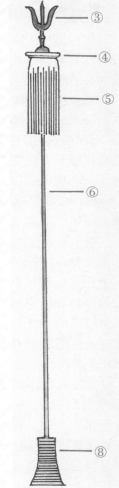

№1116-b

№1116-c

第十六章　习俗物品类

363

图№1117 苏勒德

Ⅰ立于乌兰浩特成吉思汗庙的苏勒德

Ⅱ立于郭尔罗斯前旗成吉思汗召的苏勒德

№1117-Ⅰ №1117-Ⅱ

（六）祭敖包

敖包(蒙语,读音ᠣᠪᠣᠭᠠ owo),也记作鄂博,堆子之意。敖包分为从某种祭祀的目的而立起的堆子和作为某种标记、纪念为目的而立起的堆子两种,后者不祭。

祭敖包是用树木、石头、柳条、草根坯、土、砖等堆起的供祭苍天、大地、海神、山神、水神等的一种习俗。过去,用砖、石筑敖包,带有永久性。有的在用树枝筑起的敖包内立几棵檩子当骨架,有数庹高。传说在有的著名敖包下活埋了骑马的人或行人,作为敖包魂;有的敖包下藏有五宝(金、银、铜、绿松石、珊瑚)瓮、五谷、六字真言等;有的敖包顶上还建小庙,内藏经卷以供祭。

科尔沁的敖包按等次大致可分为会盟敖包、旗敖包、苏木敖包、村子敖包、家庭敖包等。有单独的敖包,也有同一个主敖包和几十个副敖包组成的敖包群。哲里木会盟的敖包群是由象征盟的一个大敖包以及象征旗的十个小敖包组成的。大敖包在中央,小敖包对称地散落在外围,与主敖包用20米长的垒石凸脉相连。这是象征和表达了嫩江十旗血肉相连且归一个盟管辖。

祭敖包时,为复活敖包用挂有鲜花、珍珠、彩带、布条等的柳条装饰一新。用五脏俱全的全羊和奶食祭祀,之后进行娱乐活动。装饰敖包时,在敖包中央插一杆旗纛,用马鬃作纛缨,顶端安箭镞,象征战神;有的敖包插柳枝,上面悬挂白、蓝、绿、黄、红五色旗幡,白色象征吉祥、蓝色象征长生天、绿色象征生命、黄色象征大地、红色象征血液即生机盎然;有的敖包在杆子上立木雕的海青、鹰,实为图腾,以象征部族神灵;有的敖包杆子上烘托日月,实为徽标,以象征光明;有的敖包杆子上悬挂白布旗幡,上面画有

骑马的小孩,实为禄马风旗,象征幸运、兴旺发达。木杆和柳枝都要拉彩绳或挂满哈达和五色彩幡。祭祀时敖包前摆放九块平石作祭台,祭台上摆放祭祀品。

图№1118 单独敖包

图№1119 敖包群的布局

　1两个敖包　　　4五个敖包　　　7十三个敖包

　2三个敖包　　　5七个敖包

　3四个敖包　　　6九个敖包

图№1120 哲里木会盟地敖包

　1盟敖包　　　　　　　7科尔沁左翼中旗敖包

　2科尔沁右翼中旗敖包　8科尔沁左翼前旗敖包

　3科尔沁右翼前旗敖包　9科尔沁左翼后旗敖包

　4科尔沁右翼后旗敖包　10科尔沁左翼郭尔罗

　5科尔沁右翼扎赉特旗　　斯前旗敖包

　　敖包　　　　　　　　11科尔沁左翼郭尔罗

　6科尔沁右翼杜尔伯特　　斯后旗敖包

　　旗敖包

图№1121 杜尔伯特旗敖包

图№1122 郭尔罗斯敖包

图№1123 扎赉特的保如浩特敖包

图№1124 科左中旗吉如和敖包

图№1125 杜尔伯特旗寿山敖包

图№1126 复建的科左后旗协日嘎敖包

图№1127 更新后的科左中旗敖本台敖包

图№1128 祭祀用品

图№1129 祭敖包

№1118

№1119-1

№1119-2-a

№1119-2-b

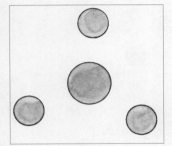

№1119-3-a

№1119-3-b

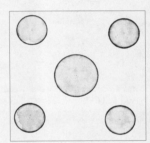

№1119-4-a

№1119-4-b

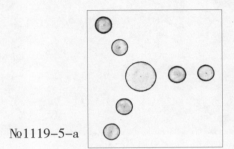

№1119-5-a

№1119-5-b

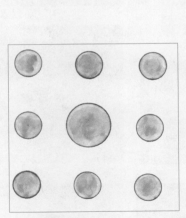

№1119-6-a

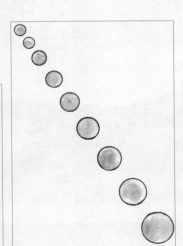

№1119-6-b

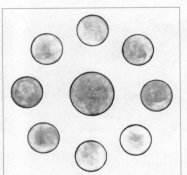

№1119-6-c

№1119-6-d

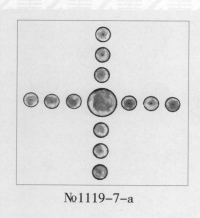

No1119-7-a

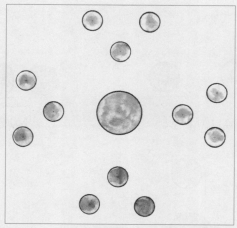

No1119-7-b

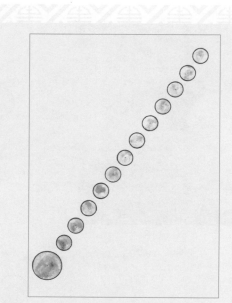

No1119-7-c

No1119-7-d

No1120-a

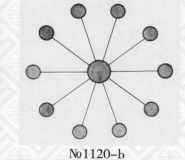

No1120-b

No1120-1

No1120-2

No1120-3

No1120-4

No1120-5

No1120-6

No1120-7

No1120-8

No1120-9

No1120-10

科尔沁蒙古族民俗物品图鉴

№1120-11

№1121

№1122

№1123

№1124

№1125

№1126

№1127

№1128※-a

№1128※-b

№1129※

蒙古人自古以来有供奉森林、柽柳、榆树、桦树、松树、檀香树等树木的习俗。在科尔沁某些地方至今还遗留着祭尚西树的习俗。

尚西树是指在村屯附近或野外生长多年的枝繁叶茂的独棵大树(榆树、柳树、枫树)称之为尚析(蒙语,读音ʃɑŋʃ)。科尔沁蒙古人将这样的树视为海神的化身,故祭祀它。

在尚西树树根处置一块或几块石头,或者将石头磨成人头状凿以眼、耳、鼻、嘴,称其为尚西翁,或从村里请德高望重的老人当"尚西翁"。在树的主枝上系白幡,还系扎五色彩绸带,有的地方在树上挂尚西神像来祭祀。

祭尚西树有确定的日子,但若出于某种理由也可随时祭。祭祀物为专门宰杀的牛羊、各家各户带来的肉、油、米、酒、茶、盐、菜等各类食品及钱币。

图№ 1130 草原树神
图№ 1131 扎赉特旗塔力嘎其黄花村尚西树(今泰赉县)
图№ 1132 郭尔罗斯后旗大庙村尚西树(今肇源县)
图№ 1133 达尔罕亲王旗六棵树艾力(村)六枝尚西树
图№ 1134 达尔罕亲王旗固伦温都艾力尚西树
图№ 1135 达尔罕亲王旗新艾力尚西树
图№ 1136 博多勒噶台亲王旗海斯改艾力尚西树
图№ 1137 宾图旗翁斯特艾力尚西树
图№ 1138 阿鲁科尔沁旗扎兰营子尚西树(今开鲁县大榆树镇)

№1130※

№1131

№1132

№1133-a

№1133-b　　　　№1134-a

科尔沁蒙古族民俗物品图鉴

No1134-b

No1135

No1136

No1137

No1138-a

No1138-b

八 祭保护神

祭保护神是供地方神灵的习俗。蒙古人认为山、水、土地甚至每个村屯都有其神灵，是当地的保护神。因此，每逢盖新房、下葬、开荒、挖壕等凡动土的事以及节日、婚宴、聚众娱乐，都要先祭保护神。各地的神灵互不相同。如：双合尔山的保护神是手持长矛、身着银白色铠甲、骑白马的骑手。

祭保护神无确定的日子。何时有必要，何时就焚香，用白食洒祭，向保护神磕头自责，祈祷吉祥。

图No 1139 兴安岭保护神

图No 1140 杜尔伯特旗多克多尔山保护神

图No 1141 草原山神

No1139※

No1140※

No1141※

（九）祭吉雅琪

吉雅琪(蒙语,读音ʤajaːtʃ),是卜额教所信奉的九十九天神之一的牲畜保护神,后来演变为命运之神。

吉雅琪翁,是指固定在布或羊皮上的用绸缎做的人形偶像,用珊瑚、绿松石镶眼睛。

制成吉雅琪翁赋予神灵或复苏时,必须请卜、巫承办。婚宴、节日或吃佳肴时也祭吉雅琪。平时把吉雅琪挂在蒙古包门旁供奉。有的地方将吉雅琪当作命运之神,供奉的图像是穿蒙古袍的一对男女,前面画有五畜。

图No 1142 吉雅琪

No1142※

（十）祭查干鄂布根

查干鄂布根(蒙语,读音tʃagaːn owgon),是掌管赡部洲的神。科尔沁蒙古人多数人家祭查干鄂布根,而且有的人独自供。

主要是烧香、熏香,用水果、白食、点心供祭,并咏颂词。多数人家在阴历初二、十六日供祭,或祭场院(打谷场)后在屋里续祭查干鄂布根。

图No 1143 查干鄂布根

No1143※

（十一）祭玛纳罕

玛纳罕(蒙语,读音manxan),是狩猎神。祭玛纳罕无固定的日子。一般在出猎前在家祭或出猎后在第一个宿营地祭,向玛纳罕祷告。

图No 1144 玛纳罕

No1144※

十二 信仰圣主格萨尔

科尔沁人认为，圣主格萨尔是牲畜的保护神、猎物的赐予者、仇敌的震慑者。因而普遍供奉于佛龛之内。说书艺人也在说书前祭格萨尔画像。

图№1145 格萨尔像

No1145※

 十三 祭布玛拉

布玛拉(蒙语，读音 buːmal)，是卜额教崇拜的九十九天神之一的雷电神。布玛拉是"下凡"的意思，即从天上下凡的神。其载体是牛的桡骨，把它当作偶像来崇拜。平时用毡片裹起来藏于屋子西南角。后来赋予人形，画在牛皮或白布上或刻在牛角上，挂在南墙窗户傍供。年年祭或隔年祭。布玛拉的神灵赋予和复苏、供祭与吉雅琪相同。

图№1146 布玛拉

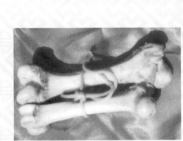

No1146※

 十四 祭圣贤奶奶

圣贤奶奶神，是医药神。

每年春季种痘，天花出透之后祭一次圣贤奶奶。选择离村稍远的干净地方，插上活柳树枝，用五色彩带装饰，全副武装的卜额们烧香、点神灯、醑供物、唱歌祈祷。向圣贤奶奶供饽饽、糕点等食品后，将食物抛远，聚会的人们抢着吃，图个吉利。

图№1147 祭圣贤奶奶

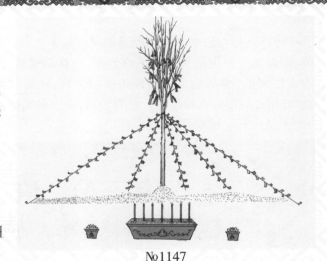

No1147

 十五 千灯祭

每年农历十月二十五日是宗喀巴佛逝世祭日。当日夜间要点燃很多佛灯来纪念，故称千灯祭，蒙语称为明安珠拉(读音 mɪŋgan dʒʊl)。掌灯以后，以户为单位祭祀。当日不吃红食，吃白食。

图№1148 千灯祭

No1148

 **(十六) 祭场院**

秋季打完场后，杀猪宰羊，将打场的工具堆在场院中心，将羊荐骨部、黏米、黏糕等佳肴焚于火中供祭。用酒涂抹打场工具，颂词祝福。

祭场院没有固定的日子，打完场即定吉日，祭完场院便设宴款待乡亲。

图 № 1149 祭场院

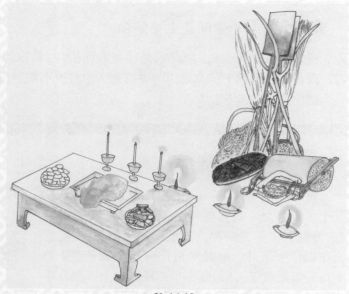
№1149

 **(十七) 祭水井**

祭水井，是指在日落月出时刻，人们头扎柳条环，身上只穿挽裤腿的裤子，赤脚绕着井鱼贯而歌舞。多为干旱时祭井求雨，有的村定期祭。届时，长者以求雨为内容的歌词领唱，众人以吉祥之词合唱，然后把净化的井水洒于身，以象征降雨。

还有一种与祭水井相似的活动叫做祭龙王爷。到干旱季节，邻近几个村屯的男士们不论老少，贫富都聚集于水边、河边或泉水旁，也与祭水井一样头戴柳条环，跳舞唱歌祭龙王爷，并用吉利语言祝福求雨。这种活动，男士必须都要参加。

图 № 1150 柳条环

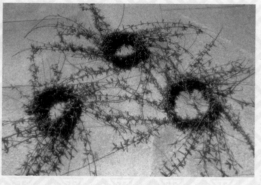
№1150

第三节　信　奉

科尔沁人普遍信仰萨满教、佛教之外，还信奉天体、勇猛的动物及个别植物。

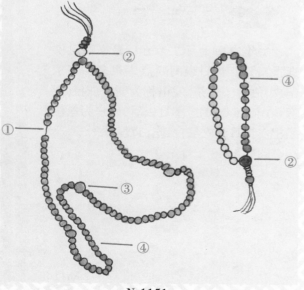

(一) 念珠

捻珠，是信佛教的具体行为，不少人年迈后捻珠以坚持其信仰。

念珠的珠子用檀香木制成丸状，中间凿眼串起来。早先，也有用人的头颅厚骨制成的，这种骨制念珠唯有喇嘛们使用。有的念珠的珠子是六菱形的。

念珠的珠子有固定的数目(108个或28个)，都有珠首，珠首的珠子比较大，而且串有系绳。

有108个珠子的念珠有4个分珠，分珠也比一般珠子大些，且颜色不同，各分珠之间都有28个珠子。

图 № 1151 念珠的结构

　　①系绳　　　③分珠
　　②珠首　　　④珠子

图 № 1152 各种念珠

　　1 普通念珠　　　2 头颅骨念珠

№1151

科尔沁蒙古族民俗物品图鉴

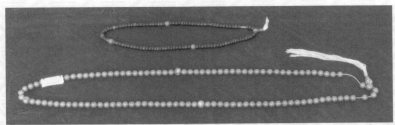

No1152-1-a

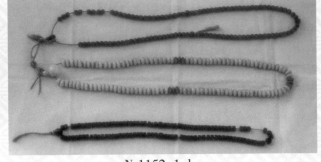

No1152-1-b

No1152-1-c

No1152-1-d

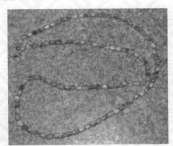

No1152-2

（二）信奉天体

① 信奉日月

科尔沁人认为日月是上天的子女,所以不少人信奉太阳和月亮。通常在晴天太阳或月亮升起的时候祭拜。每天旭日东升之时,男人朝着太阳站立,解下腰带,用双手托过头顶,弯身向太阳三鞠躬。午间亦如此祭拜。每年正月初二的晚上集体祭月亮,祭祀时朝月亮方向摆祭坛,洒酒叩拜。还有 阴历初八到二十二日期间祭拜月亮之习。

图№ 1153
Ⅰ太阳神偶 Ⅱ月亮神偶

No1153-Ⅰ-a※

No1153-Ⅱ-a※

No1153-Ⅰ-b

No1153-Ⅱ-b

② 信奉星辰

科尔沁人认为凡是闪闪发亮的星星都是福者之星。故信奉北极星(北辰)、北斗星(七星)、三星、六辰、天豕星、银河等。有些人还独自供奉某个星辰。每年正月初七是祭星日。午夜时,在庭院中放一张供桌,桌上摆香炉,插七炷香、放一碗清水、一面镜子和七种祭品、七盏佛灯。待星辰满天时,点草星,燃佛灯,向四方天体叩拜,行洒酒礼。然后在水碗和镜子里观星,以求吉祥。此为祭所有星辰。祭专门星座主要是祭北斗星。祭时,在庭院东北角,仿北斗星形状堆七个土堆。待北斗星出齐时,在七个星堆上点燃篝火,投焚七种祭品,行洒祭礼。参祭人跪成一列,叩拜七次。此为祭专门星辰。有的地方也有将正月初八当祭星日的习俗。

图№ 1154 星神图

No1154※

三　信奉勇猛动物

❶ 龙

科尔沁人认为,龙遵天命而呼风唤雨。故有的人家供奉龙的图像。

图№ 1155　龙

❷ 鹏

科尔沁人认为,大鹏是飞禽之王(凤是鹏的化身),且把孔雀、丹顶鹤之类归为鹏族。故信奉大鹏且把孔雀和鹤的羽翎珍藏起来。

图№ 1156　鹏

图№ 1157　孔雀　鹤

№1155※

№1156

№1157-a

❸ 勇猛者的象征

科尔沁人将狮、虎、象信奉为勇猛者之象征,狮为兽皇、虎为兽王、象为洁净力士,特别崇拜白狮。过春节的时候,多数人家将狮、虎剪纸(红纸)贴于门窗上。

图№ 1158　勇猛图

№1158-a

№1157-b

№1158-b

科尔沁蒙古族民俗物品图鉴

No1158-c

No1159

No1160

 **（四）崇尚一些植物**

❶ 杜松

科尔沁人认为，杜松洁净、芳香，用于焚香。平时用于熏香和化洁。

图No 1159 杜松

❷ 檀香木

科尔沁人认为檀香木是树中之宝，故常珍藏于家中，用于焚香。用檀香木制念珠、胡尔之类珍惜用品。

图No 1160 檀香树

❸ 诺颜毛都

科尔沁人视诺颜毛都(蒙语，读音 nɔjɔn mɔd)为树中之王，故平时放于柜箱内或置于檩柱上，或夹于门窗缝以示镇服。何为诺颜毛都，各地说法不一。有的人认为诺颜毛都是一种树的专有名称。有的认为核桃树，有的认为槭树，有的认为枫树，也有的人认为檀香树。唐槭树和枫树同属一科，故人们常常混同。槭树叶为五裂，枫树叶三裂，均在秋季变红。

槭树皮稍黄，叶子掌状，入秋变红，有三裂的和五裂的。树籽可熬茶喝，质地坚硬，可做车辋。树根可剜木碗和制骨箭。三裂叶子的叫枫树，俗称三角枫；五裂叶子的叫槭树，俗称五角枫。

核桃树，也称胡桃。落叶乔木，核果球形，果仁可吃，可榨油，也可入药。木材坚韧不裂，可供建筑雕刻等用。

图No 1161 诺颜毛都

Ⅰ 胡桃　Ⅱ 槭树

No1161-Ⅰ

No1161-Ⅱ

❹ 甘草王

科尔沁人认为，只有有缘有福者才能找到甘草王，吃甘草王不老而且治愈多种慢性病。

在传说中甘草王是埋于深土层的人形甜草根，有时变成系红兜肚的幼童与俊杰的孩子们玩耍。

图No 1162 甘草

No1162

❺ 灵芝

科尔沁人将灵芝视为草中之宝,凡人肉眼难以识别,若能吃到灵芝则长生不老。在传说中乳牛吃灵芝王可生犇牛,骡、马吃灵芝王可生神驹。

图№ 1163 灵芝

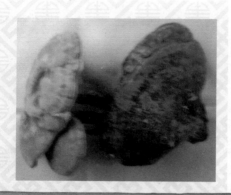

No1163

第四节　忌讳 道木

☐ 一 忌讳

蒙古人的习俗中有许多忌讳。这些忌讳往往以长者训诫传承,成为人们的禁忌。如:子女不准称呼前辈的名字,科尔沁人再穷也不能吃被狼害的牲畜肉等。

但是有的事情有忌讳标志。妇女坐月子时家门口挂上标志让外人引起注意以忌入室。若生男孩挂缠红布条的箭在弦上待发的弓;若生女孩挂圆形柳条环,用红布条系上花。

图№ 1164 坐月子的禁忌标志

No1164-a　　　　　No1164-b

☐ 二 道木

道木(蒙语,读音 dɔm),是指防、免、避、驱、治愈某种不吉祥前兆和疾病的行为。民间常见的几种道木有:

❶ 无纹旧币道木

从沙土中拣到的天长日久磨成无纹线的旧钱币,称为无纹旧币。骑手和摔跤手将无纹旧币缝在衣着上,称可避免伤骨。

图№ 1165 无纹旧币

No1165

❷ 额利叶道木

用纸剪成的七个或九个连着的人像称为额利叶(蒙语,读音 əlʲə:)。通常在傍晚的时候做母亲的站在门口向外瞅着剪额利叶,将剪成的额利叶烧成灰后让孩子清水冲服,称可治愈伤疤。

图№ 1166 额利叶

No1166

❸ 柽柳道木

欲产孕妇疼痛的时候把柽柳举在其身上或用它轻轻地鞭打身上，称可催产。

图 № 1167 柽柳

№1167

❹ 乞盐道木

有的小孩有睡眠中尿床的毛病，让小孩端着瓢到七户人家行乞讨盐，称可改好。

图 № 1168 瓢

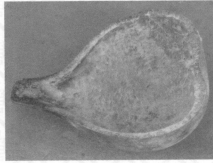

№1168

№1169

❺ 白豆道木

将白豆种子缝在孩子衣着上或装进小袋挂在孩子脖子上，称可防染天花。

图 № 1169 白豆

第五节　丧　葬

科尔沁人的丧葬有野葬(天葬)、风葬(树葬)、土葬、火葬、海葬等形式。也有将生前信佛者的骨灰送往五台山埋葬的。过去有正常死亡的土葬、非正常死亡的火葬的习俗。有凶兆死亡的不许入葬家族坟茔地。

风葬，是将尸体置于树上，萨满死后多采取这种形式安葬，也有专门的葬树。

野葬，是将尸体放在勒勒车上或驮在马鞍后在草原上行驶，死尸掉到何处，便葬在那里。

火葬，是指将火化后的骨灰装入骨灰盒内筑墓安葬。

海葬，是指将火化后的骨灰装入骨灰盒内投入海中。

土葬，指装入木棺后安葬。木棺有两种。

图 № 1170 风葬

№1170※

一 卧棺

卧棺,用松木、榆树、柳木制作。一般长为7尺,高、宽分别为3尺,置腿部位较矮而窄。

棺底、双壁、盖板厚度比例分别为1:2:3寸、2:3:4寸、4:5:6寸等,有所不同。涂紫红色漆,用2根木楔钉盖。

二 坐棺

坐棺,是指可容坐一人尸体的立方体棺材。由棺顶、棺躯、棺座组成,高4尺余,顶部三角形、倾斜向前方。有的形似佛龛或庙屋,盖板在前侧。坐棺涂紫红色漆。用柏、杜松、桦木制作,也有柳条编制的。将尸体入棺后按盘腿坐式摆布,背靠棺板。头部在棺顶下方,用一根白布缠的有一寸直径的木棍支住下颌。

图№ 1171

　　Ⅰ 卧棺　　Ⅱ 坐棺

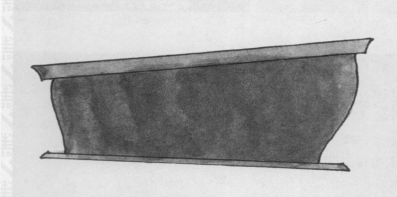

No1171-Ⅰ-a

No1171-Ⅰ-b

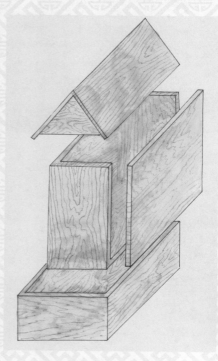

No1171-Ⅱ-a

No1171-Ⅱ-b

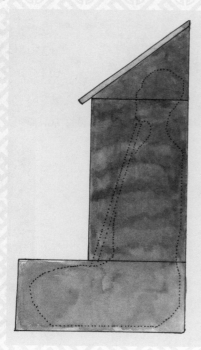

No1171-Ⅱ-c

第十七章　游戏用具类

蒙古族游戏活动具有与其生产生活紧密相连的特征。因此,科尔沁人早期的游戏来源于游牧、打猎。近代的游戏表现了半农半牧生产生活的特征。

　　游戏,可分为智力游戏和体力游戏两类,但二者不是截然分开的,有不少游戏兼具双重性,只是以何者为主而已。儿童处于成长期,所以,他们的游戏简单、活泼,富于娱乐性,列为另类。

第一节　智力游戏用具

一 蒙古象棋

　　在蒙古族中享有盛名的"上乘游艺八足象棋"是历史悠久的蒙古族代表性棋类产品。为区别其他民族象棋,称它为蒙古象棋。

　　蒙古象棋是两人对局,按照规定位置,在棋盘上各放置8个大棋子、8个小棋子玩耍的象棋。

　　棋盘由8×8块正方形窗口(方格)组成,染成黑、白两种颜色,同色方块对角相连。对峙双方棋子涂不同两种颜色来区别两个阵营。双方各有1个诺谚(王)、1个波尔斯(帅)、2个相(象)、2个马、2个车、8个小棋子(卒或兵),共32个棋子。

　　棋盘为正方形,用材质好的木料制作。棋子形象逼真,动态各异,反映蒙古族游牧生活特点。常用沉香、檀香、桦木、仁松、苏木、杏树根、牛犄角、驼骨、牲畜踝骨、髋骨制作,也用黄铜、紫铜、银等金属和纹石、玉、象牙等稀有材料制作。大致分为雕塑、铸塑两类。

　　图№1172 蒙古象棋初阵

<table>
<tr><td>①棋盘</td><td>⑤诺谚(王)</td><td>⑨车</td></tr>
<tr><td>②窗口(阵地)</td><td>⑥波尔斯(帅)</td><td>⑩卒(兵)</td></tr>
<tr><td>③大棋子位置</td><td>⑦相(象)</td><td></td></tr>
<tr><td>④小棋子位置</td><td>⑧马</td><td></td></tr>
</table>

　　图№1173 棋子走法

<table>
<tr><td>1诺谚(王)</td><td>3相(象)</td><td>5车</td></tr>
<tr><td>2波尔斯(帅)</td><td>4马</td><td>6卒(兵)</td></tr>
</table>

　　图№1174 蒙古象棋

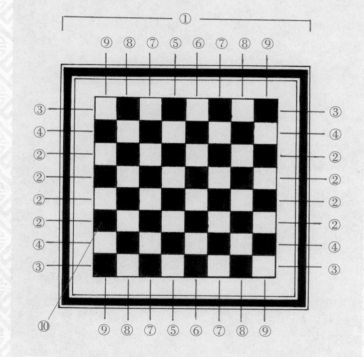

No1172

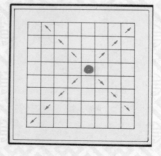

No1173-3

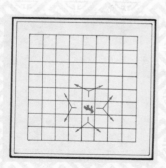

No1173-4

No1173-1

No1173-2

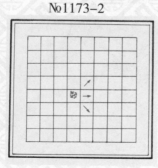

No1173-5

No1173-6

No1174-a   No1174-b   No1174-c

No1174-d   No1174-e   No1174-f

 连儿

连儿,是棋子游戏的一种,连儿有鹿连儿(或虎连儿)、成连儿、圈连儿等多种。

① 鹿连儿

鹿连儿,亦称为虎连儿。

鹿连儿,是对局双方在专门棋盘上用一定的规则将对方吃败或圈住为胜负的游戏。

鹿连儿盘由平原上的规定数目的交叉点组成或在平原与山上的规定数目的交叉点组成。山分为尖顶山和平顶山两种。尖顶山亦称为蒙古山,平顶山亦称为唐兀怵山。棋盘用木板、硬纸或布绘制。

鹿连儿的棋子由若干个虎子、多个鹿子组成。有几座山就有几个虎子,虎子数量与对局的一定数量的鹿子数量相称。虎子比鹿子略大而颜色不同。以虎是否被鹿圈住来决定胜负。

鹿连儿有多种。科尔沁人曾经玩双座山、四座山、六座山、八座山、十二座山鹿连儿。

(注:有的地方将鹿称之为狗。亦有的地方将虎称之为"鹿"而将鹿称之为"狗"的。)

(1)双座山鹿连儿

双座山鹿连儿,亦称为二十四只鹿连儿。

棋盘由平行对角线的16个格和2座山组成。山,可分为由一座蒙古山和一座唐兀怵山或两座蒙古山或两座唐兀怵山组成等三种。

双座山鹿连儿的棋盘有大中心交叉点1个、八路交叉点4个、小中心交叉点4个、关隘(山口)2个、边线交叉点8个、边角4个、鸡爪2个、山峰2个,山峦中心交叉点2个。

初阵为关隘上各置1个虎子,八路交叉点和小中心交叉点各置一个鹿子。

对局双方中的一方指挥虎子,称为虎方,一方指挥鹿,称为鹿方,鹿方执24个虎子,虎方起步。

图№ 1175 双座山鹿连儿

I 有一座蒙古山一座唐兀怵山的棋盘

№1175- I

①蒙古山	④边线交叉点	⑥边线交叉点	⑧小中心交叉点	⑪山峦中心交叉点
②唐兀怵山	（隘侧交叉点）	（腰侧交叉点）	⑨大中心交叉点	
③边角	⑤关隘	⑦八路交叉点	⑩鸡爪	

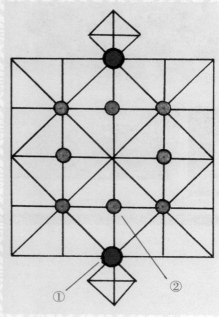

No1175-Ⅱ

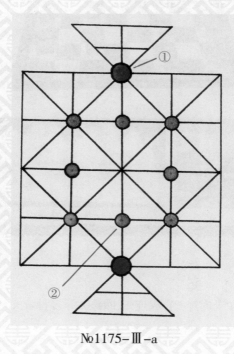

No1175-Ⅲ-a

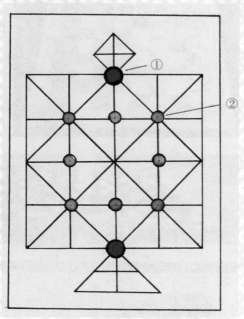

No1175-Ⅲ-b

（2）四座山鹿连儿

四座山鹿连儿分为双成对鹿连儿、单成对鹿连儿、昭日古勒连儿，温都尔杭盖鹿连儿等。棋盘由4座山、32格子组成。初阵布4个虎子、16个鹿子。

①双成对鹿连儿

棋盘为侧拼的双唐兀忒山棋盘，对局双方的一方执4个虎子，另一方执48个鹿子。

图No1176 双成对鹿连儿棋盘和初阵

②单成对鹿连儿

棋盘为侧拼的两个有一座蒙古山、一座唐兀忒山的棋盘。对局双方的一方执4个虎子，另一方执49个鹿子。

图No1177 单成对鹿连儿棋盘和初阵

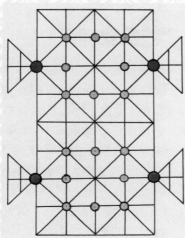

No1176

③昭日古勒连儿

昭日古勒（蒙语，读音ʤɔrgɔl）是一岁鹿的意思。昭日古勒连儿是鹿连儿的一种。棋盘由64格子和四个角上相连的4座蒙古山组成。棋子初阵置4个虎子和28个昭日古勒。对局双方的一方执4个虎子，另一方执64个鹿子。

图No 1178 昭日古勒连儿棋盘和初阵

④温都尔杭盖连儿

温都尔杭盖（蒙语，读音ondor xaŋgai），是高山丛林之意。温都尔杭盖连儿是鹿连儿的一种。棋盘由64格子、四个角上相连的4座蒙古山和边线中点相连的4眼井组成。棋子初阵置4个虎子、32个鹿子。对局双方的一方执4个虎子，另一方执64个鹿子。

图No 1179 温都尔杭盖连儿棋盘和初阵

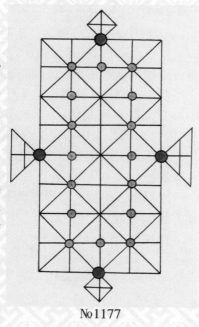

No1177

382

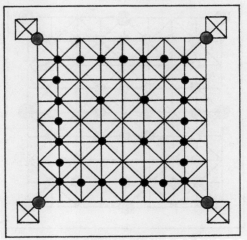

No1178

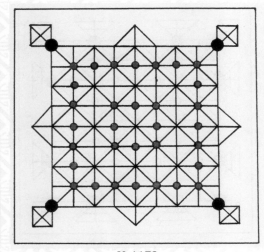

No1179

(3)六座山鹿连儿

六座山鹿连儿，分为双连儿和踔惑连儿两种。棋盘由6座山、32格子组成。

①双连连儿

双连连儿，棋子初阵置6个虎子、16个鹿子。对局双方的一方执6个虎子，另一方执49个鹿子。

图No 1180 双连连儿棋盘和初阵

②踔惑连儿

踔惑(蒙语，读音ʧɔx)是三岁鹿之意。踔惑连儿是鹿连儿的一种。棋子初阵置6个虎子、24个踔惑子。对局双方的一方执6个虎子，另一方执60个鹿子。

图No 1181 踔惑连儿棋盘和初阵

(4)八座山鹿连儿

八座山鹿连儿，分为伊克鹿连儿和杭嘎拉鹿连儿两种。棋盘由8座山、64格子组成。棋子初阵置8个虎子、32个鹿子。对局双方的一方执8个虎子，另一方执80个鹿子。

①伊克鹿连儿

伊克(蒙语，读音ix)为大之意。伊克鹿连儿棋盘上的山均为唐兀忒山。

图No 1182 伊克鹿连儿棋盘和初阵

②杭嘎拉鹿连儿

杭嘎拉(蒙语，读音xaŋgal)是未驯服之意(生格子)。杭嘎拉鹿连儿棋盘四个角有4座蒙古山，四个边的中点上有4个唐兀忒山。

图No 1183 杭嘎拉鹿连儿棋盘和初阵

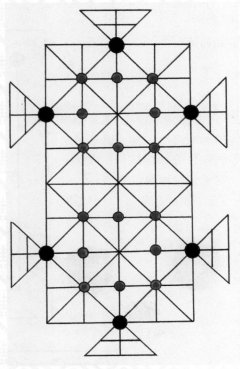

No1180

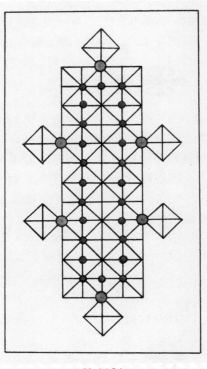

No1181

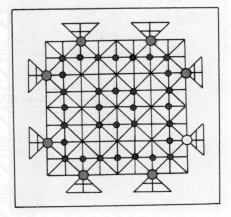

No1182

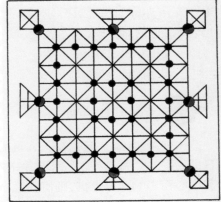

No1183

(5)十二座山鹿连儿

十二座山鹿连儿棋盘由64格子、8座唐兀忒山和与四角相连的4座蒙古山组成。棋子初阵置12个虎子、32个鹿子。对局双方的一方执12个虎子，另一方执96个鹿子。

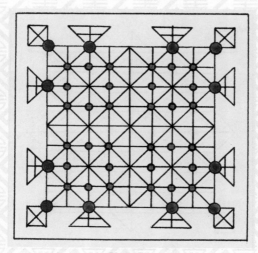

图№1184 十二座山鹿连儿棋盘和初阵

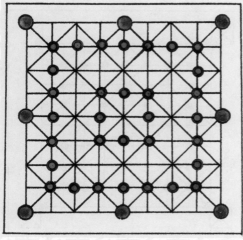

№1184

№1185

(6)八十一鹿子鹿连儿

八十一鹿子鹿连儿棋盘只由平原组成，64格子，无山。棋子初阵为四角和四边中点上各置一个虎子，内方框和向外第三方框各交叉点上布鹿子，计置8个虎子、32个鹿子。对局双方的一方执8个虎子，另一方执81个鹿子。

图№1185 八十一鹿子鹿连儿棋盘和初阵

2 十二连儿

十二连儿，是对局双方各执12个棋子(亦称为鹿或狗)在专门棋盘上用一定的规则将对方吃败为胜负的游戏。十二连儿棋盘是由四角和四边中点分别相连的大小不等的三个方框组成，有24交叉点。用硬板、硬纸或白布绘制。鹿子或狗子为两种颜色。

一条线上的三个交叉点上布满一方子，称为成连儿。对方不能吃成连儿。

图№1186 十二连儿棋盘

① 外方框　④ 交叉点(子位)
② 中方框　⑤ 成连儿之位
③ 内方框

图№1187 棋子盒

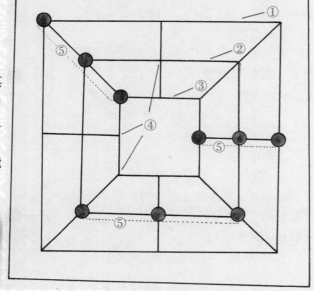

№1186

№1187

3 四子连儿

四子连儿，是两个人玩的游戏。对局双方每人执4个棋子(亦称为狗)，摆于对应边上，两个棋子成连儿吃掉靠近的对方子，吃净者胜。

图№1188 四子连儿

1初阵　2吃法

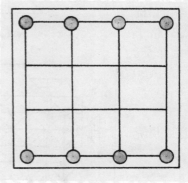

№1188-1

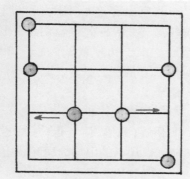

№1188-2

4 登山连儿

登山连儿，亦称山连儿，是三人玩的游戏。各方分别取"1、4、7"、"2、5、8"、"3、6、9"三组数字之一组，各方置一棋子于棋盘的始发站。每人持3个闲子，每次秘藏于各方掌心的一或二、三个子之和来确定开局顺序。棋子，一次移一驿站，若居其中心而影响他方走棋，则使其退三步(后退三站)，此曰押三年。若在跳臭井时阻碍他方走棋则该押几年或如何登顶等，依三方约定而论。

图№1189 登山连儿棋盘及初阵

① 山　③ 臭井　⑤ 中心驿站
② 驿站　④ 井　⑥ 始发站

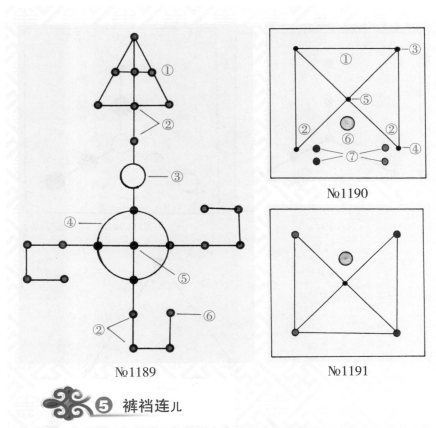

No1189

No1190

No1191

5 裤裆连儿

裤裆连儿棋盘为由五条线连结成的形似裤裆形的棋陈。对局双方各执2个棋子(称为狗,用颜色区别),以把对方圈住为胜。胜方将负方棋子推入井内为结局。

图№1190 裤裆连儿棋盘

　　①裤边　　③边位　　⑤裆心位　　⑦棋子
　　②裤腿　　④腿位　　⑥井

图№1191 裤裆连儿初阵

6 三连珠

三连珠,是三人对局的盘上游戏。棋盘为一面有山的方形盘。三人各执一个棋子(称为狗,以颜色区别)竞赛上山,先上山者为胜。

对局三方分别持3个签,分"1、4、7"、"2、5、8"、"3、6、9"三组数字,在掌中显签计数,对数者走棋。

图№1192 三连珠棋盘

　　①对局三方位置　　③棋子
　　②山　　　　　　　④签

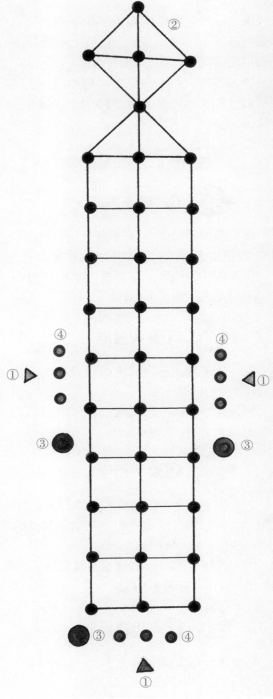

No1192

7 三子连儿

三子连儿,是两个人玩的游戏。对局双方每人执3个棋子(亦称狗),摆于规定的位置,将对方圈住为胜。

图№1193 三子连儿及其初阵

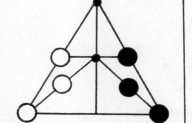

No1193

⑧ 水连儿

由张开的三叉形线条(在一个平面上从一个点等角度展开的三条线段)组成,有七个驿站(驿,棋子的屯位,即子座)的连儿称为水连儿。

俩人各持3个棋子(双方可用黑白颜色区分),用掷骰子办法确定谁起步,轮流下完棋子,然后挪动棋子,先成连儿者为胜。

图 № 1194 水连儿

　　　　1 连儿盘　　　2 白方成连儿的情形

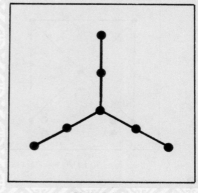

No1194-1

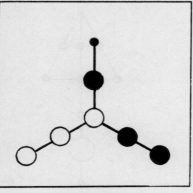

No1194-2

⑨ 帽子连儿

由尖顶帽子形(在一个平面上一个角的两条边线和相连的两条弧线组成)线条组成、有七个驿站的连儿称为帽子连儿。

俩人各持3个棋子玩,玩法与水连儿相同。

图 № 1195 帽子连儿棋盘

⑩ 智慧连儿

在一个平面上指向八方的线段和相等八条弧线组成的、有九个驿站的连儿称为智慧连儿。

俩人各持4个棋子玩,玩法与水连儿相同。

图 № 1196 智慧连儿棋盘

⑪ 野雨连儿

在一个平面上小三角形的顶部与大三角形的中点相切的两个等边三角形及小三角形的中点与大三角形的角的顶点的连线组成的、有九个驿站的连儿称为野雨连儿。

俩人各持3个棋子玩,玩法与智慧连儿相同。

图 № 1197 野雨连儿棋盘

⑫ 山雨连儿

在一个平面上由大小不等的、三个同心等边三角形组成的、有九个驿站的连儿称为山雨连儿。

俩人各持4个棋子玩,玩法与野雨儿相同。

图 № 1198 山雨连儿棋盘

No1195

No1196

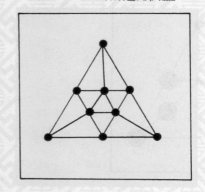

No1198

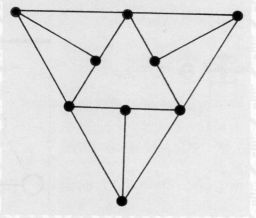

No1197

13 夏雨连儿

在一个平面上由大小不等的、两个同心等边三角形及大三角形的中点与顶点的连线组成的、有七个驿站的连儿称为夏雨连儿。

俩人各持4个棋子玩,玩法与野雨连儿相同。

图№1199 夏雨连儿棋盘

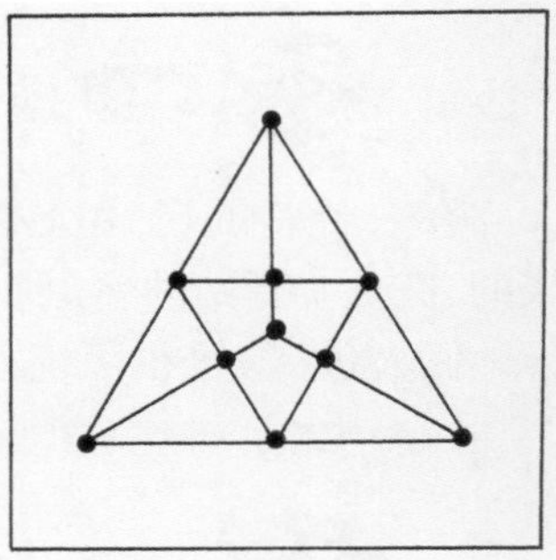

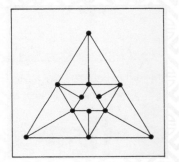

№1199

14 年雨连儿

在一个平面上由大小不等的三个同心等边三角形及外围两个三角形的中线组成的、有十二个驿站的连儿称为年雨连儿。

俩人各持4个棋子玩,玩法与夏雨连儿相同。

图№1200 年雨连儿棋盘

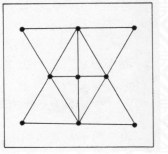

№1200

15 火撑子连儿

由火撑子形状(在一个平面上以中线为轴,逆向重合的两个等边三角形组成)的、有九个驿站的连儿称为火撑子连儿。

俩人各持4个棋子玩,玩法是先用掷骰子办法确定先起步一方,然后轮流下棋子,成连儿者将对方棋子吃掉。吃赢者为胜。

图№1201 火撑子连儿棋盘

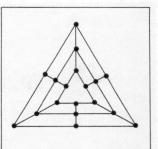

№1201

16 黄莺连儿

在一个平面上,由大小不等的三个同心等边三角形及其它们的中线、顶点连线组成的、有十八个驿站的连儿称为黄莺连儿。

俩人各持8个棋子玩,玩法与十二连儿相同。

图№1202 黄莺连儿棋盘

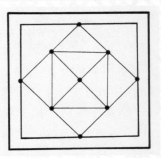

№1202

17 金丝燕连儿

在一个平面上,由大小不等的三个同心正方形以及内正方形对角形组成的、有十三个驿站的连儿称为金丝燕连儿。

俩人各持6个棋子玩,玩法与黄莺连儿相同。

图№1203 金丝燕连儿棋盘

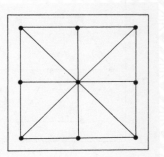

№1203

18 方连儿

由一个正方形及其中线、对角线组成的、有九个驿站的连儿称为方连儿。

俩人各持3个棋子玩。玩法是以先成连儿为目的,放完棋子后挪动棋子,成连儿者吃掉对方任意棋子并收之为胜。

图№1204 方连儿棋盘

№1204

19 排连儿

在一个平面上,由大小不等的、两个同心正方形以及内正方形的对角线组成的、有九个驿站的连儿称为排连儿。

俩人各持4个棋子玩,成连儿者吃掉对方任意棋子并收之为胜。

图 No 1205 排连儿棋盘

20 普通连儿

在一个平面上,由大小不等的、两个同心正方形及其对角线组成的、有十三个驿站的连儿称为普通连儿。

俩人各持6个棋子玩,玩法与火撑子连儿相同。

图 No 1206 普通连儿棋盘

21 甸子连儿

在一个平面上,由大小不等的、四个同心正方形组成的、有十六个驿站的连儿称为甸子连儿。

俩人各持12个棋子玩,玩法与十二连儿相同。

图 No 1207 甸子连儿棋盘

22 九路连儿

由六角形及其角的中心线组成的、有十九个驿站的连儿称为九路连儿。

俩人各持9个棋子玩,玩法与甸子连儿相同。但在一条直线上需排五个子成连儿才算胜。

图 No 1208 九路连儿棋盘

23 六边形连儿

由六边形及其对角线组成的、有七个驿站的连儿称为六边形连儿。

俩人各持3个棋子玩,玩法与水连儿相同。

图 No 1209 六边形连儿棋盘

24 五边形连儿

在一个平面上,由大小不等的、三个同心五边形及相应中点线、相应角连线组成的、有三十个驿的连儿称为五边形连儿。

俩人各持14个棋子玩,玩法与十二连儿相同。

图 No 1210 五边形连儿棋盘

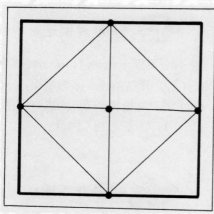

No 1205

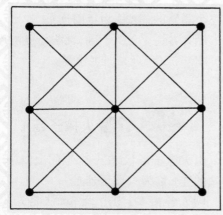

No 1206

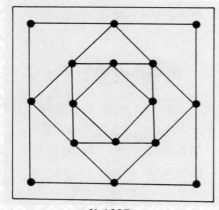

No 1207

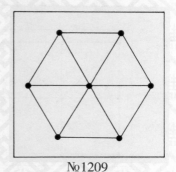

No 1209

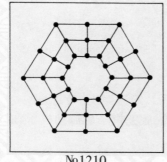

No 1210

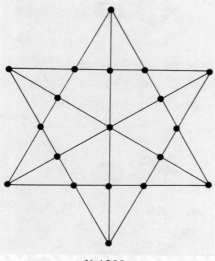

No 1208

25 六边形乙连儿

在一个平面上,由三个大小不等的、中心点重合的六边形及其相应中点连线、相应角连线组成的、有三十六个驿站的连儿称为六边形乙连儿。

俩人各持16个棋子玩,玩法与五边形连儿相同。

图№1211 六边形乙连儿棋盘

26 八边形连儿

在一个平面上,由大小不等的、三个同心八边形及其相应中点连线、相应角连线组成的、有四十八个驿站的连儿称为八边形连儿。

俩人各持23个棋子玩,玩法与六边形连儿相同。

图№1212 八边形连儿棋盘

27 野窝连儿

在一个平面上,由大小不等的、两个同心正方形相切组成的、有八个驿站的连儿称为野窝连儿。

俩人各持3个棋子玩,各方以一定规则确定先起步,然后轮流下完棋子,轮流挪动棋子,将对方圈住为胜。

图№1213 野窝连儿棋盘

28 羊连儿

在一个平面上,由大小不等的、相切的两个同心正方形及内正方形中线组成的、有十三个驿站的连儿称为羊连儿。

俩人各持5个棋子玩,玩法与野窝连儿相同。

图№1214 羊连儿棋盘

29 垫子连儿

在一个平面上,由大小不等的、相切的两个同心正方形中线及内正方形对角线组成的、有九个驿站的连儿称为垫子连儿。

俩人各持4个棋子玩,玩法与野窝连儿相同。

图№1215 垫子连儿棋盘

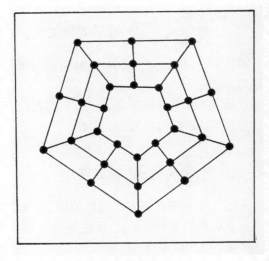

№1211

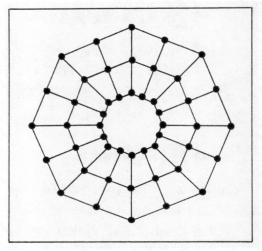

№1212

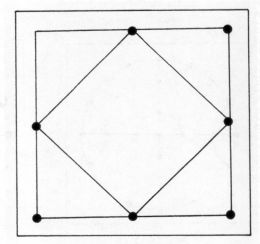

№1213

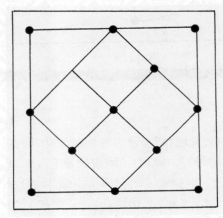

№1214

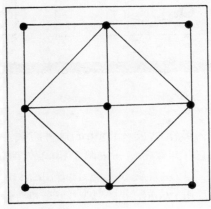

№1215

30 母旱獭连儿

由一个正方形及其中线、对角线组成的、有九个驿站的连儿称为母旱獭连儿。

俩人各持4个棋子玩，玩法与野窝连儿相同。

图№ 1216 母旱獭连儿棋盘

31 羊羔连儿

由一个正方形及其中线组成的、有九个驿站的连儿称为羊羔连儿。

俩人各持4个棋子玩，玩法与羊连儿相同。

图№ 1217 羊羔连儿棋盘

32 驼蹯连儿

由驼蹯印形状的(一个圆上的三个九十度角扇形几何图形)线条及一个陷井组成的、有五个驿站的连儿称为驼蹯连儿。

俩人各持2个棋子玩，玩法与裤裆连儿相同。

图№ 1218 驼蹯连儿棋盘

33 西瓜连儿

在一个平面上，由大小不等的两个同心圆及大圆的两个成直角的直径、四个对称的弧线组成的、有21个驿站的连儿称为西瓜连儿。

俩人各持6个棋子玩，游戏双方按一定规则布好棋子以一定方式确定先起步，然后轮流挪动棋子，将对方圈住为胜。

图№ 1219 西瓜连儿及其初阵

1棋盘　2初阵

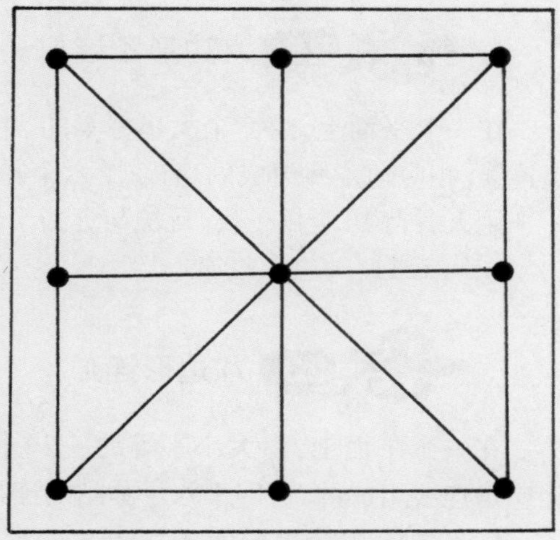

№1216

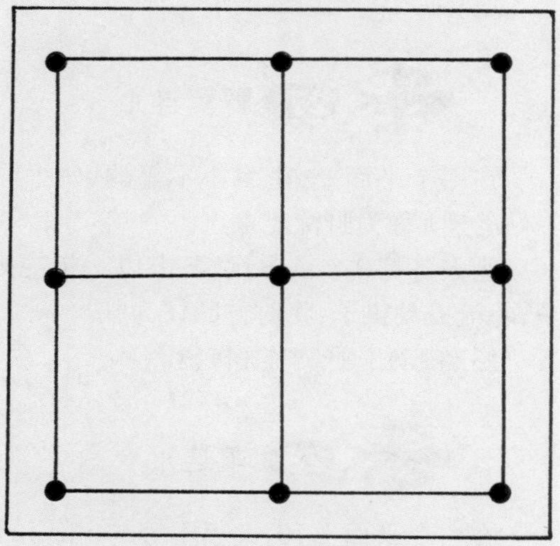

№1217

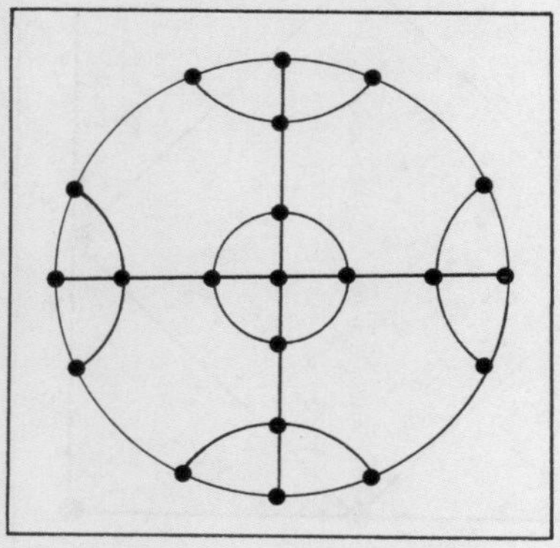

№1219-1

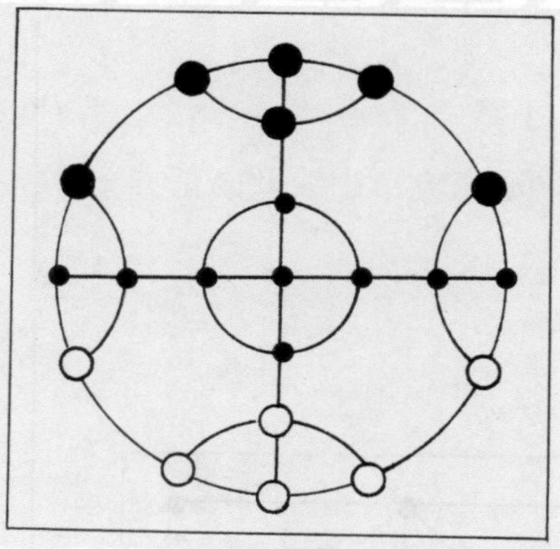

№1219-2

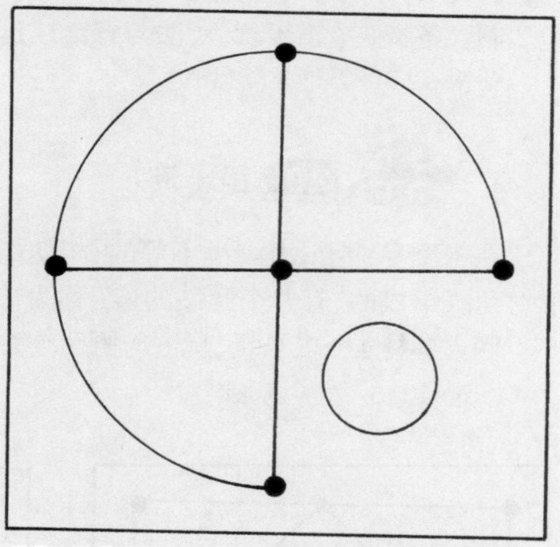

№1218

三 蒙古扑克

蒙古地区很早以前就有扑克(古蒙古语称为扩作儿，读音 koʤor)这种游戏。后来，异域扑克(蒙语称为豁作儿，读音 xoʤor)传入后，融合蒙古风俗玩“古儿巴拉拉它”(即双带一——两个相同数字的牌随带另一牌出)、“刚查拉拉它”(即单张出牌)等游戏。并且利用传统名称命名。如：“乌兰奔突”(蒙语，读音ʊlaːn bʊntʊː，指红桃)、“哈日奔突”(蒙语，读音 xar bʊntʊː，指黑桃)、“多日博勒吉”(蒙语，读音 dorwolʤ，指方块)、“车车格”(蒙语，读音ʧəʧəg，指梅花)。又如：“A”为“它玛嘎”(蒙语，读音 tamag，译玺)“2”为“都嘎”(蒙语，读音 dʊg，译将—常主牌)、“K”为“诺谚”(蒙语，读音 nɔjɔn，即台吉官——贵族)、"Q"为"哈屯"(蒙语,读音 xatan,译贵夫人)、"J"为"希伯格沁"(蒙语读音 ʃiwəgʧin,译婢女)等。

图№ 1220 蒙古扑克

1扑克牌名称

①乌兰奔突(红桃)   ④车车格(梅花)   ⑦诺谚—K

②哈日奔突(黑桃)   ⑤它玛嘎—A   ⑧哈屯—Q

③多日博勒吉(方块)   ⑥都嘎—2   ⑨希伯格沁—J

2双带一组合法

No1220-1-①

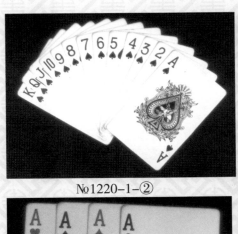

No1220-1-②

No1220-1-③

No1220-1-④

No1220-1-⑤

No1220-1-⑥

No1220-1-⑦

No1220-1-⑧

No1220-1-⑨

No1220-2

 (四) 帕日吉

帕日吉(蒙语,读音 pardʒi),由帕日吉(骰子)、棋盘、帕日吉 牛或狗(棋子)组成。备一个掷帕日吉的木盘或软毡子。

帕日吉,用贻贝制作6个。把贻贝开口面磨平,在里面灌入黑油或火漆。帕日吉灌漆的面叫腹面,另一面叫背面。帕日吉有白色、紫色、海螺色三种颜色。

帕日吉的棋盘用方形白布绘制。用黑色或蓝色绘成正方形、十字形布棋图。正方形布棋图每边有17个位(步子),十字形布棋图共有96个位(步子)。

棋子,各方执同等数量,以不同颜色区别,用绿松石、珊瑚、铜钱、银纽扣等均可。

玩帕日吉人数不限,一人或若干人为一方,用二门、三门、四门对局,各方执同等数量的棋子。将帕日吉(骰子)掷在毡子上或木盘内,根据背面、腹面数按规则计算出走多少步,然后在棋盘上走棋子。认定输赢有既定的规则。

图№1221 帕日吉棋盘

Ⅰ正方形布棋图　　　Ⅱ十字形布棋图

①棋门

②尼都沃日郭(蒙语,读音 nud orgoː)

③尼都(蒙语,读音 nud)

④别乞浩润都(蒙语,读音 bəx xoːrənd)

⑤别乞(蒙语,读音 bəx)

⑥混迪(蒙语,读音 xondiː)

⑦达木如(蒙语,读音 bamar)

⑧达木如浩润都(蒙语,读音 damar xoːrənd)

⑨角

⑩苏兀(蒙语,读音 sʊg)

⑪中峰

⑫莽古思(蒙语,读音 maŋgas)——积存骰子和棋子的地方

⑬贻具

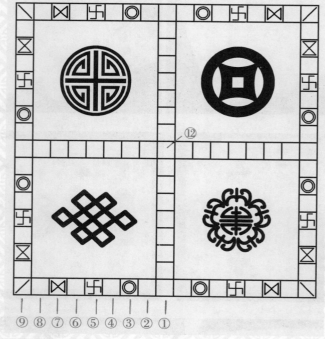

№1221-Ⅰ-a

⑨⑧⑦⑥⑤④③②①

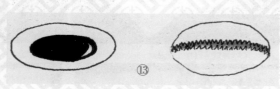

№1221-Ⅰ-b

№1221-Ⅰ-c

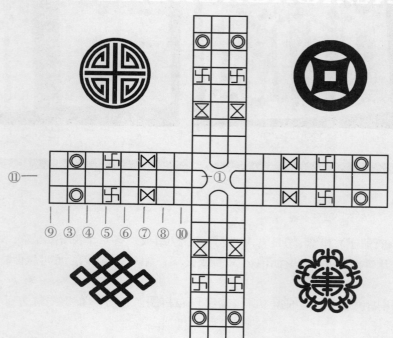

⑨③④⑤⑥⑦⑧⑩

№1221-Ⅱ

五 牌

牌，是一种根据其所表示的数目大小、排列形状玩的智力游戏工具。以前多为木制或竹制，故称为木牌。后用骨头和铜制。共64张牌，长、宽、厚各1.0、0.7、0.3寸。一面刻有一定数目的按一定次序排列的圆孔，用红、绿、白色染孔眼。

木牌，可由二、三、四、五、六人玩，可用64张玩，也可减去一些张玩。

科尔沁人通常玩吉然牌或顶牛。

❶ 吉然牌

吉然(蒙语，读音ʤiran)是六十之意，吉然牌实际上是64张牌。

图№1222 吉然牌

1 大幺(4张)	8 勺六(4张)	15 红八(4张)
2 三丁子(2张)	9 双三(4张)	16 正九(2张)
3 板凳(4张)	10 锥七(4张)	17 斜九(2张)
4 袜子(4张)	11 斜七(2张)	18 正十(4张)
5 红五(2张)	12 鼻七(2张)	19 金棚十(4张)
6 靴子(2张)	13 正八(2张)	20 五六(4张)
7 二四(2张)	14 牛八(2张)	21 大六(4张)

❷ 顶牛

顶牛，也称二十四牌。即从吉然牌的64张牌中拿出24张牌按袜子——锥七——大六——锥七——大幺——勺六——正十——五八——金棚十——红八——金棚十——大六——正八——板凳——板凳——靴子——双三——双三——袜子——大幺——勺六——正十——五六——斜九的既定顺序对牌眼玩的一种游戏。

图№1223 顶牛牌

❸ 骰子

骰子，亦称色子。通常作为游戏和打牌时用来判定谁先行或先出牌的辅助工具，也是赌具。一般骨制，六面体，面上分别刻有表示1、2、3、4、5、6个数的凹眼，并涂以几种颜色。

图№1224 骰子

No1222

No1224

No1223-a

No1223-b

No1223-c

第十七章 游戏用具类

393

（六）九连环

图No 1225　九连环

　　①环架　④连条

　　②柄　　⑤绊片

　　③环

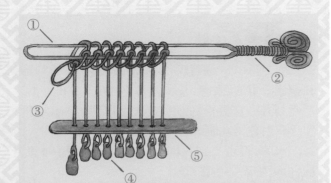

No 1225

第二节　体力游戏

男儿三艺是蒙古人最主要的体育运动。此外,还有一些增强体质和锻炼技能的游戏。

（一）羊拐

羊拐游戏,是蒙古族本原游戏的一种。有多种适宜男女老少特点的羊拐游戏,有的开发智力,有的强化体力,有的提高技巧。

黄羊、鹿和绵羊、山羊的踝骨都可以用来玩游戏。

羊拐游戏,直接反映游牧狩猎生活而且不用其他特别的工具,玩法较多,因此在科尔沁地区民间广泛流行。

图No 1226　羊拐

图No 1227　羊拐的结构

　　1背—宽凸面　　4耳—窄凹面

　　2心—宽凹面　　5正立

　　3目—窄平面　　6倒立

羊拐游戏有多种玩法,一般不用其他工具。过去有的游戏用一种金属环链,蒙语称为森伯格(读音 səmbəg),专门用于向上抛出适当高度,然后,用手敛起下边的羊拐,按一定规则辨输赢的玩法。后来,用装有米或豆的布袋来代替了。

图No 1228

　　Ⅰ 森伯格　　Ⅱ 布袋

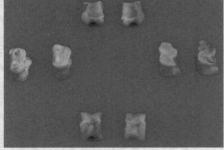

No 1226

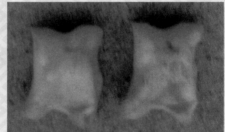

No 1227-1　　　　　　No 1227-2

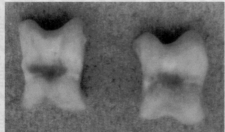

No 1227-3　　No 1227-4　　No 1227-5

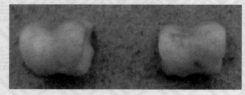

No 1227-6

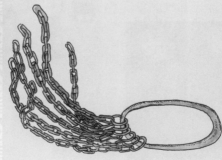

No 1228-Ⅰ

No 1228-Ⅱ

（二）布鲁

布鲁（蒙语，读音 buluː），是一种狩猎工具，也是平时作游戏、锻炼身体、提高技艺的器具。

布鲁游戏，分为远距离投掷和投打标物的两种。远距离投掷一般用海木勒布鲁，投打标物一般用翁太布鲁和都精布鲁。

布鲁比赛分为徒步投掷和马上投掷两种，前者为站立或步行状态下的投掷，后者为骑马奔跑状态下的投掷。

图№1229 投掷布鲁

№1229※

 （三）球

蒙古人用皮球、毛球，以踢、拍、投、打等各种方式游戏，还骑马玩球。将熟制牛皮或羊皮剪成若干小块，然后缝制成圆球体，内装入其尿脬，充气后用皮条缝口，便为皮球。也许，这种皮球是现代篮球和足球的前身。制作毛球，团圆毛绒时掺入沙子，以增加重量。

图№1230 球

　　1 皮球　　　3 带有投绳的球
　　2 毛球

№1230−1

有一种高踢羊皮球游戏：

直立一个竿，高二三十米，上有刻度，作为计分标准，踢高者为胜。或在地面上画五个同心圆，将竿子立在圆心。内圈为5分，外圈为1分。往高踢球，胜负以踢的高度与皮球所落圆圈的分数之和计算。

图№1231 高踢游戏

　　①竿　　　③圆圈
　　②刻度　　④球

№1230−2

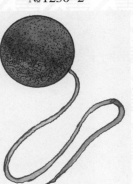

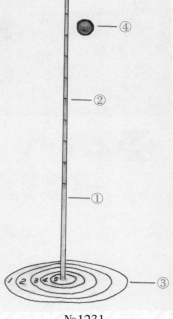

№1230−3　　　　　№1231

（四）绳索式投石器

绳索式投石器，由夹石的皮兜和系在其两侧的两条二至四尺长的绳索组成。

把石头夹在皮兜内，用一手拿起绳索，在头上旋转若干次，然后放开绳索投出去。

图№1232 绳索式投石器的结构

　　①投掷绳　　　③石块
　　②皮兜

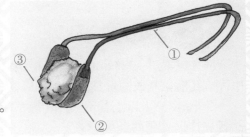

③　　　　　①

②

№1232

（五）弹弓

弹弓，是用拉力将丸状石头投出去的一种玩具。由弹弓架、弦绳、兜带组成。

图№1233 弹弓的结构

　　①弹弓架　　　③兜带
　　②弦绳　　　　④架柄

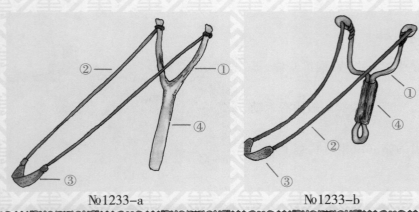

② ——— ① ④ ———

No1233-a

① ④ ② ——— ③

No1233-b

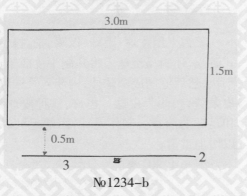

No1234-a※

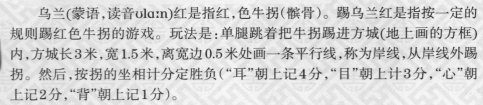

（六）踢乌兰红

乌兰(蒙语,读音ʊlɑːn)红是指红,色牛拐(髌骨)。踢乌兰红是指按一定的规则踢红色牛拐的游戏。玩法是:单腿跳着把牛拐踢进方城(地上画的方框)内,方城长3米,宽1.5米,离宽边0.5米处画一条平行线,称为岸线,从岸线外踢拐。然后,按拐的坐相计分定胜负("耳"朝上记4分,"目"朝上计3分,"心"朝上记2分,"背"朝上记1分)。

图No 1234 阵图
①方城 ③牛拐
②岸(踢拐线)

3.0m

1.5m

0.5m

3   2

No1234-b

第三节 儿童游戏

儿童游戏,有赛跑、跳高、跳远等不用器材的游戏。在科尔沁也流行一些用专门玩具的儿童游戏。

（一）毽子

毽子,由三至五块旧铜币和约四寸长的一束马鬃(或驼鬃、羊胡须、麻线)组成。

图No 1235 毽子
①毽穗 ③木楔子
②毽头

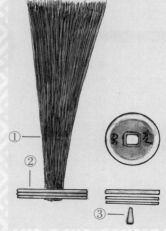

①——

②——

③——

No1235-a

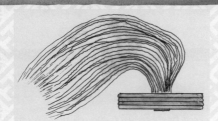

No1235-b

No1235-c

（二）怪来

怪来,(蒙语,读音ɡʊrai)是用驼、牛的踝骨或母盘羊、公黄羊、公绵羊犄角中间剜孔灌铅制成的玩具。也用犁铧铁、缸碎片、石头、冻牛粪修成怪来。

怪来,由三人以上若干人互相赢羊拐玩。每人拿出一个羊拐放在地上,两侧各一拃远处画两条线,然后一人将怪来抛出,其余设法投击抛出的怪来,谁先击中羊拐谁就算赢。

图No 1236 怪来

No1236

三 陀螺

陀螺,是顶部平而圆,下部圆锥形的能够旋转的玩具。有的在顶部剜孔灌铅,锥形尖上安弹丸。

冬季在平地上或在冰上用鞭子抽打着玩。

图№ 1237 陀螺 鞭子

№1237-a

№1237-b

 四 寻马游戏 捞捞游戏

 ① 寻马游戏

寻马游戏,是几个人各持一个一米多长的木棍,用一个牛拐玩的游戏。

在地上挖几个坑(比玩的人数少一个),先将牛拐放入中心坑内,每人用自己的木棍占领周围的其他任意一个坑(也叫棒眼)。然后,未占领坑的人将牛拐从中心坑内挑出围坑外,再将牛拐往中心坑内挑,其他人阻拦并争夺牛拐,谁将牛拐重新挑入中心坑内谁就成为赢家。

图№ 1238 五个人玩的寻马游戏

①牛拐　　③周围坑(棒眼)

②中心坑(牛拐眼)　④木棍

№1238-a

② 捞捞游戏

捞捞,用木头或树根制作,中间部位为圆柱形,两头尖,长二寸余,直径约一寸。每人持一木棍,长约五尺。

捞捞游戏,是几个人玩的儿童游戏,是从寻马游戏演变过来的。先在地上挖一个拳头般大的坑,叫做圈捞捞眼。

在其周围等距离挖几个(比实际玩的人数少一个)坑,叫做棒眼。几个人按一定的规则抢棒眼,圈住捞捞。

图№ 1239 四人玩的捞捞游戏

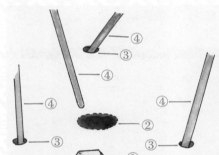

№1238-b

№1239※

五 籴

籴,木制,中间为圆柱体,直径和长度均为3~4厘米,两头尖,全长为10~14厘米。籴,用木棍打,棍的直径与籴同,长为30~60厘米。

击籴游戏,由两个人或两个人以上编组玩。玩时,优先权用两种方式裁定:在地面上画一个直径2m的圆圈,把籴放在圆中心,用木棍敲击出去,击远者优先;或者画一个320×150cm²方阵,将籴投入方阵内,投进大数者优先。圆圈和方阵统称为阵地。

图№ 1240 籴

①籴儿　③阵地

②木棍

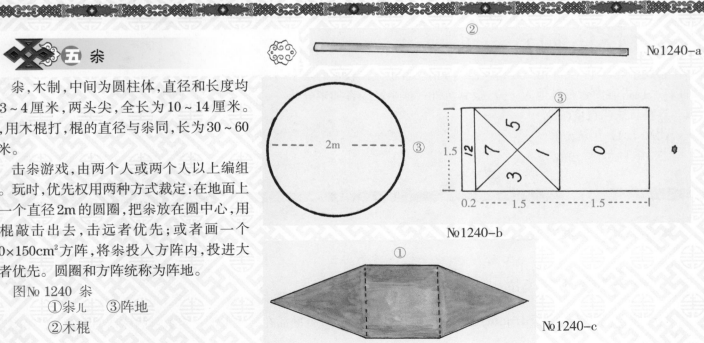

№1240-a

№1240-b

№1240-c

（六）冰车

儿童玩的冰车有两种。

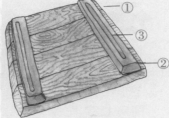

No1241-a　　　　No1241-b

① 木制冰车

木制冰车是用木板钉制的滑冰游戏的玩具。长、宽约一尺，滑木棱
上固定有粗铁丝。另备一对支撑用的锥子或橛钉。

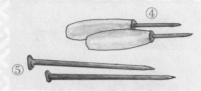

No1241-c

图 No 1241　木制冰车

①座板　　③铁丝　　⑤橛钉
②底木　　④锥子

② 牛粪冰车

冬天将牛粪和成泥浆，中间夹绳索(用
于牵引和捆绑)造扁圆形，冻结后浇水封冻，
称之为牛粪做的冰车。直径约三尺，厚几
寸。用一条绳牵引，用另一条绳捆绑，可做运输工具。

图 No 1242　牛粪冰车

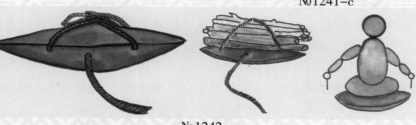

No1242

（七）跎子

跎子是简易形式的铁饼。

① 牛粪跎子

冬季用牛粪冻成驼蹄般饼，直径约一拃，称为跎子，亦有铅制的。
跎子用于远距离撒或冲击标的进行游戏。

图 No 1243

①跎子　②抛投

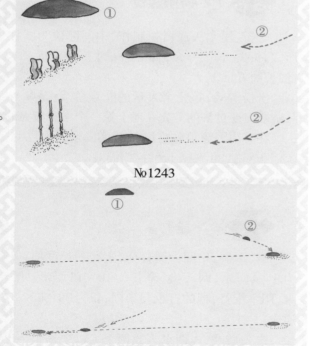

No1243

② 铅跎子

铅跎子底部平，上部稍凸起，直径3~4指。若干人往较远的两个
坑内投，投进坑内者赢其他人一分，投到坑外一拃半径内者加半分计
数。这种玩法叫投坑游戏。

图 No 1244　扔坑游戏

①跎子　②抛投

No1244

（八）打准游戏

① 打丁嘎拉

打丁嘎拉(蒙古语，读音dɪŋɡɑl)是指从一定距离投掷布鲁，打准插在沙滩上的一定数量的秫秸的游戏，按一定规则
计算输赢。

❷ 打道跃

打道跃(蒙古语,读音dɔig)是指从一定距离投掷灌铅加重的歪踝骨,打准直立的其他踝骨的游戏,按一定规则计算输赢。

❸ 打铁环

打铁环,是指从一定距离投掷短棍打准滚动中的铁环的游戏。

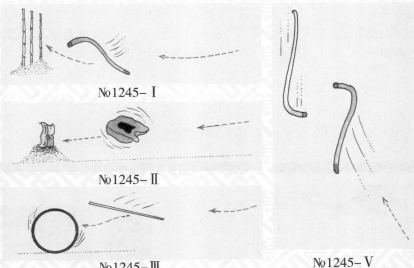

No1245-Ⅰ

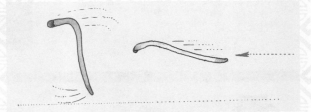

No1245-Ⅱ

❹ 打雁子

这是3~5人参加的比准性游戏。游戏规则是一人把布鲁抛向空中后,其他人将坠落的布鲁打掉。

No1245-Ⅲ

No1245-Ⅴ

❺ 打童嘎

这也是一种比准性游戏。童嘎(蒙古语读音tɔŋgɔi,指颠倒行进的布鲁)。将布鲁掷在地面上不断翻筋斗,然后站在此布鲁触地的第一个位置,打掉仍在颠倒前行中的布鲁。

图No 1245

  Ⅰ 打丁嘎拉 Ⅲ 打铁环 Ⅴ打童嘎
  Ⅱ 打道跃 Ⅳ打雁子

No1245-Ⅳ

九 玩偶

玩偶,是利用猪蹄小骨和布绸衣装饰,画鼻、眼,戴头发制成的儿童小玩具。多由女孩制作,女孩玩。

图No 1246 做玩偶的骨头

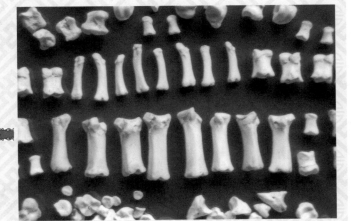

No1246

十 绳索

玩绳索有跳绳游戏和拉绳游戏两种。用麻绳或鬃绳。

图No 1247 绳索游戏

  1 摆绳 2 拉绳

No1247-1-a

No1247-1-b

No1247-2※

✠一 占房游戏

在地上画两排十个方格,离方格几步外画一条界线。称为占房游戏图。

这是两个人玩的游戏。游戏时,从界线外往1号方格(即房间)投怪来或大畜踝骨,投入后单腿跳着进1号方格拣起怪来或大畜踝骨,按方格顺序跳回,再往2号方格投。按约定的规则,投十个方格成功后,背对游戏图往方格内投怪来,投入几号房间,该房间视为被其占领,再跳时,占领方可在此歇脚,对方不得进入,必须用单腿跃过,如此循环占房,对方不得进入,占完房间为止,哪一方占有房间多,就哪一方为胜。

图 No 1248 游戏图
　　①界线　　　　　　　　　　　③站位
　　②方格(房间)(数字表示跳入顺序)

6	5
7	4
8	3
9	2
10	1

②

①　_____

No1248　③　△

✠二 顶牛游戏

顶牛游戏,是两个人玩的游戏。双方将各自的牤牛(隐子草头)夹在同一条毛巾(或尺余长布绸)内,抻着毛巾来回错动,隐子草头向对行进,哪方掉下,就那一方为负。

图 No 1249 顶牛游戏
　　1隐子草　　2顶牛

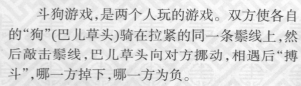

No1249-1　　　　　　　　　No1249-2

✠三 斗狗游戏

斗狗游戏,是两个人玩的游戏。双方使各自的"狗"(巴儿草头)骑在拉紧的同一条鬃线上,然后敲击鬃线,巴儿草头向对方挪动,相遇后"搏斗",哪一方掉下,哪一方为负。

图 No 1250 斗狗游戏
　　1巴儿草　　2斗狗

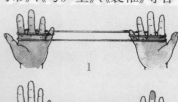

No1250-1　　　　　　　　　No1250-2

✠四 挑绷绷游戏

挑绷绷,是将一根封闭的线绳抻在双手上,挑出《门》、《门帘》、《穹庐壁》、《褽椎》等各种造型的一种游戏。两个人或几个人玩均可。

图 No 1251
　　Ⅰ 挑的步骤
　　　　1第一步　　3第三步
　　　　2第二步
　　Ⅱ 造型
　　　　1门　　　3穹庐壁
　　　　2门帘　　4褽椎

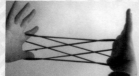

No1251-a

No1251-b

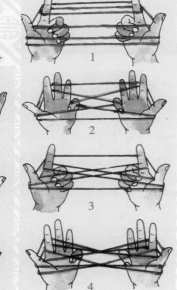

No1251-Ⅰ　　　　　No1251-Ⅱ

科尔沁蒙古族民俗物品

第十八章 刑 具 类

蒙古社会古代传下来的刑罚有处死刑，罚金，装入牛、驼整皮内体罚，流放野外、发配，戴抻架、链索示众，戴手铐、脚镣，夹罚，鞭打等。

第一节　束体刑具

一 手铐

手铐是锁住人的双手的一种刑具。由腕套和铁链组成。铁链短，煅铁制。

图 № 1252　手铐
　①腕套　　③锁头
　②铁链

№1252

二 木枷

枷是用两块木板制成的套在人脖子和手腕上的刑具。圆形。给处死的犯人带上后抛入死囚坑内。也有由左右侧枷板组成的木枷。

图 № 1253　木枷的结构
　①脖孔　　③前枷板
　②手腕孔　④后枷板
图 № 1254　枷

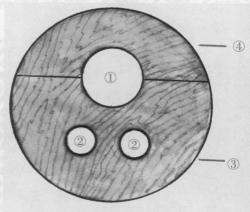

№1253

№1254

三 脚镣

脚镣是锁住犯人双脚的刑具。木制脚镣由两半木头合成。有绊双脚的孔。全长近2尺，中间用木契固定。

图 № 1255　脚镣的结构
　①前档木　　③胫骨孔
　②后档木　　④楔子

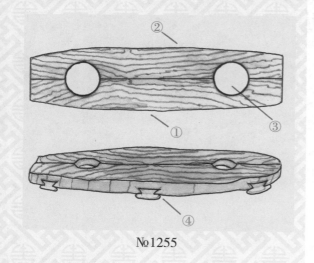

№1255

科尔沁蒙古族民俗物品图鉴

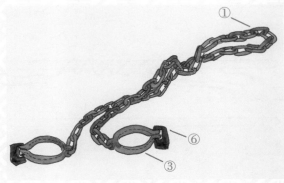

③④ 锁链

锁链,是套在人脖子上的刑具。由颈套和铁链组成,铁制。也有绊脚链索,称脚绊。有一种重80斤的锁链,由颈套和许多铁环组成,每环有一斤重。戴锁链游村示众是一种重刑。

图№1256 链索

　　Ⅰ 链索的结构

　　　　①颈套　③腕套　⑤绊索

　　　　②链环　④铁链　⑥锁头

　　Ⅱ 八十斤 链索

№1256-Ⅰ-a

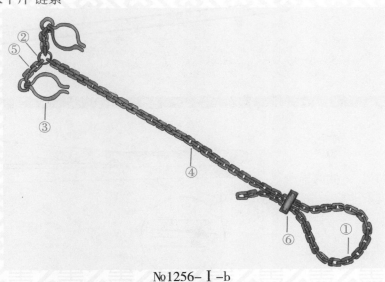 

№1256-Ⅰ-b

№1256-Ⅱ

第二节　体罚刑具

 抻架

抻架,是横担在背后绊住上肢的刑具。长约五尺,约碗口般粗,两端固定有腕套。戴抻架示众是一种重刑。还有一种抻架是由两根五尺长的木杆组成的,茶杯般粗。将一根木杆担在犯人背后伸直胳膊用绳子捆住,使其跪在地上,将另一杆压在腿腕上。两人从两侧踩住下杆,一齐抬上杆。

图№1257 抻架

　　①担木　②腕套

图№1258 双杆抻架

 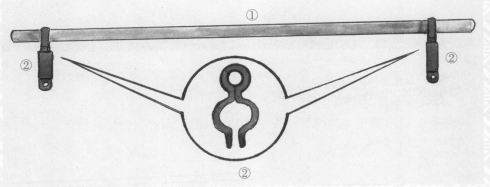

№1257

No1258-a

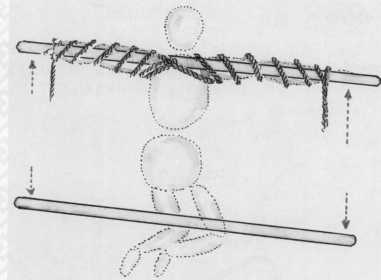

No1258-b

夹木

　　夹木,是由三根木头连成的夹腿的刑具。下侧两根木头叫做辕木,上侧一根木头叫做压木,用皮条连接。

　　图 No 1259 夹木

　　　　①辕木　③连绳

　　　　②压木

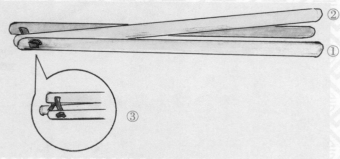

No1259

黑鞭

　　黑鞭,是抽打犯人的刑具。鞭杆长约四尺,木制。鞭绳用六股或八股牛、驼皮条编制,茶杯般粗,长四尺余。王府使用的黑鞭杆长二尺余,鞭绳用七股或九股编制。

　　图 No 1260 黑鞭

　　　　①鞭杆　③鞭绳梢

　　　　②鞭绳根

No1260

荆条儿

　　荆条儿,是抽笞犯人的刑具。长三尺五寸,粗头直径约0.32寸,细头直径约0.22寸。

　　图 No 1261 荆条儿

No1261

第十九章 装饰工艺类

蒙古族用品多数为实用和装饰艺术的统一体。常用的有图案工艺、缝饰工艺、绘饰工艺、塑饰工艺、雕饰工艺、编饰工艺等。

第一节 图案工艺

蒙古族图案工艺，是蒙古族传统文化的重要组成部分。这些图案源渊于原始社会，而且反映了蒙古人远古图腾文化和狩猎生活、游牧习俗。

蒙古族图案工艺，是蒙古人艺术思维的展示和体现，折射着人们的观念和情感、愿望和寄托，象征着期盼和吉祥。蒙古族图案工艺具有对称、整齐、协调、连贯的特点，具有装饰性和完整性，因而在科尔沁地区民间广为流传。从大型建筑装饰到蒙古包，从服饰佩饰到生活用品，均得到普遍应用。

一 图案的组成形式

蒙古族图案有四种组成形式，即：单一图案、重复图案、复合图案、组合图案。据其装饰所处位置可分为中心图案、边沿图案和角隅图案等三种。

① 单一图案

单一图案，是由一个类型组成一个图案。
图 № 1262 单一图案

№ 1262-b

№ 1262-a

② 重复图案

重复图案，是由同一种图案连续重复组成。分为双向连续图案和四向连续图案两种。
图 № 1263 重复图案
   1 双向连续图案　　　2 四向连续图案

№ 1263-1-a

③ 复合图案

复合图案，由不同类图案联合组成。
图 № 1264 复合图案

№ 1263-1※-b　　　　　　　№ 1263-1※-c

④ 组合图案

组合图案，是指在一个装饰平面上由若干个独立图案组成的图案。
图 № 1265 组合图案

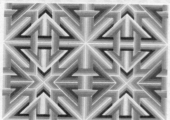

№ 1263-2※

科尔沁蒙古族民俗物品图鉴

№1263-2※

№1264※-a

№1264※-b

№1265※

⑤ 中心图案

中心图案,是指在装饰平面上的一个完整图案向四面无限伸展的图案。也指组合图案中处在中心部位或中间的图案。

图№ 1266 中心图案

№1266※-a

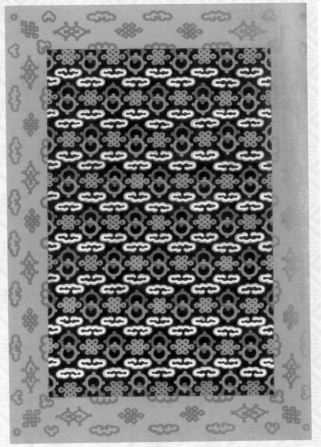

№1266※-c

№1266※-b

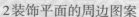 **⑥ 边沿图案**

边沿图案，是指在装饰平面上处于沿边位置的图案，也指装饰立体的檐、边图案。边沿图案是逆向延伸的重复图案，呈长条形。

图 No 1267 边沿图案

1 装饰平面的一边图案　3 立体物的檐、边图案

2 装饰平面的周边图案

No1267-1※-a

No1267-1※-b

No1267-2※-a

No1267-2※-b

No1267-3-a

No1267-3-b

 **⑦ 角隅图案**

角隅图案，是指在装饰平面上处于角落的图案。可分为单隅图案和连隅图案。一般呈三角形。

图 No 1268 角隅图案

1 单隅图案　　2 连隅图案

No1268-1-a

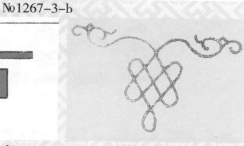

No1268-1-b

No1268-1-c

No1268-1-d

No1268-1-e

№1268-1-f

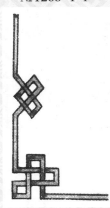

№1268-1-g

№1268-1※-h

№1268-1※-i

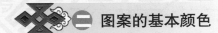

№1268-2※-a

№1268-2※-b

二 图案的基本颜色

图案，其颜色分为单色和彩色两种。黑白图案是由单一颜色组成的，彩色图案是由多种颜色组成的。

蒙古族图案的颜色与蒙古人崇尚的颜色密切相关。故将蒙古人崇尚的白、蓝、红、黄和绿色视为图案的五种基本颜色。

白色，是蒙古人自古以来最为崇尚的颜色，象征光明、平直、圣洁、逸闲。

蓝色，与蒙古人崇拜的长生天有关，象征永恒、庄重、长久、美好。

红色，与蒙古人敬仰的红日、红火有关，象征兴旺、发达、幸福、温暖。

黄色，与金色相同，象征尊贵典雅。

绿色，与生长的草木颜色相同，象征复苏昌盛、奋发向上。

图№1269 蒙古族图案的五种基本颜色

图№1270 图案

    1 单色图案   2 彩色图案

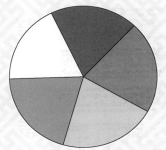

№1269

№1270-1-a

№1270-1※-b

№1270-1※-c

No 1270-2-a

No 1270-2※-b

No 1270-2※-c

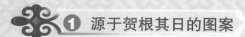

No 1270-2-d

三 图案的分类

根据图案的来源和演化情况,将蒙古族图案可以区分为五种,下面用图例说明。

No 1270-2-e

① 源于贺根其日的图案

贺根其日(蒙古语,读音 xəːntʃir)是指组成蒙古族图案的最基本单位点和线(包括直线、曲线)。诸如圆、三角形、四边形、多变形之类几何图形都是从贺根其日直接演变过来的。

(1)阿鲁哈(蒙古语,读音 ɑlx)纹(回纹)

图 № 1271 回纹

No 1271-a

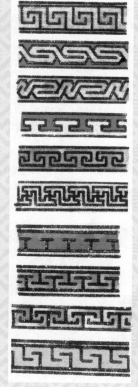

No 1271-b

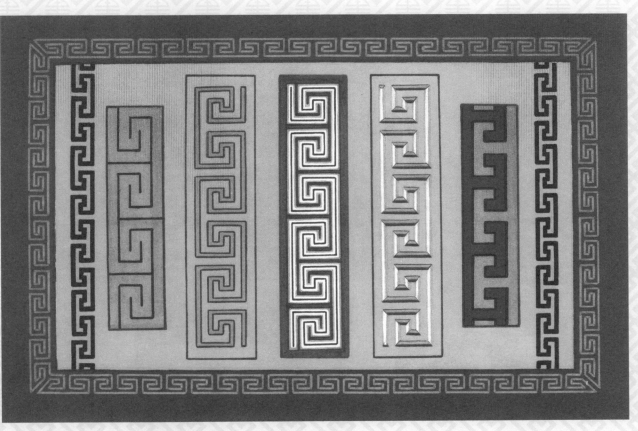

No1271※-c

(2)吉祥纹

吉祥纹亦称为盘肠图案。

图 № 1272 吉祥纹

No1272※-a

No1272-b

No1272-c

No1272-d

No1272-e

No1272-f

No1272-g

(3)吉祥结

吉祥结是吉祥纹的变样。也称为十眼吉祥纹。

图№ 1273 吉祥结

No1273-a

No1273-b

(4)皇帝镯子

图№ 1274 皇帝镯子

No1274

(5)皇后坠子

图№ 1275 皇后坠子

No1275-a

No1273-c

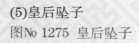 No1273-d

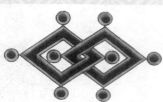

No1275-b

(6)编制图案

分为直编图案和斜编图案两种。

图№ 1276 编制图案

No1276-a

No1276-b

No1275-c

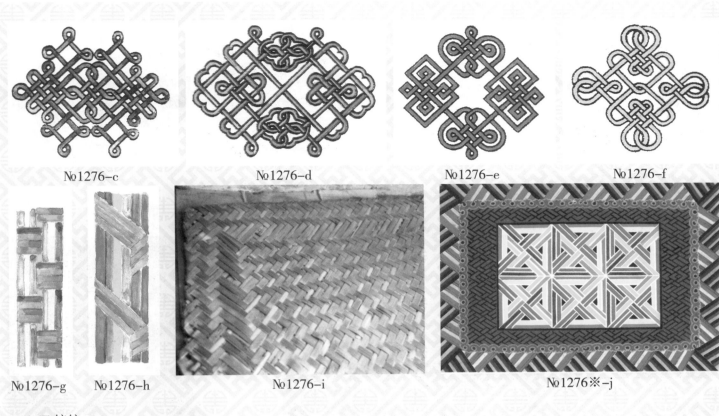

No1276-c   No1276-d   No1276-e   No1276-f

No1276-g   No1276-h   No1276-i   No1276※-j

(7)绞纹
形似搓的绳索。
图No 1277 绞纹

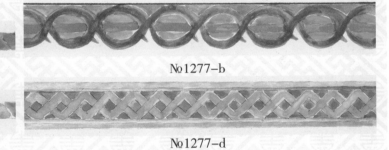

No1277-a   No1277-b

No1277-c   No1277-d

(8)轮形图案
轮形图案亦称法轮图案。
图No 1278 轮形图案

No1278-a   No1278※-b

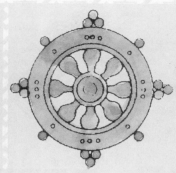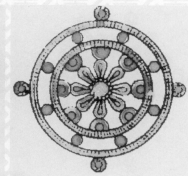

№1278-c

(9)万寿图案

顺时针方向的称为哈斯(蒙古语,读音 hɑs) 纹,逆时针方向的称为元敦(读音 jɔndɔn)纹。

图№ 1279 万寿图案

　　　1哈斯纹　　　2元敦纹

图№ 1280 单双万寿图案

№1279-1　　　№1279-2

№1279

№1280※

№1281-a

(10)团形图案

团形图案,蒙古语称为普森(读 音 pusən)纹。

图№ 1281 团形图案

№1281-b

№1281-c

№1281※-e

№1281※-f

№1281-g

№1281※-d

(11)立体图案
图№1282 立体图案

№1282-b

№1282※-a

№1282※-c

(1) 太阳图案
　图№ 1283　太阳图案

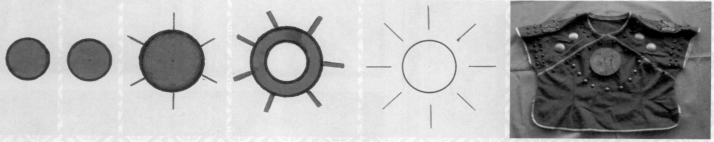

No1283-a

No1283-b

(2) 太阴图案
　图№ 1284　太阴图案

No1284

(3) 日月图案
　图№ 1285　日月图案

No1285

(4) 星辰图案
　图№ 1286　星辰图案
　　1 图案　　　　2 应用

No1286-1

No1286-2-a

No1286-2-b

(5) 云纹
　图№ 1287　云纹

No1287-a

No1287-b

No1287-c

No1287-d※

No1287-e

(6)山纹

图No 1288 山纹

No1288※-a

No1287-f

No1288-b

No1288※-c

(7)水纹

图 No 1289 水纹

No1289-a

No1289-b

No1289-c

No1289※-d

(8)漩涡纹

图 No 1290 漩涡纹

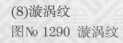

No1290-a

No1290-b

(9)火纹

图 No 1291 火纹

No1291-a

No1291-b

No1291※-c

(10)虹纹

图№ 1292 虹纹

(11)岩石纹

图№ 1293 岩石纹

No1292　　　　　　　　No1293

❸ 动物形象图案

(1)四强图案

四强是指龙、鹏、狮、虎。民间一般把鹏美化成凤。

图№ 1294 四强图案

    1 龙　　　3 狮

    2 凤　　　4 虎

No1294-1※-a

No1294-1※-b

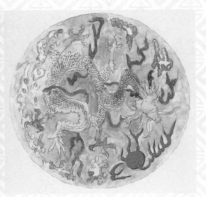

No1294-1-c

No1294-1-d

No1294-2※-a

No1294-2-b

No1294-2-c

No1294-3-a

No1294-3-d

No1294-3※-b

No1294-3-c

No1294-4※

(2)五畜图案
图No 1295 五畜图案
　　1马　　　4绵羊
　　2牛　　　5山羊
　　3驼
图No 1296 快乐的草原

No1295-1※-a

No1295-1※-b

No1295-2※-a

No1295-2※-b

No1295-2※※-c

No1295-3※-a

No1295-3※-b

No1295-4※-a

No1295-4※-b

No1295-4※※-c

No1295-5※-a

No1295-5※-b

No.1296※

No.1297-a

No.1297※-b

(3)鼻形纹

鼻形纹,是由牛鼻子形状衍化而来的。

图No 1297 鼻形纹

(4)犄形纹

犄形纹,是由鹿犄角衍化而来的。

图No 1298 犄形纹

No.1298-a

No.1298-b

No.1297※※-c

No.1298※-c

(5)腭纹图案
图№1299 腭纹图案

No1299

(6)鱼形图案
鱼形图案,是鱼的原形的图案化。
图№1300 鱼形图案

No1300-a

No1300-b

(7)双鱼图案
图№1301 双鱼图案

No1301

(8)阴阳图案
阴阳图案,是头尾交错的黑白色双鱼的抽象化。
图№1302 阴阳图案

No1302-a

(9)螺纹
螺纹,是海螺形状的图案化,也称指纹图案。
图№1303 螺纹

No1302-b

No1303

(10)蛇纹
图№1304 蛇纹

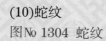

No1304-a

No1304-b

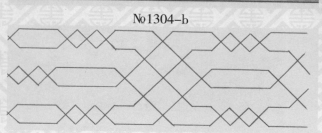

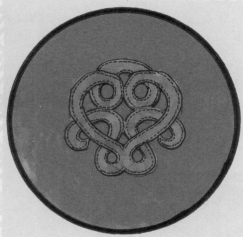

No1304-c

No1304-d

(11)蝙蝠图案
图 № 1305 蝙蝠图

№1305-a

№1305※-b

№1305-c

№1305-d

(12)蝴蝶图案
图 № 1306 蝴蝶图案

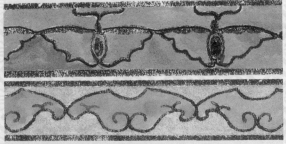

(13)蜜蜂图案
图 № 1307 蜜蜂图案

№1306-a

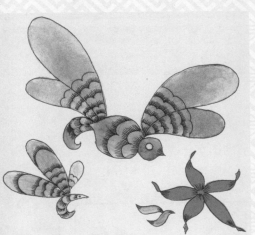

№1306※-b

№1306※※-c

№1307

(14)鸟形图案
图 № 1308 鸟形图案

除上列图例外,在缝饰工艺和日常用具刻饰工艺中也适当应用其他禽兽图案。

№1308-a

№1308-b　　　　　　№1308-c　　　　№1308-d　　　　　　№1308-e

④ 植物形态图案

(1)卷草纹

草纹,是草的茎、枝、杈、叶子的图案化。

图 № 1309 卷草纹

№1309-a　　　　　　　　　№1309-b

№1309-c　　　　　　　　　　№1309※-d

(2)树木图案

树木图案,是树木外形的图案化。

图 № 1310 树木图案

№1310-a　　　　　　　№1310※-b

(3)花卉图案

常用的有杏花、荷花、菊花、桂花、兰花、牡丹花、山丹花、芍药花、百合花及宝相花图案等。亦有花样图案。

宝相花图案是集众多花卉之美的抽象化图案。

图No 1311 花卉图案

1杏花图案	3菊花图案	5兰花图案	7山丹花图案	9百合花图案	11花样图案
2荷花图案	4桂花图案	6牡丹花图案	8芍药花图案	10宝相花图案

No1311-1-a

No1311-1-b

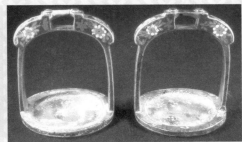

No1311-1-c

No1311-1-d

No1311-2※-a

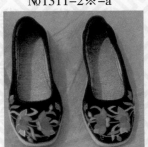

No1311-2-b

No1311-2※-c

No1311-3※-a

No1311-3-b

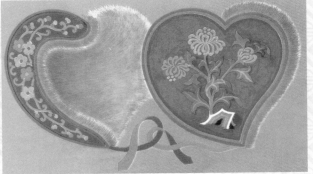

No1311-3※-c

No1311-3-d

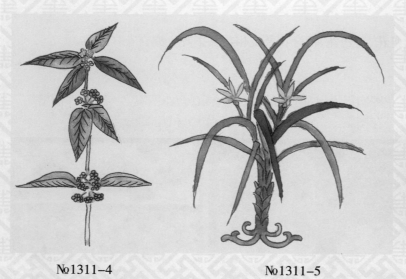

No1311-4　　　　No1311-5

No1311-6※-a

No1311-6※-b

No1311-7※

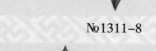

No1311-8

No1311-9

No1311-10

No1311-11-a

No1311-11-b

No1311–11–d

No1311–11※–c

No1311–11–e

(4)瓜果图案

常用的有桃、石榴、山楂、稠李子、杏、葡萄、葫芦、西红柿、西瓜、倭瓜、黄瓜、佛手等图案。佛手是热带生长的一种植物，其果实黄而肥美，犹如人手，便将其形状图案化用于装饰。

图No 1312 瓜果图案

1桃子图案	5山杏图案	9西瓜图案
2石榴图案	6葡萄图案	10倭瓜图案
3山楂图案	7葫芦图案	11黄瓜图案
4稠李子图案	8西红柿图案	12佛手纹

No1312–1–a

No1312–1–b

No1312–2※

No1312–3

No1312–4

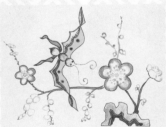

No1312–5

No1312–6※

No 1312-7

No 1312-8

No 1312-9-a

No 1312-9※-b

No 1312-10-a

No 1312-10※-b

No 1312-11

No 1312-12※

⑤ 器具图案

民间习俗的象征物和用品器具以及文字,也有的衍化为图案而被用于装饰。

(1)八供图案

八供,是佛教的八种供品。

图 No 1313 八供图案

№1313

(2)格子花纹

格子花纹是蒙古包的哈那式图案。也称鱼网纹。

图№ 1314 格子花纹

(3)弓箭图案

弓箭图案是把男儿三艺之一射箭的用具艺术化的花纹。

图№ 1315 弓箭图案

№1314-a

№1314-b

№1314-c

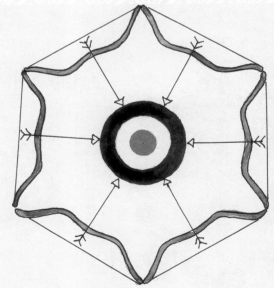

№1315

(4)铜钱图案

铜钱图案,是古代铜钱币的图案化。

图№1316 铜钱图案

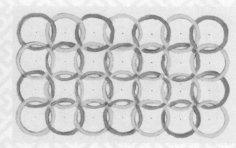

№1316-b

№1316-c

№1316※-a

(5)文字图案

①蒙古字图案

蒙古字图案,可分为篆字图案、美术字图案和形象字图案三种。

图№1317 蒙古字图案

    1篆字图案   3形象字图案

    2美术字图案

№1317-1-a

№1317-1※-b

№1317-1※-c

№1317-2※※-a

№1317-2※※-b

№1317-2※-c

№1317-3※※-a

№1317-3※-b

№1317-3※-c

②兰萨图案

兰萨图案,是从文字符号衍化的一种花纹,常与其他图案组合使用。

图№1318 兰萨图案

№1318※-a

№1318-b

№1318-c

第二节 缝绣饰品工艺

做衣服要经过裁剪、缝纫两个步骤。这两个步骤都需要有适宜的规范和技艺。

 **一 裁剪工艺**

服装的裁剪工艺,根据所用的材料可分为布、帛、皮等衣料的裁剪工艺;根据不同的服饰种类可分为帽、圆帽、长袍、袄、长坎肩、短坎肩、裤、套裤、摔跤坎肩、靴、鞋、袜等的裁剪工艺;根据衣服的不同部位可分为面料、衬里、镶边装饰等裁剪工艺。

服饰的裁剪工艺也要适合着装人性别、年龄、体态和不同季节的需求。

传统的服饰都有在实践经验中积累形成的裁剪样子,科尔沁蒙古人称为"乌力格尔"(读音 ulgər)。乌力格尔具有蒙古族服装的普遍特征和地方特色,也具有裁缝者的个人风格,因此,它具有多样性的。通常用纸剪成样子。裁剪乌力格尔的几个图例:

图№1319 圆顶立檐帽裁剪样子图

图№1320 传统式长袍的裁剪样子图

图№1321 普通裤子裁剪样子图

图№1322 尖头靴子裁剪样子图

除裁剪工艺的乌力格尔,还有缝纫、刺绣工艺的乌力格尔,这种乌力格尔是各种图案的样子,实际上是缝纫的纹线图。乌力格尔非常多,各家各户都备用。

缝纫乌力格尔的几个图例:

图№1323 长袍领、襟、下摆缝纫样子图

图№1324 枕头的刺绣样子图

图№1325 烟荷包的刺绣样子图

图№1326 绣花鞋的刺绣样子图

№1319

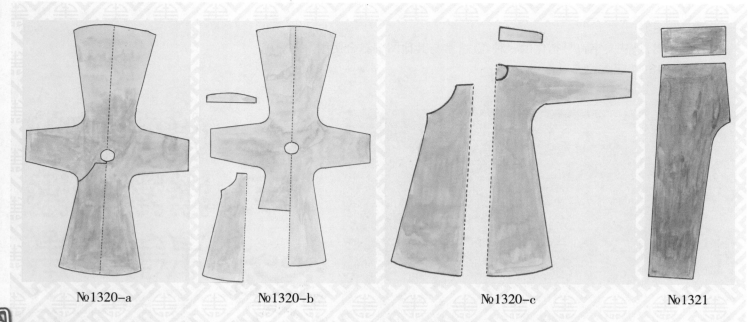

No1320-a   No1320-b   No1320-c   No1321

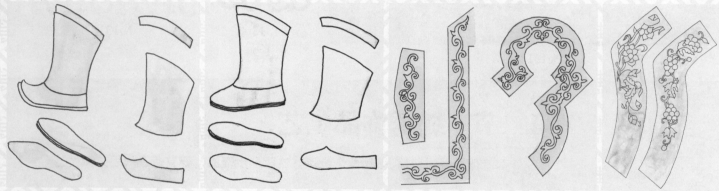

No1322-a   No1322-b   No1323-a   No1323-b

No1324-a   No1324-b   No1324-c

No1325-a   No1325-b

№1325-c

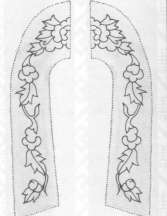

№1325-d

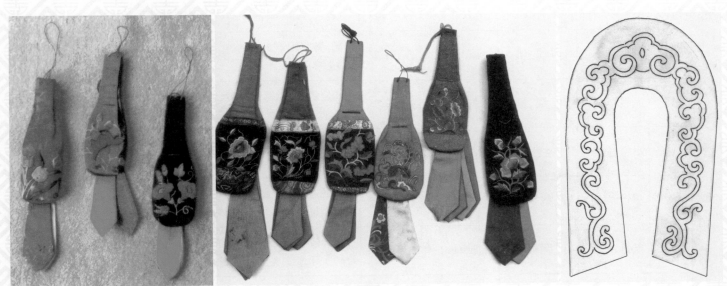

№1325-e

№1326-a

№1326-b

№1326-c

№1326-d

蒙古族手针缝纫基本规程是用拇指和中指持针,针尖朝里,然后用戴顶针的食指按针头操作。用这种操作法创造了蒙古族独特的种种缝纫工艺。

图№1327 常用的缝纫法

图序	工艺名称	用具	基本要求	操作说明
I	绷针法	针、线	暂时固定	将重叠的衣料缝合在一起,为下一步工序起固定作用。下一缝纫工序完成后,将绷线抽掉,分为长绷、短绷两种。
II	攻针法	针、线	针迹均匀整齐	手持针,按先下后上,一针一针从外往里的顺序进行。
III	连线针法	针、线	针脚长些,连续缝住	手持针,按先下后上,连续若干次从外往里的顺序进行。这是一种较快的缝法。
IV	绗针法	针、线	针脚长些,缝得稍松	常用于缝棉衣。分为明绗、暗绗两种。有单针脚绗法、双针脚绗法、三针脚绗法等
V	缀针法	针、线	针脚均匀、整齐,缝紧	常用于缝厚、硬的衣物。一针一针地上下穿针。
VI	纳针法	针、线、锥	针脚均匀、整齐,缝牢	纳靴、鞋底用锥子、麻线。纳靴、鞋帮不用锥子、麻线。分排纳、圈纳、花纳三种。
VII	绱针法	针、线、锥	针脚均匀、整齐,缝牢	用于合缝靴、鞋底、帮以及合缝较硬的衣物。绱靴、鞋用双纫头麻线。
VIII	缉针法	针、线	针脚均匀、整齐,密集	退针的进孔必须在后一原针孔内,再向里以退针的一倍距离进针。面层针迹一一相连,底层的针迹与链条相仿。
IX	驱针法	针、线	针脚均匀、整齐,稀疏	退针的进孔不能在原针孔内,要有一定的间隔。面层针迹不相连,两针脚长度之和小于底层的一个针脚长度。
X	盘针法	针、两根线	针脚均匀、整齐,紧凑	一根线按着缉针法向后退进,另一根线则在面层上每上来一针时盘绕一次针,退针时把已盘好的线圈的里边固定好。
XI	缭针法	针、线	针脚均匀、整齐,缝牢	用于缭皮、鞡之类较硬衣物的缝合。是将衣片的毛边折叠后缝合在一起的一种缝纫法。
XII	缲针法	针、线	针脚直而牢固	缝合两个衣片的接合线,与缭针法相仿。
XIII	锁边针法	针、线	针脚均匀、整齐,缝紧	锁住裁片毛边,防止起毛脱边。
XIV	衔接针法	针、线	针脚整齐、均匀	缝合两个衣片的接合部位,两边轮流行针,用于缝合皮革、毡子接头。
XV	粗绷针法	针、线、皮条	针脚整齐、适当	缝合两个衣片的接合部位,针脚横连。适于缝合皮革、毡子之类厚、硬用品。
XVI	粗缝针法	针、线	针脚整齐、适当	折叠穿连的缝法。适于烟荷包、胸荷包口等。

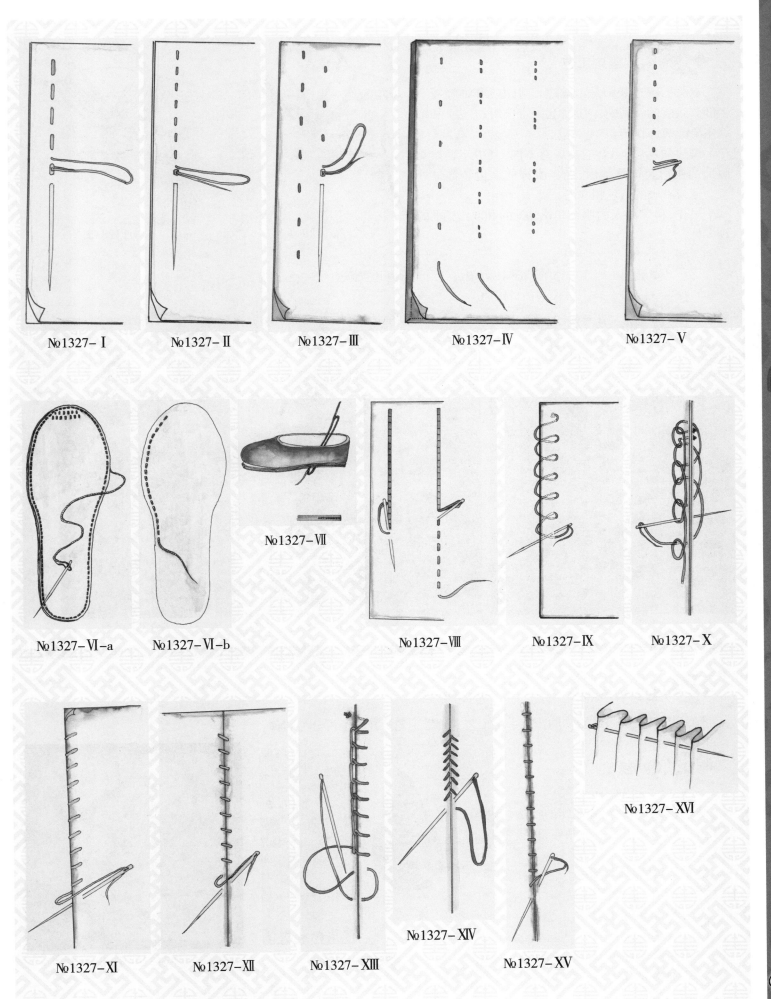

№1327-Ⅰ   №1327-Ⅱ   №1327-Ⅲ   №1327-Ⅳ   №1327-Ⅴ

№1327-Ⅵ-a   №1327-Ⅵ-b

№1327-Ⅶ

№1327-Ⅷ   №1327-Ⅸ   №1327-Ⅹ

№1327-Ⅺ   №1327-Ⅻ   №1327-ⅩⅢ   №1327-ⅩⅣ   №1327-ⅩⅤ   №1327-ⅩⅥ

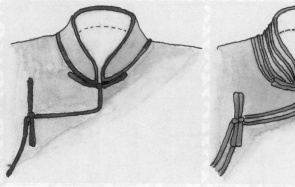

（三）镶边工艺

衣服的镶边装饰是由滚边儿、沿边儿和饰绦等三个部分组成的。其中,滚边儿起固定作用,沿边儿和饰绦主要起装饰作用。

镶边的色彩,男女老少各有不同,其中年轻妇女服饰的镶边装饰最华丽,老年服饰的镶边装饰最朴素。但与衣服的颜色相和谐。

早先,科尔沁人的服饰单沿边儿的和双沿边儿的较多见。

图№ 1328 镶边

1 单沿边儿　　3 长袍大襟领边镶边　　5 长袍开衩镶边
2 双沿边儿　　4 长袍袖口镶边

№1328-1　　　　　№1328-2

№1328-3※

№1328-4※

№1328-5※

（四）刺绣工艺

刺绣工艺,是蒙古族服饰的传统手工工艺。刺绣工艺从技法上可分为四种。

❶ 绣花

绣花,是用彩色丝线缝纫的技法。以前蒙古族妇女绣花时不用绷架,直接手工操作。

绣花常用的基本针法有齐针法、参差针法、阶梯针法、散针法等。

图№ 1329 绣花技法

Ⅰ 齐针法　　　Ⅳ 散针法
Ⅱ 参差针法　　Ⅴ 绣花图例
Ⅲ 阶梯针法

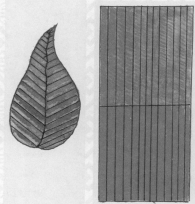

№1329-Ⅰ-a

№1329-Ⅰ-b

科尔沁蒙古族民俗物品图鉴

№1329-Ⅱ-a

№1329-Ⅱ※-b

№1329-Ⅱ-c

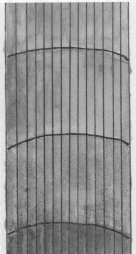

№1329-Ⅲ-a

№1329-Ⅲ※-b

№1329-Ⅳ-a

№1329-Ⅳ-b

№1329-Ⅴ-a

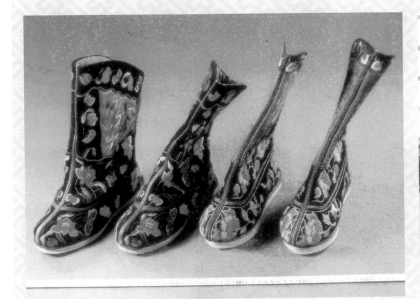

№1329-Ⅴ-b

№1329-Ⅴ-c

№1329–Ⅴ–d

№1329–Ⅴ–e

№1329–Ⅴ–f

❷ 贴花

贴花是先剪贴、后缝边的技法。

图№ 1330 贴花图例

❸ 盘花

盘花是用盘针缝纫法刺绣图案的技法。

图№ 1331 盘花图例

❹ 镂花

镂花是先剪镂后缝边的技法。亦称抠花技法。

图№ 1332 镂花图例

№1330–a

№1330–b

№1331–a

№1331–b

№1332–a

№1332–b

№1332–c

№1332–d

第三节　绘制饰品工艺

绘饰工艺,主要用于房屋建筑装饰、木制用品器具装饰、寺庙装饰、乐器装饰等。特别是对寺庙、王公庭院的油漆、宗教壁画、绘制佛图、雕塑佛像的彩绘等应用更广泛。

图№ 1333 寺院殿堂绘饰

No1333-a

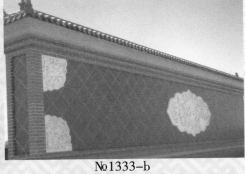

No1333-b

No1333-c

No1333-d

No1333-e

No1333-f

科尔沁蒙古族民俗物品图鉴

№1334-b

№1334-a

№1335-a

№1335-b

№1335-c

№1335-d

№1335-e

图№ 1336 寺院壁画
图№ 1337 佛像

1彩绘雕塑佛像　2唐嘎画

№1336

№1337-1-a

№1337-1-b

№1337-2

第四节　塑造饰品工艺

塑饰，是指用可塑材料塑造。塑造饰品工艺主要用于寺院铜铸佛像、法器、泥塑佛像、制作供品和民间制造手工装饰品。还用于铁铸器物。

图№ 1338 铸造佛像

№1338-a

№1338-b

图№ 1339 寺院塑造供品

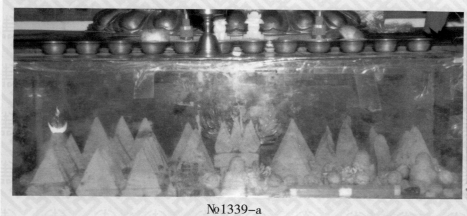

№1339-a

№1339-b

图№ 1340 石狮

№1340-a

№1340-b

图№ 1341 民间手工塑造品

№1341-a

№1341-b

№1341-c

№1341-d

№1341-e

№1341-f

№1341-g

№1341-h

№1341-i

№1341-j

№1341-k

№1341-l

№1341-m

№1341-n

第五节　雕刻饰品工艺

雕刻饰品即刻饰。雕饰工艺,据其技法可分为:圆雕、浮雕、平雕、透雕等。平雕即平面雕,又分为阳刻、阴刻两种。

雕刻饰品工艺是使用最为普遍的一种工艺。据其材质可分为金银雕、铜雕、石雕、骨雕、木雕等。用皮革、布帛镂花、剪纸等也可归为雕刻饰品类。

雕刻饰品工艺的用途更广。房屋建筑、用品器具、佩带装饰、工具及从乐器到玩具样样都可见雕刻饰品工艺。

图№1342　圆雕
图№1343　浮雕
图№1344　平雕
　　　　　1阳刻　2阴刻
图№1345　透雕
图№1346　金银雕

№1342

№1343

№1344-1※

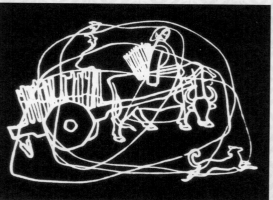

№1344-2※

№1345-a

№1345-b

№1346-a

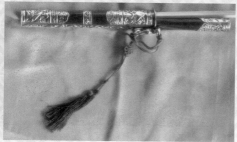

№1346-b

图№ 1347 铜雕
图№ 1348 石雕
图№ 1349 玉雕
图№ 1350 木雕
图№ 1351 根雕

№1347-a

№1347-b

№1348-a

№1348-b

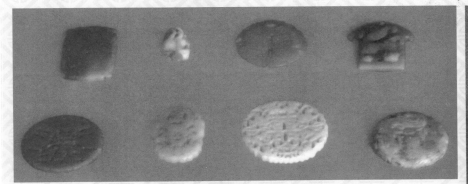

№1349

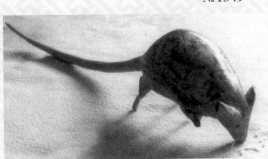

№1351※-a

№1351※-b

№1350

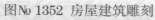

图 № 1352　房屋建筑雕刻
图 № 1353　用品器具雕刻
图 № 1354　装饰佩带物雕刻
图 № 1355　乐器刻饰
图 № 1356　法器刻饰

№1352-a

№1352-b

№1353

№1354-a

№1354-b

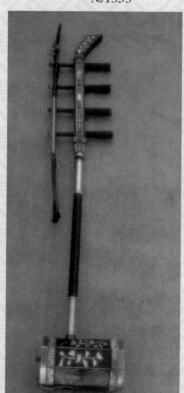

№1355-a

№1355-b

№1356-a

№1356-b

№1356-c

图 № 1357 蒙古象棋雕刻
图 № 1358 版画雕刻
图 № 1359 印章雕刻

№1357

№1358※-a

№1358※-b

№1359※

第六节　编制饰品工艺

编制的多种用品器具,虽然其使用价值是主要的,但在其编织过程中伴随着装饰工艺,所以,也有了一定的观赏价值。如:马鞭、柳条容器、席子,也可以说是用途和工艺的结合。

绳子、皮条用品的结结也属于编饰工艺。如纽襻儿、吉祥结、马鞍吊带等,在其编制技法中蕴涵着装饰艺术。

图 № 1360 马鞭子编饰
图 № 1361 柳条容器的编饰

№1360-a

№1360-b

№1361-a

№1361-b

图 № 1362 席子的编饰
图 № 1363 纽襻儿编制艺术

№1362

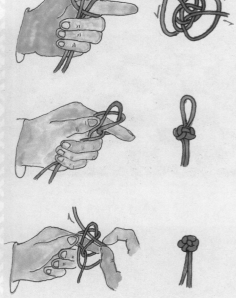

№1363

图 № 1364 皮条、绳索用具结结种种

1普通结	4马绊结	7拴马结	10叉子结	13闭扣结	16连环颈圈结	19长方形彩结
2缝线结	5耳状结	8拴唇结	11陶脑结	14死扣结	17坠子结	20蝴蝶结
3笼头结	6拴犊结	9连环结	12活扣结	15颈圈结	18正方形彩结	21芙蓉结

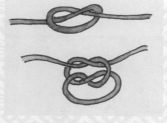    

№1364-2　　　　　　№1364-3　　　　　　№1364-4

№1364-1

№1364-5　　　　　　№1364-6

№1364-7-a　　　　　№1364-7-b

№1364-7-c　　　　　№1364-8　　　　　　№1364-9

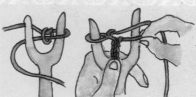 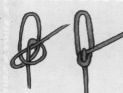  

№1364-13

№1364-10　　　　　№1364-11　　　　　№1364-12

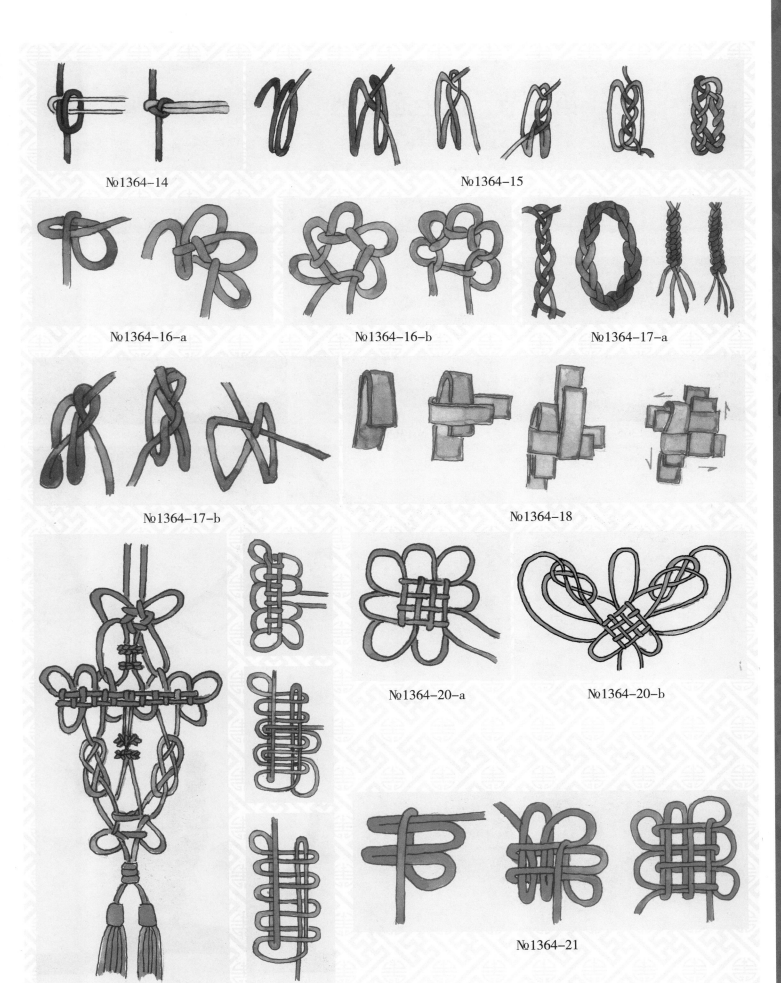

№1364-14

№1364-15

№1364-16-a

№1364-16-b

№1364-17-a

№1364-17-b

№1364-18

№1364-20-a

№1364-20-b

№1364-19-a

№1364-19-b

№1364-21

第七节　原生态工艺

利用动植物和某种物品的原生态造型简单装饰出品的一种工艺。如动物皮毛、骨骼等。其标本更具有代表性。

图 No 1365　原生态工艺品

No1365-a

No1365-b

No1365-c

No1365-d

No1365-e

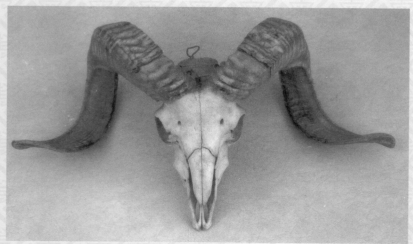

No1365-f

No1365-g

第二十章　农作物类

过去,在科尔沁地区很少耕种农作物。主要是为了保护自然生态环境,使其和谐平衡,合理利用天然草牧场。游牧时期,仅仅种一些很小范围的糜子、荞麦等。

自从科尔沁南部、东部开垦以后,农业得以发展,耕作物逐渐增多,不仅耕种晚田而且也耕种旱田,从漫撒转变为垄耕,也要种植蔬菜。

20世纪中期科尔沁地区的农作物,可分为粮食作物、经济作物、蔬菜三类。

第一节　粮食作物

粮食作物,可分为旱田、晚田两种。

一　旱田作物

旱田,春种秋收。主要种植高粱、谷子、玉米和豆类。还要种植一些小麦,春种夏收。

❶ 高粱

一年生草本植物。子实可做米食、畜料或酿酒,秆可编席、房笆等。甜高粱杆可咂嚼,笤帚糜子穗可做笤帚。

图 No 1366 高粱

　　1 高粱　　　　3 笤帚蜀黍

　　2 甜高粱

No 1366-1

No 1366-2-a

No 1366-2-b

No 1366-3

❷ 谷子

一年生草本植物,子实为米食,秆为饲料。

图 No 1367 谷子

❸ 玉米

也称为苞米,一年生草本植物。子实可供食用、酿酒等。成熟期的子实可煮吃,称为青玉米(青苞米),分白玉米、黄玉米两种。

图 No 1368 玉米

No 1367

No 1368

④ 小麦

一、二年生草本植物。子实可制面粉,麸皮可作饲料。

图 № 1369 小麦

No1369

⑤ 黍子

一年生草本植物。子实供食用,可碾成米或面,称为黄米或黄米面。

图 № 1370 黍子

No1370

⑥ 豆

一年生草本植物。种子有黄色、绿色、黑色或带斑纹的。子实可供食用,可榨油。分为黄豆(大豆)、绿豆、黑豆、爬豆等。

图 № 1371 豆
- 1 黄豆 　　3 黑豆
- 2 绿豆 　　4 爬豆

No1371-1

No1371-2

No1371-3

No1371-4

⑦ 稻子

一年生草本植物,子实为米食。20世纪前期已有的蒙古村请朝鲜人为师傅种植水稻。

图 № 1372 水稻

No1372

晚田作物

晚田,夏种秋收。主要种植糜子、荞麦等。

❶ 糜子

一年生草本植物,也叫穄子。子实供食用。因生长期短、耕作简单,在科尔沁地区种植很广,是主要农作物。
图№ 1373 糜子

№1373

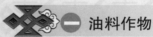
❷ 荞麦

一年生草本植物,子实去壳后磨成面粉供食用。
图№ 1374 荞麦

№1374

第二节 经济作物

经济作物主要包括大麻、芝麻、烟叶、瓜果等。

一 油料作物

❶ 蓖麻

也叫大麻子,一年生草本植物,种子可榨油,是日常生产生活用油的主要来源。
图№ 1375 蓖麻

№1375-a   №1375-b

❷ 芝麻

一年生草本植物,也称脂麻。其种子多用来榨油。可食用或生产生活中应用。
图№ 1376 芝麻

№1376-a   №1376-b

二 其他

❶ 线麻 苘麻

线麻是一年生草本植物。其茎皮纤维可供纺织、缝纫和做编制绳子。其籽榨油,应用于生产生活。
苘麻,通称青麻,一年生草本植物。其茎皮纤维可做绳子。
图№ 1377

　　Ⅰ 线麻　　　Ⅱ 苘麻

No1377-Ⅰ

No1377-Ⅱ

❷ 打瓜

一年生草本植物。科尔沁人种打瓜除食用外主要是为了出售瓜子。

图№ 1378 打瓜

No1378-a

No1378-b

No1378-c

❸ 烟草

一年生草本植物。叶,可制烟丝、卷烟等。

图№ 1379

　　Ⅰ 烟草　　Ⅲ 烟蒿

　　Ⅱ 烟叶

No1379-Ⅰ

No1379-Ⅲ

No1379-Ⅱ

❹ 向日葵

一年生草本植物。种子,可吃、可榨油食用。

图No 1380 向日葵

No1380-a

No1380-b

第三节　蔬菜作物

蔬菜可分为春种,春、夏吃的青菜和秋收,秋、冬吃的储菜两类。

一 春菜

春菜,是指春季种植新鲜时吃的青菜。科尔沁地区种葱、蒜、水萝卜、韭菜、茄子、西红柿、青椒、辣椒、葫芦、豇豆和各种瓜。多数青菜可生吃。

❶ 葱

一、二年生草本植物。可做青菜、储菜,一年四季食用。

图No 1381 葱

　　1小葱　2大葱

No1381-1

No1381-2-a

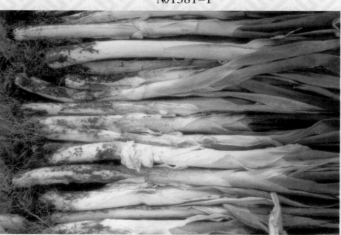

No1381-2-b

科尔沁蒙古族民俗物品图鉴

② 蒜

一年生草本植物。可做青菜、储菜。

图 № 1382 蒜
　　　1 青蒜　　3 蒜头
　　　2 蒜苗

③ 水萝卜

一年生草本植物。叶子和地下块茎做青菜吃。

图 № 1383 水萝卜

④ 韭菜

多年生草本植物。其花可碾腌。

图 № 1384
　　　Ⅰ 韭菜　　Ⅱ 韭菜花

⑤ 茄子

一年生草本植物。果实为食。

图 № 1385 茄子

⑥ 西红柿

一年生草本植物。果实为食。

图 № 1386 西红柿

No1382-2

No1382-1

No1382-3

No1383

No1384-Ⅰ

No1384-Ⅱ-a

No1384-Ⅱ-b

No1385-a

No1385-b

No1386-a

⑦ 青椒 辣椒

一年生草本植物。不辣者为青椒,辣者为辣椒。

图 № 1387
　　　1 青椒　　2 辣椒

No1386-b

No1387

457

No1387-1

No1387-2

⑧ 豇豆

一年生草本植物，亦称豆角。分短豆角、长豆角等。

图No 1388　豇豆

　　1短豆角　2长豆角

No1388-1-a

No1388-1-b

No1388-2-a

⑨ 葫芦

葫芦，一年生草本植物。
果实嫩时可吃，果壳可做容器。

图No 1389

　　Ⅰ葫芦　Ⅱ葫芦用品

No1389-Ⅰ

No1388-2-b

⑩ 西葫芦

西葫芦，一年生草本植物，果实可熟吃。

图No 1390　西葫芦

No1389-Ⅱ

No1390-a

No1390-b

科尔沁蒙古族民俗物品图鉴

11 瓜类

一年生草本植物。果实生吃。有的果实,可做菜。

图№1391 瓜类

Ⅰ 黄瓜　Ⅲ 梢瓜
Ⅱ 香瓜　Ⅳ 西瓜

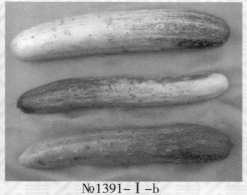

№1391-Ⅰ-a　　　　№1391-Ⅰ-b

№1391-Ⅱ-a　　　№1391-Ⅱ-b　　　№1391-Ⅲ-a

№1391-Ⅲ-b　　　№1391-Ⅳ-a　　　№1391-Ⅳ-b

二 秋菜

秋菜,是指秋季收储越冬吃的蔬菜。储存的方法有鲜存、窖存、晒干、腌等。

1 土豆

多年生草本植物,也称马铃薯。

图№1392 土豆

№1392-a

№1392-b

2 白菜

一年生草本植物,可做青菜,储菜。秋菜可腌酸菜。

图№1393 白菜

1 小白菜　3 酸菜
2 秋白菜

№1393-1

№1393-2

第二十章　农作物类

459

No1393-3-a

No1393-3-b

No1394-Ⅰ-a

③ 萝卜

一、二年生草本植物。分为大萝卜、胡萝卜两种。大萝卜分为白萝卜、胡萝卜等。大萝卜叶、根春天可当青菜吃。

图No 1394 萝卜

　　　Ⅰ大萝卜　　Ⅱ胡萝卜

No1394-Ⅰ-b

No1394-Ⅱ-a

④ 倭瓜

一年生草本植物,也称南瓜。熟吃。

图No 1395 倭瓜

No1394-Ⅱ-b

No1395

⑤ 冬瓜

一年生草本植物,果实一般为长圆柱形,冬季食用。皮和种子入药。

图No 1396 冬瓜

⑥ 蔓菁

一年生草本植物。其地下块茎可腌咸菜。

图No 1397 蔓菁

No1396

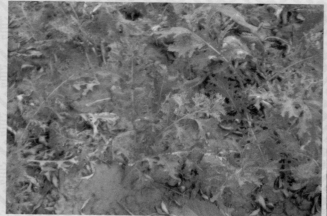

No1397-a

No1397-b

科尔沁蒙古族的食品据其来源可分为四种：来源于粮食的食物(称为素食，包括米食和面食)；来源于家畜家禽的食物(包括五畜和猪、鸡、鹅、鸭产品)；来源于狩猎的食物(包括野兽、野禽产品)；来源于蔬菜瓜果的食物(称为绿食，包括种植的蔬菜和野菜水果)等。

科尔沁蒙古族的饮品包括茶、酒和奶汁品等。

第一节　谷类食品

一　米食

科尔沁蒙古族将稷米、炒米(糜子炒熟的米)、玉米、高粱米、小米、黏米(黍子产品)作为主要食品，也买些大米为食。

图 № 1398　日常吃的米类

Ⅰ 稷米　　Ⅲ 玉米　　Ⅴ 小米　　Ⅶ 大米
Ⅱ 炒米　　Ⅳ 高粱米　Ⅵ 黏米

№1398-Ⅰ

№1398-Ⅱ

№1398-Ⅲ-a

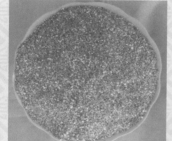
№1398-Ⅲ-b

№1398-Ⅳ

№1398-Ⅴ

№1398-Ⅵ

№1398-Ⅶ

1 炒米

科尔沁人将稷米水煮、烘干、碾成炒米和生米，供日常食用。而炒米是最主要的食品，与奶制品共用。

图 № 1399　奶油拌炒米

№1399

№1400

2 淡饭

淡饭是素饭、普通的饭，蒙古语称为哈日苏(读音 xɑrs)，是不加肉、油、奶之类而在适量水内焖熟的干饭。与煮熟后捞出来再焖的饭有所区别。

图 № 1400　哈日苏

❸ 阿木苏

阿木苏(蒙古语,读音amas),
是加进奶类食物的什锦稠粥。
图№ 1401 阿木苏

No1401-a

No1401-b

❹ 肉粥

肉粥,是与肉和肉汤一起煮熟的较稠的粥。
图№ 1402 肉粥

❺ 凝结炒米

凝结炒米,是用黄油拌炒米加糖做成的。
一般在冬季吃和供祭用。
图№ 1403 凝结炒米

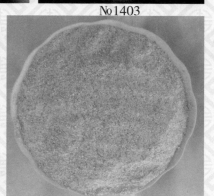

No1402

No1403

❻ 荞麦糁

荞麦碾磨剩的渣子(荞麦米芯),可做稠粥
吃或再加工成面。
图№ 1404 荞麦糁

❼ 炒面

炒面,是炒熟的米碾成的面。可作为外出
带的干粮或拌奶类吃。
图№ 1405 炒面

No1404

No1405

❒ 面食

凡是米都可以碾成面。用面做的食品称为
面食。科尔沁人以荞面面食为主。面食可以煮、
蒸、煎、炸或做成汤面。

No1406-a

❶ 汤面

科尔沁人常吃的汤面有奶油片儿汤面、猫耳朵汤
面、切面、拉拉汤面、片儿汤面等。
(1)奶油片儿汤面
将和好的荞面或白面,擀薄,切成小方块,水煮,
捞出后再在奶油或牛奶内煮就。蒙古语称套和来(读
音tɔxlɔi)。
图№ 1406 奶油片儿汤面

No1406-b

(2)猫耳朵汤面

将荞面丸在手心内用拇指捻成猫耳朵状，下到肉汤内煮熟，故名。

图№1407 猫耳朵汤面

(3)切面

将擀薄的面切成条状或三角形。条状的叫做面条，直接下到肉汤内煮的面条，称为热汤面；煮熟后过水再浇肉汤吃的面，称为过水面或称浇汤面。三角形的叫做鸡舌面。

图№1408 切面
　　1面条　　2鸡舌面

(4)落落汤面

落落(lala)汤面，是指将和稀的面落落成面片做成的汤面。

图№1409 落落汤

(5)片汤面

将擀好的面撕成片做的汤面叫做片汤面。

图№1410 片汤面

(6)馄饨

馄饨，是在肉汤内煮熟的面片、小饺子等混合面食。

图№1411 混饨

№1407-a

№1407-b

№1408-Ⅰ-a

№1408-Ⅰ-b

№1408-2-a

№1408-2-b

№1409-a

№1409-b

№1410

№1411

No1412

❷ 饸饹

饸饹,是将和好的荞面团用饸饹床子压成圆柱形面条,煮熟后浇肉汤吃的面食。

图No 1412 饸饹

❸ 蒸食

蒸食,是用水蒸气蒸熟的面食,用新和的面或发酵的面都可以做。

(1)窝窝头

窝窝头,是下方中空的饽饽。用粗粮面做。

图No 1413 窝窝头

(2)馒头

馒头,是用发酵的面做的。

图No 1414 馒头

No1413

No1414

(3)包子

包子,是用发酵的面包馅蒸熟的。

图No 1415 包子

(4)饺子

饺子,是用未经发酵的面做的夹馅面食。分为蒸饺、水饺。

图No 1416 饺子

(5)贴饼

贴饼,是贴在锅内蒸熟的。常用发酵面做。

图No 1417 贴饼

(6)卷子

把和好的面擀薄后内卷肉馅或菜馅蒸熟。

图No 1418 卷子

(7)粘豆包

粘豆包,是用黄米面包煮熟的爬豆蒸熟的。

图No 1419 粘豆包

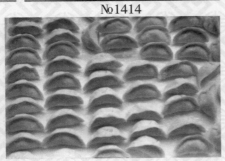
No1415　　No1416

No1417

No1418

❹ 煎食

(1)懒汉饽饽

用稠和的荞面煎做的厚饼叫做懒汉饽饽。

图No 1420 懒汉饽饽

(2)煎饼

用稀和的荞面煎做的薄饼叫做煎饼。

图No 1421 煎饼

(3)家常饼

煎做的各种面食统称为饼。家常饼一般指厚薄适中的饼,圆形。

图No 1422 家常饼

No1419

No1420-a

No1420-b

(4)锄头饼

形似锄头片,故名。有的地方称
驴耳饼,属于夹馅饼。

图 No 1423 锄头饼

(5)馅饼

夹馅煎制的饼叫做馅饼。圆形。

图 No 1424 馅饼

No 1421

No 1422

No 1423

No 1424-a

No 1424-b

❹ 油炸食品

将面和好后做成一定形状的
糕点,油炸食用。

图 No 1425 糕点

No 1425-a

No 1425-b

第二节　畜产食品

家畜产品类食品可分为五畜产品类食品和其他畜禽类产品食品两种。五
畜产品类食品分为奶食和肉食。

科尔沁人平时也用野兽野禽的肉作为肉类食品的补充。

 一 奶食

奶和奶制品统称为奶食。蒙古人将奶食作为上等食品来享用,故称为"白"食。

❶ 奶

哺乳动物乳汁,称为奶,蒙古人将五畜的乳汁作为食品。

刚生产的牛、马、驼、羊的头三天的乳汁称为初乳,蒙古语称为乌热嘎(读音 ʊːraɡ)。初乳可分为稠初乳和稀初乳。
稠初乳呈黄色,稀初乳呈白色。

奶汁,据其形态,可分为三种。

(1)生乳

生乳是未经酸化和煮熟的奶。生乳上添加嗜酸菌乳酵母可生成嗜酸乳汁;生乳上添加嗜酸乳浆曲子可生成嗜酸乳
浆;生乳加热可提炼出奶豆腐和乳清。生乳可搅拌成搅拌乳。

（2）熟乳

熟乳，是经文火煮熟的奶。熟乳，可分为扬沸奶和未扬沸奶两种。

①扬沸奶

扬沸奶静置冷却后可分离出奶皮子、奶膜和奶子。奶膜，经搅拌可变成奶油。收取奶皮、奶膜后的奶子上添加嗜酸菌乳酵母可生成嗜酸乳汁。

②未扬沸奶

未扬沸奶上添加嗜酸乳浆曲子可生成嗜酸乳浆；分离出的奶皮可加工成为奶油；分离出的奶子上添加嗜酸菌乳酵母可生成嗜酸乳汁。

（3）酸化奶

酸化奶亦称酸化乳。鲜奶静置一定的时间后酸化。浮在上边的叫奶皮，奶皮下面的叫酸乳或酸奶。酸化乳可搅拌成为搅拌乳，搅拌乳上添加嗜酸乳浆曲子可生成嗜酸乳浆。分离出搅拌奶皮的搅拌乳上添加嗜酸乳酵母可生成嗜酸乳汁。

图№1426 乳

　　1生乳　　3酸化乳
　　2扬沸奶

No1426-1　　　　　　No1426-2

No1426-3

❷ 乌日膜（奶皮）

乌日膜，是浮在奶子上的油质物。乌日膜（读音orom）可分为敛取乌日膜、扬沸乌日膜、风干乌日膜、搅拌乌日膜等。

（1）敛取乌日膜

酸乳上的乌日膜用专门用具具敛取，故称为敛取乌日膜。敛取乌日膜，加热加工成黄油。

（2）扬沸乌日膜

扬沸的奶子上生成的乌日膜，称之为扬沸乌日膜。扬沸乌日膜酸化成奶油。

（3）风干乌日膜

将扬沸乌日膜冷却后折叠成半月形风干，称之为风干乌日膜。

（4）搅拌乌日膜

搅拌的奶子上生成的乌日膜，称之为搅拌乌日膜，可加工成奶油。

图№ 1427 乌日膜

　　1敛取乌日膜　　2风干乌日膜

No1427-1　　　　　No1427-2-a

No1427-2-b

❸ 黄油

从奶子提炼出来的油分为奶油、黄油两种。可以说奶油是黄油的半成品。

奶油，可以从搅拌奶中分离出来，也可以搅拌敛取奶皮而生成。

奶油，继续加工即成为黄油，热加工敛取奶皮可提炼出黄油。

图№ 1428

　　Ⅰ奶油　　Ⅱ黄油

No1428-Ⅰ　　　　　No1428-Ⅱ

❹ 黄油渣滓

黄油渣滓，是提炼黄油以后剩下的渣滓。蒙古语称为卓黑(读音ʤoːxoi)。沾在锅底的黄油渣滓，蒙语称霍苏木(读音xʊsam)。

图№1429 黄油渣滓

No1429

❺ 奶豆腐

奶豆腐包括额哲给、霍如德、阿尔查、阿如拉、毕希拉嘎等。通常把用牛奶做的额哲给(蒙古语，读音əːʤiːgiː)称为霍如德(蒙古语，读音xʊrʊːd)，用羊奶做的额哲给称为毕希拉嘎(蒙古语，读音bɪʃlag)。

酸乳加热加工后生成额哲给和乳清。将额哲给装进模子里压成型即成为霍如德和毕希拉嘎。

将乳清加热可生成乳清凝，将乳清凝继续加热则变成硬奶豆腐。

将嗜酸奶汁加热加工成固体，称之为阿儿查(蒙古语，读音aːrʧ，熟嗜酸奶渣)，晒干的阿儿查，称之为阿如拉(蒙古语，读音aːrʊːl，熟嗜酸奶干儿)。汉语可称为奶酪。

阿儿查，可以适当加热熟嗜酸奶汁或嗜酸奶浆添加熟乳后挤去乳清制成。阿如拉，可以将乳清凝、稠嗜酸奶汁、熟嗜酸奶汁沉淀物等加工晒干制成。

图№1430 奶豆腐

　　1 额哲给　　　　3 阿儿查　阿如拉
　　2 霍如德

No1430-1

No1430-2

No1430-3-a

No1430-3-b

No1430-3-c

❻ 嗜酸奶汁

嗜酸奶汁即嗜酸乳汁是分离出奶皮的奶子上或乳清上添加嗜酸乳酵母发酵而成的液体，蒙古语称为艾拉克(读音airag)。也可以在生乳里添加嗜酸菌乳酵母发酵制成。

图№1431 嗜酸奶汁

No1431

❼ 嗜酸奶浆

嗜酸奶浆即嗜酸乳浆是未分离出奶皮的奶子上添加嗜酸奶浆曲子发酵而成的较浓的液体，蒙古语称为它拉克(读音tarag)，俗称奶酪。

在嗜酸奶汁上添加生乳或熟乳也可以生成嗜酸奶浆。

图№1432 嗜酸奶浆

No1432

⑧ 查嘎

查嘎(蒙古语,读音ʧaɡɑː),是指熟嗜酸奶汁。

⑩ 额德木

额德木(蒙古语,读音ə:dəm)是凉乳清上添加煮沸的奶子生成的白色漂浮食物。

图№ 1433 额德木

⑫ 绰日莫

绰日莫(蒙古语读音ʧorom)是酸羊奶。

⑨ 霍日木嘎

霍日木嘎(蒙古语,读音xɔːrmɔɡ)是对乳稀释的查嘎。

⑪ 车格

车格(蒙古语,读音ʧəɡəː)是指马奶内加入曲子发酵生成的液汁,俗称马奶酒。

№1433

⑵ 肉食

肉食,蒙语亦称为红食。

① 肉食的种类

家养畜禽肉可以分为三种,即:五畜肉、猪肉和鸡、鹅、鸭等家禽肉。科尔沁人不吃驴肉、马肉、骡子肉和狗肉。

图№ 1434 肉类

    1 牛肉   3 驼肉   5 鸡肉   7 鸭肉

    2 羊肉   4 猪肉   6 鹅肉

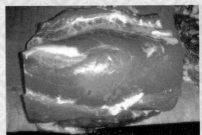
№1434-1

№1434-2

№1434-3

№1434-4

№1434-5-a

№1434-5-b

№1434-6

№1434-7

② 肢解 储藏

科尔沁人一般在春季不宰杀牲畜。夏、秋季随时宰羊吃。冬季上冻后杀牛、羊、驼和喂肥的猪,储存着食用。

制作卓玛(蒙古语,读音ʤʊm)的羊要燎毛,不分解。猪和家禽都要燎毛(羽)。

整羊,是指包括内脏、肠肚、头、管部等在内的羊肉。全羊,是指分离内脏、肠肚、头、管部,但未分解的羊肉。

五畜,一般扒皮后分解。分解,有肢解、节解两种。肢解,一般把整羊分解为颈胸椎、胸脯、脊荐、四肢等部分。节解,即按骨节分解。

　　肢解后的羊肉,可以装进洗净的本畜瘤胃内冻储,一个瘤胃能容纳本畜的全部肉和骨。

　　把晒干的肉粉碎成肉松后可以装进洗净的本畜膀胱内储存。一个膀胱能容纳本畜的全部干肉松。

　　储肉的方法有晒干、冷冻、冰冻、腌腊肉、制肉松等。

　　图№1435　储肉

　　　　1肉干　　　3冷冻肉　　5腊肉
　　　　2肉松　　　4冰冻肉

No1435-1-a

No1435-1-b

No1435-2

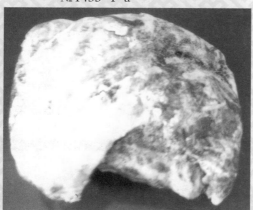

No1435-3

No1435-4

No1435-5

③ 崇尚的肉食

　　科尔沁人在聚会、欢庆或款待客人时用所崇尚的肉食。

　　(1)秀斯

　　秀斯(蒙古语,读音ʃuːs),是敬重礼节的一种上乘肉食。

　　①卓玛

　　卓玛(蒙古语,读音ʤʊm),是煮熟或烤熟的燍毛剖腹取出杂碎后添加佐料封腹的整羊。摆卓玛宴时,把整羊立着置于专用木制大盘里上席。

　　图№1436　卓玛

No1436

②全羊秀斯

全羊秀斯,是将羊胸脯、短肋、内脏、管部以外的肉煮熟后,把四肢像活羊一样放置,胸椎朝下摆在前腿前侧,盖置荐部,再把划有喜庆额道的羊头放在上边。这是蒙古族头等秀斯。

图№1437 全羊秀斯

③半秀斯

半秀斯由荐部、双前腿、胸椎、无颌羊头组成。先摆胸椎,然后按活羊的样子摆前腿,盖置荐部,把羊头放在上边,盛于大盘内上桌。这是蒙古族二等秀斯。

图№1438 半秀斯

④绊秀斯

绊秀斯由荐部、左前腿、右后腿组成。把节解的前腿摆在前边,把后腿摆在后边,盖置荐部,盛于盘内上桌。

图№1439 绊秀斯

(2)胸脯

胸脯犹如朝上的盛皿,蒙古人视为"吉祥肉"。用于招待女宾或送予外甥。一般情况下,胸脯肉不招待外人。

图№1440 胸脯

(3)荐

荐,通常指腰侧三条肋(共六条浮肋)和与尾部连在一起的荐。荐,通常由男士整修和开刀。

①古尤勒格荐

古尤勒格(蒙古语,读音guilgə:)荐是由五节腰椎骨、腰侧三条肋和的胸椎、胫骨组成,尾部去掉五节并用奶食点缀上席。

②短荐

短荐是由荐部、腰椎末节加一腰椎和胸椎、胫骨组成的尾部去掉五节上席。

图№1441

| 1荐 | 3短荐 |
| 2古尤勒格荐 |

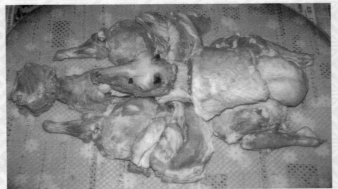

№1437

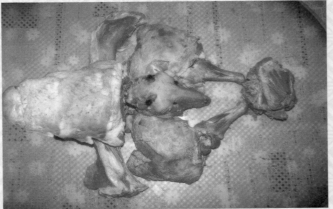

№1438

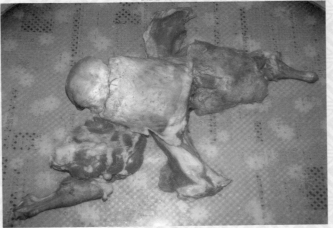

№1439

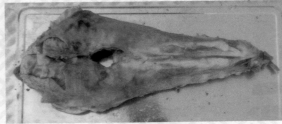

№1440-a

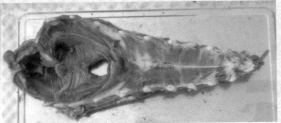

№1440-b

№1441-1-a

№1441-1-b

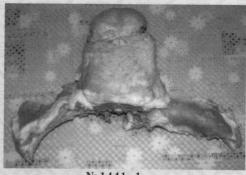
No1441-1-c

No1441-2

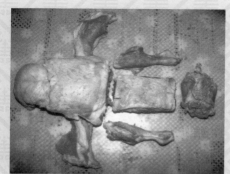
No1441-3

（4）手扒肉

多指羊肉。是指煮熟的全羊或羊的大块带骨肉，除秀斯、卓玛以外的可通称手扒肉。将牛或猪的大骨头肉炖吃的亦称手扒肉。

图No 1442 手扒肉

（5）火锅

在铜制火锅内分段装入肉和菜，烧炭炖着吃，称之为火锅。

装六分段火锅，配以六盘炒菜，可代替全羊宴。装八分段火锅，配以六碗汤菜，可代替秀斯宴。

图No 1443 火锅

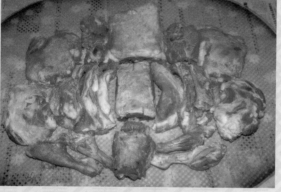
No1442

另外，科尔沁地区杀猪宰羊，都要灌面肠，在用佐料调好的鲜血中加入荞面揽匀后灌入肠内煮着食用。

图No 1444 肠子
　　1羊肠　　2猪肠

No1443-a

No1443-b

No1444-1

No1444-2

第三节　饮品类

饮品类包括水、茶水、饮料、酒、奶食饮料等。

水，可分为井水、泉水、江河水、雨水、雪水、冰水等，还有具特殊保健功能的矿泉水。

一　茶

茶即茶叶，是指适当加工后烘干的茶树叶子。亦指可当茶喝的植物叶果。茶，是在专用容器内沏后喝的茶水。科尔沁人喝的茶有精制茶和地方茶两种，地方茶较粗糙，基本上是原生态。

1 精制茶

科尔沁人喝的精制茶均为南方生产销售的产品。主要有砖茶、红茶（亦称青茶）、花茶。

图No 1445 精制茶
　　1砖茶　　3花茶
　　2红茶

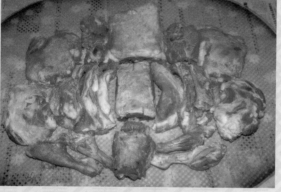

No1445-1-a

No1445-1-b

No1445-2

No1445-3

② 地方茶

地方茶是指产于科尔沁地区的可替代茶叶的植物叶果，也称野茶。绣线菊茎叶果、黄芩叶茎、梨树叶果、欧李叶子、山丁子(杜李)叶果、杏树根、黄芪叶子、地榆(黄瓜香)根茎、山藤果、橡树叶、榛子叶、木香花叶、栗子叶等均可当茶叶喝。其中，土庄绣线菊和三裂绣线菊是最好的土产茶叶。绣线菊，蒙古语称它毕勒嘎那(读音 tæwˈalgan)，土庄绣线菊的叶果制作的茶叶，蒙古语称哈旦茶(读音 xadan tʃai)，三裂绣线菊的叶果制作的茶叶蒙古语称哈日干茶(读音 xargan tʃai)。

图 No 1446 绣线菊

　　1 土庄绣线菊　　2 三裂绣线菊

No1447-1-b

No1446-1-a

No1447-2-a

 饮料

蒙古人的饮料是指混合茶或掺入少量肉松、炒米、奶食的茶水。

有兑奶开水饮料(蒙古语称奚拉玛，读音 xiram)、掺奶茶水饮料、掺奶皮茶水饮料、掺炒米茶水饮料、面茶饮料、羊尾茶饮料等多种。

将粉碎的砖茶，放入清水加盐文火煮沸，加入牛奶及掺入奶食品的饮料，称之为奶茶，蒙古语称呼和茶，(蒙古语，xox tʃai)，是牧区普遍饮用的茶饮料。

图 No 1447 奶茶

　　1 奚拉玛　　2 呼和茶

No1446-2-b

 酒

酒，是经发酵酿造的含乙醇的饮料。科尔沁蒙古族通常喝粮食酒和奶酒。

No1447-2-c

No1448

❶ 粮食酒

科尔沁地区用糜子、高粱、谷子等纯粮酿造粮食酒,俗称白酒。
图No 1448 白酒

❷ 奶酒

奶酒是用奶子酿造的酒。有马奶酒、牛奶酒等。

用五畜奶生成的嗜酸奶汁酿造酒,最先流出的液汁称为酒稍子(淡酒),蒙古语称操卜苏(读音 suws);最初流出的酒蒙古语称为阿日扎(读音 ɑrdʒ,头次回锅奶酒);用阿日扎酿成的酒蒙古语称为霍日扎(读音 xɔrdʒ,二次回锅奶酒);用霍日扎酿成的酒蒙古语称为夏日扎(读音 ʃɑrdʒ,三次回锅奶酒);用夏日扎酿成的酒蒙古语称为孛日扎(读音 bʊrdʒ,四次回锅奶酒)。

将新酿好的奶酒装入罐内,用瘤胃皮蒙住缠牢,再抹泥抹封闭,深埋在地里藏储。这样,过一年的称为陈年老酒;过几年就称为陈酒。

融合不同种五畜的嗜酸奶汁酿造的酒称为孛思日格(蒙古语,读音 bəsrəɡ,混合酿成的酒)。

图No 1449 陈年老窖

No1449

第四节　野生蔬菜果实食品

科尔沁人除种植的粮食作物和蔬菜外,还把当地野生菜果作为补充食品,生吃或熟吃。

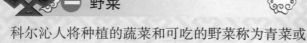 野菜

科尔沁人将种植的蔬菜和可吃的野菜称为青菜或青食(绿色食品)。经常食用的野菜有:

 ❶ 苋菜

苋菜,一年生草本植物,亦称西风古、白枝苋。
图No 1450 苋菜

No1450

② 苣荬菜

苣荬菜，为多年生草本植物，亦称启明菜、清明菜、苦麻菜。
图№ 1451 苣荬菜

№1451

③ 野韭菜

野韭菜,为多年生草本植物。
图№ 1452 野韭菜

№1452

④ 山葱

山葱,为多年生草本植物。
图№ 1453 山葱

№1453

⑤ 硷葱

硷葱，为多年生草本植物，亦称多根葱、蒜葱、矮葱。
图№ 1454 硷葱

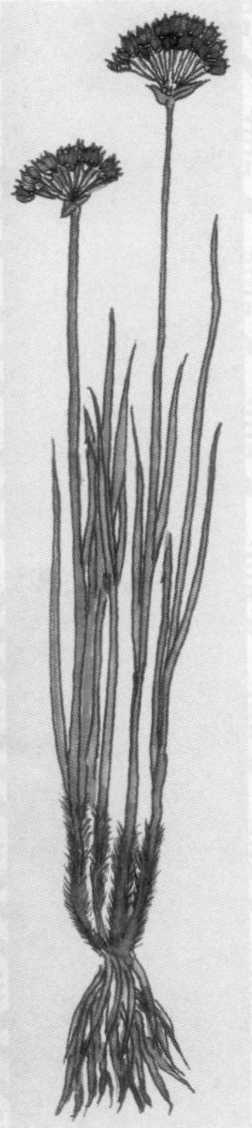
№1454

⑥ 野葱

野葱，为多年生草本植物，亦称细叶葱、绿叶葱。
图№ 1455 野葱

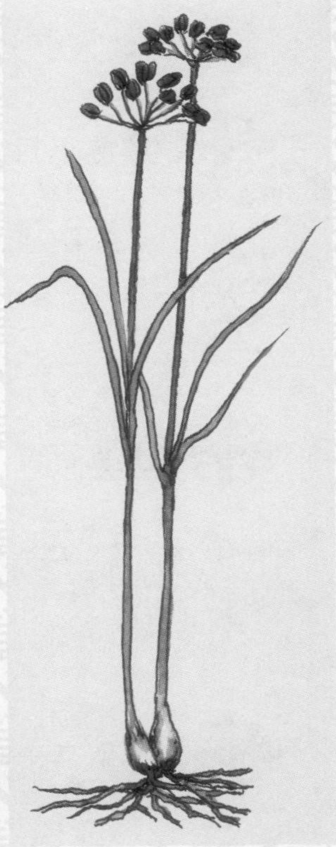
№1455

⑦ 薤白

薤白，为多年生草本植物，亦称藠头、小根蒜。
图№ 1456 薤白

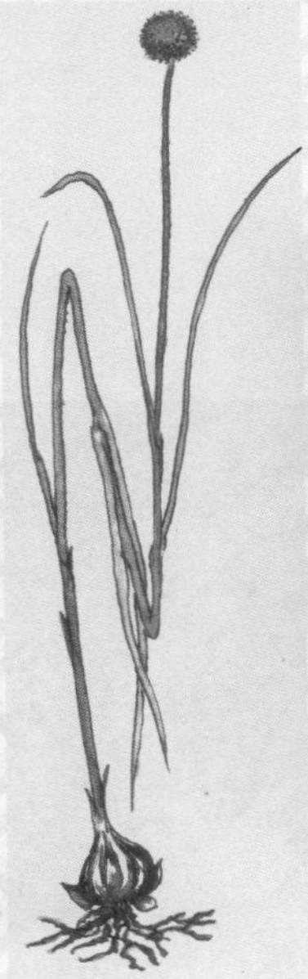
№1456

⑧ 绿珠藜

绿珠藜，为一年生草本植物，亦称灰条菜、尖头叶藜。
图№ 1457 绿珠藜

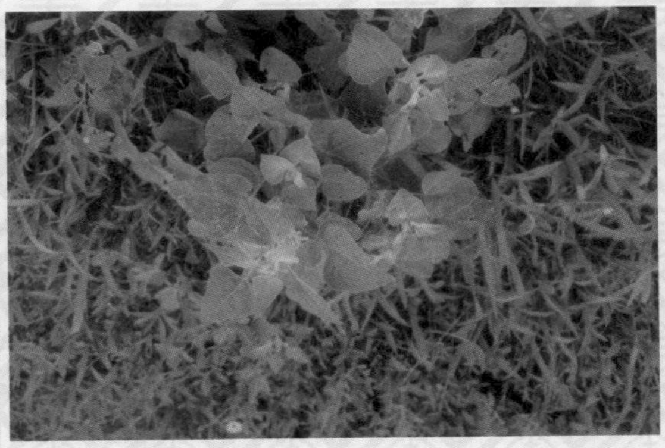
№1457

⑨ 细叶百合

细叶百合,为多年生草本植物。
图No 1458 细叶百合

No1458

⑩ 卷莲百合

卷莲百合,为多年生草本植物。
图No 1459 卷莲百合

⑪ 山丹花

山丹花,为多年生草本植物。
图No 1460 山丹花

No1459

No1460

⑫ 百合

百合,为多年生草本植物。
图No 1461 百合

⑬ 马齿苋

马齿苋,为一年生草本植物。
图No 1462 马齿苋

No1461

No1462

⑭ 茴香

茴香,是多年生草本植物。
图No 1463 茴香

No1463

⑮ 黄花

黄花,是多年生草本植物,亦
称为萱草、金针菜、黄花苗子。
图No 1464 黄花

No1464-a

No1464-b

16 白蘑菇

白蘑菇，为覃类植物。
图 № 1465 白蘑菇

№ 1465

17 鹅绒萎陵菜

鹅绒萎陵菜，是多年生草本植物，亦称为老鸹膀子、鸭巴掌菜。
图 № 1466 鹅绒萎陵菜

№ 1466

№ 1467

18 桃儿菜

桃儿(蒙古语，读音 tʊːr)为一年生草本植物。
图 № 1467 桃儿菜

№ 1468-1

№ 1468-2

19 蝎子草

蝎子草，又名麻叶荨麻，多年生草本植物。
图 № 1468 蝎子草
　　1 旱地蝎子草　　2 水边蝎子草

20 大翅猪毛菜

大翅猪毛菜，一生年草本植物。
图 № 1469 大翅猪毛菜

№ 1469

21 车前

车前，多年生草本植物，也称车轱辘菜。
图 № 1470 车前

№ 1470

第二十一章 饮食类

477

22 蒲公英

蒲公英,多年生草本植物。有的地方称婆婆丁。
图 No 1471 蒲公英

No1471

23 水蒿

水蒿,亦称蒌蒿,多年生草本植物。
图 No 1472 水蒿

No1472

24 沙参

沙参,多年生草本植物。
图 No 1473 沙参

No1473

25 地梢瓜

地梢瓜,一年生草本植物。
图 No1474 地梢瓜

No1474

26 展开蓼 牛儿牤

展开蓼,俗称酸不留,多年生草本植物。

牛儿牤,亦称太阳花,一年生草本植物。

图 No 1475

    Ⅰ 展开蓼   Ⅱ 牛儿牤

No1475-Ⅰ

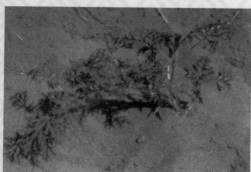

No1475-Ⅱ

27 野芹菜

野芹菜,一年生或二年生草本植物。
图 No 1476 野芹菜

No1476

科尔沁蒙古族民俗物品图鉴

28 山白菜

山白菜,亦称紫菀,多年生
草本植物。
图 № 1477 山白菜

№1477

29 羊蹄

羊蹄,多年生草本植物。
图 № 1478 羊蹄

№1478

30 野豌豆

野豌豆,一年生草本植物。
图 № 1479 野豌豆

31 桔梗

桔梗,多年生草本植物。
图 № 1480 桔梗

№1479

№1480

32 大籽蒿

大籽蒿,二年生草植物。
图 № 1481 大籽蒿

33 蒙古葱

蒙古葱,多年生草本植物。
图 № 1482 蒙古葱

№1481

№1482

第二十一章 饮食类

479

34 蕨菜

蕨菜，多年生草本植物。
图 № 1483 蕨菜

№1483

35 木耳

木耳，雨后生长于树干上的植物。栎、桦树干上长的木耳可以食用。
图 № 1484 木耳
另外，科尔沁地区还食用发菜等野菜。

№1484

野果

科尔沁人食用一些野生树木的果实，并用一些树叶和榆树钱做菜食用。

1 桑葚

桑树，落叶乔木，果实叫桑葚，亦称鸡桑，可食用。
图 № 1485 桑葚

№1485-a

№1485-b

2 山楂树

山楂树，落叶乔木，也称山楂。吃浆果。
图 № 1486 山楂

№1486-a

№1486-b

❸ 梨

梨树,落叶乔木。吃浆果。

图No 1487 梨

No1487-a

No1487-b

❹ 枣

枣树,落叶乔木。吃浆果。

图No 1488 枣

No1488-a

No1488-b

❺ 杏

杏树,落叶乔木。吃浆果、杏仁,亦用杏仁榨油吃。曾经是科尔沁的特产。

图No 1489 杏

No1489-a

No1489-b

No1489-c

❻ 葡萄

葡萄,落叶藤本植物。吃果实。

图No 1490 葡萄

No1490-a

No1490-b

❼ 欧李

欧李,小灌木,也称郁李仁。吃浆果。

图No 1491 欧李

No1491-a

No1491-b

⑧ 麻黄

麻黄,多年生小灌木。果实可吃,做奶豆腐时掺入可调色提味。
　图№1492 麻黄

No1492-a　　　　　　　　No1492-b

⑨ 榆

榆树,落叶乔木。嫩叶、栓内层、树钱儿可食用。
　图№1493 树钱儿

No1493

⑩ 散都

散都(蒙古语,读音 sundʊː),为落叶乔木。叶子可做菜吃。
　图№1494 散都

No1494

⑪ 黄榆

黄榆,亦称大果榆,落叶乔木。叶子和树钱儿可做菜吃。
　图№1495 黄榆

No1495

⑫ 榛子

榛子,落叶灌木或小乔木。果核可生吃或炒吃。
　图№1496 榛子

No1496-a　　　　　　　　No1496-b

⑬ 龙葵

龙葵,一年生草本植物,浆果可吃,全草入药。
　图№1497

No1497

蒙古人使用国家规定的度量衡单位以外,在生产生活中还使用民间常用的度量衡。

第一节 长 度

科尔沁人平时用人体部位的平均尺度来衡量长度或用实践经验来比拟估量长度。

 一、用人体部位或实物比拟估量法

可分为度量长度和度量粗度两种。

No 1498－Ⅰ No 1498－Ⅱ No 1498－Ⅲ No 1498－Ⅳ No 1498－Ⅴ

 1 度量长度

图 No 1498 人体部位和实物比拟估量法

图序	比称	说明	等量	公制相当量
Ⅰ	鬃一般	据其直径来比方		1mm以下
Ⅱ	小针一般	据其直径来比方		1～2mm
Ⅲ	大针一般	据其直径来比方		2～3mm
Ⅳ	香一般	据其直径来比方		3～4mm
Ⅴ	筷子般	据其四方体部分的宽度来比方		4～8mm
Ⅵ	指甲般	据其宽度来比方		8～15mm
Ⅶ	小指般	据其宽度来比方		1.5～1.8cm
Ⅷ	食指般	据其宽度来比方		1.8～2.2cm
Ⅸ	拇指般	据其宽度来比方		2.2～2.6cm
Ⅹ	寸	食指第一骨节至食指头的大致长度		3.0～3.3cm
Ⅺ	二指	食指、中指的宽度来比方		3.8～4.5cm
Ⅻ	三指	食指、中指、无名指的宽度来比方		5.5～6.5cm
ⅫⅠ	四指	食、中、无名指、小指的宽度来比方		7.5～9.0cm
ⅫⅤ	一掌	五个指头的宽度来比方		10～12cm
ⅩⅤ	小虎口	从拇指尖至食指第二节之距离		13～15cm
ⅩⅥ	大虎口	从拇指尖至食指尖之距离(一般称虎口)		17～19cm
ⅩⅦ	拃	拇指和中指伸展后两指头间距		20～22cm
ⅩⅧ	长拃	拇指和小指伸展后两指头间距		22～25cm
ⅩⅨ	小尺	胳膊肘至拳头最远距离		38～45cm
ⅩⅩ	尺	胳膊肘至伸展的手指头尖之间距离		40～55cm
ⅩⅪ	单步	人在平地上迈一步后左右脚之间距离		60～85cm
ⅩⅫ	半庹	伸展胳膊后从胸部中心至手指尖距离		80～100cm
ⅩⅩⅢ	长半庹	伸展胳膊后从手指尖至另一侧腋窝距离		95～115cm
ⅩⅩⅣ	双步	人在平地上左右脚各迈一步后两步长度	2步	1.2～1.6m
ⅩⅩⅤ	庹	横向伸展双臂后两个中指尖之间距离	5尺	1.65m
ⅩⅩⅥ	丈	双庹长距离	10尺	3.3m

  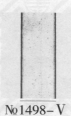

No 1498－Ⅵ No 1498－Ⅶ

No 1498－Ⅷ No 1498－Ⅸ

No 1498－Ⅹ No 1498－Ⅺ

No 1498－Ⅻ No 1498－ⅫⅠ

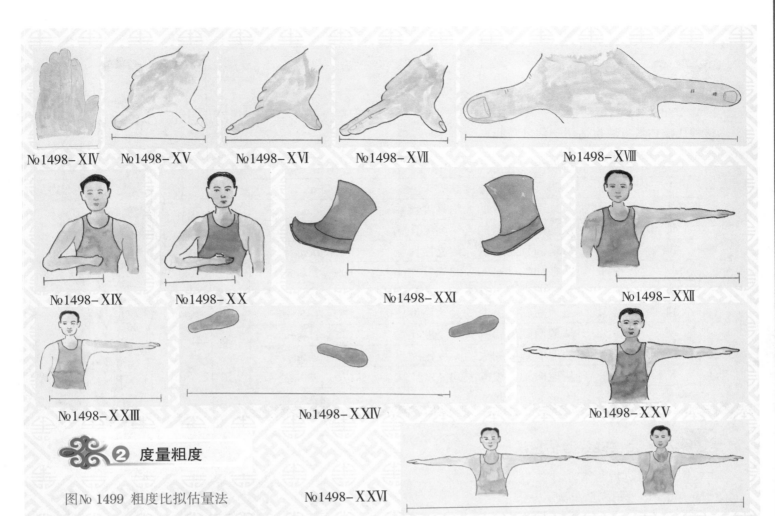

№1498–ⅩⅣ　　№1498–ⅩⅤ　　№1498–ⅩⅥ　　№1498–ⅩⅦ　　№1498–ⅩⅧ

№1498–ⅩⅨ　　№1498–ⅩⅩ　　№1498–ⅩⅪ　　№1498–ⅩⅫ

№1498–ⅩⅩⅢ　　№1498–ⅩⅩⅣ　　№1498–ⅩⅩⅤ

№1498–ⅩⅩⅥ

❷ 度量粗度

图№1499　粗度比拟估量法

图序	比称	说明	周长公制相当量
Ⅰ	鬃一般	比喻粗细程度	3mm以下
Ⅱ	小针一般	比喻粗细程度	3～6mm
Ⅲ	大针一般	比喻粗细程度	6～9mm
Ⅳ	香一般	比喻粗细程度	9～12mm
Ⅴ	筷子般	用其圆形部分比喻粗细程度	1.2～2.5cm
Ⅵ	小指般	比喻小指一样粗	6～7cm
Ⅶ	拇指般	比喻母指一样粗	7～8cm
Ⅷ	手抓般	手抓物体时拇指尖和中指尖接触	12～15cm
Ⅸ	两拃	两手抓圆形物体时拇指与拇指接触，食指与食指接触的程度	36～40cm
Ⅹ	一抱	一人用双臂抱圆柱体时双手指尖相接触的程度	160～170cm

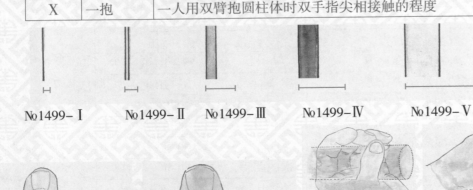

№1499–Ⅰ　　№1499–Ⅱ　　№1499–Ⅲ　　№1499–Ⅳ　　№1499–Ⅴ

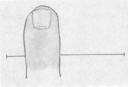

№1499–Ⅵ　　№1499–Ⅶ　　№1499–Ⅷ　　№1499–Ⅸ　　№1499–Ⅹ

❸ 度量深度

图 № 1500 深度比拟估量法

这种比喻估量方法也适用于估量高低。

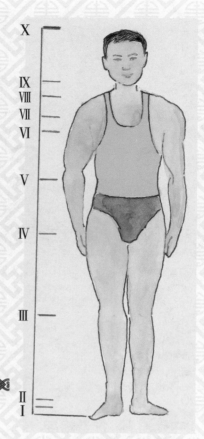

№1500

图序	比称	说明(以直立成年人比拟)	公制相当量
I	脚掌深	以脚掌的大概厚度比喻	3～4cm
II	踝骨深	从地面到踝骨的大约高度比喻	8～13cm
III	膝盖深	从地面到膝盖的大约高度比喻	50～55cm
IV	胯深	从地面到胯骨的大约高度比喻	80～90cm
V	腰带深	从地面到肚脐的大约高度比喻	100～110cm
VI	胸脯深	从地面到男人乳头的大约高度比喻	120～125cm
VII	腋窝深	从地面到夹肢窝的大约高度比喻	130～135cm
VIII	肩膀深	从地面到肩膀的大约高度比喻	145～150cm
IX	颔深	从地面到颔的大约高度比喻	150～155cm
X	头顶深	从地面到头顶的大约高度比喻	170～180cm

用实践经验估量法

主要用于度量远近距离。

图 № 1501 远近距离估量法示意图

图序	比称	说明	大致平均距离
I	缆索距离	以牲畜缆索长度比方	2～3丈
II	驮架绳距	以驮载捆绑用绳长度比方	7度
III	掷布鲁般距离	以猎具布鲁的平均投掷距离比方	6～7丈
IV	绊索距离	以牲畜绊索长度比方	6～15丈
V	投石距离	以用一只手抛石头距离比方	9～15丈
VI	一绳	开荒丈量地的单位比方	36度
VII	一箭地	以射箭距离比方	300双步
VIII	里	内地使用的长度单位一里为150丈	360度
IX	呼唤地	以远距两人能够听见呼唤声的距离比方	2里
X	牛犊牧地	比方蒙古包或房屋附近	1.5～2里
XI	邻居地	以游牧住地间距比方	2里
XII	牧羊地	以放羊循回牧地距离比方	2～5里
XIII	一次起跑地	以骑手一次奔跑的距离比方	5～10里
XIV	牧马地	以放马牧场的一般距离比方	8～20里
XV	目击地	以眼睛能看到的最远距离比方	10里
XVI	移牧地	以移牧时一次行程的平均距离比方	30里
XVII	驿站地	以两个驿站之间的距离比方	60里
XVIII	午餐地	以长途远行时从早晨起程至中午吃饭所走的路程比方	60里
XIX	一歇地	以长途远行时从起程至一次歇息所走的路程比方	50～60里
XX	半日地	以长途远行时半天内所走的路程比方	70～80里
XXI	一日地	以长途远行时白天一整天所走的路程比方	100～120里
XXII	一宿地	以长途远行时超过一整天路程更远距离比方	180～200里

I

II

III

IV

V

VI

No1501-a　　(比例尺 1:300)

VII

VIII

IX

X

No1501-b　　(比例尺 1:5,000)

XI

XII

XIII

XIV

XV

XVI

XVII

XVIII

XIX

XX

XXI

XXII

No1501-c　　(比例尺 1:500,000)

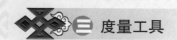

❶ 尺

尺,是以胳膊肘至伸展的手指头尖之间一般长度为标准的,用木头和竹子制作。可分为直尺、丁字尺、直角尺等。用软羊皮条做的尺叫做皮尺,宽约近一寸。还使用一种柳条尺,上有表示长度的刻度。

图 No 1502 尺

   1 直尺   3 直角尺   5 柳条尺
   2 丁字尺   4 皮尺

No 1502-1

No 1502-2

No 1502-4

No 1502-5

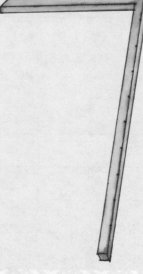

No 1502-3

❷ 毛娄日

毛娄日(蒙古语,读音 to:lu:r),是用直木做的五尺长尺子。

图 No 1503 毛娄日

No 1503-a

No 1503-b

❸ 弓尺

弓尺,简称弓,是清朝晚期蒙古地方开垦时测量土地使用的简单工具。
木制,高三余尺,上有把柄,下有两条腿,腿距 2.5 尺,边走边量。

图 No 1504 弓尺

No 1504

❹ 量规

图 No 1505 量规

No 1505

第二节 重量

科尔沁地区，普遍使用以斤、两为单位的秤。秤分为钩秤和盘秤两种。

一 重量单位

名称	丝	毫	厘	分	钱	两	斤	担
等数		10丝	10毫	10厘	10分	10钱	16两	100斤

二 重量器具

❶ 钩秤

钩秤，亦称为杆秤。

钩秤由秤杆、秤系儿、秤钩、秤砣组成。杆秤可以秤几斤几两到百八十斤。

图 № 1506 钩秤的结构
　　①秤杆　　③秤钩　　⑤秤星　　⑦砣绳
　　②秤系儿　④钩绳　　⑥秤砣

图 № 1507 杆秤

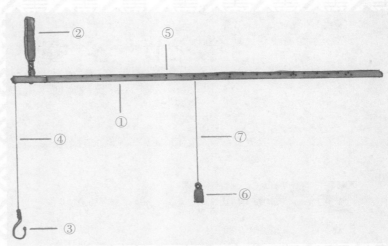

№ 1506

❷ 盘秤

盘秤，由秤杆、秤系儿、秤盘、秤砣组成。盘秤可以秤几斤、几十斤以下至钱、分。

秤较少量东西的小秤叫做戥子，医生、银匠常用戥子。

图 № 1508 盘秤的结构
　　①秤杆　　⑤秤星
　　②秤系儿　⑥秤砣
　　③秤盘　　⑦砣绳
　　④盘绳

№ 1507

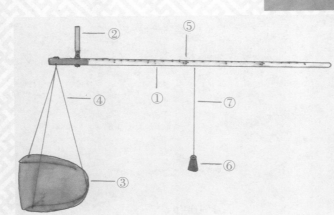

№ 1508

图№ 1509 盘秤
　1 盘秤　　2 戥子

№1509-1-a

№1509-1-b

№1509-2-a

№1509-2-b

№1509-2-c

第三节　容　量

科尔沁人秤量粮食使用撮、勺、合、升、斗、石等单位。

 一　容量单位

图№ 1510 容量单位

图序	名称	说明	等数	重量
I	撮	拇指、食指或拇、食、中三指拈取量		半钱
II	勺	一手抓取时容在掌中的平均量	10撮	半两
III	合	双手捧取合掌所容的平均量	10勺	半斤
IV	升	口大底小木制方形较小容器盛量	10合	5斤
V	斗	口大底小木制方形较大容器盛量	10升	50斤
VI	石		10斗	500斤

№1510-I

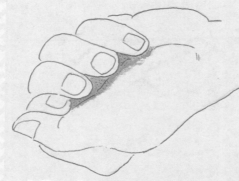

№1510-II

№1510-III

490

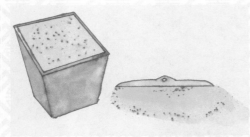

№1510-Ⅳ

№1510-Ⅴ

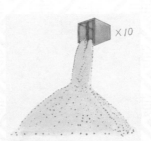

№1510-Ⅵ

 容量器具

 斗

图№1511 斗

 升

图№1512 升

№1511-a

№1511-b

№1512

 米荡子

升和斗内盛米后找平的直而薄板条叫做米荡子。

图№1513 米荡子

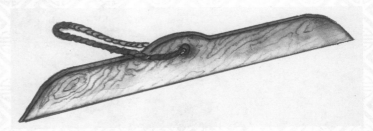

№1513

第四节 地 积

科尔沁人丈量耕地时,主要使用分、亩、垧、顷等地积单位。垧来源于耕种一天的地积。

名称	分	亩	垧	顷
等数		10分	10亩	10垧

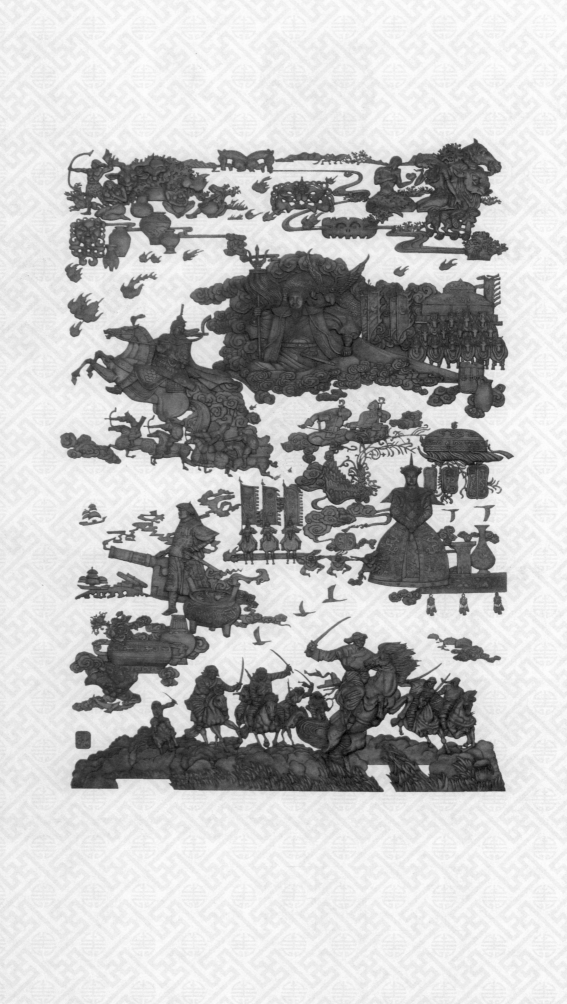

　　我出生于牧区,多年在基层工作,与农村牧区生产生活用品接触较多。经过几十年,回过头来看,原始的生产生活用品明显减少了,有的已经面目全非,有的已经更新换代,有的已经面临失传。于是产生一种想法:能不能把这些东西的用途及概况整理成书留于后人,一则抢救民族文化遗产,再则让人们了解我们的民风民俗,岂不好哉!有一天我到博·博彦同志办公室,叙述了这个想法。博·博彦同志历来重视民族文化,并熟悉科尔沁民俗。他一听立即表示:这是件大好事,意义重大。我们可以先调查采访,然后图文结合编辑成书。当时就定下来由我和博·博彦同志、拉·呼木吉勒图同志组成一个班子,从科尔沁蒙古族生产生活用品入手开展调查采访。这是2003年的事。

　　我们的工作,是业余进行的。由于经费缺乏、没有专用交通工具、业务工作忙而挤不出时间等原因,进展缓慢,已历时6年。头三年主要是调查采访,收集第一手资料。后三年以编写为主,随时结合采访,终于于2008年成稿。

　　我们首先在通辽市范围内采取边采访边寻找实物进行拍照的方式,深入各旗县市调查。然后把工作范围扩展到毗邻地区。因为毗邻地区,有的本来属于科尔沁,有的生产生活习惯基本相同,有的民风民俗大同小异,而且也保留着一些原始状态。我们先后采访了兴安盟的科右中旗、科右前旗、扎赉特旗,吉林省的郭尔罗斯前旗,黑龙江省的杜尔伯特旗,赤峰市的阿鲁科尔沁旗、巴林右旗、翁牛特旗,锡林郭勒盟的东乌珠穆沁旗、西乌珠穆沁旗和自治区首府呼和浩特市,以及这些地方的民俗博物馆。还采访了内蒙古大学蒙古学博物馆、内蒙古民族大学所属有关部门。采访调查是博·博彦、拉·呼木吉勒图和我共同进行的。每到一地,深入农村牧区会见知晓民俗习惯的七、八十岁的长者和有见识的文化人,访问各类民间工匠和收藏家,积累了丰富的第一手资料,为本书的编写奠定了基础。

　　在我们的采访过程中,通辽市各旗县市人民政协、我们所到的毗邻地区人民政协和有关乡镇苏木给予了有力支持,接受采访的众多群众和有识之士提供了宝贵的口述资料。特别是科左后旗籍额尔很巴图先生(曾任内蒙古蒙医学院医药系党总支书记、离休干部)、杜尔伯特籍波·少布先生(曾任黑龙江省民族研究所研究员,《黑龙江民族丛刊》常务副主编)、郭尔罗斯籍苏赫巴鲁先生(曾任松原市政协副主席、吉林省文联副主席、中国民族艺术家协会副会长)、扎赉特籍宝力道老人(曾任通辽师范学校副校长、离休干部)科右中旗籍哈斯博彦老人(曾任科右中旗人大副主任、离休干部)、莫德老人(曾任科右中旗机械厂厂长、离休干部)、科左中旗籍包满仓老人(科左中旗抗战离休干部)、科左前旗籍杜嘎尔苏荣老人(曾任内蒙古日报社高级编辑、离休干部)、科左后旗籍包金亮老人(博·博彦的母亲)、七十八老人(曾任科左中旗教育局副局长、离休干部)等年逾八旬的老人口述介绍了六十、七十年前的许多风俗、习惯。还有艺人包选峰和工匠苏德那木扎木苏、明安巴雅尔、胡金山等介绍了科尔沁工匠工具和工艺。民间收藏家舍登等也热情协助。由于接受采访者甚多,在此不一一点名致谢。在本书出版问世之际,一并表示诚挚的谢意。

　　本书的编辑出版,得到了中共通辽市委、通辽市人民政府、通辽市人民政协的关注,特别是原市长傅铁钢、市政协主席王志安、原市委副书记萨仁、原市委常委常务副市长道尔吉、原市委常委宣传部长闫鹏、副市长李秀芝、市政府巡视员布仁特古斯、市政协副主席财政局长汤连荣等领导同志非常关心,给予了支持和帮助。内蒙古自治区党委宣传部原副部长、中国蒙古文学研究会理事长阿古拉同志审稿并撰写序言,内蒙古少年儿童出版社原社长莫德格,现任社长韩才,总编辑张六斤和自治区作家协会副主席布仁巴雅尔、市政协秘书长盛勤、专职常委包喜全、行政科长陈喜明等同志,提供了诸多方便。在本书出版发行之际也一并表示衷心的感谢。特别是内蒙古出版集团董事长双龙、副总经理其其格及内蒙古教育出版社总编辑巴音巴特尔、副总编辑色林花等领导对该书的编辑出版给予了全面的支持,在此表示诚挚的谢意!

吴·白乙拉

2011年6月

Postscript

I was grown up in the herding area and worked many years in the local area, so I had quite close contact to those articles and tools of production and life of the countryside and the herding area. After several tens of years, I found that the production and life tools are significantly reduced, some of them are changed in the shapes, some of them are improved and some are in the danger of extinction. Hence I thought it is a great work to compiling a book in which written the usages and outline of those things and left to the future generations, firstly, it is saving and inheriting the national cultural heritage, secondly, it is introducing our national custom to the other people. One day, I visited to Mr. B.Boyan's office and told him my thought. Mr. B. Boyan is a man of respecting the national culture and understanding the Khorchin culture well. As soon as he heard my idea, he said it was a meaningful good action; he suggested that we would do the investigation first and then compile the book with illustrations. At once, B.Boyan, R.Humujiltu and I organized as a group and decided to investigate mainly on the production and life tools of Khorchin Mongols. This was happened in 2003.

We had been doing the work in the spare time. The investigation had done in a very slow speed and spent six years, because of the reasons of lacking expenses and communication tools, in addition all of us also busy with the official work and having difficulties in our time schedule. In the previous three years, we did the investigations and collections for the materials, in the later three years we did the compiling with timely researches. At last, we finished the manuscript in 2008.

At first, we did the investigations to the area of the Tongliao City, and visited the Banners and Counties and with the method of finding the specific things and taking pictures for them. Then, we visited the nearby areas and expended the scope of the work. Because these nearby areas belonged to the Khorchin before, some of their production and life custom are as same as Khorchin's, there is no much deference in some folk custom and certain primitive articles are still used in these areas. We have visited both before

495

and after to the Khorchin Right Hand Middle Banner, the Khorchin Right Hand South Banner and the Jalaid Banner of the Hinggan League; the Southern Gorlos Banner of the Girin Province; the Durbed Banner of the Haramuren Province; the Aru Khorchin Banner, the Right Bagarin Banner and the Ongnigud Banner of the Ulaganhada City; the Left Ujumuchin Banner and the Right Ujumuchin Banner of the Shilingol League and Huhhot area, while visited the Custom Museums of these places. And we also visited the Mongolian Studies Museum of Inner Mongolia University and related departments of the Inner Mongolian National University. B. Boyan, R.Humujiltu and I, three of us did the investigation together. We went deep into the countryside and the herding area, made a good understanding for the traditional custom, we interviewed the elderly people who above age of eighty, intellectuals, handicraftsman and collectors and got quite rich materials, and laid a good foundation for writing this book.

In the process of investigation, the Political Consultative Committees of the Banners and Counties of the Tongliao City and some other Somo or Towns gave us a strong assistance for our work. And the interviewed public and intellectuals offered us valuable materials. Particularly, Mr. Erhimbatu (a retired cadre, Party Branch Secretary of the Medicine Department of the Inner Mongolian Medical College) from the Khorchin Left Hand North Banner, Mr. B.Shibagu (research fellow of the Nationalities Studies Institute of the Haramuren Province, he was Vice Editor—in—chief of the Book Collections of Nationalities of Haramuren) from the Durbed, Mr. Suhebars (vice chairman of the Political Consultative Committee of the Sungyuan City, vice chairman of the Arts Association of the Girin Province and deputy director of the China Nationalities Artists Association) from the Gorlos, Mr. Bolod (retired cadre, he was vice president of the Teachers' School of Tongliao City) from the Jalaid, Mr. Hasbuyan (retired cadre, he was vice chairman of the Standing Committee of the People's Congress of the Khorchin Right Hand Middle Banner) from the Khorchin Right Hand Middle Banner, Mr. Moode (retired cadre, he was the director of the Mechanic Factory of the Khorchin Right Hand Middle Banner). Mr. Bao. Mansang (retired cadre, veteran of the Anti—Japanese War) from the

Khorchin Left Hand Middle Banner, Mr. Dugarsurung (retired cadre, he was Senior Editor of Inner Mongolia Daily) from the Khorchin Left Hand South Banner, Mrs. Bao Jinliang (mother of Buyan) from the Khorchin Left Hand North Banner and Mr. Qi Shiba (retired cadre, he was the deputy director of the Education Bureau of the Khorchin Left Hand Middle Banner), these elderly people over their age of eighties told and offered us the literacy and customs that sixty or seventy years ago. And artist Bao Xuanfeng, craftsmen such as Sodnamjamsu, Mingganbayar and Hu Jinshan introduced us tools and techniques of Khorchin craftsman and the folk collector Sedeng gave us his kind help, too. There are too many people whom we have visited and there may have not enough pages to record them one by one. On the occasion of publication of the book, I express my sincere thanks to all of the friends who helped us!

For compiling and publication of this book, we got the supports from the China Communist Party Committee of the Tongliao City and the People's Government of the Tongliao City. Particularly, the Former Mayor Fu Tiegang; Wang Zhi'an, Chairman of the Political Consultative Committee of the City; Saran, the Former Vice Secretary of the Party Committee of the City; Dorji, the Former Standing Member of the Party Committee of the City and Deputy Mayor of the City; Yan Peng, the Former Head of the Propaganda Department and the Standing Member of the Party Committee of the City; Li Xiuzhi, the Deputy Mayor of the City; Burintegus, Inspector of the Government of the City and Tang Lianrong, Chairman of the Political Consultative Committee of the City and Secretary of the Finance Bureau, these friends gave their kind help for the work. Mr. Agula, the former Deputy Director of the Propaganda Department of the Party Committee of Inner Mongolian Autonomous Region, President of the Mongolian Literature Association of China, reviewed the manuscript and wrote a preface for the book. Medeg, the Former Director; Sain-olzii, the Director; Zhang Liujin, the Editor-in-Chief of the Children's Publishing House of Inner Mongolia; Burinbayar, the Vice Chairman of the Inner Mongolian Writers Association; Sheng Qin, the Secretary of the Political Consultative Committee of the City; Bao Xiquan, the Commissioner and Standing Member; and Chen Ximing,

Head of the Administrative Section, these friends also gave their kind helps in many aspects. On the occasion of publication of the book, I also express my sincere thanks to all of these friends! Especially, thanks for the comprehensive support of Shuanglong , the Chairman of Inner Mongolia Publishing Group; Checeg, the Deputy General Manager of Inner Mongolia Publishing Group; Bayanbaatar, the Editor-in-Chief of Inner Mongolia Education Press ; Seilenhuar , the Deputy Chief Editor of Inner Mongolia Education Press , during the process of the book's editing and publishing .

Uriyanghai Bayar
June, 2009

元代科尔沁属地(齐王部地图)——摘自1975年版《中国历史地图集》
　　(第七册)。

清代蒙古族分布图——摘自《蒙古历史概要》。□

清朝时期(1820年)哲里木盟地图——摘自1975年版《中国历史地图
　　集》(第八册)。

哲里木盟嫩江十旗分界地图——哈斯博彦提供。

哲里木盟(1998年)地图——摘自《哲里木盟志》(上)。

兴安盟(1979年)地图——摘自《兴安盟志》。

杜尔伯特蒙古族自治县(1998年)地图——摘自《杜尔伯特蒙古族自治
　　县志》(1986—2003)。

前郭尔罗斯蒙古族自治县(1993年)地图——摘自《前郭尔罗斯蒙古族
　　自治县志》。

第一章题图——萨因章作品,摘自《科尔沁版画》。

第二章题图——洪格尔作品,摘自《科尔沁草原版画》。

第三章题图——甲夫作品,摘自《科尔沁版画》。

第四章题图——韩戴沁作品,摘自《扎鲁特版画选》。

第五章题图——苏和作品,摘自《科尔沁草原版画》。

第六章题图——摘自《博彦和什格蒙古族民间图案集》。

第七章题图——田宏图作品,摘自《科尔沁版画》。

第八章题图——格日勒图作品,摘自《科尔沁版画》。

第九章题图——吴宝玉作品,摘自《科尔沁版画》。

第十章题图——照日格图作品,摘自《科尔沁版画》。

第十一章题图——陈玉柱作品,摘自《科尔沁草原版画》。

第十二章题图——伊木舍楞作品,摘自《科尔沁版画》。

第十三章题图——呼木吉乐图作品,摘自《科尔沁草原版画》。

第十四章题图——韩戴沁作品,摘自《扎鲁特版画选》。

第十五章题图——乌兰巴拉作品,摘自《科尔沁草原版画》。

第十六章题图——萨因章作品,摘自《科尔沁版画》。

第十七章题图——敖特根巴雅尔作品,摘自《扎鲁特版画选》。

第十八章题图——金星锋作品,摘自《科尔沁版画》。

第十九章题图——摘自《内蒙古蒙古族民间图案集》。

第二十章题图——杰仁台作品,摘自《科尔沁版画》。

第二十一章题图——杰仁台作品,摘自《科尔沁版画》。

第二十二章题图——萨因章作品,摘自《科尔沁版画》。

№0001-1※ №0209※ №0282※ №0305※ №0438※ №0939-1※ 摘
自《内蒙古民族文物》。

№0071-Ⅱ※ №1108-Ⅲ※ 摘自《科尔沁右翼中旗文史》(第二辑)。

№0071-Ⅲ※ №0903-3※ №1108-Ⅳ※ 系杜尔伯特蒙古族自治县博
物馆收藏品。

№0071-Ⅳ※ 摘自《扎赉特历史与文化》。

№0074※ №1129※ 摘自《杜尔伯特蒙古族辞典》。

№0075-Ⅰ※ №0080-Ⅰ※ №0903-1※ №1018※ №1022※
№1024-2※ №1094-1※ №1104※ №1105-1※ №1128※
№1130※ №1139※ №1140※ №1141※ №1142※ №1143※
№1144※ №1146※ №1153-1※ №1153-2※ №1154※ 波·少布
提供。

№0133※ 摘自《孝庄文皇后》。

№0134※ №0135※ №0136※ №0140※ №0143※ №0144※
№0145※ №0146※ №0147※ №0148※ №0149※ №0150※
№0151※ №0152※ №0153※ №0154※ №0155※ №0156※
№0158※ №0180※ №0183※ №0184※ №0186※ №0187※
№0191※ №0194-Ⅱ※ №0199※ №0279-Ⅵ※ №0279-Ⅶ※
№0330※ №0334※ №1155※ №1328-3※ №1328-4※
№1328-5※ №1329-Ⅱ※ №1329-Ⅲ※ 摘自《蒙古族服饰》。

№0137※ №0181※ №0200※ №0874-Ⅱ※ №0874-Ⅲ※
№0874-Ⅳ※ №0874-Ⅴ※ №0874-Ⅸ※ №1013※ 系包金山收
藏品。

№0138※ 摘自《僧格林沁传》。

№0182※ 摘自《嘎达梅林》。

№0201-Ⅰ※ №0241-Ⅲ※ №1265※ №1271※ №1272※ №1276※
№1280※ №1281※ №1282※※ №1287※ №1288※ №1289※
№1291※ №1294-1※ №1294-2※ №1294-3※ №1294-4※
№1296※ □ №1297※ №1298※ №1306※ №1309※
№1310※ №1311-2※ №1311-3※ №1311-6※ №1311-7※
№1311-11※ №1312-2※ №1312-6※□ №1312-9※
№1312-10※ №1312-12※ №1316※ №1318※摘自《博彦和什格

蒙古族民间图案集》。

№0208※ №0942-Ⅰ※ 系拉喜敖斯尔收藏品。

№0282※ №1160※ 摘自《那达慕》。

№0315※ №0429※ 摘自崇光鸣摄影作品集《过眼留痕》。

№0316※ №1094-3※ 摘自《科尔沁版画》。

№0900-1※ 摘自《齐王秘史》。

№0900-2※ 摘自《扎赉特文史》。

№0901-Ⅰ-1※ №0901-Ⅱ-2※ №0901-Ⅲ-1※ 摘自《科尔沁书画选
集》。

№0901-Ⅰ-2※ №0901-Ⅱ-1※ №0901-Ⅱ-3※ №0901-Ⅲ-3※ 摘
自《蒙古文书法发展史》

№0901-Ⅲ-2※ №0901-Ⅳ-3※ №1105-11※ №1359※ 摘自《图雅作
品集》。

№0901-Ⅳ-1※ №0901-Ⅳ-2※ №0917※ 摘自《辉煌杜尔伯特》。

№0901-Ⅴ-1※ №1317-1※ №1317-2※ №1317-3※ 斯文提供。

№0901-Ⅴ-2※ №1295※ №1317-2※※ №1317-3※ 摘自《青春蒙古
族民间图案》。

№0901-Ⅴ-3※ №0913-5※ 摘自《中国蒙古学》2009年第六期(蒙文
版)。

№0903-2※ 系特木尔巴根收藏品。

№0908-Ⅰ※ 摘自《黑水蒙古论》。

№0908-Ⅱ※ №0909-Ⅰ※ №0909-Ⅱ※ №0942-Ⅱ※ 系科尔沁博物
馆收藏品。

№0924※ №1344-1※ 系敖特根巴雅尔作品,本人提供。

№0926※ 系萨·苏和作品,摘自《通辽红十字杯书画赛选集》。

№0930-1※ 摘自《伊木舍楞画集》。

№0930-2※ 系红霞作品,摘自《通辽日报》。

№0933※ №0934※ 系巴·苏和收藏品。

№0935※ 摘自《卜和克什格及其蒙文学会》(蒙文版)。

№0939-1※ №1239※ №1247-2※ 摘自《蒙古族民俗百科全书·精神
卷》(蒙文版)。

№0939-2※系韩戴沁收藏品。

№0994※ 系哈斯博彦提供。

№0995-Ⅲ※ №1001※ 摘自《科尔沁博艺术初探》。

№1027※ 摘自《科尔沁萨满教研究》。

№1094※ 摘自《韩戴沁画集》。

№1108-Ⅰ※ 科左后旗档案馆提供。

№1108-Ⅱ※ 摘自《哲里木寺院》（蒙文版）。

№1145※ 摘自《咱雅格斯尔传》（蒙文版）。

№1155※ №1263-1※ №1263-2※ №1264※ №1265※ №1266※
　　№1267-1※ 　　№1267-2※ 　　№1268-1※ 　　№1268-2※
　　№1270-1 ※ №1270-2※ 　№1276 ※ 　№1278 ※ 　№1281 ※※
　　№1282 ※ 　№1295-2 ※ 　№1295-4※ 　№1297 ※ 　№1306 ※
　　№1311-10※ 摘自《内蒙古蒙古族民间图案集》。

№1170※ №1229※ №1234※ 摘自《黑龙江蒙古族文化》。

№1344-2※ 摘自《扎鲁特版画选》。

№1351※ 摘自《诗画根雕》。

№1358※ 色仁道尔吉提供。

封面图画 由科尔沁博物馆提供。

《内蒙古蒙古族民间图案集》阿格旺编绘　内蒙古人民出版社 1963年第一版

《蒙古风俗鉴》(蒙文版) 罗卜桑悫丹著　内蒙古人民出版社 1981 年第一版

《科尔沁博艺术初探》白翠英　邢源　福宝琳　王笑著 1986年版

《中国少数民族乐器志》袁炳昌　毛继增主编　新世界出版社 1986 年第一版

《传统那达慕》(蒙文版) 阿拉腾敖其尔　编著　内蒙古文化出版社 1986年第一版

《蒙古包》(蒙文版)(蒙古)达·迈达尔　拉·达力苏荣著　内蒙古文 化出版社 1987年第一版

《内蒙古民族文物》内蒙古博物馆编　人民美术出版社 1987年第 一版

《科尔沁风俗志》(蒙文版) 呼日乐巴特　乌仁其木格编著　内蒙古 人民出版社 1988年第一版

《无误蒙药鉴》(蒙文版) 占布拉道尔吉著　内蒙古人民出版社 1988年第一版

《蒙古风俗追溯》(蒙文版) 呼和宝音编著　内蒙古文化出版社 1988年第一版

《蒙古萨满》(蒙文版) 泰亦赤兀惕·满昌著　内蒙古人民出版社 1990年第一版

《鄂尔多斯蒙古传统用具》(蒙文版) 斯仁鹏苏格　吉·哈登巴特尔 搜集整理　内蒙古文化出版社 1990年第一版

《青色的灯盏　蒙古族习俗辞典》(蒙文版) 巴·旺吉乐编著　内蒙 古文化出版社 1990年第一版

《蒙古族服饰》内蒙古自治区民族事务委员会编　内蒙古科学技术 出版社 1991年第一版

《巴林风俗志》(蒙文版) 纳·宝音贺喜格编著　内蒙古人民出版社 1994年第一版

《哈布图哈撒尔后裔及科尔沁部》(蒙文版) 仁钦诺尔布编著　内蒙 古文化出版社 1995年第一版

《蒙古族服饰文化》(蒙文版) 普日莱桑布编著　辽宁民族出版社 1997年第一版

《蒙古族民俗百科全书·经济卷》（蒙文版）布林特古斯主编 内蒙古科学技术出版社 1997年第一版

《科尔沁萨满教研究》（蒙文版）呼日勒沙 白翠英 那钦 宝音朝古拉著 民族出版社 1998年第一版

《翁牛特风俗》（蒙文版）拉布哈敖德斯尔等编 内蒙古文化出版社 1998年第一版

《那达慕》（蒙文版）特木尔吉如和 阿荣编著 内蒙古教育出版社 1998年第一版

《博彦和什克蒙古族民间图案集》博彦和什格著 内蒙古文化出版社 1998年第一版

《蒙古族民俗百科全书·精神卷》（蒙文版）布林特古斯主编 内蒙古科学技术出版社 1999年第一版

《中国少数民族乐器志》乐声编著 民族出版社 1999年第一版

《绳索渊源》（蒙文版）达·查干著 内蒙古人民出版社 1999年第一版

《蒙古族传统生活概观》孟克德力格尔编著 内蒙古人民出版社 2000年第一版

《弦线征服——马头琴》（蒙文版）马克斯尔扎布著 内蒙古文化出版社 2000年第一版

《蒙古包文化》（蒙古版）东乌珠穆沁旗人民政协编 内蒙古科学技术出版社 2000年第二次印刷

《蒙古风情》波·少布著 香港天马图书有限公司 2000年第一版

《蒙古族传统文化图鉴》哈斯巴特尔编绘 内蒙古人民出版社 2002年第一版

《乌珠穆沁器具·文化·风俗》（蒙文版）高·阿日华著 内蒙古人民出版社 2002年第一版

《科尔沁民俗文化研究》（蒙文版）呼日勒沙著 内蒙古教育出版社 2003年第一版

《蒙古族传统木制器具文化》（蒙文版）达·查干著 内蒙古人民出版社 2003年第一版

《乌珠穆沁传统生活方式》（蒙文版）昭·斯仁东日布著 内蒙古人民出版社 2003年第一版

《青春蒙古族民间图案》（蒙文版）青春绘 内蒙古少儿出版社

2004年第一版

《蒙古族传统烙印文化》(蒙文版) 达·查干著 内蒙古人民出版社 2005年第一版

《蒙古族图案》阿木尔巴图编著 内蒙古大学出版社 2005年第一版

《乌拉特风俗研究》(蒙文版) 陶德斯钦编著 内蒙古文化出版社 2006年第一版

《齐王秘史》苏赫巴鲁 董宗启 王文忠著 中国国际文化出版社 2006年第一版

《黑龙江蒙古族文化》波·少布著 黑龙江教育出版社 2007年第一版

《哲里木盟志》等有关旗县市志

孛儿只斤·博·博彦

———— 主编 作者 ————

　　孛儿只斤·博·博彦,1945 年出生于内蒙古哲里木盟科尔沁左翼后旗,蒙古族。

　　1965 年,由通辽师范学校毕业后参加工作。1985—1987 年在内蒙古党校学习,1983—1988 年读内蒙古师范学院函授本科。曾任扎鲁特旗旗委常委兼公安局长、局党委书记,哲里木盟公安局长、局党委书记兼武警支队党委书记、第一政委,三级警监。1998 年任哲里木盟政协副主席、党组成员,撤盟设市后任通辽市政协助理巡视员。2005 年退休。做公安工作期间,曾一次被评为全盟公安系统先进工作者;两次被评为省、自治区公安系统先进工作者;1983 年被国家公安部评为全国优秀公安局长。曾记个人二等功一次;个人三等功两次。主编《哲里木盟公安史资料汇编(1945—1989)》,主编哲里木盟公安政法战线英模录——《卫士风采》,分别于 1990 年、2002 年出版。

　　孛儿只斤·博·博彦业余从事文学创作,从 1978 年开始在报刊上发表诗作,文章多篇。曾翻译著名作家张天翼的童话小说《大林和小林》,1980 年由内蒙古少儿出版社出版;曾参与翻译《儿童科普优秀作品》,

1986年由内蒙古人民出版社出版；编译注释《元代蒙古族汉文诗选》和《清代蒙古族汉文诗选》，1994年和1999年由内蒙古少年儿童出版社出版；个人诗文集《沙海拾贝》，2000年由内蒙古人民出版社出版；译注毛泽东诗词，2003年由辽宁民族出版社出版。

孛儿只斤·博·博彦曾获内蒙古自治区蒙古语文翻译研究会翻译一等奖三次；内蒙古自治区哲学社会科学优秀成果二等奖两次、三等奖一次；中国译协民族语文翻译委员会二等奖两次。

他的散文《在党旗下》被收入内蒙古自治区党委宣传部等单位献给建党80周年重点工程图书项目《阳光草原》（蒙文版，2001年出版）。

孛儿只斤·博·博彦为内蒙古自治区蒙古语文翻译研究会第三届理事会名誉理事长、内蒙古作家协会会员，中国作家协会会员。他的简历被收入《世界名人录·中国卷(二)》（中国国际交流出版社编撰，1997年第一版）、《中国百科学者传略(三)》（四川省社会科学院科教兴国丛书编委会编，1998年第一版）。

Editor-in-chief

B.Boyan Borjigin

B.Boyan, family name Borjigin, Hiyan Clan, Mongolian, was born in 1945 in the Khorchin Left Hand North Banner, the Jirim League, Inner Mongolia.

1965 Graduated from the Teacher's School of Tongliao and attended the Public Service Work.

1985—1987 Studied in the Party School of Inner Mongolia.

1983—1988 Studied and graduated from the correspondence courses of undergraduate of the Teacher's College of Inner Mongolia.

He served before and after as the Standing Member of the Party Committee, Head and the Party Secretary of the Public Security Bureau of the Jarud Banner; Head, the Party Secretary of the Public Security Bureau, the Party Secretary and the First Commissar of the Armed Detachment of the Jirim League and honored as the Third Executive Police.

1998 Vice Chairman, the Member of the Party Group, the Political Consultative Committee of the Jirim League; after the League was changed into the administration of City, appointed as Assistant Inspector, the Political Consultative Committee of the Tongliao City.

2005 Retired. During the period of working in the public security position, he was named as the Advanced Worker of the public security system of the League once and the Advanced Worker of the public security system of the Region twice.

1983 Named as the Nationwide Excellent Head of the Public Security Bureau by the Ministry of Public Security of China. He was awarded individual First Merit once and Third Merit twice.

1990 Editor-in-chief, published the Historical Material Collections of the Public Security of the Jirim League.

2002 Editor-in-chief, published the Honor of the Defenders, a book of the heroes and models and who fighting in the front of the judicial work of the public security system of the Jirim League.

B.Boyan Borjigin writes literature works in his spare times. From 1978, he has started to write a lot of poems and works and published them in some newspapers and magazines. He translated the famous writer Jang Tianyi's children story of Two of Dalin and Xiaolin and pubilished it in 1980 by the Children's Publishing House of Inner Mongolia; he translated the Excellent Works of Children's Science and published it in 1986 by the People's Publishing House of Inner Mongolia; He compiled, translated and noted the Selected Poems Written in Chinese by Mongols in the Period of Yuan Empire, the Selected Poems Written in Chinese by Mongols in the Period of Qing Dynasty, and published them in 1994 and 1999 by the People's Publishing House of Inner Mongolia; he published the collections of his poems and works named as the Shells Picked from the Desert in 2000 by the People's Publishing House of Inner Mongolia; he published the Mao Zedong's Poetry and Its Translation and Notes in 2003 by the Nationalities Publishing House of Liaoning Province.

B.Buyan Borjigin was awarded with the Prize of the First Level Translation by the Mongolian Language Research Association of the Inner

Mongolian Autonomous Region 3 times, the Prize of the Second Outstanding Achievements of the Philosophy and Social Science of Inner Mongolian Autonomous Region twice and the Third Prize once, and the Second Prize of the Translators' Committee of the Nationalities Languages of Translators' Association of China twice. His prose of Under the Flag of the Party is selected into the important engineering book of the Land of the Eternal Sun (Mongolian Edition, published in 2001) which published by the Propaganda Department of the Party Committee of the Autonomous Region for the 80th anniversary of the foundation of the Party.

B.Buyan Borjigin is the chairman of the Honorary Directors of the Third Consultative Board of the Mongolian Language Research Association of the Inner Mongolian Autonomous Region, member of the Inner Mongolian Writers' Association and the Writers' Association of China. His resume is written into the books of the World Who's Who, Chinese Volume (Second), (compiled by the Chinese International Exchange Press, the first edition, 1997), the Resumes of the Scholars of China (third), (compiled by the Serial Books Committee of Developing the Country with Science and Education of the Social Science Academy of the Sichuan Province, the first edition, 1998).

吴·白乙拉

———— 副主编 ————

　　吴·白乙拉，1951 年 12 月 24 日生于哲里木盟扎鲁特旗白音宝力高苏木忙哈吐嘎查，蒙古族。1968 年从扎鲁特旗巴雅尔吐胡硕中学毕业后，从事牧业生产。1968 年至 1974 年任忙哈吐大队党支部副书记等职，1975 年至 1987 年任扎鲁特旗白音宝力高公社团委书记、革命委员会副主任、管理委员会副主任、代主任、党委书记等职，1988 年任扎鲁特旗乌额格其苏木党委书记，1989 年至 1990 年任扎鲁特旗委办公室副主任，1991 年至 1998 年任扎鲁特旗人民政府副旗长，1999 年至 2001 年任通辽市国营农牧场管理局党委副书记，2002 年任通辽市政协民族宗教港澳台委员会主任职务。在工作期间，1995 年至 1999 年读哈尔滨师范大学政史系函授毕业。

Vice Editor-in-chief

Bayar Uriyanghai

Bayar Uriyanghai, Mongolian, was born in December 24, 1951, in the Manghatu Village, Bayanbolog Somo, Jarud Banner, the Jirim League, Inner Mongolia.

1968 Graduated from the Bayartuhushigu Middle School, became a herder in his home town.

1968—1974 Vice Secretary of the Branch of the Party Committee, the Manghatu Brigade.

1975—1987 Secretary of the Communist Youth League, Deputy Director of the Revolutionary Committee, Deputy Director of the Commune Management Committee, Secretary of the Branch of the Party Committee, the Bayanbulag Commune of the Jarud Banner.

1988 Vice Secretary of the Branch of the Party Committee of the Unegechi Commune of the Jarud Banner.

1989—1990 Deputy Director, the Office of the Party Committee of the Jarud Banner.

1991—1998 Vice President, the People's Government of the Jarud Banner.

1999—2001 Vice Secretary, the Branch of the Party Committee, the Management Bureau of the Agriculture and Animal Husbandry of the State Treasury, the Tongliao City.

2002— Director, the Nationalities and Religion Department of the CPPCC of the Tongliao City and the Office of Hong Kong, Macau and Taiwan.

1995—1999 Studied and graduated from the correspondence courses of undergraduate of the Department of the Politics and History, the Teacher's College of Harbin.

拉·呼木吉勒图

副主编

　　拉·呼木吉勒图(又名凌霄),1963年3月29日出生于库伦旗,蒙古族。1982年毕业于库伦旗第一中学,考入昭乌达蒙古族师范专科学校就读蒙古语言文学专业。毕业后,1985年在赤峰市土畜产品公司参加工作。1986年调到哲里木盟团委工作,1998年调任哲里木盟政协办公室行政科长;1999年至2002年任科左中旗花吐古拉镇党委副书记;2002年任通辽市政协民族宗教港澳台委员会副主任。在工作期间,先后函授学习并取得了北京经济管理学院的经济管理系本科学历和中央党校函授学院政法专业本科学历。

Vice Editor—in—chief
Ra.Humujiltu

Humujiltu Rabdan, (the other name as Lingji) Mongolian, was born in March 5, 1963, in the Khuriy—e Banner of the Jirim League.

1982 Graduated from the First Middle School of the Khuriy—e Banner, then studied in the Department of the Mongolian Language of the Zhuu Uda Mongolian Secondary Technical School.

1985 After the graduation, worked in the Company of the Native and Animal Husbandry Products, the Ulaganhada City.

1986 Worked in the Communist Youth League of the Jirim League.

1998 Head, the Office Administration, the Consultative Committee of the Jirim League.

1999—2002 Vice Secretary, the Party Committee of the Huatugul Town, the Khorchin Left Hand Middle Banner.

2002— Deputy Director, the Nationalities and Religion Department of the CPPCC of the Tongliao City and the Office of Hong Kong, Macau and Taiwan.

While working as a cadre, he studied and graduated from the correspondence courses of undergraduate of the Department of the Economical Management, the Beijing Economical Management College, and the undergraduate of the Politics and Law of the Correspondence College of the Central Party School.

德力格尔

———— 英文译者 ————

德力格尔,蒙古族,研究馆员(教授),系蒙古国国立大学外国语言文化院英语专业博士生,联合国科学教育文化组织游牧文化协会会员,中国图书馆协会会员,内蒙古自治区社会科学联合会会员。1961年7月1日出生于内蒙古自治区昭乌达盟(今赤峰市)阿鲁科尔沁旗。1987年从内蒙古大学硕士研究生毕业后留校任教。现任内蒙古大学图书馆蒙古学部主任。

德力格尔先生具有蒙(含基里尔文)、汉、英三种语言文字教学和研究的技能。对本科生和外国留学生教学经验丰富,有独特的学术风格。擅长于蒙古语言文学教学、蒙授英语教学、蒙—英—汉蒙语教学、蒙英汉互泽、蒙汉语授图书情报学、文献学、蒙文文献数字化和网络化研究。业余爱好蒙文书法、民族特色的雕塑等。

经常参加国内外学术研究。蒙古学、文献学、蒙授英语教学、少数民族文献数字化等方面发表100余篇论文(含蒙英汉著作)。先后在国内外发表过诗歌、美术作品。有的学术作品获得国家或自治区级奖励,被译成其他语言文字。合作编辑或自己撰写的《中国蒙古文古籍总目》、《蒙古文甘珠尔丹珠尔目录》、《英语语法》(蒙文版,全国高等院校通用教材)等书籍,填补了国内民族图书目录和用民族语言教授外语的空白。《英语语法》一书已成为蒙古族学生用母语学习英语的必备参考书。

德力格尔在蒙古文献数字化和网络化研究方面成绩显著。他所主办的《蒙古学信息网》(WWW.surag.net)、《中国蒙古文期刊网》(WWW.surag.net∕mjn)引起了国内外蒙古学研究者和网友的关注并得到支持。

德力格尔先生是内蒙古大学教学、学术研究的骨干,多次被嘉奖。如1997年被评为优秀教师,2001、2002、2003年连续三年被评为优秀职员,2000年被评为全国华北地区高等院校图书馆先进个人。2007年,内蒙古自治区人民政府为德力格尔记学习使用蒙文蒙语三等功。

English Translator
Delger

Delger, Mongolian, Senior Research Librarian (professor), the Library of Inner Mongolia University; Member, the Association of the Nomadic Civilization of UNISCO; Member, the Association of Libraries of China; Member, the Society of Inner Mongolian Social Sciences. He was born in July 1, 1961, in Arukhorchin Banner, Zhuu—uda League (the Chifeng City), Inner Mongolian Autonomous Region, China.

 1978—1980 Senior Middle School Student, the Khuntu Mongolian Senior Middle School of Arukhorchin Banner.

1980—1984 Undergraduate student, the Department of Mongolian Language and Literature, Inner Mongolia University.

1984—1987 Postgraduate, the Department of Mongolian Language and Literature, Inner Mongolia University, MA of the Mongolian Ancient and Modern Literature.

1987 Teacher, the Department of Mongolian Language and Literature.

1993—2010 Office Director, Senior Research Librarian, Mongolian Studies Section, Inner Mongolia University Library.

2008— Doctorate of English Mongolian Comparative Studies, the College of Foreign Languages and Culture of the National University of Mongolia;

Delger has an ability of working in three languages such as Mongolian (includes the Cyrillic Mongolian), Chinese and English. He has rich experiences of teaching for undergraduates and foreign students, and research work. He is good at teaching the Mongolian language and literature, library science, English teaching in Mongolian, digitalization of Mongolian documents and web site establishing. And also, he has hobbies of Mongolian handwriting and painting and sculpture.

He published over 100 papers and works about Mongolian Studies, Library Science, English teaching in Mongolian and digitalization of the minority documents, and some of his poems, prose and paintings in home and abroad. Some of his research works are awarded by the state level or region level prizes. Some of his works or books in which he attended the compiling are cited or translated into other languages. Such as Catalogue of Mongolian Ancient Books and Documents, Catalogue of Mongolian Ganjuur and Danjuur and An English Grammar (Mongolian Edition, a Nationwide Textbook for Colleges) have filled the gaps of the Minority Document Catalogue and teaching foreign languages in minority language.

He has approached some achievements in the field of Mongolian document digitalization and network establishing. He has established and running two websites, as "Mongolian Studies Net" (http://www.surag.net) and "Net of the Mongolian Journals of China" (http://journal.surag.net), these sites are receiving extensive attention of the Mongolists, scholars and users.

Delger is one of the key staffs of teaching and academic work of Inner Mongolia University, he honored as excellent staff many times. For example, in 1997, Excellent Teacher; in 2001, 2002 and 2003, Excellent Librarian; in 2000, Advanced Individual Librarian, P.R. China; and in 2007, the Third Merit for the usage of Mongolian Language and Written Language by the Government of Inner Mongolian Autonomous Region.